关系性逻辑与
东亚区域治理

秦亚青等

著

The Logic of
Relationality:
Governance
in East Asia

上海人民出版社

总序　中华传统文化与社会理论的构建

　　中华传统文化是中华文明几千年的思想结晶和实践积淀,也是社会科学知识生产的重要智识资源。对中国社会科学理论体系建设而言,中华文化是取之不竭的思想宝库;对一般意义上的社会科学理论构建而言,中华文化是启迪创新的源头活水。当然,中华传统文化理念不能自动成为社会科学理论,从资源到理论,需要经历一个创造性转化和创新性发展的过程,包括对当今世界现实的介入、与其他文化的交流融汇,并最终产生真正意义上的人类共同知识。在这个转化过程之中,中国国际关系理论的发展过程提供了一个有一定典型意义的实验平台。

一

　　文化是一个文化体的共同背景知识,是社会科学理论生产的重要智识资源。一般来说,知识可分为"背景知识"和"表象知识"两大类。背景知识是一个文化共同体在长期实践中形成的实践性知识,是非言明的、未经理性加工的知识,在实践中习得,且不断积累、代代相传。背景知识存在于文化共同体成员的背景或是潜意识之中,是文化共同体的构成性知识,驱动共同体成员有意识、有意图的行为,并使他们在宏观层面表现出相似的思维和行为方式。有了共同背景知识,人们才能对某种存在的事物加以理解,才能对某种外在的事实作出诠释,才能在某种情景下具有采取何种行动的取向。

表象知识是经过人脑梳理的、言明的、抽象的知识。科学理论,无论是社会科学还是自然科学,都归于"表象知识"的类别,因为这些知识不是我们直接实践的结果,而是通过知识生产者的梳理、整合、提炼、抽象而得来的。无论是牛顿力学、量子力学、爱因斯坦相对论,还是洛克的政府论、斯密的市场论、罗尔斯的正义论,都是表象知识的例子。

表象知识对于人类发展是重要的。但是,表象知识或曰理论并不是从天上掉下来的,也不是超级大脑的凭空创造,而是在背景知识的土壤中生产起来的。背景知识和表象知识有着两重关系。其一,背景知识是表象知识的基础来源。西方国际关系主流理论的基本背景知识是威斯特伐利亚体系下的国际关系实践,国际关系的重要理论概念,如"均势""无政府体系"等均是抽象于欧洲国际关系实践的。其二,表象知识和背景知识是相互作用的。表象知识生成于背景知识,但一旦形成了系统的表象知识,则又会反过来作用于实践。国际关系理论对国际关系实践和国家行为都产生了重要的影响。现实主义主导了美国冷战时期的对外政策,新自由制度主义则对冷战后20多年国际关系的实践产生了重要影响。但是,从本体意义上讲,背景知识具有本体优先的地位。没有背景知识,表象知识就成为无源之水、无本之木。

社会理论的建构者是人,是作为文化共同体成员的人,亦即韦伯意义上的"文化人"。一个文化共同体的背景知识是文化人的生命场和生长语境,也就是说,文化共同体成员是在自文化的背景知识浸泡中生长起来的,文化体背景知识流淌在其血脉之中,对行为起到潜移默化的作用。社会理论是人构建的,但是,借鉴马克思对历史的理解,人不是随心所欲地创造理论,而是在自身的知识结构和价值结构、思维方式和行为方式所界定的范畴内构建理论,是依照自身的实践活动并通过这样的实践构建理论。文化塑造了人,也正因为如此,文化与社会理论就有了直接的关系。从某种意义上讲,文化为社会理论提供了重要的、不可或缺的智识资源。

　　社会理论都是在背景知识的土壤中生发的。正如农民的劳作、工人的生产、外交官的外交活动被视为实践一样,学者的研究也是实践活动。生产知识的活动是一种实践,这种实践是在知识生产者作为"文化人"的背景知识影响下展开的。根据约翰·塞尔的理论,背景知识作为前意识和非意图的存在,关键性地影响到有意识和有意图的行为。文化共同体的背景知识影响到作为知识生产者的"文化人","文化人"又通过自己的生产实践将背景知识在现实生活中"表象"出来,这样就生产出理论。因此,背景知识是理论知识生长的土壤,也正是在这个意义上,文化为社会科学理论创造提供了一种基础营养,成为社会科学理论创造的智识资源。任何社会理论,无论其意义扩展到多么宽广的范围,都会有着理论建构者的初始文化印记。

　　在现在的国际关系领域中,西方的国际关系理论占据主导地位,尤其是美国的现实主义、自由主义和建构主义被称为三大理论流派。仔细审视国际关系三大主流理论,就会发现这些理论深植于西方的文化理念和实践活动。传统思想与当下现实有机结合在一起,经过创造性的提炼和转化,就会形成重要的理论体系。现实主义是对霍布斯、马基雅维利等思想的传承和转化,始终紧扣权力和利益的核心理念,将其用于民族国家的现实场景,转化为系统的理论。在自由主义国际关系理论中,洛克、康德、斯密等人的影响无所不在,并结合当今、尤其是冷战结束后国际关系的现实,形成一个理论体系。而贯穿这些主流理论的一个基本思想是"理性",这是自文艺复兴和启蒙运动以来西方表象知识的结晶,而其所表象的,恰恰是西方社会在现代化关键进程中由实践形成的背景知识要素,是西方现代化文明和文化的思想凝练和知识表述。追根溯源,西方文化传统是现代社会科学理论的重要智识资源。

西方的国际关系理论是以西方传统经典思想为智识资源,中华文化也可以成为中国国际关系理论的智识资源。进而,当我们开始进入一个真正的多元世界的时候,在多元文化和多向度实践共同产生价值意义的时候,中华传统文化(还有其他传统文化)的经典思想,通过不断地凝练、砥砺、升华,也会成为世界社会科学的共同智识资源。

中华传统文化作为社会理论智识资源具有很大潜能。当今世界发生了重要的变化,一个真正意义上的多元世界正在全方位地展现,西方社会科学理论已经无法充分解释当今世界的多元现实。中华传统文化里面有许多重要的思想概念,比如"仁""礼""和谐""阴阳""天下""王道""义利"等;中华传统文化里面也有许多重要的思想体系,比如忠恕意识、天下制度、中庸辩证、和合共生等。这些概念和思想,通过创新性转化和创造性发展,可以成为社会科学理论建构的智识资源和思想基底。"天下为公"的思想就突破了西方国际关系理论民族国家的基本思维模式,突出了以世界责任为己任的人类共同体意识。而中庸辩证思想也突破了"理性人"的基本模式,从本体意义上确定了合作的可能性、必要性和必然性。

中华传统文化作为社会理论智识资源的价值在于推动社会理论的原创性发展。在一个多元文化的复合世界中,文化共同体差异性越大,背景知识在理论创新方面的潜力也就越大。以文明为基础的文化共同体是所有文化共同体中差异最大的共同体，基于这种差异并展开沟通对话很有可能出现创新性理论。比如中华文化与西方文化是基于不同文明的文化。这不是说中西全然不同，同是属人的范畴，两者必然有很多相通的地方。相通意味着社会理论具有普适性的发展空间。同时，差异则为理论原创提供了机遇。如果能够形成一种对话的宽厚平台和宽容机制，全球性社会理论的形成就是有希望的。思考如何使用文化资源构建具有显著性意义的知识体系，这对于将国际关系学发展成为真正全球意义上的学科是十分必要的。

二

　　中华传统文化是社会科学理论建构的重要资源。但是，智识资源不能自动生成社会理论。由资源成为理论需要对传统文化进行创造性转化和创新性发展。这一转化的前提是深刻领悟和整体把握中华文化的基本原理和意义境界，尤其是蕴含其中且贯穿其间的世界观、认知方法和思维方式。中华文化思想是一个系统的知识体系，体现了一个知行一体、内外兼容的生成过程。中华文化的基本原理经历实践和时间的磨砺，具有时空穿透性，反映人类共同的价值意义。不深刻体悟中华文化的基本原理，而仅仅取用一词一意、模仿传统的外在形式，不但不会实现转化和发展，而且会使中华文化庸俗化，甚至以文化民族主义和文化狭隘主义的形态阻碍中华文化在全球知识场景中的发展与进步。

　　因此，中华传统文化要进入社会科学领域，需要经历创造性转化和创新性发展。创造性转化更多地表现为一种空间维度的知识实践。所谓空间维度，是指将中国传统文化思想与社会科学主动的、创造性地结合在一起，使优秀传统理念在凝炼和升华之后，成为现代社会科学知识的理论硬核,并以此为核心,形成现代意义上的社会科学理论范式。如果传统文化智慧只是自我封闭的自娱自乐,不能转化为具有广泛意义上的现代社会科学知识,创造性转化就无法实现。比如,儒家"仁"的概念、道家"道法自然"的思想不仅仅是人们在生活中遵守的规则或是对于生活方式的个人选择,而且应该积极地转化为现代科学的核心理念,进而围绕这些理念形成系统的社会科学理论。仅仅停留在个体层面的经验和智慧是难以进入社会科学知识范畴的。

创新性发展则主要指向时间维度上的知识实践。所谓时间维度,是指将中国传统文化的思想与当今中国、当今世界与时俱进地结合在一起,使传统文化理念在彼时彼地的生成能够产生此时此地的现实意义和知识价值,尤其是与当今世界的重大问题密切联系在一起,使传统思想发展为当下的实践能力。如果传统文化思想不能直面当下重大社会问题,不能与时俱进地聚焦人类的现实关切,创新性发展也就无法实现。比如,对于中国的崛起、权力的意义、利益的界定、国际体系的形态、国际社会的规范、全球治理的路径等一系列与当今世界密切相关问题的理解、诠释和建构;再比如,我们在传统文化升华意义上的理论建树是什么? 中国传统思想对当下世界的应然和实然思考是什么? 怎样用中国传统文化中的优秀思想来解释和建构当今世界?

创造性转化和创新性发展是传统文化思想转向现代社会知识的一体两面。空间维度和时间维度是相辅相成、不可分割的。在空间维度上与现代社会科学知识的结合而成为现代社会科学理论的硬核,同时意味着在时间维度上对现代世界重大问题的知识观照、理论创建和实践应用。这样,空间和时间的维度就在实践中统一起来,成为时间、空间和实践的三位一体。这是传统文化创造性转化和创新性发展的根本意义所在。

　　在使用中华文化资源进行社会知识生产的过程中,需要实现三重意义上的超越。一是从资源到理论的超越。本土智识资源需要升华为根植于本土的社会科学理论,实现从经验和智慧到系统科学理论的转化。社会科学理论起源于地方性知识的,所有实践都是具有地方性意义的实践。背景知识是没有言明的知识,社会科学理论等表象性知识是汲取背景知识资源、经过思辨性转化的知识,是言明的、抽象的知识。因此,资源转化为理论是关键的第一步超越。福柯对权力和知识关系的研究起源于法国当时的社会现实,布尔迪厄对于实践和惯习的研究起源于他曾经生活的社区,但都实现了从资源到理论的超越。产生于欧洲的国际关系学也是初始于地方性知识的。欧洲国际关系的实践,尤其是威斯特伐利亚体系建立以来的实践,为西方国际关系理论提供了主要的实践基础。无论是卡尔的《二十年危机》、摩根索的《国家间政治》,还是基辛格的《重建的世界》,这些现实主义国际关系的经典理论著述,主要是以欧洲国际关系为实践依据、以欧洲文明文化的传统思想为智识资源的。没有这些资源,就难以产生社会科学理论。同样,没有这些理论生产者从资源到理论的有意识转化,资源也就只能停留在潜能层面,不会出现真正意义上的社会科学范式。

　　二是从描述到解释的超越。以中华传统思想为基底的社会科学理论不能仅仅是生活实践和处事智慧的描述。作为社会科学理论,需要能够解释基本的、有意义的社会现实。中国社会科学理论首先需要对中国的社会事实和社会行为具有解释能力,尤其是现有理论无法解释的现象。费孝通先生对中国江南乡村社会的研究就是解释中国乡村的现实的,依据也是中国乡村的田野研究。恰恰是这些对中国现实的解释,使之有了世界性的学术意义。韦伯之所以能够建立起重要的社会学理论,不仅仅是充分地、创造性地挖掘了西方文化的资源,而且将这种资源转化为可以解释资本主义内在动力和机制的理论体系。以中华优秀传统思想为核心概念的社会科学理论首先需要具有解释中国社会现象和发展的理论能力。中国经济实践是否能够转化为真正意义上的经济学理论，而不是仅仅对中国经济发展历程的描述？进而是否可以用来合理地解释中国经济发展的根本原因和内在机制？将中国的现实解释清楚并升华到社会科学理论的层面，这本身就产生了超越性意义。

三是从解释本土到解释世界的超越。实现从理论解释本土到解释世界的超越是社会科学理论的重要特征。以中华传统文化思想为核心的社会理论需要具有超越本土的意识和实践价值，可以产生超越本土、超越地域、更为广泛的解释力。冯友兰先生在讨论中国哲学的时候，曾经说过："……西方是外向的，东方是内向的；西方强调我们有什么，东方强调我们是什么。如何调和这二者，使人类身心都能幸福，这个问题目前难以解答。无论如何，中国的人生观也许错了，但是中国的经验不会是一种失败。如果人类将来日益聪明，想到他们需要内心的和平和幸福，他们就会转过来注意中国的智慧，而且必有所得。"冯友兰先生无疑考虑的是中国哲学超越中国本土的世界意义和人类价值。社会科学需要有超越本土的解释力。从根植于本土社会科学理论到具有广泛理论和实践意义的社会科学范式，超越本土经验和实践，实现从解释中国到解释世界的转化，使源于中国的社会科学理论成为世界知识的重要组成部分，这也许是中国社会科学理论的终极价值所在。

三

中国国际关系理论的发展历程表明，中华传统文化经典思想始终是贯穿其中的一条主要脉络，并且不断以创造性转化和创新性发展为知识生产的实践原则。虽然中国国际关系理论的发展仍然有很长的路要走，但从文化资源到社会科学理论、从事实描述到说明解释、从解释本土到解释世界这三个方面的转化来看，都取得了比较扎实的进步，并开始在世界国际关系理论研究领域占据一席之地。

改革开放以来，中国国际关系理论的发展大致可以分为三个阶段。第一个阶段是 20 世纪 80 年代至 90 年代中期，中国国际关系学界首次提出建立"中国特色国际关系理论"。第二个阶段是 20 世纪 90 年代中期到 21 世纪中期，这一阶段提出了国际关系理论"中国学派"的概念，并引发了学界的争论。当时争论的焦点在于"要不要"的问题上面，即需要不需要建立中国学派。第三个阶段 21 世纪头十年至今，中国国际关系学界开始认真思考怎样建立中国国际关系理论，亦即从讨论要不要的问题转而思考怎样做的问题。在这一阶段，中华传统文化被作为构建中国学派的重要资源。中国学者经历了前面几十年的积累，付出了极大的努力，产出了以中华文化理念为核心的国际关系理论，并且受到世界国际关系学界的高度关注，在世界范围内产生了影响。

中国国际关系学人通过对中华传统文化的深入挖掘，推出了不少有新意的、可以通归于"中国国际关系理论"范畴的研究成果。这里仅举几个比较典型的例子加以说明。为此，需要首先对中国国际关系理论做一个可以操作的定义，即"中国国际关系理论是使用中华文化背景知识中的思想资源，对国际关系实质性内容进行概念化、抽象化和通则化处理，在与世界其他地域文化社会科学知识的互学互鉴、沟通辩论中，形成自洽的、合逻辑的思想体系"。

这个定义包含几个内容。其一，中国国际关系理论根植于中华文化的实践和背景知识。这是定义性特征，强调文化、历史、思想和实践对于理论构建的重要意义。其二，中国国际关系理论是社会科学理论。

既然是理论,就必须是系统的思想,而不是简单的灵感闪现或是零星的思想叠加。理论建构是一个概念化、通则化、抽象化的过程。进而,理论关照的对象是国际关系领域的实质性内容,讨论的内容是关涉国际事务、尤其是国际事务中的重大问题的。其三,中国国际关系理论是全球国际关系知识生产领域的一个重要组成部分,是与其他不同地缘文化中的国际关系理论学派互学互鉴的。也就是说,中国国际关系理论是全球诸学派中一个学派,是一个开放的体系,既以中国观天下,也以天下观中国,这是中国国际关系理论的一个主要意涵。

近年来,中国国际关系理论的发展取得了重要的进步,已经引起世界国际关系学界的高度关注,也产生了较大的影响力。比如,"天下体系"理论的一个思考重点是持久和平的世界秩序。"天下"作为一种体系是以其无外原则构成了持久和平的基础条件,这与以国家为核心的威斯特伐利亚体系及其"有外"原则形成了鲜明的对比。道义现实主义的基本内容是道义在权力世界中的意义和作用,借鉴先秦诸子的思想,提出了领导国家需要依赖道义、实施王道而非霸道才能获得合法性的观点。关系理论则是以中国社会的核心理念"关系性"为核心概念发展起来的一种国际关系理论。关系建构行为体身份,界定行为体利益,引导行为体行为。认知复杂纠结关系的基本视角和方法是中庸辩证法,其中阴阳被界定为元关系,是所有关系的典型表象,特征为"彼此相即"而非"非此即彼",是我他共在、群己共在、互为生命、相辅相成。还有,上海学者的共生理论、台湾学者的关系平衡理论、美籍华人学者对道家辩证视野下的世界政治等研究成果,都是以中华传统文化为知识资源进行理论建构的。

显然,上述这些理论在很多方面都是不一样的,但却有一个相同之处,这就是使用中华传统文化作为理论建构的智识资源。天下无外、和合共生、道德规范、关系本位等思想，都是中华传统文化中高度关注的理念。进而，对这些理念也不是采取了直接的"拿来主义"，而是经过概念化和理论化的处理，使之成为社会科学理论的核心概念，围绕这一概念形成自洽的国际关系理论，并在理论转化过程中结合当下国际关系的重大问题，比如秩序、治理、领导力等。这些产生国际影响的理论，其硬核都是来自中华文化，发展都是在与世界其他地域的理论互学互鉴中实现的。也正是在这一过程中，中国国际关系理论走向了世界，也为世界国际关系领域的知识生产注入了新的活力。

四

中国国际关系理论的发展有着深刻的意义，已经受到世界学界的高度关注和积极评价。比如，布赞认为，中国国际关系理论已经成为"非西方国际关系理论最重要的来源"；阿查亚也认为"中国国际关系理论极大地丰富了整体意义上的国际关系理论和国际关系学科，尤其是对构建全球国际关系学的努力作出了贡献"。自然，这些理论也引发了世界国际关系学界的批评，比如中西二元对立、中国中心论、普适性与特殊性问题，等等。但无论如何，世界国际关系学界开始认真关注中国国际关系理论，对其进行讨论、分析、质疑、批判，并且开始用其作为分析框架展开经验性研究。中国国际关系理论终于在世界国际关系理论学界立足，并在对话、辩论、争鸣中形成了鲜明的特色，产生了积极的影响。可以说，在当今世界的国际关系学界，中国国际关系理论已经是绕不过去的知识产品了。

中国国际关系理论之所以能够发展起来，受到世界的关注和讨论，一个重要的原因是，几十年理论建构的过程始终是一个包容开放的系统,并积极参与在两个场域的知识生产实践。一是全球国际关系知识生产领域。这是一个多元知识场域,包含了不同的学派分支和理论范式,中国国际关系理论是其中一个重要的组成部分,并在与其他各种国际关系理论的相互学习和严肃辩论中发展成长。二是中国国际关系知识生产领域。这同样是一个多元知识场域,中华文化是丰富多彩的,在挖掘和凝练中华传统文化这个共同基础上生成的中国国际关系理论必然是多种多样的,自然不乏争鸣和互鉴。正因为从中华文化到社会科学理论转化过程的包容开放,才有了今天中国国际关系理论的世界性意义。

世界在朝着更加多元的方向发展,知识生产也在以更加多样化的形式展现出来。近年来,世界国际关系学界出现了"全球转向"的明显迹象,传统文化作为知识生产重要资源的意义比以往任何时候都得到人们的重视。山东大学全球治理与国际组织研究中心于2021年成立,一个主要的研究方向就是将中华传统文化的思想精髓和实践智慧与当下的全球治理联系起来,努力进行创造性转化和创新性发展,努力将中华文化精华转化为社会科学理论,实现从资源到理论、从描述到解释、从本土到世界的知识转化。我们将促进中国学者的交流沟通、促进世界不同地域文化国际关系思想和理论的互学互鉴,使中国国际关系理论成为世界社会知识宝库和人类共同价值的重要组成部分,使中国的社会科学产生全球性意义,推动人类知识的丰富多彩和人类共同价值的进化发展。

秦亚青

2021年10月于青岛即墨

目　　录

导　论

秦亚青

从世纪之交到现在,国际关系理论领域出现了"关系转向"的趋势。东西方国际关系学界依据不同的文化传统和政治理论,分别出现了对"关系"的理论化探索。美国学者帕特里克·杰克逊(Patrick T.Jackson)和丹尼尔·奈克松(Daniel H.Nexon)受到社会学家穆斯塔法·埃米尔拜尔(Mustafa Emirbayer)《关系社会学宣言》一文的影响,于 1999 年在《欧洲国际关系》期刊发表了《关系先于国家:实质、过程与世界政治研究》一文,开启了国际关系学界对关系的学理研究。[1]其后,关系理论成果相继出现,并在 2000—2020 年这二十年里呈明显发展趋势。中国学者在挖掘中华文化的基础上,对"关系"的本体意义进行了理论化的阐释,提出了"关系性"和"关系性逻辑"的概念,得到了包括西方在内世界各地国际关系学界的关注和广泛的讨论。[2]2017 年英国兰卡斯特大学邀请来自世界各地的学者,以"全球关系性的未来"(The Future of Global Relationality)为题举办国际关系学术研讨会,2018 年秦亚青的《世界政治的关系理论》和澳大利亚学者埃米力亚·卡瓦尔斯基(Emilian Kavalski)的《关系性国际理论中的"关系"》等书的面世,显示了关系理论显性和潜在的世界性意义。[3]

到目前为止,关系理论的讨论大多集中在理论建构方面,以思辨的方式对关系理论的本体论、认识论和方法论作了较为系统的阐释。怎样使用"关系理论"开展经验性研究,是需要认真考虑的问题。虽然经验性研究的成果时而出现,但总体上仍然稀缺,[4]一些研究人员对于关系理论的应用问题往往感到困惑。《关系性逻辑与东亚区域治理》这本书的主要目的就是让读者一方面了解关系理论的基本内容,另一方面则是怎样针对国际关系的现实使用关系性逻辑进行理论设计并开展经验性研究。

本书的主要实证研究是东亚地区政治和东亚区域治理。关系理论预测,虽然关系性逻辑在世界政治中有着广泛的应用范畴,但在东亚社会的表现要比在其他地区明显,这是因为关系性思维是东亚社会的一个重要特征,在许多场景中比个体理性逻辑更具显著性意义。作为一本既对于关系性进行理论阐释,也对关系理论进行实证研究的书,首先关注的实践活动集中在东亚,试图发现在东亚地区政治中,国际行为体表现出怎样的关系性思维和行为,这样的思维和行为又是怎样影响东亚地区的国际关系,尤其是东亚区域的治理合作进程。

全书分为两个部分。第一部分是理论构建,包括五章,比较系统地勾勒了关系理论的研究框架,表述了关系理论的核心假定、可衍生假设、重要概念、分析框架等内容。第二部分是案例研究,包括七章,以国际关系中有学术意义的个案研究为主,讨论重点集中在东亚地区,但也包含东亚以外的其他实例。从这些章节中,我们可以看出,怎样依据关系理论提出具有关系性内涵的研究问题,怎样在关系理论的基础上设计分析框架、怎样从关系理论中推衍出可验证假设,怎样以国际关系的事实案例对假设作出验证。这些经验性研究较好地回答了关系理论的应用和可操作性问题。在结语部分,本书提出了国际关系理论建构的文化路径,并以西方国际关系主流理论为比照,讨论了一种中国国际关系理论的发展进路。

第一章到第五章主要是理论探讨。在第一章《关系本位与过程建构:将中国理念植入国际关系理论》中,作者秦亚青提出了一个基于中华文化的过程建构主义模式。作者认为,在世界国际关系学界占据主导地位的西方国际关系理论三大主流学派——结构现实主义、新自由制度主义和结构建构主义——有一个共同的缺失,这就是对国际体系过程和国际社会中复杂关系的研究。进而,国际关系学科包含了"关系"一词,但却没有对关系的系统梳理和理论阐释。作者针对这一重要缺失,借鉴主流建构主义的社会性内涵,将"过程和关系"这两个中国社会文化中的重要理念植入国际关系理论,在这个基础上形成了过程建构主义的理论模式。其中,将过程定义为运动中的关系,论证了过程的自在性、过程动力和过程在国际关系中的作用。过程的核心是关系。如果说西方个体本位的社会性质的核心理念是"理性",那么中国社会文化的一个根本理念则是"关系性"。将这个理念挖掘出来并进行概念化处理,依此确立过程建构主义"关系本位"的基本假定。同时,过程建构主义还认为,国际社会中的关系网络确定国家身份并孕化国际权力。过程建构主义总体上是体系层次的进化理论,将分析重点置于国家之间的互动实践,强调过程的自在性以及对国际规范、国家身份和认同的建构作用。

如果说《关系本位与过程建构》提出了一个过程建构主义的理论模式,那么第二章《世界政治的关系理论》则将重心移到"关系"这个蕴含并反映中华文化共同体背景知识的核心概念上面,以"关系性"为贯通性核心理念构建了世界政治的关系理论,并对关系理论作出了系统的阐释。作者秦亚青首先强调文化在社会理论建构中具有重要意义,因为理论硬核的形上元主要是由文化共同体的背景知识塑造的。个体理性是西方文化中的一个重要概念,构成了主流西方国际关系理论的核心。如果我们不以这个西方概念为理论建构的出发点,而是以中华文化中的"关系性"作为理论硬核的形上元,那么就可能形成不同的国际关系理论,这就是世界政治的关系理论。这一理论将国际关系的世界视为由关系构成的世界,假定国际行为体是关系中的行为体,并从本体论意义上将过程界定为运动的关系。关系理论提出了关系性逻辑,认为行为体以关系作为其行动前提。这一理论主张将中庸辩证法作为理解日益复杂世界中的关系的认识论图式。关系理论框架有助于我们从不同的视角看待国际关系世界,重新概念化权力、治理等关键要素,提出东亚朝贡体系实际上是一种关系体系,而不是威斯特伐利亚意义上的主权体系,这就能够在更广阔的范围内比较国际体系,从而丰富真正意义上的全球国际关系学。

在第三章《关系理论的学术议程》中,作者苏长和从学术角度提出了关系理论的研究议程和研究范畴问题,尤其讨论了"会通"的方法。他指出,立乎此而交彼曰"关",垂统于上而承于下曰"系","关系"是理解世界和组织世界的核心概念之一。国际政治中的关系理论汲取了中国传统文化和当代中国外交实践资源,为中外关系演进提供了一种文化和社会解释。作者主张在会通法基础上延伸和扩大关系的范围,同时超越西方社会科学理性选择理论的缺陷,从关系选择角度认识国家行为和国际秩序演变。作者还认为,关系理论的进一步发展既需要完善方法论体系,也需要关注和解释现实重大外交问题。关系理论为互联互通战略提供了理论解释选项,互联互通为关系理论提供了现实的研究素材。最后,作者从会通和转化角度,探讨了关系理论怎样进行学术表达的问题。

第四章《关系主义与中国学派》将关系理论和中国学派联系起来。作者高尚涛认为,西方国际政治理论尽管取得了广泛的成就,但在一些重要领域还没有深入开拓,这些领域恰好与关系主义有关。中国文化的核心要素"关系性"具有深入发掘的潜力,并以此形成中国学派的分析框架。中国关系主义假定关系是本体性的和结构化的,在认识上具有经验主义、整体主义和规范主义三个基本倾向。从逻辑方式上看,关系主义坚持关系理性,强调主动创造最优共在关系并在共在关系中界定和实现最大可及利益,儒家的仁义策略就是实践关系理性的可行选择。在此基础上,关系主义国际政治理论假定国际体系结构为内含国家的主权共在关系结构,国家坚持关系理性,推动最优主权共在关系的出现和最大可及利益的实现。关系主义国际政治理论将国家面临的问题理解为在主权共在关系结构中的相互作用问题,并可能围绕主权共在关系结构的构建及其对国家和国家行为的影响提出自己的核心假设。

第五章《论"关系转向"的本体论自觉》集中讨论了关系理论的本体论意义。作者季玲指出,关系本体假定意味着关系理论是超越东西方的知识产品。21世纪初开始的"关系转向"是近几年在东西方国际关系理论界共同兴起的学术现象。但是东西方学术界并未能就关系主义研究开展有效对话,研究者更加关注东西方"关系转向"的不同渊源和差异性,而对全球性"关系转向"这一现象的产生原因及其学理意义缺乏足够的认识。在全球化、科技革命和互联网快速发展的背景下,现实世界政治日益呈现出高度互系和流动的特征,主流国际关系理论原子式的实体主义本体论越来越脱离世界政治的现实,理论与现实之间的张力推动东西方学者共同转向"关系本体"。超越东西方文化壁垒、推动全球性关系主义研究是关系思维的内在要求。坚持关系本体、挑战实体主义世界观和研究路径，是东西方"关系转向"的共同基线，也是超越东西方分野、推动全球关系主义研究的共同起点。坚持和贯彻关系主义的本体论自觉，要求在研究设计中避免"物化"和"二元对立"的实体主义认识论倾向，坚持关系世界的永恒变化性以及关系世界中个体与个体、个体与整体之间相互内在的联系性。

　　第二部分是基于关系理论的经验性研究。在第六章《关系平衡、东盟中心与地区秩序演进》中，作者魏玲提出了"关系平衡"的概念。大国平衡往往被认为是东盟生存与发展的根本战略，但是对于东盟大国平衡的解释却大多陷入结构主义和工具理性。作者借鉴社会学和世界政治的关系理论，指出东盟大国平衡的根本性质是"关系平衡"，即将地区相关大国纳入东盟的关系网络中，通过对关系的主动管理和调节，实现各种关系亲疏均衡和关系体系环境最优，从而维护自身安全、增进自身权利。东盟通过关系性权力政治实践、关系网络化和情感关系过程等三个机制将"关系平衡"制度化为"东盟中心"。"东盟中心"不仅仅是地区合作的制度和规范基础，而且正在塑造着"东盟方式"的地区协商合作和协商治理秩序。多边主义秩序观是"关系平衡"的规范背景和前提条件。"关系平衡"是秩序塑造过程的核心和动力。作者以美国加入《东南亚友好合作条约》、从东亚峰会到东盟防长扩大会议机制的建立以及中国—东盟关系中的情感过程为案例，对"关系平衡"的三个作用机制进行了验证。

　　在第七章《东盟的中心地位：一个网络视角的分析》中，作者董贺以关系思维的方式，使用社会网络理论的分析框架，讨论了东盟的中心地位。在关系网络中，中心性指标能够表明位置和重要性，进而反映行为体的地位与影响力。在东亚区域合作网络中，东盟具有最高的中心性，这表明东盟在同各国的直接关系数量、对资源和信息的影响以及对各国间关系的控制和调解上具有最大的优势，在制度和互动层面占据中心地位。当前的东亚区域合作可被视为一个以东盟为中心的关系网络。在这一网络结构中，各种合作机制和政治、安全、经济等具体领域的互动建构了东盟与各国之间的关系，使其能够在区域合作议程的制定与规范的形成中发挥关键性作用，引导并协调区域合作中复杂的大国关系及影响。通过建构并巩固其中心地位，东盟得以在保障和实现自身利益诉求的同时，将东亚区域合作网络中的主体紧密地联结在一起，共同推动东亚一体化进程。

作者韩志立在第八章《关系主义研究视角下的东盟共同体》中提出了"关系共同体"的概念。作者认为，学界以欧盟为参照评判东盟的做法值得商榷。近年来，国际政治研究出现关系主义转向的趋势，学界以"关系性"为内核，对国家行为体的思维与行为方式提出新的理解与论述。从关系主义研究视角来看，东盟与欧盟代表着不同的区域共同体。欧盟是一体化共同体，其核心功能是实现欧洲一体化，其制度形态是服务于一体化功能的超国家机制。东盟是关系共同体，其发展历程与制度架构有着显著的"关系性"特性，东盟成立、扩员、共同体建立都是以关系治理为核心考量，东盟制度架构由国家间磋商机制与规范构成，是成员国关系治理的制度平台。关系共同体与东盟的实践为未来东亚共同体建设提供了新思路。在当前地缘竞争重返亚太舞台的态势下，推动东亚命运共同体建设显得尤为必要，它将是实现地区关系治理的重要手段。

第九章《关系性安全与东盟的实践》的研究核心是"关系性安全"。作者季玲发现，东盟成立50多年来成功维护了东南亚乃至东亚地区的长期和平,构建了有弹性的地区安全生态,但现有研究均无法充分解释东盟成功的原因及其安全实践背后的行为逻辑。传统国际关系理论在安全问题认识上的局限性源于其实体主义思维和个体主义方法论与安全关系性之间的张力。要理解和解释东盟安全实践,需要运用关系主义思维、破解安全研究的个体主义方法论。基于世界政治的关系理论关于共在存在、关系性身份和关系理性的基本假设,关系性安全意味着,以维系共在关系和追求共享利益为导向的关系性身份确认过程,是实现本体安全与物理安全相统一的可持续安全目标的路径,行为体遵循关系理性的能动和创造性实践是关系性安全目标得以实现的保证。关系性安全从理论上克服了传统安全观对安全利益的孤立界定、对心理安全的忽视以及个体理性导致非理性安全结果等难题,也为理解东盟长期和平的安全生态建构以及多元灵活的安全行为提供了理论工具。

第十章《关系、网络与合作实践:清谈如何产生效力》强调,软性制度主义是东亚地区进程的突出特征。软性制度主义指合作的制度化程度不高,非正式性强,因此往往被称为清谈。然而,东亚一体化在过去20多年发展迅猛,在制度建设和功能合作领域成果丰富。清谈式的软性制度进程是否真的可以推动合作? 又是怎样产生合作效力的? 国际关系学界对软性制度主义和清谈尚未进行严肃系统的研究,无法提供令人满意的答案。作者魏玲借鉴世界政治的关系理论和实践理论,试图建立一个清谈理论模型。作者以过程建构主义为基本假定,提出清谈是以关系为核心的软性制度主义国际合作实践。清谈建立、发展和维护关系,形成关系网络。在关系过程中,关系的生产和再生产性决定了关系网络的自觉自我维护,关系理性推动关系中的行为体通过互惠与和谐机制实现合作,即便是在困难时期,也可以维持合作的关系过程不变。"关系"是清谈模型的核心，是实践本体，是合作进化的逻辑、动力和目标。作者以东亚第二轨道进程"东亚思想库网络"为案例，对上述理论假设进行了验证。

第十一章《关系网络的竞争："印太"战略对东盟中心地位的挑战》就是专门从关系视角讨论了东盟地区关系网络与美国特朗普政府的"印太战略"。一般认为，东盟在东亚区域一体化与合作关系网络中处于中心地位。文化和话语身份建构主义理论忽略了行为体所处社会关系网络对行为体身份的建构作用，因此在解释东盟中心地位身份方面具有显著的局限性。作者韩立志借用关系主义身份理论的分析框架，探讨特朗普政府的"印太战略"对东亚地区关系网络、对东盟中心地位身份可能产生的影响。美国"印太战略"实质上是要确立"印太"关系网络在地区架构中的主体地位，以及美国在区域架构中的主导作用。"印太战略"给东盟带来的挑战大于机会，东盟与美国在此方面建立合作的可能性很小，对东亚区域进程关系网络及东盟中心地位的护持，将是东盟应对"印太战略"挑战的主要策略。

虽然关系性逻辑在东亚地区表现得更为明显，但关系理论并非仅仅限于东亚地区或是儒家文化范畴。人是关系动物，无论在什么地域，人的思维都会受到关系性的影响，人的行为也都会表现出关系性逻辑。第十二章《关系认同：结构与行为》专门使用了美国与中东国家的关系认同和关系结构的个案，讨论关系认同问题。作者高尚涛认为，"关系是一种具有本体属性的友好但密切程度不同的人际联系"的界定，并从"关系理论"的关系性国际体系研究出发，提出了"关系认同构成关系结构"的观点，梳理了关系结构建构的微观机制及其作用原理。作者指出，所有关系世界中的行为体都处于与其他行为体之间的、由关系认同确立起来的关系认同结构之中。行为体依据不同关系认同的亲密程度和强烈程度,决定其对其他行为体的支持力度与合作程度。但是,关系认同结构本身会随着自身结构内相关行为体关注领域的变化而发生变化。这一"关系认同结构理论"可以分析冷战时期的国际体系结构和特朗普政府与中东国家之间的关系状态与行为方式,表现出很好的解释能力。

在最后的结语,作者秦亚青提出一种社会理论创新的文化路径。"关系"是中西方学者都给予高度重视的一个概念,但关系理论在中华文化的背景知识影响之下,尤其表现了其社会性蕴含和本体性创新。正因为如此,作者诠释了理论建构与文化的关系。理论的形成始于理论硬核的形成,理论创新的关键在于理论硬核的创新,社会理论的硬核包含形下元和形上元两个元素,前者接受外在世界信息,后者对信息进行滤析、诠释并赋予意义。形上元创新是根本性创新。作为共同背景知识的文化源自一个社会群体长历史时段的实践,在宏观层面塑造这个实践共同体成员的世界观以及思维和行为方式,是理论硬核形上元形成的重要资源。基于文明的文化共同体是最稳定和最典型的实践共同体,其背景知识孕育了理论硬核的形上元。西方主流国际关系理论一个核心形上元要素是个体理性,而中华文化则为关系性形上元提供了坚实的实践基础。

本书有一个特点:大部分作者都亲身参与了东亚区域治理的第二轨道合作,有着丰富的实践经验,并将其与自己的理论研究密切结合。另外,所选文章都是近些年来在中国国际关系重要期刊发表的论文,其学术意义大、质量高、可读性强,集中在一起,可以清晰看出关系理论的建构脉络、研究方法和实际操作,对于政治学和国际关系研究人员、国际关系专业的学生都具有启发作用。本书也可以作为国际关系专业研究生层面的教材,使学生对于理论分析框架的构建、概念化、可操作性过程等研究方法具有直观的认识并获得实际应用的能力。

注释

1. Patrick T. Jackson and Daniel H. Nexon，"Relations Before States：Substance，Process and the Study of World Politics，" *European Journal of International Relations*，Vol.5，No.3，1999，pp.291—332；Mustafa Emirbayer，"Manifesto for a Relational Sociology，" *American Journal of Sociology*，Vol.103，No.2，1997，pp.281—317.

2. 参见 Yaqing Qin，"A Relational Theory of World Politics，" *International Studies Review*，Vol.18，No.1，2016，pp.35—47；赵汀阳著:《天下的当代性》,北京:中信出版社 2016 年版；Yaqing Qin，*A Relational Theory of World Politics*，Cambridge：Cambridge University Press，2018；Chiung-chiu Huang and Chih-yu Shih，*Harmonious Intervention：China's Quest for Relational Security*，Farnham：Ashgate，2014。

3. Emilian Kavalski，*The Guanxi of Relational International Theory*，London and New York：Routledge，2018.

4. 石之瑜、黄琼萩等中国台湾的学者在这方面做了许多工作。参见 Chiung-Chiu Huang，"Balance of Relationship：the Essence of Myanmar's China Policy，" *The Pacific Review*，Vol.28，No.2，2015，pp. 189—210；Chiung-chiu Huang and Chih-yu Shih，*Harmonious Intervention*。

第一部分　理论构建

第一章　关系本位与过程建构

——将中国理念植入国际关系理论

秦亚青

到目前为止,西方国际关系主流元理论的发展主要是在体系层次,从肯尼恩·华尔兹(Kenneth Waltz)的结构现实主义(1979年)开始,相继出现了罗伯特·基欧汉(Robert Keohane)的新自由制度主义(1984年)和亚历山大·温特(Alexander Wendt)的结构建构主义(2000年)。这些理论在一定程度上解释了国际关系领域的某些现象,但是,它们又都忽略了一个重要的社会性要素:社会互动过程和与之密切相关的社会性关系。结果是讨论国际关系的理论中却没有"关系"的地位,势必鲜有"关系"理论,这是西方国际关系主流理论的重大缺失。实际上,过程和关系是中国社会文化中的重要元素,是中国政治哲学中的核心概念。过程包含关系,关系建构过程,过程的核心是运动中的关系,关系的运动形成了过程。如果说西方自启蒙运动以来三百年多来的一个核心理念是"理性"(rationality),那么中国传统思想中的一个核心理念就是"关系性"(relationality)。将这个中国元素概念化,以这个重要概念为核心,并与西方国际关系理论的立论方式相结合,结果会呈现什么样的理论取向呢? 本章试图设计一种国际关系的过程建构主义理论,[1]即采纳建构主义国际关系理论的基本假设和分析构架,吸收社会学关于社会性关系的论述,但其内涵要素则是中国的核心理念——关系性,即过程中的关系和关系中的行为体。[2]由于篇幅所限,本章只提出一个过程建构主义的基本分析框架及其核心假定,目的是在形而上层面勾勒一种新的国际关系理论的轮廓。

一、社会过程与社会性关系:
国际关系体系理论缺失的要素

为了清楚地发现国际关系体系理论的缺失,我们需要对现有西方国际关系体系理论作一个简单的分析。过去 30 年里发展起来的西方国际关系的元理论主要是三种体系理论,即结构现实主义、新自由制度主义和结构建构主义。[3]这些理论都试图在国际体系层面构建理论体系,讨论国际体系因素如何影响国家行为。而每一种理论的发展都是在发现和补充前一种理论的不足上面作出了贡献。肯尼思·华尔兹提出了"结构选择"命题,认为国际体系中的物质实力分布(即结构)决定了国家的冲突或是合作行为。新自由制度主义发现,新现实主义的核心假定——体系权力分布决定体系单位行为取向——不能解释体系权力分布保持不变情况下的单位行为变异,比如在两极体系不变的情况下,为什么国家之间既有冲突,也不乏合作。因此,新自由制度主义提出了体系层面的另外一个影响体系单位行为的要素——国际制度,认为国际制度可以通过加强信息透明、降低交易成本的方式促进国家的合作行为,弱化国际体系的无政府性。[4]结构建构主义也是发现了结构现实主义的另外一大缺失,即国际体系中的观念分布,然后才发展了结构建构主义理论,以国际体系观念分布或曰国际体系文化替代了华尔兹的物质权力结构,认为国际体系文化构建国家身份认同,并因之影响了国家的行为,形成了一种以观念结构为核心变量的体系层次理论。[5]所以,发现缺失,就可能撕开理论研究和创新的突破口。

体系理论的缺失仍然存在。首先来看结构现实主义。结构现实主义注重的是物质实力的分布,将国际体系视为无政府体系,将体系中的行为体视为各自独立的单位(主权国家)。这样就预设了一种原子论假定,即单位是构成体系的最小成分,单位之间的互动依靠外来力量的推动。这也就是弹子球比喻:每一个国家都是球台上的一个球,当球杆打出之后,球与球之间在外力的作用下发生物理性互动,并因之产生某种结果。根据国家的实力大小,国际体系又呈现单极或多极格局,直接影响着国家的战争与和平、冲突与合作行为。对于结构现实主义来说,物质力量分布的状态足以决定国际体系的整体稳定以及主要国家在体系中的行为模式。[6]

新自由制度主义审视了国际体系与单位行为的变化之间的关系。罗伯特·基欧汉认为,如果依照结构现实主义理论进行推理,国际体系的物质权力分布不变,国家的战争/和平、冲突/合作行为也不会变。但在实际的国际体系中,在国际体系结构不变的情况下,国家行为也会发生变化。比如冷战两极体系中的苏联和美国,即便在最敏感的核军备竞争方面,也会出现合作的情况,在其他低政治、低敏感度领域的合作就更多了。到底是什么因素在起作用,使得国际体系的无政府性被削弱,使得国家在无政府体系中可以进行合作?基欧汉发现,是国际制度在发生作用,由此提出新自由制度主义。[7]新自由制度主义以"制度选择"更替了结构现实主义的"结构选择",认为国际制度影响国家行为、促成国际合作。新自由制度主义是体系层次理论,因为它关注的是国家之间的互动。对于新自由制度主义学者来说,这种互动就是过程。国家之间互动所产生的作用是不能还原到单位层次去寻找因果关系的,所以,最重要的因素是影响互动的有形的国际制度。从这个意义上讲,一些自由制度主义学者认为他们是注重过程的。[8]

结构建构主义也是体系层面的理论。在亚历山大·温特提出施动者—结构问题的时候,他试图强调行为体和结构之间的互构关系,所以借鉴了吉登斯的结构化理论,双向互构也成为早期建构主义国际关系理论的一个基本标志。[9]但后来温特为了发展一种体系层次的元理论,借鉴了结构现实主义的理路,其理论体系的完善也标志着结构建构主义的形成,即体系层面的观念结构(文化)成为温特建构主义中的核心因素,观念结构影响了单位行为体的身份构建,并因之影响了它们的行为方式。温特建构主义的核心被称为"文化选择",以有别于华尔兹的"结构选择"和基欧汉的"制度选择"。1999 年《国际政治的社会理论》一书问世,标志着结构建构主义理论体系的完成,也使温特理论成为单向建构理论,重点在于讨论国际体系层次的观念结构是如何影响国家行为体的,并且这种观念结构更多地用"规范"来表现。所以,在主流建构主义的研究议程中,多是国际规范是如何传播、如何建构行为体身份和影响行为体行为的。[10]温特从双向建构转向单向建构说明西方体系理论学者很难摆脱线性思维的束缚,一旦开始考虑元理论,便开始了从一点到另外一点的因果推理。

应该说,这三种国际关系的体系理论都具有解释作用。但是,它们又都缺少了一个重要的因素,这就是国际体系中的社会要素:关系。可以说,西方主流国际关系理论虽然将学科称为国际关系,但却没有形成真正的讨论"关系"的理论。结构现实主义对关系性的重视程度最低,对过程基本不予讨论。新自由制度主义认为自己重视过程,实际上仅仅将过程视为一种背景,视为一种行为体活动的场所,它最终强调的是制度,是过程的一种物化形式。一旦国际制度形成,国际制度与行为体之间的因果关系就成为核心研究议程,国际制度可以直接作用于国家,而过程则成为几乎完全不在研究范围之内的"黑匣子"。[11]结构建构主义也强调过程。尤其是在温特早期的论述中,施动者与结构的互动被视为一个过程,在这个过程中施动者和结构本应没有孰先孰后的问题,它们在互构中产生和互生。但是,到了温特全面构建结构建构主义理论的时候,结构被物化,结构成为解释施动者身份和认同的原因,过程再次成为一种背景、一种场所或是一个舞台:虽然不可或缺,但不是分析的主要对象,而是不能脱离施动者和结构的依附性因素。[12]

实际上,过程、或曰社会互动过程,是中国经验和思想中的重要元素。费孝通对比了中国与西方社会关系的不同,认为西方是个人主义社会,西方社会中的个人如一捆捆竖立在田地里的稻秸,相互独立,由社会契约和组织将他们维系在一起;中国的社会结构则好像水面上一圈一圈的波纹,每个人都是其社会关系推出去的圈子的中心,每个圈子和每个波纹都是通过某种关系联系在一起的。[13]其实,波纹之间的不间断就是过程,条条波纹恰恰是关系的链条。个体与这些波纹环环相连,在无数的过程中影响和受到影响。中国台湾学者黄光国更是以《儒家关系主义》为名出版了他的研究论文集。如果将社会过程这个中国文化中的重要元素作为一个核心要素,将关系性作为过程中的核心内容并确立关系本位的假定,那么会呈现一种什么理论取向呢?

二、关系本位:过程建构主义的理论趋向与核心假定

任何社会理论的关键是抓住社会分析的根本环节,也就是社会中的核心纽结。西方社会的个人本位决定了西方社会理论将独立的个体作为社会的基本单位和核心纽结。西方的国际关系学也是以此为基础的。中国则不同,在中国社会中,个人不是社会的核心单位。中国社会的思维模式是"家国天下",从家庭到国家到天下都是人的集合体,即社会单位。独立的个人只有在集体中才具有意义。所以,中国历来注重群体中的个人。没有群体,也就没有个人。群体的纽结是关系。正因为如此,过程建构主义的核心是关系,过程建构主义的理论趋向与核心假定都是围绕关系性展开的。

(一) 过程建构主义的理论取向

我们首先制定一个分类标准,即使用两对标量来对现有的体系理论进行分类。这两对标量是物质和理念、结构与过程。[14]根据这一标准,现有体系理论大致可以分为结构理性主义(华尔兹的结构现实主义)、过程理性主义(基欧汉的新自由制度主义)和结构建构主义(温特的结构建构主义)。本章提出的"过程建构主义"理论,其分析重点是过程,其理论硬核是关系性。关系性是社会活动的本质要素,关系性界定社会。我们说过程即运动中的关系,也就是说它表现的是复杂关系的流动运化。过程既是关系运动的载体和场所,也是产生和发展关系的根本动力。过程与关系是不可分割的,是你中有我、我中有你的孪生要素。由于三大体系理论都忽视了关系这个中国文化中最具生命力的要素,所以我们首先在体系层次的理论谱系里面补足这个概念,以此确定

过程建构主义在国际关系理论谱系中可能占据的地位,然后再对其理论取向加以解释和说明。

图 1.1　国际关系体系理论图谱

资料来源:笔者自制。

从图 1.1 上看,结构理性主义属于物质主义范畴的理论,尤其强调以物质性权力分布定义的国际体系结构,这种结构规定了体系内单位——国家——的基本行为方式,所以,结构理性主义的基本理论取向是物质性结构理论。温特的结构建构主义将华尔兹以权力分布定义的结构替换为以观念分布定义的结构,即国际体系的文化。他提出了三种国际体系文化:霍布斯文化、洛克文化和康德文化,认为是这些文化建构了体系单位(国家)的基本身份,因而也就决定了单位的利益与行为。他与华尔兹一样强调结构,但却将华尔兹的物质性结构改变为理念性结构,理念性结构规定了国家的相对身份并因之规定了它们的利益。所以,结构建构主义的基本理论取向是社会性结构理论。新自由制度主义大致属于过程范畴的理论,并且从形式上看,它重视的是国际制度,似乎非物质性的成分要大一些。但是,这里有一个重要的问题,那就是新自由制度主义所强调的过程,是一种"有规律的互动方式"。在这里过程只不过是背景和陪衬,因为使这种互动有规律并可预期的是国际机制或是国际制度。[15]国际制度是依靠对国家提供的实际奖惩情况而发生作用的。新自由制度主义所说的过程是一种附着性的物化,它对过程的重视只在于过程是互动的平台。从根本上说,新自由制度主义仍然属于物质主义范畴,它所讨论的制度虽然在很大程度上是非物质的,但其作用取决于制度能够提供的物质回报,物质性权力和利益仍然是国家行为的主要动因。所以,过程理性主义是物质性过程理论。简言之,对于现实主义来说,观念是无足轻重的,对于新自由制度主义来说,观念能够成为一个与权力和利益并列的自变量,具有独立的因果作用。[16]然而观念与权力和利益之间虽然是相互独立、相互并列的关系,但观念的作用也只能弥补物质性权力和利益解释的不足。所以,新现实主义和新自由制度主义的根基都是物质主义世界观。

过程建构主义的基本理论取向是社会性过程理论。也就是说,它强调社会性建构作用,认为社会性是国际关系理论的核心要素。另外,它提出了一个与结构建构主义不同的建构机制:以关系性为标示的过程。由于过程建构主义属于社会性理论,它接受结构建构主义的三个基本假定。第一,社会本体。国际关系的世界不仅仅是物质性的形成,而且更重要的是社会性建构。[17]这一假定并不是要否定物质的客观存在,而是反对把物质的客观存在作为解释行为体行为的唯一原因。物质主义国际关系理论假定行为体身份和利益是在社会性互动之前就已经存在的,是给定因素,是不以行为体的实践活动和话语结构变化而变化的,因之也是非历史的。社会本体论认为,行为体有意义的行为只有在主体间社会语境中才得以成为可能。没有身份认同的行为体也就没有利益可言。因此,在国际关系的世界里,社会是第一性的,国家身份首先是国家在国际社会中的社会身份,这种身份产生于国家与其他国家在国际社会中的互动实践,并在这种不间断的实践过程中得以定义和再定义。[18]第二,国家作为国际体系的基本单位。在当今国际体系中,国家仍然是国际体系的基本单位。这并不意味其他国际体系行为体,比如个人或是国际组织在国际体系中发挥的作用不重要,而是因为国家仍然是现代国际体系运行的主要实践者和国际关系活动的主要组织者。即便是全球性问题,虽然没有任何一个国家可以单独应对和解决,但国际合作仍然主要是通过国家进行的。进而,在全球化时代,国际国内两个层面高度互动,但是这种互动的协调中枢仍然是国家。第三,国际社会进化原则。国际关系的运动是变化的,这种变化是行为体能动作用使然。过程建构主义相信国际体系的变化是朝着更加符合人类期冀的方向变化,因此也就是朝着进步的方向进化。温特提出三种文化,即霍布斯文化、洛克文化和康德文化,分别以丛林原则、竞争原则和友谊原则表示,反映了一种进化发展的国际关系取向。虽然在某一历史时段和某一局部地域中,国际关系可能会出现逆向发展的情景,比如从洛克文化倒退到霍布斯文化,[19]但过程建构主义同样认为,国际社会从总体上说是朝着进步方向发展的。结构建构主义的一个突出问题是,它没有为这种进化提供动力,似乎一种文化在非历史、无动力的条件下就突然跃入另外一种文化。过程建构主义需要为这种进化提供动力。

因此,过程建构主义首先是体系层次理论,是讨论国际体系层面因素如何影响国际体系单位的行为的,并且认为这些体系因素是无法还原到单位层面的。其次,过程建构主义主张社会本体论,关注重点是非物质性的社会因素,强调的是行为体互主行为的意义生产过程。最后,过程建构主义相信社会进化原则,认为国际社会具有社会的基本特征,国际社会的发展过程是朝着更加符合人的期冀的方向发展。体系层次、社会本体和社会进化这三点构成了过程建构主义的基本理论取向。图1.1也表明了过程建构主义重社会性、重过程的基本特征。

(二) 过程的意义

本章提出的过程建构主义理论虽然采用了主流建构主义的三个重要假定,但弱化了结构建构身份的自上而下的因果型模式,由强调观念结构转向强调主体间的实践过程。过程建构主义主要论点是:过程在社会化中起到关键的和不可替代的作用。过程是运动中的关系,具有自在的地位。维持过程,就是维持关系,就会延续建构身份的实践互动。过程起关键作用,是指过程本身成为实践活动的中心。由于过程建构主义的关键部分是社会过程,所以首先对过程作一个界定。

1. 过程与过程特征

过程指产生社会意义的持续的实践互动关系。这就是说,过程建构主义的过程是运动中的关系,也就是复杂且相互关联的动态关系复合体,它的基础是社会实践。关系与过程是两个不可分割的因素。一般来说,重个体的社会强调结构,因为结构表现了独立个体的基本位置,这种位置决定了个体之间的互动。比如,在国际体系中,结构现实主义认为,霸权国的行为和主要大国的行为是它们在权力结构中的位置使然:霸权国希望保持霸权地位,大国希望夺取霸权地位。以此得出的结论就是大国之间必然发生悲剧性的冲突。[20]结构建构主义虽然不像结构现实主义那样几乎完全不考虑过程的意义,但仍然认为国家的行为是它们在国际文化结构中的相对角色使然。重关系的社会必然强调过程,因为关系在过程中发生、发展并得以体现。过程既是关系复合体,也是关系运作的时空域境。关系变,过程取向就会变,国家行为也会变。帕特里克·杰克逊和丹尼尔·奈克松将过程定义为一系列"事件",[21]这其实是回归了实质主义,将在某一时空点上发生的事件及其物化结果作为过程的构成部分。过程建构主义将过程核心定位于动态"关系",强调的是互动关系而不是事件;突出的是流动的、历时性的主体间行为,而不是具体的行为结果;观察的是运动中的变化,不是互动中的物化;思考的是"关系选择",也就是说关系影响着行为体的行为。过程建构主义的过程因之有着以下几个重要特征。

第一,过程与行为体是共生的、相互建构的,共同参与并进行着社会化实践。这里不存在因果律所规定的时间上的先后顺序问题,也无法将过程与行为体分离开来。西方国际关系学近年来将社会化作为一个重要的研究方向,大量社会化的研究成果也已经问世。[22]但在这些论述中,尤其是在具体的研究议程上,过程和行为体总是处于一种二元结构之中:或是行为体优先,由行为体建构过程,然后再由过程发生作用。[23]或是过程先于行为体,过程建构行为体、施动行为体。[24]无论是行为体优先还是过程优先,都摆脱不了二元结构,都试图将过程视为可以和行为体分离的东西。原因是西方人的思维方式里面,因果律总是第一位的,即便是在考虑过程的时候,也试图建立一种过程与结果之间的线性因果关系。但是,我们无法想象没有过程的行为体抑或没有行为体的过程。过程建构主义认为,过程与行为体是共存共生的。实际上,对过程的形象表述就是阴阳八卦图像:两个鱼形的阴阳和整个图像的圆是一体的,是互动互补的。脱离了两个鱼形不成其圆,脱离了圆则阴阳无形。阴、阳、圆图像同体共存,行为体通过行动和互动形成了过程,过程也制约行为体或是赋予其能动作用。过程和行为体之间的关系以及过程中行为体之间的关系,不是线性的工具性因果关系,而是必须从整体角度、以圆的思维而不是用线的思维去审视的建构关系。这意味着，在国际社会里，国家从一开始就处于国际社会错综复杂的关系过程之中，没有任何国家可以脱离过程而天马行空，也没有任何过程可以没有国家而以空中楼阁的形式存在。

第二，过程建构主体间性。过程使行为体之间的互动实践成为可能，互动实践建构了行为体之间的主体间性。互动可以产生实质性的结果，所以过程有着平台的作用，过程中的关系也有着工具性质，西方理性主义国际关系理论对过程感兴趣的正是过程的这种工具性作用，比如互动过程可以产生制度，制度可以制约行为体的行为等等。但对于过程建构主义来说，过程更为重要的是它建构了主体间性。主体间性被界定为一个使互动具有意义的实践和关系过程，国际体系的规范和观念结构在这一实践中产生和发展。[25]主体间性促动产生了规范与规则，又在以规范和规则为基础的语境中展示自我与他者之间关系的运动，使行为在互动中产生共有意义。[26]过程中的建构性互动关系具有三个特点。首先，国家间的互动实践在过程中发生和发展某种关系，从而确定一个国家相对于其他国家的身份。其次，物质权力通过国家间的实践互动和表象系统产生了意义，通过关系发生作用。最后，互动实践使国家不断调整自己的身份定位，因而也就调整自己的利益。行为体凭借互动实践中产生的规范和规则来赋予行为以意义，使行为体能够理解世界并且也使自身的行为能够被其他行为体所理解。因此，在主体间互动意义上由实践活动所界定的过程才是有意义的，并能促使体系的政治文化发生改变。

第三，过程逻辑包含中国的包容性辩证思维。中国式的辩证法与西方的辩证法有着很大的不同。西方注重实体的思维是分离式思维：首先要明确实体的本质，比如实体 A 的本质属性和属性特征，然后确定 A 的存在和 A 的类属,因此,A 永远不可能是非 A。而中国传统的辩证思维则是互容式思维,即 A 可以包含非 A。比如,在过程的任何一个时空点上,一个互动中的行为体的身份正在形成之中,此时,存在和非存在是共在的(既是 A 也是非 A,或者说既不是 A 也不是非 A)。西方学者也意识到这种同体共存现象,比如,吉登斯使用了结构化(structuration)概念,试图用二重性(duality)替代二元论(dualism),以克服西方思维中的二元定势;[27]温特使用了互构概念,希望讨论行为体和结构的共在问题。但是由于他们的文化底蕴和思维根基是西方的二分法,所以,对于这种 A 包含非 A 的中国式辩证法,西方人大多认为是不合逻辑率的悖论,因此根本不会想到要去这样思维,只有中国哲学传统中才包含了这种辩证思维。[28]过程恰恰是这种思维可以解释的东西。所以,任何社会行为体从一开始就完全嵌入过程之中,没有什么独立于过程的先验社会存在。在这个过程中,行为体发生变化,不仅其行为发生变化,其实质也会发生变化,A 可以转化为非 A。正题和反题之间的关系不是通过斗争形成合题,而是相互诠释、相互定义、相辅相成,通过和谐形成合题。比如,在国际关系中,西方往往是定义一个国家为"流氓"国家,然后通过外交、经济或是军事手段对其进行打击;中国的思维是任何国家都在国际关系过程中运动,其身份是不断变化的,好与坏也是可以转化的,关键是如何发挥过程的积极作用,促其向好的方向转化。

2. 过程的自在性与过程动力

如果承认过程的核心作用,就要论证有关过程的三个相互关联的基本命题。第一,过程具有自在性,它不是以结果和为结果而界定的。第二,过程本身可以产生动力,过程的动力来源是关系的运动。第三,这种动力是体系层面的因素,是不能还原到任何具体的个体行为体的。

过程的自在性指过程可以独立于结果。西方主流国际关系理论是注重结果的理论,[29]这也是受到因果律的影响,即凡事有因必有果,因与果之间的过程只是因果这两个研究中心的附着物和发生场所。正因为如此,即便是被认为重视过程的新自由制度主义也只是将过程一方面作为实现制度的背景,另一方面作为制度约束行为体的工具。西方主流建构主义应该是关注过程并将其视为重要因素的,因为社会化本身就是过程。但是,在实际研究中,这种对过程的关注就消失了,大多数西方学者或是为了理论建构的简约,或是下意识地受到因果变量的支配,高度关注的总是过程之后的结果,因此也就有意无意地将过程省略,使其成为研究过程中的"黑匣子"。主流建构主义的规范研究就是一个很好的例子。第一波规范研究是在 20 世纪 90 年代中期出现的,研究主要是提出两个变量,一个是国际体系中已有的规范,一个是被社会化的行为体表现出来的行为,然后论证两个变量之间的因果关系。比如,先确定国际体系中的一个重要规范:发达的教育科学文化被视为现代国家标志;再指明国家的行为:第二次世界大战后独立的发展中国家表现出来的重视教科文的行为;最后讲两者以因果律连接起来:国际组织将这一国际规范教给国家,国家才表现出符合这种规范的行为。[30]国家为什么接受规范则是一个"黑匣子"。从 2000 年之后,尤其是近几年来,第二批规范研究学者开始重视社会化机制,也就是说他们希望打开"黑匣子"。比如切克尔主编的《国际组织》专辑就将研究设计的重点放在社会化机制上,但这就出现了另外一种情景,社会化机制这个作为中介变量的因素实际上成为研究中的自变量,国家行为成为因变量,社会化过程仍然只是一种事件发生背景而已。[31]

过程的自在性特征表明,将过程自身置于研究重心不仅是合理的,而且是必须的。过程可以独立于结果、甚至不产生预期结果。杰克逊和奈克松曾使用过尼古拉斯·雷切尔(Nicholas Rescher)的过程分类方法。雷切尔将过程分为两类：有主体过程（owned process）和无主体过程（un-owned process）。前者指过程有一个肇始者，这个肇始者有意识、有目的地给予过程以动力；后者指过程没有这样一个肇始者，过程无法还原到某个具体的行为体的有目的行为。[32]西方建构主义规范研究大部分以有主体过程为思维定势，所以，玛莎·芬妮莫尔必须要发现一个社会化过程中的教授者（国际组织），换言之，国际组织有意识、有目的地起始了国际社会化过程，教会了被社会化国家应有的规范。杰弗里·切克尔的社会化机制，比如胡萝卜加大棒、角色扮演、规范劝服等，也都可以十分明确地追溯到一个具体的施动者（在他设计的研究中是欧盟或是北约）。但是，雷切尔指出，许多过程是无法追溯到具体肇始者的，比如谣言的传播、磁场的震颤等，这样的过程无法还原到一个具体的行为体有目的、有意识的行动。其实，我们在考虑社会规范的时候，也会遇到类似谣言传播这类过程，即某种规范是在无肇始者和无意识的情况下形成的，比如东盟的"舒适度"规范。[33]

这两种过程都很有意义。但如果仔细想一想，第二种过程，即无主体过程的存在说明了什么呢？它说明过程是自在的。如果我们承认第二种过程的存在，也就必然接受过程本身就是过程的肇始者和维护者。试想一下全球化过程。人们普遍认为全球化的真正起始是冷战之后的事情，但是全球化进程的启动、它产生的动力、它已经和可能产生的结果等等，都是无法追溯到任何一个具体的个体行为体的。对于全球化过程中的国家和其他国际行为体来说，它们置身于这个过程之中，不断适应和调整、不断定义和再定义自我利益，但是它们也没有一个能够中断、阻止或是逆转这个过程。

过程既然可以是自在的，也就能够产生自身的动力。因此，我们需要明确过程的动力发生机制，也就是说，只有证明了过程本身可以产生动力,才能反过来确证过程的自在性。原因很简单:动力是一切生命之源,如果过程自身不能产生动力,过程也就不能独立存在。我们不会预设过程是一个永动机,所以过程的动力需要来自运动要素。过程的运动要素就是关系。我们将过程界定为运动中的关系,就是说复杂关系的交错流动产生了过程的能量。我们可以将关系分为两类,一种是静止的关系,一种是流动的关系。血缘关系可以属于前者。一个孩子降生到社会上来,也就降生到一种关系网络之中,其身份也就得到了基本的界定,比如奴隶社会的奴隶主和奴隶,这种关系在一定程度上规定了其以后的行为方式。所以,这种关系有着重大的意义,但是静止关系本身不产生能量,因此也就不能成为过程的动力源。一旦静止的关系流动起来,就会产生动力。比如,利益权衡是行为体采取行动的直接原因,行为体在社会性过程中行动,自然会进行利益权衡。但行为体置身于关系复合体之中,并且每日每时都在这种复合体中运动。所以,处于过程之中的行为体(actors-in-process)就在整合和被整合,其身份也会得以塑造和再塑造,利益也就会得以定义和再定义。进而,过程中的行为体会权衡利益,但利益的权衡并不意味着它可以任意脱离过程,因为行为体和过程是一体的。这种不断的运动,不断的塑造、被塑造和再塑造,就成为产生动力的源泉。也就是说,过程是运动的关系,关系的运动产生过程动力。

　　与之相关的一个重要观点就是过程产生的这种动力是不能还原到个体行为体的,因为关系本身不可能是由某一个人建构的,它必然是相互性存在。我们仍以谣言的传播为例。谣言可以是有意传播的,也可以是无意传播的。前者属于有主体过程,后者属于无主体过程。当一个信息被无目的和无意识地传播开来并变成谣言的时候,这个过程就形成了。最后出来的谣言是与原来的信息完全不相同的东西,甚至是无中生有的东西。这个传播过程可以说是充满了动力,因为其中包含了复杂的人际关系网络,网络上的每一个节点都会活动起来,每一条经络都会抖擞起来,成为传播过程中的动力源,但是这一动力本身又无法还原到任何一条具体的经线和络脉。所以,过程理论从定义上讲只能是体系层面的理论。

3. 过程的作用

在国际关系中,过程的重要意义在于过程通过互主性实践关系孕育规范、培育集体情感,并因此催生集体认同。虽然主流建构主义对规范形成和集体认同有过不少的讨论,这里我们还是希望补足一些被遗忘的东西,同时我们也希望将培育集体情感这个主流建构主义没有讨论过的方面作为过程的一个主要作用加以讨论。

过程孕育规范。规范是行为体广泛接受的适当行为的准则,[34]规范的孕育和形成,有着两个方面的动力。一方面来自规范的倡导者,另一方面来自过程本身。西方主流建构主义强调的是前者,认为规范通过倡导者提出,通过制度化和社会化两种手段来实现并加以普及。[35]制度化是规范的内化途径,但并非规范普及的必要条件,可以先于或后于规范普及。欧盟的发展道路一直遵循高制度化的路径,通过签订一系列具有约束性的条约来推进欧盟的规范。[36]而在东亚,由于对非正式原则的重视和制度建设的滞后,规范的传播与普及显然更多的是通过社会化而非制度化实现的,无论是东盟还是东亚13国的地区合作。但无论制度化还是社会化,都是在实践过程中实现的。比如,当社会化进程开始之后,参加的行为体都会感受到"伙伴压力",即"一个地区许多国家接受新规范后(对新成员)产生的累积效应"。[37]当规范被广泛接受以后,就被国家当作理所当然之物内化了,并因之成为国家行为适当性的自我判断标准。

第二方面是规范产生于过程本身。对于这一点西方国际关系学者则很少关注,因为他们很少思考过程自身动力问题。过程建构主义认为,规则和规范是在社会化进程中孕育的,形成的动力也来自过程本身。也就是说,规范不仅是行为适当性的标准,而且也是规范参与者的实践活动,这种实践过程使得规范得以塑造实践者,也被实践者所塑造。[38]过程的运动既意味着规范通过行为体的社会性实践被持续不断地建构和再建构,共同利益不断地被生产和再生产,也意味着这些被建构的规范和规则反过来对过程的维持又起到了促进作用。这种互动的结构产生了行为体之间持续的社会化,行为体的实践活动又促进了这种互动的持续和发展。因此,过程的维持可能比任何实质性的立竿见影的结果都更为重要。过程建构主义承认有主体过程的重要意义,但更加突出了无主体过程的自身动力。在规范孕育和形成方面,过程建构主义更加突出的是过程本身的作用。承认过程的自身动力,试图发现这种动力的意义和作用,这是过程建构主义的重点研究议程。再以东亚地区合作为例,过程建构主义的学术兴奋点在于:哪些规范是无主体过程本身孕育和传播的,这样的规范孕育和传播又是如何改变和重塑东亚地区相互的角色身份的。

过程还有一个重要作用,这就是培育集体情感。主流建构主义以及西方重视过程的社会理论忽视了过程的另外一个重要作用,这就是过程建构集体情感。理性社会对情感的重视较低,在其理论构建过程中往往有意排斥了情感的作用;而在关系性社会中情感的意义是极其重要的。[39]肯尼斯·博尔丁在讨论权力的时候曾经注意到情感的重要意义,认为权力有着三张"面孔",第一是强制性权力,比如海湾战争中的美国与伊拉克;第二是交换性权力,比如经济相互依存中的中国与日本,或是中国与国际经济体系;第三是情感性权力,比如孩子与宠爱她的父母。一个年幼的孩子的物质性权力资源是极其有限的,但孩子之所以能够让父母做她希望做的事情,是因为她使用了情感这个能够影响父母的唯一权力杠杆。[40]在心理学和社会学领域中国(包括台湾)学者的一个与西方根本的不同也是将研究重心放在情感方面。比如黄光国提出了三种关系:工具性关系、情感性关系和混合性关系。[41]混合性关系是工具性关系和情感性关系的混合形式,理性社会偏重工具性关系,关系性社会则偏重情感关系。[42]

集体认同是建构主义的重要概念,社会建构的重要结果就是形成集体认同,即行为体普遍认同主导规范和因之确定的相互身份。西方主流建构主义理论更多地注重与理性相关的因素。温特定义了与集体认同相关的四种主要变量——相互依存、共同命运、同质性和自我约束。[43]比如在应对 1997—1998 年东亚金融危机的过程中,东亚各国对于国际货币基金组织等全球性制度的失望和对东亚面临危机的严重性使它们认识到相互依存、共同命运和东亚国家的同质性,也看到了中国坚持人民币不升值的自我约束行为。所以,从东亚的例子可以看出,在地区合作进程中,有着高度的相互依存,面对区域一体化和全球化大背景下的共同命运感,不断增强的共有规范和大国自我约束的征兆。[44]一场金融危机使得东亚国家的集体认同感大大增强,并因之启动了东亚"10+3"的合作进程。由于涉及这些主要变量的活动且只能表现于互动的进程中,所以说进程催生了集体认同。

集体认同通过这四种变量的作用而形成,这无疑是有意义的讨论,但这些概念之中几乎完全没有情感因素的成分。所以,即便我们重视主流建构主义对集体认同的讨论,在过程的概念上面仍然可以看出,西方学者的研究重心是考虑过程如何通过理性使行为体内化体系规范并在利益和规范趋同的情况下产生集体认同。过程建构主义认为,过程还有十分重要的一面,就是建立、维系和强化情感性关系,使行为体在情感趋近的情况下产生集体认同,使得集体认同有着更加坚实的基础。这种情感趋近在许多时候不是理性作用的结果,而是在过程中不断交往和发展关系产生出来的,同时,情感的接近又促动互动过程的进一步发展。西方国家关系理论往往重视理性的计算,并且认为"只要实现目的可以不择手段"。这类理论忽视了情感的力量。重视情感的社会重视维持过程,维持可以加深情感、加强关系的过程,重视维持和经营可以加深情感的关系。情感性关系正是因为超越了利益的理性计算,而往往是一种更趋长久和稳定的社会关系。[45]

过程只有在通过加强集体情感的情况下,才能呈现"交感而化"的效果。"交感而化"即关系的运动和建构导致渐进变化。过程在不同领域和不同层次上孕育共有规范和规则,赋予民族国家之间的互动以意义,催生集体认同和集体情感,改变体系内的角色结构,从而规定行为体的利益,塑造行为体的行为模式。比如迄今为止的东亚地区合作努力就代表了一种以过程主导的社会建构模式,通过一体化过程实现渐进式的社会化和吸引主要国家参与过程的能力是这个模式的核心内容。理性国际关系理论首先为理性行为体在采取行动时设定了目标,所以将实现的过程视为"手段",也就是次要的因素。在过程建构主义中,过程既被解释为手段,也被解释为目的;既是实践活动的场所,也是实践活动本身。如果强行实现预设目标可能具有颠覆过程的危险,行为体宁愿推迟甚至重新设定目标来维持过程的延续,这正是过程的目的性特征。

(二) 过程的核心概念:关系性

在讨论了过程的学理意义之后,还需要考虑它的实质性内涵,也就是它最不同于西方主流国际关系理论的理论硬核：关系性。过程的实质内涵是运动的关系，过程中的行为体也就是关系中的行为体（actors-in-relations）。所以，过程建构主义的分析重点是关系，观察对象是关系中的行为体。在国际关系领域，这就是国家间关系和关系中的国家。

国外社会科学理论中重点讨论"关系"的论文是穆斯塔法·埃米尔拜尔 1997 年在《美国社会学杂志》上发表的《关系社会学宣言》。[46]这篇论文首先提出了社会学领域的两大对立观点：实质主义（substantialism）和关系主义（relationalism）。埃米尔拜尔认为，实质主义是社会学的基本思维方式，将行为体视为独立的、分离的理性行为体，可以根据自己的自由意志采取独立的行动（self-action）。所以，社会研究的基本分析单位就是这种独立的个体。当然，这些独立的个体不可能不发生互动，互动也必然产生过程，但是这种互动是具有先验身份的个体以既定的身份、出于利益权衡而发生的，所以，从根本上这种过程只是一个空壳。而埃米尔拜尔提倡的社会学则将过程视为具有重要意义的基本分析单位。对于埃米尔拜尔来说，在关系社会学中，行为体不应被视为独立的、分离的理性行为体，他们是社会中的行为体，社会关系先于行为体的存在。

国际关系学界对于关系社会学的反应集中体现在 1999 年美国哥伦比亚大学的杰克逊和奈克松发表的《先有关系，后有国家：实质、过程与世界政治研究》这篇论文中。[47]这篇论文将埃米尔拜尔的关系社会学应用于国际关系领域，提出了一个"过程/关系"研究模式，强调了过程本身的建构作用和过程的动态性质。后来，杰克逊在一篇实证文章中将"关系建构主义"（relational constructivism）应用到北约对南斯拉夫采取的军事打击的研究中去。从这篇论文中可以看出，杰克逊的过程是一种话语过程，即行为体是如何通过话语作用使自己的行动具有合法性的。[48]这篇论文指出了一个重要的问题：行为体行为是在话语过程中被不断诠释的。但其过程/关系模式的动力机制局限于话语作用,话语过程有着明显的动力主体,即北约。所有使北约轰炸合法性的话语建构都是北约这个动力主体的有目的和有意识的行为。所以,作者的论述实际上更是对实体(entities)的研究,即一个独立的实体(北约)如何通过话语诠释,为自己的行为(轰炸南斯拉夫)做辩解并使之具有合法性。从这一点上说,他与西方语言建构主义研究的方式大致是相似的,也没有将过程的分析重心放在关系上面。

这些关于过程与关系论述的学理意义在于开拓了新的研究空间。他们的研究暗合了费孝通的稻秸和涟漪理论:独立分离的稻秸表现了西方的实质主义;连绵不断的涟漪表现了中国的关系主义。但是,由于其研究背景仍然是西方国际关系的理论话语体系,所以对关系的理解在很大程度上处于"为关系而关系"的状态。一方面,这些学者看到了在西方根深蒂固的实体性思维方式存在缺陷,认识到关系的重要性;另一方面,他们对关系的本质意义、对关系与过程的关系、对关系在社会互动实践中的作用认识是不清晰的。所以,无论是埃米尔拜尔还是杰克逊和奈克松,他们在理论假定中都将关系等同于实体运行的过程,在实际研究中也都有意无意地回归实质主义和实体研究。进而,无论是费孝通的涟漪理论还是杰克逊和奈克松的关系理论,都需要一种外力的推动,都不具备上文提出的过程的自身动力问题。

为了真正能够使中国的关系主义成为国际关系理论的一个核心理念和形而上理论硬核,需要依照中国的思维方式进行概念化,为此,我们对关系性做出几个基本的假定。

假定一:关系本位的假定。这是关系本位过程建构主义的核心假定。社会是多层面的复杂体,对社会的研究,关键是要发现多层面复杂体中至关重要的联结枢纽。西方将独立的个人视为社会中最重要的单位,是一切社会活动的枢纽。这是社会科学中的原子论,与西方自然科学的原子论相契合,而分析的基本单位自然是这些独立和分离的个人。西方微观经济学是一个典型的例子,西方国际关系理论也是在这样一种思维框架中展开的。华尔兹的结构现实主义、基欧汉的新自由制度主义等理性主义国际关系理论表现得最为明显。在主流建构主义强调社会性的论述之中,作为分析单位的个人虽然被弱化,但是其思维根基仍然没有摆脱独立个体作为基本分析单位的窠臼:在理论上予以否定,在实际研究中予以认可。[49]所以,西方主流国际关系理论的一个主要特点是"个体本位",是以个体为核心的思维路径,是以个人为出发点研究个人与个人之间的关系,而这种关系是由理性个体根据自己的给定利益加以界定的。温特建构主义虽然弱化了个体本位,但是第一次相遇的比喻说明他对独立个体优先性和本体地位的承认。[50]

西方社会的个人主义和理性原则是根深蒂固的理念。而中国社会和中国社会中产生的思维方式则不是如此。本章认为,中国社会的基本特点之一是"关系本位"。所谓"关系本位",就是说在社会生活中"关系"是最具意义的内容,是一切社会活动的枢纽。所以,关系性,即以关系为基本内容的社会属性,构成了社会知识和社会生活的核心。儒学以关系为起点的基本政治哲学思想首先是以各种不同的关系界定社会等级和政治秩序,社会和政治的稳定首先是各种关系的顺达,社会规范多是关于调理关系的规范,社会和谐则是以道德主导和以调节矛盾为基本标志的。中国台湾心理学学者何友晖在他的"方法论关系主义"对关系主义的论述实际上说明了"关系本位"的实质意义。他认为,社会现象的事实和原则是从许多个人形成的关系、群体和机构之中滋生出来,并独立于个人特征之外。因此,关于个人的事实必须放在社会脉络中加以理解。[51]这种社会脉络就是各种关系的组合。如果说西方的个人本位是基于西方文化传统和社会事实,那么中国的"关系本位"也是基于中国文化传统和社会事实的。中国传统的阴阳观是将关系置于研究的核心、以阴阳互动为万物之源,因为关系在中国人的思维中是处于第一位的。[52]

关系本位与个人本位具有十分不同的社会意义。多层面复杂体的社会中至关重要的联结枢纽就是关系。中国传统思维方式重视环境因素,环境主要是指社会环境,而社会环境主要由关系构成。环境本身就是一个复杂关系系统,是纵横交错的关系网络。这种关系网络的图像更像是中医的人体经络图。[53]如果说可以总结出一个"关系律"的概念,它与西方的因果律必然出于不一样的思维方式和建构方式。因果律首先需要将事物或变量独立起来,然后找出两者之间的因果关系,有因必有果。而中国人则可能更会在一个关系网络的整体中发现变动不居的关系律。也就是事物因关系的变化而变化,整体关系网络可以影响网络中的个体,反过来,网络中的个体与个体互动也会影响整个关系网络。西方人要尽量控制可干扰变量,而中国人要尽量考虑可干扰因素。

关系是过程发展变化的动力,关系性是社会最根本的特性。由此推而广之,如果国际体系中也存在一个国际社会的话,[54]关系性至少也是国际社会的根本特性之一。我们这样说并不是完全以关系性替代理性,关系中也包含着理性,只是对理性的认识不再是个体的、分离的思维所致,而是由关系的、整体的和社会的考量加以界定的;对理性个体的认识也不再是先验给的理性权衡,而是关系理性式思维的社会人。

假定二:关系确定身份的假定。这一假定的关键是关系身份(relational identity),指个人的身份只有在关系中才能够界定,个人行为的意义也只能在关系中产生,也就是说行为体在关系之中才能存在。关系确定身份,没有关系就没有行为体。所以,个人从一开始就是社会人,而不是独立和分离的自然单位,而是置身于一个复杂的关系网络之中,这个网络的脉络节点界定了个体的身份、角色和行为的适当性。个人无身份。温特假定的第一次相遇是虚假的假定,因为个人不仅降生到物质世界上,也同时降生到社会世界之中。个人从一出生就有着关系网络对身份的界定。任何个体的身份只有在关系网络复杂体中存在,绝对个体是没有身份的,也不可能是社会存在。正因为如此,绝对独立和分离的个体是不存在的。自我身份只有在与他者共存中才能够存在。自我身份必然是多种共存并互相发生作用,形成了一种独特的个人身份格局。

正是由于个体身份是由关系网络界定的,所以个体的身份也必然是多种共存的,这样就形成关系中行为体的身份格局。理查德·尼斯比特从诸多比较试验中发现,西方人重物质实体,并且首先发现和界定实体独有的自身性质,然后根据实体性质进行分类,并试图发现决定某类实体行为的规律。东方人的思维则不同,我们注重的是环境。任何实体只能存在于环境之中,要了解某个实体,必须首先了解这个实体与环境和环境中其他实体的关系。[55] 尼斯比特的试验给我们的启发是,关注实体,则必然重视独立变量以及独立变量之间的因果关系,相对忽视的就是环境和环境因素,这样的思维必然认为独立变量之间的因果关系构成了了解世界的认识论;关注环境,则必然重视关系,世界原本是一个不间断的、相互关联的人物和事物构成的混合体,而不是一个相互分离的个体简单相加的集合体。这些人物和事物之间的关系本身产生事物发展变化的动力。关系使得事务变动不居,使得实体在非关系中成为非实体,实体存在因之也就成为非存在。所以,关系本位必然与方法论的整体主义相联系,关系本位的思考方式是难以产生西方个体主义方法论的。这就使为什么中国人在思考国际关系运作的时候,总是首先考虑"天下大势"或是总的形势环境,然后考虑中国作为国际体系中的行为体处于这种大势和各种复杂关系的什么节点上面,然后才会考虑通过什么样的关系来采取什么样的行动是合适的。朝核六方会谈中国的思考和行为方式以及中国发挥的作用可以做这方面的案例。

作为西方理性主义国际关系理论的现实主义和自由主义总是首先设定一个独立的自我,具有自身的属性和自组织能力。其实主流建构主义也是如此,首先确定独立个体,然后讨论两个独立自我的首次相遇,启动了自我与他者的关系,于是社会关系从这里开始。而中国哲学的思维是不存在独立于社会和他者的自我,不存在西方式的自由行为体。自我的身份总是在关系中产生和存在:没有自我和他者的关系,自我也就没有了身份,因此也就没有了自我。个体自我的存在是在诸如家庭、村庄、社会、国家等集体中获得身份的,自我只有在一系列的关系网络中才能具有实践活动的身份和能力。比如当一个中国运动员夺得金牌的时候,她会很自然地说要归功于祖国。对于西方人来说,可能首先归功于自己的努力。这不是中国人的虚伪,而是中国人的思维。在关系网络中,自我的不同身份可能会同时被激活,而不是像温特所说的那样,虽有多种身份,但可单一激活。所以,维护各方关系,保持整体和谐就成为中国社会的基本思维和行为方式。

关系确定身份这一假定还有一个重要的含义:身份的可变性。东西方的辩证法是不同的,根本的一点还是在身份的可变性上面。西方人认为身份就是事物或行为体的实质存在,没有一个特定的身份,也就没有了整个事物或行为体。所以,一个事物或一个行为体就是它自己而不是其他事物或行为体。即便强调变化的主流建构主义,也更多地讨论行为体身份中某些特征的变化,而不是其根本身份的变化。而中国人认为变化是常态,易者衡也。所以身份可以是多重的,可以是交互的,可以是变化的。同时,西方坚持非悖论原则,认为一个观点或是属真或是属假,不可能亦真亦假。而中国的矛盾原则是真是假,来假亦真,真中有假,假中有真;真可变假,假可变真。变才是事物的本真性质,变才真正表现了关系中个体的身份。我们在上文中提到中国的包容式辩证思维方式:在过程中的某个时空点上,身份是变化中的身份,在正在变化身份的个体身上同时存在 A 和非 A 两种不同的身份特征。这种变化是根据社会关系的变化而变化。这是西方话语体系和概念体系无法解释也无法理解的东西。所以,中国哲学不会像西方那样预设某种个体身份,身份和关系网络是同时存在、同时设定、同时变化的。

过程建构主义接受主流建构主义的社会性假定,即接受了温特建构主义的一个重要观点:身份确定利益,利益决定行为。过程建构主义的论断是关系建构身份,因此,关系也就确定了行为体的利益和行为。试想,在"文革"当中,如果一个婴儿出生在一个"黑五类"的家庭之中,她也就出生在一个政治和社会关系网络之中。作为这个网络中的个体,她的身份从一出生就被确定,她的行为在很大程度上也就被设定了范围。这个关系网络的意义是可以发生变化的。比如改革开放之后,整体网络的政治和社会含义得到了重新诠释,"黑五类"这个术语已经不再具备现实意义,或者说在新的社会语境中已经没有意义。这样一来,她的身份就可以得到重塑,从而她的利益和行为也就得到重塑。所以,过程选择意味着关系性影响到关系中的行为体的行为,关系网络意义的变化导致关系中行为体身份的重塑,也意味着行为体行为的变化。

假定三:关系孕化权力的假定。关系孕化权力的假定表示,权力是关系性权力(relational power),权力在关系网络中孕化。权力是国际关系理论乃至政治学的核心概念,任何国际政治理论都无法逾越对权力的讨论。虽然人们对权力的概念和定义难以达成一个完全的共识，但"大多数分析家们还是承认，基本上是指一个行为者或机构影响其他行为者或机构的态度和行为的能力"。[56]如果用最简单方式表述，权力就是影响力。

西方对权力的经典定义出自罗伯特·达尔。[57]其实，达尔也是将权力视为人与人之间的一种影响关系：A 对 B 拥有权力就是指 A 具有让 B 做 B 本不愿意做的事情的能力。这样就把权力定义为那种让别人做他们本不愿意做的事情来满足自身目标的能力。这种能力以一定的资源为基础，通过一定的手段，以促使他人行为的改变来实现自身的目标为预期结果的。西方政治学对权力的基本定义表现了两种推理方式。首先，它仍然表现了根深蒂固的因果式思维背景。尽管在这些定义中权力也被定义为关系，但是这又回归了将关系视为背景和场所的思维定势。因此，西方学者要先确立权力拥有方和权力接受方的二元结构，然后观察拥有方对权力的行使（原因）导致了权力接受方什么样的行为和态度的改变（结果）。对权力进行因果诠释是具有吸引力的，因为这样会使研究人员能将这种权力研究方法运用到更一般的情况中。[58]其次，权力表现为或是个体的物质能力（硬权力）或是吸引能力（软权力）。无论前者还是后者，都是独立的个体行为体所拥有的东西，是可以直接作用于受力对象的。所以，虽然西方学者也认识到权力是一种关系，但是这样的关系又落入了实体理论的套路，关系不过是两个实体之间的施加影响的平台和背景。

过程建构主义并不否认西方主流国际关系理论对权力的这种理解，权力的因果逻辑也确实是存在的：权力大的一方的意愿是原因，权力小的一方的行为是结果。但是过程建构主义更注重权力的关系性实质。这表现在三个方面。第一，关系是权力运作的平台，没有关系便没有权力。即便从达尔的经典定义来看,权力也必须表现在一种关系之中。所以权力总是关系性权力,也就是说,权力决不仅仅是某个实体的物质性拥有物,而是必然通过相互关系才能表现出来。比如在朝核问题上,虽然在参与的六方中,美国的实力是最强大的,但是在最困难时期对朝鲜影响最大的不是实力最大的美国,而是中国。中国在朝核危机缓解方面起到了不可替代的作用,是因为中国与朝鲜的关系、中国与美国的关系以及中国与东北亚的关系都是其他国家不可替代的,中国的影响力来自关系,来自运作和协调涉及朝核各方形成的关系网络。

第二,关系可以放大权力,也可以制约权力。在任何一种关系网络中,关系总是对权力的运作产生影响。比如,在中国宗族社会中,父亲对儿子的权力是绝对的和至高无上的。这种权力并非父亲拥有的、可以影响儿子的实际能力(比如体力和脑力)。父权得到无限的放大,是因为宗族社会规定了父子的关系。同时,权力也可以在关系中得到制约。就目前东亚地区的实力结构来说,中国的物质性实力已经远远超过了东盟中的任何一个国家,也超过了东盟这个次地区组织。但是,自1991年以来,中国重新界定了与东盟的关系,改原来的敌对关系为友好睦邻关系,并在其后的15年里将中国与东盟关系发展为全面战略伙伴关系。这种关系不仅约束了中国对某种权力形式(比如武力)的使用,而且也使中国在维持和发展关系的过程中进行了自我约束。

第三,关系就是权力。西方国际关系学者在讨论权力的时候,很难考虑到关系这种无形的东西可以成为权力资源。现实主义学者考虑的总是物质性权力资源,比如经济实力和军事实力等。[59]即便是研究软实力的学者,也往往不把关系置于分析框架之内。约瑟夫·奈是这样表述软权力概念的:"一个国家在世界政治中获得想要的结果可以是由于其他国家——羡慕其价值观、模仿其榜样、渴望达到其繁荣和开放的水平——愿意追随之。这种软权力——使其他国家想要你所想要的结果——同化他人而不是胁迫他人。"[60]无论价值观、效仿榜样还是繁荣和开放,都是行为体自身的东西,这里面不包含具有相互性和主体间性的关系。但是,关系和关系网络是重要的权力资源。我们举过受到父母溺爱的孩子的例子。这个孩子完全没有物质性实力,但她对父母的影响力极大,她的所有权力都来自她与父母的这种亲情关系。

三、结　语

本章提出的过程建构主义是重视过程的体系层次理论模式,目的是要将中国社会文化中的一个核心元素——关系性——挖掘出来,以它为硬核,构建一个理论轮廓,并希望这个理论模式能够解释现有国际关系体系理论没有解释或是解释不足的国际关系现象,以此丰富国际关系理论的宏大体系,显现被压抑和被忽视的社会性特点。

过程建构主义有三个特点。第一,将过程置于集体身份建构的核心,将过程自身视为可以产生原动力的时空场域。第二,将"关系"设为过程的核心内涵,也就是确立"关系本位"的过程建构主义基本假定。第三,过程因运动中的关系而具有自身动力,过程的基本功能是"化"的能力。过程建构主义的重心在过程,过程的核心是关系。过程的意义不仅在于它可以导向结果,而且更重要的是它能够通过关系的流动孕化权力、孕育规范和建构行为体身份。过程在加强情感性关系方面,具有重要的和不可替代的意义。所以,集体身份认同不仅仅是通过相互依存或是共同命运等基于理性和利益考虑而建构起来,它还要通过集体情感的建构,而维持、经营、强化过程是建构集体情感的重要环节。过程理论并不否定结果的重要性,行为体行动的目的是为了取得结果。

但是在预定结果难以取得或是暂时无法取得的时候,维持过程可能比达到预期效果更加重要。维持过程,就有可能最终达成预期结果。即便无法达成预期结果,过程也通过关系的运动,调整着各方利益和对利益的认识,协调各方的关注和要求,加强各方的情感认同,因而达成更好的或是比较好的结果。这样一来,过程自身的地位就大大加强,也就是说,过程既是手段也是目的,维持过程本身与通过过程获得结果具有同样重要的意义。

过程建构主义将关系性这个中国社会的核心概念设定为自己的硬核,那么,这是否意味着它不会具有普适性意义呢?我以为,社会科学的理论必然出自局部的地缘文化背景,但也能够升华到具有普适意义的层面。比如西方的理性主义,它是从西方尤其是自启蒙以来的西方社会中产生的,但它抓住了人类的一个通性,即利己的、可以进行成本效益权衡的特点,使之成为社会理论的硬核,因之出现了大量的理论成果,成就了许多人类制度的创新,也使理性成为具有普适意义的核心概念。理性成为主导概念之后,便自觉不自觉地压抑了许多其他重要的社会性因素,使得理性成为唯一的元概念。无论理性概念多么重要,它都无法也无力承担起"唯一"的重负。

关系性是中国社会中的一个突出概念,几千年中国社会的历史和经验,无论是常人的实践活动还是思想家的思考论述,往往是将关系置于核心位置的。但我们在这里并不希望也不可能完全照搬传统理念对关系性的叙事,而是希望将这一概念置于现代国际关系和中国经验的框架之中,发掘关系性的意义。实际上,在任何社会中,关系性都是十分重要的因素,因为"社会必须定义为一种关系"。[61]虽然在不同社会对关系性的解读不尽相同,甚至差别很大,但任何社会都不可能不以关系性作为自己的定义性特征。正是因为过程建构主义的核心概念有着普适性的潜力,所以,这一理论模式也就可能产生普适性的意义。

(原载《中国社会科学》2009 年第 3 期)

注释

1. 参见秦亚青:《国际关系中的进程因素》,载《中国书评》,1998 年第 13 期,第 5—18 页;Qin Yaqing, "East Asian Regionalism: A Process-focused Model," paper presented at the Conference of "East Asian Cooperation and Sino-US relations," Beijing, China, 3—4 November, 2005。

2. 过程建构主义主要借鉴的理论包括:建构主义国际关系理论,西方社会学和政治学关于关系的论述,中国社会学和社会心理学学者关于中国传统中对关系的理论化成果。参见[美]亚历山大·温特:《国际政治的社会理论》,秦亚青译,上海:上海人民出版社 2000 年版;Alexander Wendt, "The Agent-structure Problem in International Relations Theory," *International Organization*, 41, pp.335—370; Mustafa Emirbayer, "Manifesto for a Relational Sociology," *American Journal of Sociology*, Sep.1997; 103, 2, pp.281—317; Patrick Thaddeus Jackson and Daniel H. Nexon, "Relations before States: Substance, Process and the Study of World Politics," *European Journal of International Relations*, 1999, Vol.5(3), pp.291—332;黄光国:《儒家关系主义:文化反思与典范重建》,北京:北京大学出版社 2006 年版;翟学伟:《人情、面子与权力的再生产》,北京:北京大学出版社 2005 年版。

3. 参见秦亚青:《权力·制度·文化》,北京:北京大学出版社 2005

年版。

4.［美］罗伯特·基欧汉:《霸权之后:世界政治经济中的合作与纷争》,苏长和等译,上海:上海人民出版社 2001 年版。

5.［美］亚历山大·温特:《国际政治的社会理论》;Alexander Wendt, "Anarchy is What States Make of It: The Social Construction of Power Politics," *International Organization*, 46, pp.391—425。

6.［美］肯尼思·华尔兹:《国际政治的社会理论》,信强译,上海:上海人民出版社 2003 年版。

7.［美］罗伯特·基欧汉:《霸权之后》。

8.小约瑟夫·奈在《理解国际冲突》一书中专门讨论的结构与过程的问题。他将过程定义为"单位之间互动模式与类型"(patterns and types of interaction among its units),进而又将过程定义为"游戏是如何进行的"(how the game is played)。他认为结构与过程都是国际关系中的重要因素。参见［美］小约瑟夫·奈:《理解国际冲突:理论与历史》(第五版),张小明译,上海:上海人民出版社 2005 年版,第 45—46 页。

9. Alexander Wendt, "The Agent-structure Problem in International Relations Theory;" J.Samuel Barkin, "Realist Constructivism," *International Studies Review*, Vol.5, 2003, pp.325—342; J.Samuel Barkin, "Realist Constructivism and Realist-Constructivisms," *International Studies Review*, Vol.6, 2004, p.351.

10. 规范研究是近年来国际关系理论研究议程的一个重点问题。参见 Martha Finnemore, *National Interest in International Society*, Ithaca: Cornell University Press, 1996; Edward Keene, "A Case Study of the Construction of International Hierarchy: British Treaty-

making Against the Slave Trade in the Early Nineteenth Century," *International Organization* 61, Spring 2007, pp.311—339; Mark L. Haas, "The United States and the End of the Cold War: Reaction to Shifts in Soviet Power, Policies, or Domestic Politics?" *International Organization* 61, Spring 2007, pp.145—179; Alexander Gheciu, "Security Institutions as Agents of Socialization? NATO and the 'New Europe,'" *International Organization* 59, Fall 2005, pp.973—1012; Jeffrey Checkel, "International Institutions and Socialization in Europe: Introduction and Framework," *International Organization* 59, Fall 2005, pp.801—826.

11. [美]罗伯特·基欧汉:《霸权之后》。

12. 对比温特的早期重要论文"The Agent-structure Problem in International Relations Theory"和他后来的重要著作《国际政治的社会理论》,可以清楚地发现这个转向。参见秦亚青主编:《文化与国际社会:建构主义国际关系理论研究》,北京:世界知识出版社 2005 年版。

13. 参见[美]费孝通:《乡土中国》,上海:上海人民出版社 2007 年版。

14. Robert Keohane, "International Institutions: Two Approaches," in Robert Keohane, ed. *International Institutions and State Power*, Boulder: Westview, 1989, pp.158—179;[美]亚历山大·温特:《国际政治的社会理论》。

15. [美]小约瑟夫·奈:《理解国际冲突》,第 46 页。

16. Judith Goldstein and Robert Keohane, eds. *Ideas and Foreign Policy: Beliefs, Institutions, and Political Change*, Ithaca and London: Cornell University Press, 1993.

17. 参见［美］亚历山大·温特:《国际政治的社会理论》;约翰·赛尔:《社会实在的建构》,李步楼译,上海:上海人民出版社 2008 年版。

18. 秦亚青:《国家身份、战略文化和安全利益》,《世界经济与政治》2003 年第 1 期,第 10—20 页。

19. J. Samuel Barkin, "Realist Constructivism;" "Realist Constructivism and Realist-Constructivisms."

20. 秦亚青:《霸权体系与国际冲突》,上海:上海人民出版社 1999 年版;［美］约翰·米尔斯海默:《大国政治的悲剧》,王义桅等译,上海:上海人民出版社 2003 年版。

21. 参见 Jackson and Nexon, "Relations Before States," p.302。

22. Alaistair Iain Johnston, *Social States: China in International Institutions 1980—2000*, Princeton and Oxford: Princeton University Press, 2008.

23. ［美］小约瑟夫·奈:《理解国际冲突》,第 47—61 页。

24. Jackson and Nexon, "Relations Before States."

25. Rey Koslowski and Friedrich V. Kratochwil, "Understanding Change in International Politics: The Soviet Empire's Demise and the International System," *International Organization*, 48(1994), p.216.

26. Friedrich Kratochwil, "Is the Ship of Culture at Sea or Returning?"转引自 Maja Zehfuss, *Constructivism in International Relations: The Politics of Reality*, Cambridge: Cambridge University Press, 2002, p.96。

27. ［英］安东尼·吉登斯:《社会的构成》,李康、李猛译,北京:生活·读书·新知三联书店 1989 年版,第 89—93 页。

28. 西方逻辑学的重要假定是:如果是 A,则必然不是非 A。但中国的辩证法则认为,首先,A 是可以与非 A 互容的,存在可以既是 A 也是非 A。其次,A 可以转化为非 A。这实际上否定了西方互动论的观点,即互动双方(A 和非 A)通过互动改变的只是次要特性,而非本质特性,因为 A 不可能成为非 A,无论怎样互动都是如此。中国辩证法中的变化则是可以发生定义性变化的,即 A 可以变为非 A。对中国式辩证思维最有影响的是《易经》和《老子》,这些经典著作表现了对立的两个方面相辅相成、共存共生,相互转化,变动不居等重要思想,比如"有无相生,难易相成"(《老子》:二章);"物壮则老"(《老子》:五十五章);"祸兮福所倚,福兮祸所伏"(《老子》:五十八章)等。

29. Qin Yaqing, "East Asian Regionalism: A Process-focused Model."

30. Finnemore, *National Interests in International Society*;[美]玛格丽特·凯克、凯瑟琳·辛金克:《超越国界的活动家:国际政治中的倡议网络》,韩召颖等译,北京:北京大学出版社 2005 年版。

31. 参见 *International Organization*, 59, Fall 2005(专辑);秦亚青:《研究设计与学术创新》,《世界经济与政治》2008 年第 8 期,第 75—80 页。

32. Nicholas Rescher, *Process Metaphysics*, Albany: State University of New York Press, 1996,转引自 Jackson and Nexon, "Relations Before States," pp.302—303。

33. 秦亚青、魏玲:《结构、进程与权力的社会化》,《世界经济与政治》2007 年第 3 期,第 7—15 页。

34. Peter J. Katzenstein, "Introduction: Alternative Perspectives on National Security," in Peter J. Katzenstein, ed., *The Culture of National Security: Norms and Identity in World Politics*, New

York：Columbia University Press，1996，pp.1—32.

35. Martha Finnemore and Kathryn Sikkink，"International Norm Dynamics and Political Change," in Peter J.Katzenstein，Robert O.Keohane，and Stephen D.Krasner，eds.，*Exploration and Contestation in the Study of World Politics*，Massachusetts：The MIT Press，1998，p.255.

36. 秦亚青主编:《观念、制度与政策:欧盟软权力研究》,北京:世界知识出版社 2008 年版,第 11—17 页。

37. Francisco Ramirex，Yasemin Soysal and Susanne Shanahan，"The Changing Logic of Political Citizenship：Cross-National Acquisition of Women's Suffrage Rights，1890—1990," in *American Sociological Review* 62，pp.735—745，1997. 转引自 Finnemore and Sikkink，"International Norm Dynamics and Political Change," p.263。

38. 儒家的"礼"主要是指人际交往的原则和规范,在这个意义上近似于西方社会学中的"规范"概念。当然这是一种比较简单化的类比。由于儒学的入世原则,所以"礼"是具有高度实践内涵的。参见[美]郝大维、安乐哲:《汉哲学思维文化探源》,施忠连译,南京:江苏人民出版社 1999 年版。

39. 有中国学者因之称中国社会为"情场化"社会。参见黎鸣:《情场化社会》,北京:中国社会出版社 2005 年版。

40. Kenneth Boulding，*Three Faces of Power*，Newbury Park：California：Sage，1990.

41. 黄广国、胡先缙等:《面子:中国人的权力游戏》,北京:中国人民大学出版社 2004 年版,第 5—11 页。

42. 对于情感的作用,中国学者论述比较多。参见翟学伟:《人情、面子与权力的再生产》;黎鸣:《情场化社会》等。

43. [美]亚历山大·温特:《国际政治的社会理论》,第七章。

44. 比如在东亚中国加入《南海各方行为宣言》和执行《早期收获计划》是这方面的例子。

45. 黄光国:《人情与面子:中国人的权力游戏》,载黄光国:《儒家关系主义:文化反思与典范重建》,第 7 页。

46. 参见 Mustafa Emirbayer,"Manifesto for a Relational Sociology"。

47. Patrick Thaddeus Jackson and Daniel Nexon,"Relations Before States: Substance, Process and the Study of World Politics," *European Journal of International Relations*(1999)Vol. 5(3),pp.291—332.

48. Patrick Thaddeus Jackson,"Relational Constructivism: A War of Words," in Jennifer Sterling-Folker, ed., *Making Sense of International Relations*, Boulder and London: Lynne Rienner, 2006, pp.139—155.

49. 参见史蒂夫·史密斯对温特的批判,史密斯认为,从根本上说,温特仍然是一个理性主义者。Steve Smith,"New Approaches to International Theory," in John Bailis and Steve Smith, eds., *The Globalization of World Politics*, New York: Oxford University Press, 1999, p.186。另参见 *Review of International Studies* 杂志专门设立讨论温特建构主义的论坛,尤其是其中 Steve Smith,"Wendt's World,"等文章。*Review of International Studies*, Vol. 26, 2000, pp.123—180.

50. 温特设定个人优先于社会的存在,所以他设计了第一次相遇:

两个原来完全没有互动的个体第一次相遇,并由此开始互动。参见[美]亚历山大·温特:《国际政治的社会理论》,第 180、414—418 页。

51. D. Y. F. Ho and C. Y. Chiu, "Collective Representations as a Meta-construct: An Analysis Based on Methodological Relationalism," *Culture and Psychology*, 4(3), pp.349—369; D.Y.F. Ho, "Relational Orientation and Methodological Relationalism," *Bulletin of the Hong Kong Psychological Society*, No.26—27, pp.81—95. 转引自黄光国:《论华人的关系主义:理论的建构与方法论的考量》,载黄光国:《儒家关系主义:文化反思与典范重建》,第 87 页。

52. 美国心理学家尼斯比特(Nisbett)做过一个试验:两组儿童,一组是美国儿童,一组是中国儿童。给他们看同一幅画,上面画着鸡、牛和草地,然后让他们将两样相关的物体连接起来。美国儿童将鸡和牛连接在一起,而中国儿童将牛和草地连接在一起。尼斯比特认为,中国人倾向于根据关系(牛吃草)思考问题,而美国人则是根据类属(鸡和牛同属动物)思考问题。参见 Richard E. Nisbett, *The Geography of Thought: How Asians and Westerners Think Differently … and Why*, New York: Free Press, 2003, pp.139—147。

53. 区结成:《当中医遇上西医:历史与省思》,北京:生活·读书·新知三联书店 2005 年版。

54. [英]赫德利·布尔:《无政府社会:世界政治秩序研究》(第二版),张小明译,北京:世界知识出版社 2003 年版。

55. Nisbett, *The Geography of Thought*.

56. [美]戴维·米勒、韦农·波格丹诺:《布莱克维尔政治学百科全书》,邓正来等译,北京:中国政法大学出版社 1992 年版,第 594—595 页,转引自季玲:《软权力理论》,载秦亚青主编:《观念、制度与政策》,第

25—26 页。

57. Robert Dahl，"The Concept of Power，" *Behavioral Science*，Vol.2，No.3，1957，pp.201—215.

58. 季玲：《软权力理论》，第 27 页。

59. 比如 COW(Correlates of War)指标体系的权力测量指标包括了军事、工业和人口三项指标。参见 A. F. K. Organski and Jacet Kugler，*The War Ledger*，Chicago and London：The University of Chicago Press，1990。

60. Joseph S. Nye, Jr., *Soft Power：The Means to Success in World Politics*，New York：Public Affairs，2004，p.5.

61. ［美］流心：《自我的他性：当代中国的自我系谱》，常姝译，上海：上海人民出版社 2005 年版，第 5 页。

第二章　世界政治的关系理论

秦亚青

西方主流国际关系理论,特别是美国的国际关系理论,在很大程度上主导了国际关系学的学科话语。阿米塔·阿查亚(Amitav Acharya)和巴里·布赞(Barry Buzan)在 2007 年的一项研究中提出"为什么没有非西方的国际关系理论"这一问题。[1]作为一门学科,国际关系必须在一个"多种行为体、传统和实践"[2]的世界中回答这一问题。最近,阿查亚提出了"全球国际关系学"(Global International Relations,GIR)的概念,强调国际关系应朝着一个包容性学科演进以及"认识其多元和多样的基础"的重要意义。[3]全球国际关系学的倡议也必然提出关于文化在国际研究中的角色问题,因为"多元普遍性"不可避免地涉及世界上共存的多元文化。本章认为,文化对社会理论的建构十分重要,因为它提供了塑造社会理论硬核的背景知识,因此,文化路径是理论建构的重要方式。基于这一观点,我将集中围绕"关系性"这一概念,勾勒出"世界政治的关系理论",这种"关系性"植根于儒家文化共同体之中,同时也会超越文化本源,在更广的范围内产生智识价值和实践意义。

一、文化与社会理论建构

理论是一种观念体系。因此,理论建构是将观念或思想组织成为一个系统的过程。由此,理论包含诸多部分,其中最重要的是理论硬核。[4]社会理论的硬核包括两个组成部分,一个是形下元部分,另一个是形上元部分。前者是接受元,起着感知的作用,从现实世界中接收信号,并将其传输给后者;后者则是认知元,通过理念性过滤,赋予形下元感知的信号以意义。形下元面对外部现象,形上元的最主要功能是理解和诠释。理论硬核的这两部分是共在互补的,并且彼此之间相互依存、不可分割。但是,一个原创的社会理论更多地由形上元所定义,而形上元则是由文化共同体的背景知识所塑造的。在这个方面,约翰·塞尔(John Searle)的"背景"(Background)学说作了很好的解释,因为他将背景定义为一系列非意图的(nonintentional)或前意图的(preintentional)能力,这样的能力使有意图功能得以实施,使行为体能够进行诠释,也使行为体趋于呈现某种行为模式。[5]正因为我们有了背景知识,才能够据此赋予社会事实和社会实践特定的意义。虽然这样做往往是无意识的行为,但恰恰是背景知识使我们具有自然而然的解读和诠释现象的能力。[6]根据这样一种界定和阐释,文化共同体的背景知识培育和塑造了理论硬核的形上元。

我们可以用主流国际关系理论为例加以说明。所谓主流国际关系理论主要是指美国产生的三种体系理论——结构现实主义、新自由制度主义和结构建构主义,也包括开始以形成一个宏大理论作为目标的英国学派在内。这些理论都试图在体系层面上凝练出理论范式,聚焦于国际体系因素如何影响国家行为和/或塑造国家身份。仔细审视,可以发现这些理论的硬核中有一个相似的形而上元素,即个体理性。在很大程度上,个体理性是西方文化背景知识的标志性要素。[7]这也许是启蒙运动最伟大的概念创新,塑造了西方及其之外一代又一代人的思维和实践方式。进而,个体理性已经成为了一个被广泛接受的概念,被人们无意识地采用,凝结成为诸多理论硬核的形上元。

正是这种共同理论硬核形上元导致了西方国际关系主流理论的融合趋势。奥利·韦弗(Ole Wæver)讨论了新现实主义和新自由主义的第一次融合。他将其称为"新新合成",并明确指出,"新新合成"受到两种理论共有的理性主义内涵所推动,这一合成又因本体的个体主义而得到有力支撑。[8]对于结构现实主义来说,物质能力的分布是主要变量,而要使这个变量起作用,需要首先假设个体行动者先在于体系并具有自身理性。[9]新自由制度主义除了将主要变量从权力分布转变为国际制度、用"制度选择"取代"结构选择"之外,理论建构几乎完全遵循了与现实主义同样的逻辑。[10]"新新合成"表明,两个理论虽然在形而下的具体变量层面有差异,但在形而上层面拥有一致的基本内涵。正是共同的形上元最终使二者聚拢在一起,达成了具有共同研究取向的"新新合成"。

结构建构主义加入了主流理论,出现了"新新合成"之后的第二次理论融合。结构建构主义理论也是体系理论,只不过以"文化选择"逻辑取代了结构现实主义的"结构选择"和新自由制度主义的"制度选择"。从某种意义上讲,就是用"文化"这一国际体系层面的主导自变量替代了"结构"和"制度"。在最初探索行为体—结构问题时,温特似乎强调二者的相互建构。[11]后来,可能是为了发展一种宏大的体系理论,温特转向了结构现实主义的理论路径,发展了自己的结构建构主义:观念结构(即系统文化)成为主要自变量,塑造单元的身份,进而又影响国家行为。[12]因此,温特式的建构主义遵循与结构现实主义和新自由制度主义同样的理论化路径:假设一个具有独立本体意义的个体单元在结构内行动和互动,其行动和互动均受到体系层面要素的影响。虽然温特强调体系因素对行为体身份的建构作用,但逻辑脉络与结构现实主义和新自由制度主义高度趋同。正因为如此,基欧汉才这样评论道,"与其早期的研究相比,温特的这些假设使他的理论在本质上更接近主流国际关系理论……"[13]对国际规范的强调,进一步突出了观念结构在建构主义研究中的地位,国际规范如何传播和建构国家身份已成为当今主流建构主义的主要研究议程。建构主义者的国际关系世界再次由个体行为体和体系结构组成,而后者之所以能够具有选择的能力,正是因为前者具有规范理性这一根本的个体属性。

近年来,英国学派希望通过国际规范议程形成自身的宏大理论体系,这便出现了另外一种趋同现象,即美国主流理论与英国学派正在走向跨大西洋理论趋同。国际规范研究过去通常是用于区分英国学派不同于美国主流学派的特征,但现在已不再如此。双方合成的桥梁是温特建构主义和作为主流的国际规范研究议程的确立。布赞认为,英国学派应该"对美国的国际关系共同体产生更大的影响",因为英国学派和美国国际关系理论都将规范、规则和制度视为中心研究议题。[14]这就使得一种围绕国际规范的宏大理论初现端倪:体系规范结构塑造或重塑行为体的身份、利益和行为。我称其为"规范理性主义",强调国际规范的选择是通过理性个体完成的,这显然与主流体系理论高度相似。跨大西洋的两种理论间的可调和性,同样来源于两者共同的形上元:个体理性。这是一个深嵌于世界观之中的理念,是在一个文化共同体长期的实践过程中形成的。一般而言,无论这种理性是工具性的还是规范性的,都有一个公分母,即西方历史和文化的实践性沉淀。

二、关系性与关系理论

如果说理性在很大程度上孕育了西方主流国际关系理论的形上元，那么儒家文化共同体中与之相对应的一个概念是"关系性"。"关系性"形成于儒家社会的实践和历史，是其背景知识的一个典型特征。我使用这一概念为世界政治的关系理论建构形上元，因为关系性代表了一种世界观，一种思维和实践方式，自然形成了与以个体理性为理论核心的国际关系理论的不同视角。本节阐述的世界政治的关系理论是以"关系性"概念为中心的，并从这个核心概念开始，推导关系理论的基本假定，挖掘关系理论的认识论基础，探讨关系理论内涵的行动逻辑。

(一) 基本假定

关系理论依赖于三个重要假定。首先，国际关系的世界是一个相互关联的世界。这与西方主流国际关系理论对世界的认知不同。关系理论认为，国际关系的世界是由连续的事件和持续的关系所组成，而不是由分离的、独立的原子式实体构成的。流动的关系为这种互系性整体提供了动力，因此无需超验的外部力量加以推动。已故的中国社会学家费孝通指出，中国人把社会世界看作湖泊中的涟漪，个体彼此之间相互关联并以自个体为中心形成同心圆。这种社会的形态是通过社会关系联系在一起的人们形成的交叠关系圈网。这种观念与西方的情况相反，西方人倾向于把世界社会看作田野中稻草束成的捆，稻秆分立在田里，界限分明。[15]而对中国人来说，"世界是复杂的，事件是相互联系的，并且事物（和人）不是像一块块被切开的蛋糕，而是像网结中的绳索一样关联在一起"。[16]这是一个一切事物皆从根本上相互关联的世界。

这样一幅世界的生动图景，也许可以由传统中医的人体经络图来呈现，即一张相互关联的系统网络，经络相同，节节相关。

行为体之间、行为体与情境或者与其全部关系圈网都是相互关联的。这表明社会具有情景导向（context-oriented）的性质，即事物、个人以及事件共存于一个复杂的关系情景之中。没有这样的情景或是关系圈网，这三者也就不具社会存在的意义。在任何社会之中，超越相互关联整体的先验个体是不存在的。相应地，没有超越人类复杂关系性之外的绝对理性思维。这就是儒家秩序，郝大伟（David Hall）和安乐哲（Roger Ames）将其界定为一种互系宇宙，即一切事物都在其他事物中，并且所有事物彼此之间以及与情景之间都是相互关联的。[17]实质主义本体论促成了一种根深蒂固的原子式世界观，使得西方国际关系理论倾向于认为世界由分散、独立的行为体组成。然而，从关系的角度来看，世界始终表现为一个互联互系的复合整体。

其次，行为体是、且只能是"关系中的行为体"。这意味着社会行为体的身份和角色是由社会关系塑造的。没有绝对的、独立的自我身份存在，因为自我身份是在与他人以及整个关系整体之间的关系中构建和重构的。一个比较形象的类比是起源于中国的围棋。对于任何单个棋子而言，都没有预设的固定身份和构成属性。在没有置于棋盘之前，所有的棋子都是一样的。一旦棋子落在棋盘上，每一个棋子与其他棋子关联起来，就有了身份和属性，诸多相互关联的棋子共同建构了围棋天地，整个棋盘看起来就像儒家的宇宙。这与国际象棋的设计理路十分不同，国际象棋的每个棋子都有预先确定的身份，比如王后车象，自始而终。而围棋的棋子只有在棋盘上落定之后，才会通过与其他棋子之间的动态关系获得意义和行使职能。汉语语言也十分相似。汉字没有预先固定的词类，只有在特定语境下才表现出自身的词类属性。同一汉字可以是名词、动词或形容词,并且可以作为主语、谓词或宾语。这取决于一个汉字在句子中如何与其他汉字搭配、怎样与其他汉字关联等等,比如"老吾老以及人之老"中的"老"字,就是一个形象的例子。

因此,对于一个中国人来说,"简言之,没有孤立的我:我,是我与特定他者关系所形成的角色的总和……总的来看,他们为我们中的每一个人编织了一个特定的个人身份类型……"[18]因此,是行为体与其家庭成员和社会团体之间的关系塑造了其身份和角色。因为行为体深嵌于具备多种类型和不同性质的关系圈网之中,具有多重身份是正常的。行为体的行为是否合理和恰当,取决于自我与他者关系的性质。正如温特的经典例证所说明的那样,美国对英国的核政策从根本上不同于对朝鲜的核政策,因为前者是美国的盟友而后者是美国的敌人。美国对于这两个国家的核政策截然不同,关系使然。

对社会研究而言,"关系中的行为体"这一概念意味着基本分析单位是关系,而不是个体行为体自身。从一个行为体存在的那一时刻起,它就是关系性的,行为体有意义的行动只能发生在社会的关系圈网之中。金耀基(Ambrose King)曾引用过儒家重要学者梁漱溟的话:中国既不是个体本位,也不是社会本位,而是关系本位[19]。国家也是社会行为体,因此,对世界政治的分析应从对关系的研究开始,而不是把分析单位固定在作为独立、利己的理性国家行为体身上。西方主流国际关系理论迄今主要侧重于个体行为体,在理论话语中,几乎没有将"行为体之间关系"或者"行为体与社会环境之间关系"作为一种有意义的分析单元。由于这种偏见,国际关系作为一门学科就出现了一个有趣的问题,尽管这门学科名称包含"关系"二字,但却既没有发展成熟的关系理论,也没有对关系概念进行严谨的理论化处理。

最后,"过程"是关系理论的一个关键概念,是从流动的关系角度加以定义的。关系主义中的过程概念类似于穆斯塔法·埃米尔拜尔 (Mustafa Emirbayer)对过程的理解,即"本质上把单元之间的关系看作主要动力,看作演变中的、进行中的过程而不是惰性物质间的静态联系"。[20]过程在本体意义上是重要的,它从不断发展和生长的关系中获得动力,因为关系中的行为体不会是"一个个体思想和感情的封闭天地,而是一个主动与他者建立联系、并通过不断扩大的人际关联网络进行交流沟通的行动者"[21]。因此,不断运动的行为体之间的交互行动使得过程具有动力,同时,这个过程也在不断界定其中的行为体,建构和再建构行为体的身份,定义和再定义行为体的角色。这样一来,过程就不再仅仅是为塑造一种结构或实现行为体意图的虚空,而是自有、自治和自给的存在,在国际关系和社会生活中都充当着至关重要的角色。行为体可能会启动一个过程并预先对这个过程进行设计,以便实现特定的结果;但是,过程一经启动,就会通过各行为体之间发展和变化的关系获得自身的生命和动力。过程很可能会导致与原设计有所出入甚至完全不同的结果。在这方面,全球化可能是一个典型的现实案例。

此外,相对于"存在"和"实体",过程是一个开放的生成。一个实体是一个具有固定属性的静态存在,而一个过程,随着不断变化的关系互动,是进行中的、具有无限可能性的生成。国际社会是一个过程而不是一个实体,是一种生成而不是一种存在,因为它在定义上是开放的,在本质上是生成的。全球治理也是一个过程,是一个不断建立规则和规范以治理和管理动态关系的过程。同理,合作是一个过程,是通过维持、管理和协调行为体之间关系而实现共同改进和共同进化的过程。从关系的角度来看,维持合作进程往往比取得立竿见影的结果更为重要。一个明显的例子是东南亚国家联盟(东盟)在区域合作中的"舒适度"(comfort-level)规范。正是这一规范的实施,使东盟成员国即使在出现严重分歧的时刻,它们之间的合作进程也不容易破裂和终结。

(二) 关系性的逻辑

关系性是从相互关联的世界中提炼出来的一个概念。关系性逻辑意味着一个社会行为体基于关系而行动。换言之,关系性逻辑是以行为体总体关系圈网作为背景,根据自行为体与特定他者关系亲密程度和/或重要性来作出相应决定的。正如费孝通涟漪类比所表明的,自行为体处于同心和叠加的关系圈网的中心,每一圈涟漪表示一种程度的亲密关系,涟漪之间延展伸缩,没有明确的边界,表明亲密关系的可塑性。菲利克斯·贝伦斯科特(Felix Berenskoetter)敏锐地发现,在国际关系研究中,讨论的中心议题集中在生存竞争、暴力冲突等方面,而亲密关系,比如友谊,则是一个被严重忽视的概念,应该将其置于国际关系的知识体系和研究范畴之中,因为对于任何社会和社会行为体,友谊都是生活中不可缺少的东西。[22]有心理学家已经辨析了三种类型的关系来表示亲密度:表示家庭成员之间关系的情感性关系;指代陌生人之间关系的工具性关系;以及结合了上述两种关系且通常发生在非陌生人之间的混合型关系。[23]在国际关系中,对每一个行为主体而言,存在朋友、对手和敌人,这些关系表明他者与行为主体本身亲密程度的差异,而每个类别又可以进一步划分成子类属,比如朋友可划分为盟友、好友和普通朋友。行为体针对不同的关系,倾向于采取不同的行动。对待朋友的方式自然不同于对待一个陌生人或是敌人的方式。同理,一个国家对盟友和对敌人所采取的政策立场可以是截然不同的。

关系整体构成了社会环境,行为体与其所处的环境之间是相互塑造、相互促进和相互限制的关系。因此,关系性逻辑有两个方面的内涵。首先是"关系选择",表示行为体所处的关系圈网促成和限制行为体的行为。关系中的行为体在把关系环境作为重要背景的情况下采取行动。在这个意义上,关系性逻辑相比工具理性(结果性)逻辑和规范理性(适当性)逻辑都具有优先性。对一个要采取理性行为的行为体而言,需要考虑到行为可能涉及的关系环境。一旦没有这个关系环境,行为体就很难轻易判断出自己的行为是否理性。如果美国像要求敌人一样要求盟友摧毁其核武器,无疑是非理性的。同样,没有关系环境,行为体不知道什么样的、哪种以及谁的规范应该被遵守。例如,在儒家学说中,父子关系决定子女应该遵守孝道,朋友关系规定朋友应该相互真诚。爱德华·基恩(Edward Keene)对英国在 19 世纪早期反对奴隶贸易的条约所做的研究也表明,英国在与不同关系的行为体签订条约时遵循了不同的规范。在与"文明国家大家庭"的国家签订条约时遵循平等互惠的规范,而在处理与文明社会之外的"野蛮社会"之间的关系时,则很少遵循平等互惠的规范。对单个行为体而言,规范是没有存在意义的,因为规范本身就是社会性表象。[24]社会关系定义了什么是理性的和适当的行动。因此,关系性逻辑排除了抽象的个体理性和自我独立的"施动性",这两种思维方式认为单个行为体具有完全依据自我利益进行判断和决策的能力。在一个相互关联的世界中,复杂浑然的关系圈网像一只无形之手,将行为体引向某种行动的轨迹。

其次,关系中的行为体积极利用关系圈网达成对自己有利的目的,这是关系性逻辑中工具性的一面。"中国人倾向于把处理人际关系视作实现生活中大多数事物的自然和正常的路径",因为他们认为"社会就是一张人际关系和团体的网络"。[25]关系性实践通过关系圈网的帮助,寻求实际的、物质性的收益。行为体采取行动实现自我利益,利用关系圈促进工具目标的实现。20 世纪 70 年代初,中国决定改善与美国的关系,这是由中国在苏联和美国作为关键行为体的关系矩阵中的地位决定的。这显示了中国对自身国家安全和美国对抗衡苏联的工具性考虑。无形的和非物质的收益，也是关系的工具性维度的一个重要方面。行为体在维护和运作与他者关系时可能不寻求即时的回报。相反，它所期待的是更长期的回报，甚至仅仅是为了声誉和威望这样的社会资本，也值得保持和发展良好关系。

此外，关系中的行为体可以利用关系来实现和维持社会秩序。对于一个文化共同体的成员来说，他们认为世界是由复杂且运行中的关系而不是个体性的实体所构成，因此，更为重要的不是管理调控独立自我的个体行为体，而是管理调控成员间的相互关系。因此，关系视角认为，和谐是社会的根本和理想秩序。一个相互关联的世界是由在诸多方面不同的个体之间的复杂关系所组成的。和谐并不意味着将一个社会的所有成员汇聚成一个同质的整体，而是去管理这些差异明显的成员之间的关系，使他们的差异不仅不会导致冲突和混乱，反而可以增强社会的稳定性。就像在音乐中不同的音符被组合成优美的旋律，也像烹饪中不同的食材和配料组合在一起成为美味佳肴。因此，关系世界中的政治应该更关注行为体之间关系的管理，寻求多样性和多元化情景下秩序的和谐和社会的稳定。

（三）中庸辩证法：关系理论的认识论基础

如果国际关系世界由动态关系组成，那么如何认识和理解国际行为体之前的多重复杂的关系呢？抑或在儒家关系的秩序中，什么被认为是这种关系最根本的性质呢？在这个问题没有得到回答的情况下，所有复杂的、流动的关系以及所有叠加的关系圈网都会显得杂乱无章，难以梳理。为了提供一个答案，我们需要在认识论层面上讨论两个概念：元关系和中庸辩证法。[26]前者是表现所有关系的最简单、最根本的形态,后者是认识、理解和解释这种元关系性质的适切方式。

中国哲学认为,阴阳关系是最重要的关系,或者说是一切关系的原型。我将其称为"元关系"。阴阳两个部分构成一个有机整体,太极图形象地表现了阴阳关系,展示了中国人对宇宙最根本关系的概念化理解。任何其他关系都可以被看作从这种元关系中衍生出来的。诸如男性和女性、强大和弱小、自然和文化、连续和变化、东方和西方,等等不一。多种多样、变动不居的关系构成了宇宙的整体。

与西方类似,中国人以极项的方式对宇宙进行概念化,相信进步和进化是在两极的相互作用下发生的。然而,关于这种元关系的性质,或者说元关系的原态,中西方则是有同有异。传统的西方哲学将元关系的两极视为以两分法方式构造的独立类型,使用"正题"和"反题"加以表述,并遵循康德—黑格尔的"自我—他者"冲突二元论逻辑,其中的他者总是消极的和敌意的。[27]英国作家拉迪亚德·吉卜林(Rudyard Kipling)在印度居住过多年,他就曾说过:"东方是东方,西方是西方,两者永远不会相互融汇。"其反映的就是一种根深蒂固的二元对立思维方式。相反,儒家传统以"你中有我、我中有你"的方式理解这种两极现象,认为二者不是以正题和反题的形式存在并互动,而是以"共题"的方式相互作用。阴阳所代表的两极不是两个作为独立自我和他者的不同实体,二者在互动时也不具有先在的属性。相反,阴阳两极首先是一个有机整体的两个组成部分,换言之,即凌焕铭(L. H. M. Ling)所说的自我中的他者和他者中的自我。[28]两者都不是独立于对方的,两者都依赖于彼此得以生存和生长的。[29]阴阳两极反对西方二元论的两极分立对抗,并为所有偶对关系建立了一个以互系概念为基础的世界观。关于大千世界中其他关系性质的推论,都始于对元关系的基本理解。

理解相互关联的阴阳关系本质的适切途径是中国的中庸辩证法,

通过对阴阳关系的阐释，中庸辩证法经过道家、儒家和历代哲人的凝练，成为中华文化中重要的背景知识，构成了中国人理解关系世界的基本认识论图式。简言之，中庸辩证法有三个重要要素：包容性、互补性与和谐。

中庸辩证法将包容作为理解阴阳关系的关键。中庸辩证法假设，虽然偶对双方存有差异，但却是彼此包容的。差异本身促进包容这一假设违反了形式逻辑的矛盾律，它规定 A 永远不可能成为非 A，反之亦然，因为 A 与非 A 的本质属性在互动过程中保持不变。矛盾律的基本假定是典型的"非此即彼"逻辑，即要么是 A 要么是非 A。而中庸辩证法提出了一个"相即"逻辑，并提供了一个截然不同的路径：A 和非 A 之间是内在包容的。例如，好运气可能包含着不幸，优点同时也是弱点，等等。两种文化、两种文明之间，也是如此。与亨廷顿"无法融合的"文明他者[30]的观点截然相反，中庸辩证法认为，尽管任何两个互动中的文化和文明有所不同，甚至从属性上看是相反的，但双方却是内在相互包容的，一方包含另一方的元素，兼容相即是任何偶对两极的原本逻辑。东盟提出的包容性区域主义也许是一个当代的恰当例子。

正是这种内在的包容性提供了对变化的不同理解：变化通过主体间的包容性互动发生。以身份变化为例。这不是主流建构主义者讨论的互动，需要考虑具有两种不同的先在身份，互动只能改变两个极项的非本质属性，而不能改变双方的原生属性。[31]因此，建构主义的这种改变至多是表面层次的，变化的仅仅是一些可变属性，而不是实体本身不易改变的构成性属性和必要属性。[32]中庸辩证法认为，阴阳两极的互动关系是内生的，因为两极在一个不断生成的过程中可以发生根本性变化，是一种生成性变化。换言之，A 正在生成非 A，反之亦然。"阴总是'生成阳'，阳也总是'生成阴'，就像自然界中白天总会变成黑夜一样……"[33]同理,东西方是相互生成的,在生成的过程中,没有不可转变的固定和永恒的身份。因此,生成的过程比任何具有独特属性的存在更为重要,因为它解释了持续和变化的动态过程,即通过变化达成持续,通过持续达成变化,或称之为"变通"和"通变"。生命本身就是阴阳共同创造与共同进化的无止境的生成过程。中庸辩证法否认"正题与反题""我们与他们"的二元分离式的结构化概念。

中庸辩证法把双方互动看作相互补充而不是相互消减的过程。换言之,中庸辩证法假设两极之间的关系本质上是非冲突性的和互补的。在这一点上,中庸辩证法与黑格尔的辩证法形成了鲜明的对比。黑格尔辩证法也将事物的发展视为两极互动的过程,但把两极之间的互动视为冲突性互动,并且,冲突被看作进步和进化的必要条件,是形成新的合题的基本方式。[34]为建立"自我"身份,建构敌对他者和冲突结构是不可或缺的。例如,人和自然被视为冲突对立的,一方征服另一方是人类进步的标志。两极在一个零和游戏中互相斗争,直到一方消灭另一方,最终形成以一种以新的形式存在的合题。冲突本质的假定也嵌入到了主流的国际关系理论之中:国家间的利益冲突是不可避免的,文明之间的冲突是不可避免的,规范差异和分歧会导致国际社会分裂,行为体彼此之间是相互独立的。归根结底,自我身份是通过相互否定和确定对立他者而建构的。

与之相反,中庸辩证法认为两极互构彼此的生命,并趋向于共同进化,生成一种新的、和谐的合题。两极促生的新的生命形式虽然不能被化约为任何一极,但明显包含两极的元素,就像一对幸福的情侣生育一个婴儿一样。这并不意味着冲突是不存在的,而是否认冲突是人类生活中的正常状态,强调冲突只是偏离正常状态的一种形式,以及否定冲突具有本体意义。两极差异可能产生冲突,但差异首先是和谐的先决条件。和谐最初作为一个音乐术语,意味着不同音符的适切组合产生优美的旋律。差异如果能以恰当的方式相关联,就会产生美丽与和谐,因此,关键是如何将这些差异相互联系起来。在没有相互否定和相互排斥的情况下,对立双方会走向共同进化。中庸辩证法在认识论意义上是重要的,因为它是一个不同于黑格尔二分法的世界观,并为理解世界中多样性和多元化的关系提供了一种选择。

因为相信元关系的非冲突性的性质,所以中庸辩证法认为和谐是自然状态和普遍秩序原则。或者说,自然世界和社会世界的原态是和谐。其意义蕴含在"中和"的概念之中,即"趋中与和谐",相互关联的这样一对概念代表了人类世界的本和道。中庸辩证法所包含的主要概念是"中"(centrality)与"和"(harmony),取中则和是中和原则的实际应用。[35]《中庸》第一章写道:

> 喜怒哀乐之未发,谓之中;发而皆中节,谓之和。中也者,天下之大本也;和也者,天下之达道也。致中和,天地位焉,万物育焉。

这是一个不同于强现实主义者所理解的霍布斯丛林式的世界,在霍布斯丛林中,所有人都在为生存而与他人争斗。这是一个差异产生和谐的世界。中庸辩证法认为两极以一种互涵式的包容方式互动,为充分表达和孕育生命而互存互补,并通过不断维持、调整和管理复杂的和流动的人际关系的动态过程,不断消解冲突、共同进化,成为一个新的合题,达到和谐的理想状态。正是由于这个原因,中庸辩证法也被称为和谐化辩证法。[36]

三、研究取向

由于关系理论描绘了一个不同的国际关系世界,这个世界不是由自在的原子和先构的行为实体组成的,而是由相互交织的动态关系构成的,这为学术发展、为重新审视国际关系的关键概念,以及为一种在更广范围内进行国际体系比较研究,提供了新的可能和视角。以下几个方面是基于关系理论的研究取向。

(一) 关系性权力

权力是国际关系中最重要的概念。关系理论一方面承认硬权力和软权力的重要性,同时也提供了对权力的另一种理解,即"关系性权力"。这意味着权力来自关系,或者简单地说,关系即权力。西方国际关系理论通常把权力看作行为体的占有之物。对于持硬权力观点的人来说,物质能力能够使一个行为体迫使别人做他们原本不想做的事情。对于软权力理论家来说,"权力是通过吸引而不是通过强迫或惩罚来获得你想要的东西的能力。软权力源于一个国家的文化、政治理念和政策的吸引力"[37]。这样的权力被行为体所占有,用于对别人施加影响,以根据自我偏好实现自己的利益。

关系性权力与软权力和硬权力有类似的地方,是一种改变他人态度、动机或行为,以使其在社会互动过程中符合自己意愿的能力。[38]然而,关系性权力也有不同于这些权力的地方,因为关系性权力并非被一个特定行为体占有。相反,它是一种不断协调和管理关系网络以使其成为有利因素的过程。如果行为体有更加广泛的关系网络,网络中有更多亲密和重要的伙伴,能够通过这些网络获得更多的社会威望,那么这个行为体就有更大的权力。行为体影响他人的能力,不是这些关系网络本身,而是如何运作这些关系网络。中国社会中的面子这一说法(脸面和声誉)尤其能体现这一点,所以也被称为"权力游戏"。[39]因此,从关系的角度审视国际社会,权力可以从一个国家的关系圈网中获得,圈网的大小和其中行为体的重要性都与国家的声誉或威望有关。例如,一个国际行为体的动议被其他国家广泛接受,说明它有面子,并且很强大。否则,它会丢失颜面,并会被认为缺乏影响力。因为权力是如此重要,因为关系就是权力,所以对一个国际行为体来说,通过扩展关系圈网来寻求、维护和扩展权力是一种自然的、也是合理的选择。

值得注意的是,尽管关系权力不排除物质能力,但更注重非物质的和无形的权力要素。行为体可以利用关系矩阵来增加他们的社会资本,如面子和威望,这可能不涉及有形的收益,甚至可能造成即时的损失,但这本身是一个重要的权力要素。例如,林南(Nan Lin)认为在两者互动时,提供帮助的一方所期待的,并不是就物质收益而言的对称或互惠交易;相反,它寻求像面子/声誉或者仅希望加强长期性的联系这类社会资本。[40]对于任何关系,如果一方拒绝提供帮助,这可能意味着关系的恶化,并使被拒绝的一方失去颜面。此外,在一个重复性权力游戏中,提供者和接受者的角色常常是互换的。在20世纪60年代,尽管自己贫穷落后,中国也为一些非洲国家提供物质援助。显然,中国不期望对等的物质回报,而是希望通过与第三世界国家的团结获得作为朋友的声誉。事实上,中国在20世纪70年代成功恢复联合国成员资格,一个重要原因是得到了这些非洲发展中国家的支持。

(二) 关系治理

关系治理既不同于规则治理,也是对规则治理的一种补充。西方国际关系理论迄今主要关注规则治理。制度理论和新自由制度主义在20世纪80年代打下理论基础后,美国国际关系学界开始研究当代国际规范。然而,基于规则的治理这一传统可追溯到西方历数几个世纪的治理实践的背景知识。诚然,没有规则的治理是不存在的,但基于规则的治理既不是普适的,也不是唯一的模式。即使在西方社会,规则也不是无所不在和无所不能的。

基于规则的治理模式的局限性体现在三个方面。[41]第一,这一模式具有强烈的个体主义倾向。个体行为体是被治理的对象,而规则是被设计用来约束个体行为的。第二,明显的理性主义倾向。行为体是理性个体,这种理性可能是工具理性,也可能是规范理性。规则的设计是利用行为体的理性,从而能够明确引导行为体,使其采取某种可预测的行动。换言之,当且仅当行为体是理性的时候,规则才能起作用。第三,基于规则的治理包含"非信任"的前提假定。规则是为了克服人性中的利己特征,使精于算计的行为体通过为大家工作而最好地实现自我利益。这一逻辑是清晰的:因为行为体是利己主义者,因此是不值得信赖的,他们制定规则的原因是彼此的不信任,值得信任的是契约、是契约所包含的规则。

关系治理则不同,这是一个协商社会政治安排的过程,在这个过程中,社会共同体的复杂关系得以管理,并因之产生秩序,使共同体成员能够相互信任,采取互惠和合作的行为方式,在对社会规范和伦理道德具有共同理解的基础上,实现共同进化。[42]关系治理的重点是对行为体之间的关系的管理,而不是行为者本身,因为它假定社会世界是一个关系世界,据此,一个良好的和可持续的秩序取决于具有不同利益的不同行为体间关系的和谐,而不是行为体的同质化。因此,治理就是治理关系。此外,关系治理强调过程,把治理作为通过协商沟通交流作出安排的过程。作为过程的治理实践充满着不确定性和变化,这使行为体之间持续性的谈判变得必要,并且表明了协商、协调和调整在治理过程中的重要性。例如,在一个跨国问题领域,治理需要所有攸关方承担责任,但必须通过谈判来决定谁应当承担多大的责任。此外,信任是关键。关系治理需要将信任作为支柱,只有建立在信任基础上的合作才是可持续的。一个理想的儒家社会是一个信任社会,它不是由压力集团组成的对抗和妥协体系,而是一个基于互信的信赖共同体。[43]

关系治理并不试图取代规则治理。它作为一种治理模式,存在于历史之中、存在于其他领域,也继续存在于当代国际关系世界中。东亚地区主义包含了基于关系的实践,东盟路径也反映了关系治理的要素。同时,关系治理也是对规则的治理模式的补充。如何整合这两种模式,使区域和全球治理更具合法性、更为有效和人性化,也许是国际关系探索的另一个重要方向。

(三) 关系性国际体系

世界历史上存在着不同的国际体系,而威斯特伐利亚体系只是其中之一。主流西方国际关系理论往往把威斯特伐利亚国际体系作为经验参考和理论基础。把威斯特伐利亚体系当作唯一的国际体系已经成为一种如此惯常的做法,因此林瑞谷(Erik Ringmar)才作出了这样的评论:“尽管历史上有许多国际体系,但现在只有威斯特伐利亚体系得到了反复的研究……因此,在偶尔进行比较时,威斯特伐利亚往往被作为衡量其他国际体系的标准。”[44]在这一主导预设之下,人们对国际体系进行观察、诠释和概念化。相应地,对威斯特伐利亚体系原子化的理解已经被用作世界政治一般化的标准。罗伯特·吉尔平(Robert Gilpin)讨论了国际体系的性质和变化,主要关注内部的个体性单元。如他所说:“在谈到体系性质的时候,我们主要指的是主要行为体或构成系统的不同实体的性质。国际体系的性质是由其中最主要的实体界定的,即帝国、民族国家或跨国公司。"[45]只有当主要行为体的性质发生变化时,系统才会改变。换言之,因为构成单元性质的不同,国际体系才会不同。如果国际关系世界被看作由自行存在的独立行为体构成的,那么这一观点自然就是合乎逻辑的。

主流国际关系理论把国际体系视作一个原子构成的结构,但关系理论将其视为一个关系过程,一个复杂关系连接的系统而不是个体性行为体在场的体系。国际体系的不同不是因为构成单元的差异,而是因为行为体之间的不同类型的关系。通过对历史上存在过的国际体系的比较研究,可以发现国际体系既有等级制的,也有无政府状态的。林瑞谷认为威斯特伐利亚体系属无政府状态,朝贡体系属等级制,而德川体系则是介于二者之间,即政治上呈无政府性、社会上呈等级制。[46]无政府性和等级制这些说法不是说明个体性行为体的性质,但表述行为体之间的关系性质。换言之,国际体系本身是由关系界定的。主权国家间的平等关系界定了威斯特伐利亚体系,而不平等、不充分的主权行为体关系界定了朝贡体系和德川体系。因此,关系理论认为,是主导关系而不是主导行为体界定了国际体系。

通过对不同国际体系的比较研究而对国际体系重新概念化是必要的。这种体系的对比,可以使我们对如此熟悉并鲜有提出质疑的西方国际关系理论中的重要概念作出新的解释。这也可能产生超越西方思维的背景知识体系的新概念,丰富全球国际关系学。例如,既作为一种战略也作为一种理论的均势在西方国际关系理论和实践中如此重要,但在古代中国和东亚朝贡体系中,却没有出现过这种理论,均势似乎根本不在这一国际体系中行为体的选项之内。[47]与之相比,"为在国家间创造稳定和积极关系"的关系平衡战略[48],似乎与关系性国际体系的关联度更高。

四、结　论

本章提出的世界政治的关系理论，依赖于世界是相互关联的这样一个文化指向的观点。关系理论认为行为体是关系中的行为体，关系是社会世界最重要的组成部分，关系性逻辑解释了具有社会意义的行为。关系理论为一些国际关系中的关键概念，诸如权力、治理和国际体系等，提供了新的解释。通过塑造理论硬核的形上元，关系理论揭示了社会理论建构中文化的重要性。主流国际关系理论或多或少把重心放在个体理性上，因为个体理性是启蒙运动以来西方文化沉淀的一个重要的结晶；关系理论是由关系性培育和维系的，这是一个根植于儒家文化与实践共同体背景知识中的核心概念，是儒家文化积淀而成的一个重要结晶。

关系性是一个中立概念。如同理性一样，关系性同时包含了积极和消极的双重内涵，它可以是一种"将人性加入冷酷的交易中，在缺乏一致性规则或社会行为准则的情况下的发挥作用"[49]；它也可以导致关系性权力的滥用，降低法治的有效性并带来腐败。无论如何，关系性就像理性一样，反映的是一种重要的思考和行动方式，在人类生活中处处可见。关系性并不否定理性，但主张理性是以关系性为条件的，或曰关系理性。此外，从中庸辩证法视角来看，关系性和理性的平衡和相互包容，可能会产生一种积极的合题，无论在理论还是实践方面，都是如此。例如，在国际关系中，一种结合了规则治理和关系治理的综合路径将可能被证明更加实用和有效。

诚然，关系性在儒家文化共同体中表现得更为明显，但关系性并不局限于儒家文化的共同体之中。正如关系性的对应概念理性一样,虽然在西方文化中表现得较为突出,但在西方之外的地方也得到了比较广泛的使用。关系性的应用,可以中美关系为例。复杂的关系环境,显然制约了中美两国的行为。由于复杂关系在两国的各种领域交错纠结,伸入各自叠加和相互渗透的关系圈网,因此到目前为止,维持总体关系的相对稳定成为两国政策制定者的一条底线。再如美国前国务卿希拉里·克林顿在解释"巧实力的艺术"时,显然至少是设想了两个关系圈:历史上的美国盟友和新兴大国,并断言在欧洲和东亚历史上的盟友仍然是美国全球领导力的基石。"英国和其他盟国是我们首先要依靠的伙伴,我们在所有事情上并肩合作……"[50] 另一个例子是全球治理。后冷战时代在解决全球问题的努力中几乎没有取得任何进展。其中一个重要原因是主要国际参与者之间各方面的关系没有得到适当的管理,没有提升为真正的伙伴关系,而相互疏远却越来越明显。世界正在走向一个多元化和多节点的地球村[51],在这里,互系性是不可避免的和一直存在的,维护和管理地球村民之间的关系对一个稳定的世界而言十分重要。

　　人是关系动物。在国际关系中,行动者是关系者,不仅在决策过程中会思考自己的关系圈网,也会从关系圈网的角度进行思考。因此,尽管关系理论自始至终有着自身的文化胎记,但可应用的潜在范围超越了儒家文化共同体。关系理论强调文化在社会理论建构中的重要性,但会避免"将自己所属群体(社会、国家或文明)视为同质的、独特的以及比他者更优越的"文化例外论[52]。关系理论旨在提供西方理论建构选项之外的思想与概念,以生成真正意义上的全球国际关系学。关系理论坚持中庸辩证法,以"彼此相即"否定"非此即彼"二元对立逻辑,并主张将内嵌包容性作为路径,实现发展进步、共同进化和可持续的全球秩序。

（原文为"A Relational Theory of World Politics"，

载 *International Studies Review*，2016(18)；中文《世界政治的
关系理论》，李宏洲、方鹿敏译，载《世界政治研究》2018 年第二辑。）

注释

1. Amitav Acharya and Barry Buzan，"Why Is There No Non-Western IR Theory：An Introduction，" *International Relations of the Asia Pacific*，Vol.7，No.3，2007，pp.287—312.

2. Peter J.Katzenstein，"A World of Plural and Pluralistic Civilizations，" in Peter J.Katzenstein，ed.，*Civilizations in World Politics：Plural and Pluralistic Perspectives*，London and New York：Routledge，2010，p.23.

3. Acharya Amitav，"Global International Relations and Regional Worlds：A New Agenda for International Studies，" *International Studies Quarterly*，Vol.58，No.4，2014，pp.647—659.

4. Imre Lakatos，*The Methodology of Scientific Research Programmes：Philosophical PapersI*，London：Cambridge University Press，1978，p.6.

5. John R.Searle，*The Construction of Social Reality*，New York：The Free Press，1995，pp.129，132—137.

6. Emanuel Adler and Vincent Pouliot，eds.，*International Practices*，Cambridge：Cambridge University Press，2011，p.16.

7. 在评论这篇文章的初稿时，巴里·布赞曾提醒我，后结构主义者

和后建构主义者并不将行为体视作自发的单元,他说得很对。不过,在这篇文章中,我批评的对象是主流国际关系理论关于行为体自发自为的假定。

8. Ole Wæver, "The Rise and Fall of the Inter-paradigm Debate," in Steve Smith, Ken Booth and Marysia Zalewski, eds., *International Theory: Positivism and Beyond*, Cambridge: Cambridge University Press, 1996, pp.149—185.

9. Waltz Kenneth, *Theory of International Politics*, Reading, MA: Addison-Wesley, 1979.

10. Robert Keohane, *After Hegemony: Cooperation and Discord in World Political Economy*, Princeton, NJ: Princeton University Press, 1984.

11. Alexander Wendt, "The Agent-Structure Problem in International Relations Theory," *International Organization*, Vol.41, No.3, 1987, pp.335—370.

12. Alexander Wendt, *Social Theory of International Politics*, Cambridge: Cambridge University Press, 1999.

13. Robert Keohane, "Ideas Part-way Down," *Review of International Studies*, Vol.26, No.1, 2000, pp.125—130.

14. Barry Buzan, "The English School: An Underexploited Resource in IR," *Review of International Studies*, Vol.27, No.3, 2001, p.484.

15. 费孝通:《差序格局》,载费孝通:《乡土中国》,北京:北京出版社2005年版,第29—40页。

16. Richard E. Nisbett, *The Geography of Thought: How*

Asians and Westerners Think Differently ... and Why，New York：Free Press，2003，p.19.

17. David Hall and Roger Ames，*Thinking through Confucius*，New York：State University of New York Press，1987，pp.12—17.

18. Nisbett，*The Geography of Thought*，p.5.

19. Ambrose Y.King，"The Individual and Group in Confucianism：A Relational Perspective，" in Donald Munro，ed.，*Individualism and Holism：Studies in Confucian and Taoist Values*，Ann Arbor：Center for Chinese Studies，the University of Michigan，1985，p.16；亦可参见梁漱溟：《中国文化要义》，上海：上海人民出版社 1949/2011 年版。

20. Emirbayer，"Manifesto for a Relational Sociology，" pp.281—317；Jackson and Nexon，"Relations before States，" pp.291—332.

21. Tu Wei-Ming，"Neo-Confucian Religiosity and Human Relatedness，" in George de Vos and Takao Soufue，eds.，*Religion and the Family in East Asia*，Osaka：National Museum of Ethnology，1981，p.114，引自 Thomas Gold，Doug Guthrie，and David Wank，"An Introduction to the Study of *Guanxi*，" in Thomas Gold，Doug Guthrie，and David Wank，eds.，*Social Connections in China：Institutions，Culture，and the Changing Nature of Guanxi*，Cambridge：Cambridge University Press，2002，p.10。

22. Felix Berenskoetter，"Friends，There Are No Friends? An Intimate Reframing of the International，" *Millennium*，Vol. 35，No.3，2007，pp.647—676.

23. Hwang Kwang-Guo，"Face and Favor：The Chinese Power Game，" *American Journal of Sociology*，Vol. 92，No. 4，1987，

pp.944—974；翟学伟：《人情、面子与权力的再生产》，北京：北京大学出版社 2005 年版。

24. Edward Keene, "A Case Study of the Construction of International Hierarchy: British Treaty-making Against the Slave Trade in the Early Nineteenth Century," *International Organization*, Vol.61, No.2, 2007, pp.311—339.

25. Lucian Pye, *The Spirit of Chinese Politics: A Psychological Study of the Authority Crisis in Political Development*. Cambridge, MA: The MIT Press,1968, pp.173—174, cited in Gold, Guthrie, and Wank, "An Introduction to the Study of *Guanxi*," p.11.

26. Qin Yaqing, "International Society as a Process: Institutions, Identities, and China's Peaceful Rise," *The Chinese Journal of International Politics*, Vol.3, No.2, 2010, pp.129—153.

27. Richard Ned Lebow, "Identity and International Relations," *International Relations*, Vol.22, No.4, 2008, pp.473—482; Shannon Brincat and L.H.M. Ling, "Dialectics for IR: Hegel and the Dao," *Globalizations*, Vol.11, No.5, 2014, pp.661—687.

28. L.H.M. Ling, "Worlds beyond Westphalia," *Review of International Studies*, Vol.39, No.3, 2013, pp.549—568.

29. Hall and Ames, *Thinking through Confucius*, p.17.

30. Samuel Huntington, *The Clash of Civilizations and the Rethinking of the World Order*, New York: Simon and Schuster, 1996.

31. Emirbayer, "Manifesto for a Relational Sociology," pp.285—286.

32. Patrick T. Jackson and Daniel H. Nexon, "Relations before

States： Substance， Process and the Study of World Politics，" *European Journal of International Relations*，Vol.5，No.3，1999，p.293.

33. David Hall and Roger Ames， *Thinking through Confucius*，New York： State University of New York Press，1987，p.17.

34. ［美］成中英：《论中西哲学精神》，上海：东方出版社 1991 年版，第 184—186 页。

35. Tu Wei-Ming， *An Insight of Chung-yung*，Beijing： People's Press，2008，p.16.

36. 成中英：《论中西哲学精神》，第 182—184 页。

37. Joseph S. Nye， *Soft Power： The Means to Success in World Politics*，New York： Public Affairs，2004，p.10.

38. Hwang， Kwang-Guo， "Face and Favor： The Chinese Power Game，" *American Journal of Sociology*，Vol.92，No.4，1987，p.947.

39. 黄光国等：《面子：中国人的权力游戏》，北京：中国人民大学出版社 2004 年版。

40. Nan Lin， "*Guanxi*： A Conceptual Analysis，" in Alvin So， Nan Lin， and Dudley Poston， eds.， *The Chinese Triangle of Mainland， Taiwan， and Hong Kong： Comparative Institutional Analysis*，Westport， CT： Greenwood， 2001，pp.153—166.

41. Qin Yaqing， "Rule， Rules， and Relations： Towards a Synthetic Approach to Governance，" *The Chinese Journal of International Politics*，Vol.4，No.2，2011，pp.117—145.

42. Qin Yaqing， "Rule， Rules， and Relations，" p.133.

43. Tu Wei-Ming， *An Insight of Chung-yung*，p.56.

44. Erik Ringmar， "Performing International Systems： Two

East-Asian Alternatives to the Westphalian Order," *International Organization*, Vol.66, No.1, 2012, pp.1—25.

45. Robert Gilpin, *War and Change in World Politics*, Cambridge: Cambridge University Press, 1981, p.41.

46. Erik Ringmar, "Performing International Systems," p.7.

47. Hui Victoria Tin-Bor, *War and State Formation in Ancient China and Early Modern Europe*, Cambridge: Cambridge University Press, 2005; David Kang, *China Rising: Peace, Power, and Order in East Asia*, New York: Columbia University Press, 2007.

48. Chiung-Chu Huang and Chih-Yu Shih, *Harmonious Intervention: China's Quest for Relational Security*, Surrey, UK: Ashgate, 2014, p.18.

49. Gold, Guthrie and Wank, "An Introduction to the Study of *Guanxi*," p.3.

50. Clinton Hillary, "The Art of Smart Power," *New Statesman*, 2012, http://www.newstatesman.com/politics/politics/2012/07/hillary-clinton-art-smart-power. Accessed May 17, 2015.

51. Brantly Womack, "China's Future in a Multinodal World Order," *Pacific Affairs*, Vol.87, No.2, 2014, pp.265—284.

52. Acharya, "Global International Relations and Regional Worlds," p.651.

第三章 关系理论的学术议程

苏长和

人生而独立,但无往而不在关系之中。在汉语中,凡立乎此而交彼曰"关",凡垂统于上而承于下曰"系","关系"是理解世界和组织世界的核心概念之一,但在包括国际政治的社会科学研究中,这个概念由于在日常生活中使用如此广泛,以致人们往往日用而不觉,未能充分地从学理上进行必要的挖掘。[1]秦亚青在将"关系"引入到国际政治和外交理论分析中以后,在国内外产生了一定的反响。[2]学术概念来自生活,"关系"是一个人们在生活中使用很频繁的词汇,拥有广泛的日常生活基础,但是作为一个学术表达概念,或者认识世界的一个理论概念,仍然需要进一步的概念化过程。本章在秦亚青既有论著基础上,对关系理论的进一步发展提出一些建设性的学术建议,以作补充。

一、关系与会通

每一个独立的文明体系,它所创造的主要思想成果,与其独特的认识和思维方式是分不开的。就此来说，我们可以将目前流行的被误认为是普遍的社会科学原理、概念构成的知识体系，视为更多是西方世界内部以及西方与外部世界打交道过程中所形成的西方本土知识。随着各个地区尤其是自成一体文明地区文化自觉的兴起，对曾经被遮蔽和抑制的本土知识的挖掘、整理、复兴以及其在社会和国家治理中作用的重视，必然带来人类知识上的一次变革，从而推动着更平衡的文明交流格局的形成。

秦亚青在关于关系理论的系列论著中，重视将中国传统阴阳组合思维和中庸辩证法作为关系理论的一个重要认识原理和方法原则。本章愿意再作一个补充，也就是中国学问还格外重视会通法在认识世界中的意义，这一点同样是关系理论的一个重要的认识论和方法论基础。

从几大文明的认识和思维方式比较来看，大概没有一种文明像中华文明这样，特别重视会通在增进知识、认识世界、组织世界中的地位和作用。人们在认识世界的扩大过程中，一开始会对异样留下深刻的印象，在对异样世界的进一步探究、比较、交流中，逐步发现异样世界中同时存在很多彼此共同的地方，这为相互间往来奠定了基础，但是仅此还不够，更难的认识提高过程，是在异样世界中寻找、揭示彼此在原理和实践上存在的共通地方，从而奠定异样世界实现和谐共生的目标。如果用汉语概念来表述的话，这个认识过程就是存异—求同—会通的提高过程，因而，在不同的视野中，人们分别会看到三个印象的世界，世界印象的不一样，同时会影响到与外部世界关系处理的差别。会通法假定世界本是一个普遍联系、融会贯通的整体，主张整体、联系和流动地看待世界，反对割裂、分别地看世界。比勘以观其异，强调的是分析，这是一种"找不同"的思维和方法，分析的传统会将世界人为间隔为各种不同，同时会将世界的不同视为沟通合作的障碍，窒塞而不可通，极而言之,在实践中就容易导致将消灭不同作为秩序的基础。会通以见其同,重视的是合析,是要在有形的差别中看到无形的共通和联系之处,世界的异样和不同不是合作的障碍,而是合作的机会,这是一种找共通的思维。前一种思维看到的世界是别样的,而后一种思维看到的世界则是别致的。

现实世界中,人们容易看到的关系是相辅相成的,或者是相反相成的,这一点可以从组合和辩证思维中予以认识。但是,关系的流动、深化和扩展,或者说对人、事、物及其之间关系的进一步构造,需要更多寻找共通的眼光,否则,关系的延伸就会止步于不同。换句话说,闭塞、窒塞、不通是关系的反面,多样而又不同事物之间关系的建立、维护和扩展,需要借助会通的方法来消弭隔阂,求同存异,聚同化异,由此才能形成更强的共生关系。

古人云,欲求超越,必先会通。在存异、求同、会通所看到的三个印象世界中,以会通观世界,世界则大。世界充满着多样和不同,这是我们认识世界面对的一个基本面,那么究竟是强求一致或者分别割裂,还是并蓄多样、互联互通,反映的其实是迥异的世界观。会通法所蕴含的普遍主义思维方式,与西方哲学社会科学中的普遍主义思维方式,恰恰形成了鲜明的对照。如果说西方理论的鲜明特色是追求极端之深刻,那么中国理论的特色则是追求会通之博大。求极端固然可以深刻,但因此也会产生排斥异己。从某种意义上说,西方特色哲学社会科学是一个排他性很强的思想体系,在对待异样这个问题上,走向了以同化异的道路,也就是主张把自身特色的价值、制度,变成其他民族和国家都接受的普遍真理,由此在实践中产生干涉主义弊端,使得自身与外部世界时常处于冲突状态,循此普遍主义思路,只会加剧文明之间的紧张和冲突。而会通意义上所理解的普遍主义,则是在看似不同的世界中以及在对不同的深刻理解中,在不同之间建立普遍联系的关系,实现共生的秩序。就此,或许我们可以下这样一个判断,也就是由于对会通的重视而不是对差异的放大,中国的认识体系其实是一种时刻保持对任何极端主义思想理论进行抑制和防范的体系。这对当今各种极端主义思潮泛滥的世界或许是一个启示。

会通法经常自觉不自觉地贯穿在人们认识世界和分析世界的思维过程中,但是这种方法在当代哲学社会科学教科书中还没有得到系统的阐发,从而一定程度上既妨碍了人们在实践中处理异样事物之间关系的能力,也限制了人们对多样学说观点实现超越的空间。从会通入手,可以深化对关系的认识。人类不同文明之间的来往还远远没有达到会通和升华的状态,现在很大程度上仍然停留在以同伐异的对立冲突境界,这也为各种思想理论的竞争和发展提供了新的可能和机遇。

二、关系与互联互通

会通法进一步提供了认识关系理论的方法论知识。一个普遍联系的世界,是以关系的互联互通来联结的,反之,排异必然不利于关系的流动、延伸和扩展。对于任何类型的秩序而言,其扩大既可以通过将差异转化为一致,也可以通过联通和存异来实现,而无一例外的是,那些建立在排异基础上的秩序最终难免不走向萎缩。这就需要人们超越关于世界的第一印象,从会通和互通角度认识国际关系新的组织方式。那么,关系和会通能为人们认识中国的区域主义实践特别是互联互通战略具有什么启发意义呢?

在已有的知识体系中,一体化理论被认为是区域合作的示范理论。该理论假设成员通过经济、政治乃至安全防务的逐步联合,形成一个更大范畴的区域国家。从西欧同其周边国家在这方面的实践来看,无非是以国家的特征为样板,在特定区域层面复制一个更大的国家。近些年来,由于一些边缘性成员国对于主权削弱的敏感,使得欧洲一体化进程产生挫折。与一体化理论近似的另外一种秩序整合理论是霸权稳定论,该理论形成了一套包括意识形态、经济分工、安全联盟在内的系列学说,为霸权统治提供理论支持。这两种理论或者秩序均具有很强的排异性。一体化理论为周边国家设置了一套政治经济标准,霸权秩序构造一个从属的政治经济秩序,两者外在形式不一样,但是排异的机理却很近似。

　　一体化理论对不少地区的区域合作产生了示范作用。然而,由于涉及敏感的主权让渡问题,更主要的是由于中国与周边大部分国家在规模上具有的不可比拟优势,用这套理论并不足以概括和指导中国与周边国家的合作,且在实践中容易使周边中小国家在与中国合作时产生疑虑和戒心。从世界范围来看,一体化理论指引的方向是否就是国际合作的未来趋势,还是个问号。至于霸权稳定论,根本上是同中国外交所追求的和平发展价值观是相悖的。因此,究竟使用什么样的核心概念概括中国的区域合作实践,包括近些年来提出的"一带一路"倡议,是摆在学界面前的一个理论问题。

　　从关系衍生而来的互联互通理论,未尝不是一个解释选项。学界与其大量借用一体化理论、俱乐部产品理论、分工理论、地缘政治理论来解释中国的区域合作和"一带一路",倒还不如围绕关系治理和互联互通概念作文章,丰富和发展中国的区域合作和"一带一路"的理论基础。互联互通实际上是关系的一种延伸和扩大。如果我们假设世界是在走向一个互联互通的世界,在不同之间形成互通、进行转换,就是一个突出问题,就像两种水管一样,一个是圆的,一个是方的,各自水压也不一样,对接的时候就需要一个转换装置,而不是强求一端变成另外一端。

互联互通是一种平等的关系网络,沿线国家间"不通"的地方少了,彼此容易形成从更强的关系网络发展到合作共赢的共生体系中。互联互通实施进程中常用到的一个词汇是"对接",合作各方将彼此需求对接、衔接起来,强调的是平等和相互尊重。中方在提出"一带一路"倡议后,并非强求他方制定新的发展战略来回应和呼应中方的战略,而是将中方战略同相关国家已有的发展规划战略衔接起来。这种关系网络的平等性和共生性,与霸权稳定论希望构建的从属等级秩序或者国际分工论设想的固化的上下关系相比,自然更符合合作共赢的潮流。所以,互联互通内不存在一个中心国家,也不存在要将某个国家吸纳进某个中心,它是一个便利化、流动性的关系网络。互联互通目的在于促进相关国家交往关系的便利化和流动性,这是当前国际合作需要实实在在解决的问题,而不是像一体化理论那样,最终一定要求各国将主权让渡到一个更高的机构。当前,"一带一路"沿线各国之间存在太多"不通"的地方,从政策到物流,从资金到基础设施,不一而足,这也就是为什么中国提出"一带一路"倡议后,强调要做好政策沟通、资金融通、设施联通、贸易畅通、民心相通的意义所在。

一体化理论、霸权稳定论内在的等级性,往往需要各方让渡部分主权到一个更高的国际组织,这一点显然不太适应中国地区合作和"一带一路"沿线国家的现实。互联互通并不强调有个高于国家的超国家机构来实现国际合作,但是重视相关国家之间通过更紧密、更有效的跨国行政合作,务实地解决彼此之间存在的合作难题。这个合作模式不同于战后带有理想性质的国际组织模式,其重点落在各个主权国家之间多层次合作上,因此它是一种肯定主权的行为,而不是削弱主权的行为。互联互通可以有效地回避一些敏感的价值问题，但是这并不意味着其就排斥价值问题在合作中的意义。霸权稳定论、一体化理论往往希望通过一个唯一的价值观标准来塑造和引导相关国家朝这个价值方向靠拢。在关系和互联互通中，强调的是"共"这个汉字的核心价值。从共建、共商、共享，一直到命运共同体，都可以看到由"共"这个汉字衍生出来的许多词语。这个价值观更符合区域合作多元、多样的政治和文化生态。

在同一体化理论的比较中，由关系衍生而来的互联互通或许对区域合作更具有解释和指引能力。尽管现在世界上不少地区都将一体化作为地区合作的终极目标，其区域化也存在明显的借鉴一体化理论的倾向，但是对于这些地区来说，或许更重要的是做好区内和区际互联互通工作，而不应该将设想中的一个超国家实体作为目标。实际上，从许多地区合作的实践情况来看，真正要解决的恰恰是各类功能性领域的互联互通问题。

三、关系选择与自我调解

关系理论的未来发展必须要回应矛盾处理问题。秦亚青的论著论述了关系治理和规则治理的相互补充问题，认为关系治理与规则治理并不是非此即彼的对立关系，甚至也不是先后优劣的阶段关系，更可能是一种相互补充的关系。[3] 无论是关系的维护还是规则的疏导，本质上都在于达到一种稳定、持续的秩序。在回应矛盾处理上，关系理论需要关注调解问题。

从比较来看，关系理论与美国特色的现实主义理论相比，本质上不是一种冲突理论，而是一种合作理论，但是这并不意味着关系中不存在冲突甚至对抗的一面,关系的断裂可谓关系的极端形态。关系理论的意义在于阻止矛盾向对抗和零和的方向发展,或者引导矛盾从对抗和零和向合作和共存方向演变。

"用尽调解/谈判原则"是关系内矛盾处理的重要原则,也就是说,在最终走向具有对抗式特征的判定、裁决乃至断裂之前,用尽调解/谈判的原则是确保关系无限演进而非有限中断的重要手段。

"用尽调解/谈判原则"在国内治理和全球治理中均有意义。中外社会的法律文化往往不约而同地具有一个共同特点,也就是强调自我调解在纠纷处理中的意义。以合同研究为例,学者的研究表明,合同关系远非是通过规训和禁令的语句来达到执行目的的,更多的是通过社会关系的维持和维护来履行的,如果合同方总是纠缠细节不放,那么合同方在生意场上可能会没办法交往下去,"如果你还想继续同对方做生意的话,就不要纠缠具体的合同里的条款问题。一个人的行为必须合情合理。如果你想在工商界混下去的话,就不能动不动就去找律师"[4]。更多的法律社会学研究则认为,人们面对纠纷,倾向采取非诉讼方式来处理,此方式绝非前现代社会的专利,实际上广泛存在于现代社会。以非诉讼的私力救济等自我调解手段解决纷争不只表现在小范围的社会中,同样存在于包括国际关系的大范围社会中。换句话说,假如一种法律文化动辄将关系中的矛盾方诉诸对抗式辩论或裁决予以解决,实际上增加了关系中断的风险。在国际政治中,对抗性诉讼的盛行往往无助于国家间关系的稳定,简单利用第三方裁判政治是非的案例并非有效,相反,有的国家动辄将争议上升到由某个国际机构来裁判,"这种动不动找律师、动不动找仲裁"的方式最后经常激化了双边或者国际矛盾,此行为模式违背了关系治理中"用尽调解/谈判原则"的逻辑。

回到关系性和理性这对概念上,可以从更根本意义上理解自我调解在关系延续中的意义。在关系理论的进一步研究中,有必要提出"关系选择"这样的命题,以超越本体论上虚构的个体主义命题。理性选择在个体主义前提下假设个体对利害的算计支配着个人行为,这种个体主义价值观导致一种极端主义,也就是个体可以在与他人毫无关系或者有限关系为前提讨论利益、秩序和政治问题,个体理性选择行为成为社会秩序的动力。安乐哲在利用"关系本位"批判这种价值观的时候,指出"绝对个体概念的危险性还表现为它在西方知识分子的思想意识中具有普遍性。这种教义作为思想传统根深蒂固,以致人们很难找到一个能替代它的概念。事实上,'自由'、自立和'理性'的个体概念,在西方已经是一种批判不得的意识形态"。"绝对个体仅仅是本体论意义上的虚构,但成为西方极端自由主义经济制度在道德与政治上的逻辑前提。事实已越来越清楚,极端自由主义经济制度不仅无助于解决当今世界的痼疾,而恰恰是这个世界病入膏肓的主要诱因。"[5]在关系选择的视野下,世界上一切都是关联的、共存的,"关系"本身就是一种存在,个体的利益、责任和命运被转换为关联的利益、责任和命运,并成为关系选择的支配逻辑。从理性选择向关系选择的进化,为解释合作和通过自我调解解决零和对抗提供了新的认识途径。

四、关系理论的学术表达

国际关系理论的中文表达是中国国际关系知识生产的一个重要环节,中文表达的关键在于使用自己原创性核心概念阐述学理问题,通俗地说,就是"自己究竟怎么说的而不是别人怎么说的"。每一门知识体系往往都是由若干核心概念及其之间的逻辑关系构成的,国际关系理论也不例外。对于国际关系理论中形成的中国特色概念、范畴、表述,简单地接续到一些外来国际关系理论,等于不自觉地成为别人理论的分支。严格意义上讲,我国的国际关系研究在外国学问进来以后,还没有完成对外来概念的系统转换和转化工作,对自身创造的核心概念在学术史中的地位,也没有引起足够的重视,造成学术研究的被动。本章最后仍然回到会通法,从异、同、通的发展逻辑,认识概念转化及其学术表达的意义,也许对于关系理论的后续发展特别是学术表达具有一定参考意义。

从会通法来看,概念的转换和转化工作有两点值得重视,一要抓住同名异义,二要抓住同义异名,我们在学术概念市场里碰到很多概念,有的是同名异义,有的是同义异名,由此做转换转化很有必要。概括起来,人们在面对古今中外学问中的很多概念的时候,实际上有四种转化的可能,可以用符号表示如下。

第一,同义异名的概念用符号来表述,就是 A=B=C=D。如果 A 是自己的概念,B、C、D 是别人的,那么尽量坚持用 A 来表达自己。世界上同样的现象在不同地区可能有不同的表述,表现在一个国家学术上,就应该自主地坚持用自己的概念表达自己。亚里士多德在说"多个头脑比一个头脑更好"这句话时,它与中国人所说的"人多智广"、"三个臭皮匠赛过一个诸葛亮"的含义是一样的,人们并不需要借助亚里士多德的话来表达集思广益的含义,本民族文学中已有的生动表述,当然应当在学术中将本民族生动的地方展现出来。进而言之,当我们对古今中外这种同义异名现象了解得越多,就愈能化繁为简地概括已有的知识。

第二,用新的概念来代替各个并行的同义异名概念,比如当 A=B=C=D 时,为了便于交往,用新的概念统一来代替 A、B、C、D 同义异名造成的沟通困难,比如 X=(A=B=C=D)。这种会通法涉及对具有共同特征事物的概念统一问题。在社会科学研究中,不同学科之间、主要国家之间,在表达和分析类似社会问题时存在各自表述的现象。因此准确地说,至今还不存在一个所谓"国际"社会科学,只有各具特色的社会科学;一个社会科学大国有能力对这种同义异名进行新的概念统一并被外界接受时,其社会科学才具有外部影响力。

第三,同义异名的处理办法,是用新的根概念,作为各个次概念的总属概念,比如 A＝(A1、A2、A3、A4),等于将各个次概念划到一类中。例如,现实主义是美国特色国际关系理论中的一个根概念,所谓古典现实主义、结构现实主义乃至其他现实主义,都属于这个根概念范畴内。一个大国的学术,在创造新的概念和表述的时候,如果归结到别人的根概念那里,学术成果最后只能算为别人学术生产环节的一个部分,很难形成独立的学术体系。在国际政治的关系理论表述中,关系是一个核心概念,它不是关系建构主义,它是国际政治的关系理论,将来可能出现许多围绕关系理论而出现的分支学说,但是分支学说的源头来自关系这个根概念。

第四,同名异义用符号来表达,就是 A≠A≠A≠A,大家都在讲这个概念,共用的名是一样的,但是这个概念含义是完全不一样的。阅读国际关系理论或社会科学理论的很多书,人们发现古今中外很多概念,同样一个概念,但讲的含义完全不一样。当一个学科内部出现很多同名异义现象时,这个学科的理论是在衰落的,需要新概念新范畴新表述,对各种概念做很重要的确"实"工作。有的概念和表述在不同时代其含义也不一样,例如"画地为牢""群龙无首"等,以前是褒义词,现在变成了贬义词,反映了词语和概念含义的历史变迁。"共名"最容易造成思维和推理的混乱,这就同简单地用古今属辖范围不一样但同名的地名进行地理识别时容易犯错的道理是一样的。此外,汉语学术中的概念还有一个特点——无论是原生的概念还是翻译外来的概念,也就是许多重要概念不是由字构成的,而是由两个字组合生成的。每个汉字信息量很大,千变万化,是人类文明的瑰宝。政治学中人们用得最多的概念"国家",在汉语学术中是由"国"和"家"两个字构成的,承载了中国人关于国家的理解,但是在英语的 state 一词,其并没有承载中国人所理解的"国家"社会文化含义,大家虽然共用"国家"这个名,但是背后含义的丰富性是不同的。

掌握了基本的概念会通,对于近些年国际政治理论中许多中国原创概念的保护和交流具有启发价值。总之,如何将外来的东西主动转换到自己的核心概念和表述体系中,而不是简单地将自己创造的内容被动转换到外来的核心概念和表述体系中,是生产和形成自主知识体系的重要过程。自己特色的核心概念在被使用过程中,尤其是在用其有效解释外部世界过程中逐步为人所接受甚至使用,这就是理论的核心概念完成从特殊到一般、从专有名词到普通名词的过程。这个传播原理对关系理论的推广是一样适用的。

（原载《世界经济与政治》2016 年第 10 期）

注释

1. 在中文学术界,"关系"主要集中在社会学研究领域,运用到经济学研究还不多,近期的代表作是王永钦著:《大转型:互联的关系型合约理论与中国奇迹》,上海:上海三联书店 2010 年版。

2. 秦亚青:《关系与过程》,上海:上海人民出版社 2012 年版。

3. 秦亚青:《关系与过程》,第四章。

4. [美]麦考利:《工商界的非商务性关系——一个初步的研究》,转引自周雪光:《组织社会学十讲》,北京:社会科学文献出版社 2003 年版,第 219—210 页。

5.［美］安乐哲:《儒学与世界文化秩序变革》,《人民日报》2014 年 11 月 7 日。

第四章　关系主义与中国学派

高尚涛

　　国际政治理论的中国学派问题,是一个重大的理论话题,很多中国学者对这个问题进行讨论,并形成基于中国语境的三大研究取向。第一种研究取向是"反向格义",坚持以西方理论的概念体系来解释经验现象,包括以西方理论框架解释中国本土的现象和文献。这一派学者认为,科学理论具有普适性,任何地域性的理论都可能是假命题,[1]所以中国也不应该独树一帜,而应该在坚持西方理论的标准范式和概念体系的前提下,寻找这些理论在中国文献中的表现。第二种研究取向是"正向格义",坚持以中国文化经典中的概念体系来解释世界和中国的经验现象和相关文献。这一派学者认为,即便科学理论具有普适性,中国学派也应该存在,中国学者必须建立基于中国本土文化的理论体系来诠释那些西方理论曾经解释的经验现象。第三种研究取向是"交互格义",坚持中国和西方相互借用概念框架,使用中国传统概念(如儒家关系主义)和西方概念体系(如建构主义)共同分析经验现象、诠释相关文献。这一派学者认为,借鉴西方现代理论的先进方法和程序,结合中国传统文化的优势,可以建构出全新的国际关系理论解释,为国际关系理论研究作出贡献。[2]

伴随这三种不同的研究取向,产生了不同的研究成果。坚持"反向格义"取向的学者不断在中国传统文献中找到与西方理论观点"相同"的内容,发现很多类似理想主义、现实主义甚至建构主义的论述。坚持"正向格义"取向的学者则深入挖掘中国经典文献,初步提出了具有浓厚中国文化特色的世界政治分析框架:天下体系。坚持"交互格义"取向的学者则积极借鉴西方理论的建构方式,从中国传统文献中寻找中国学派的生发点:具有中国文化特色的核心概念,试图以此构建对西方理论解释的经验现象作出新解释的分析框架。[3]"交互格义"研究取向的学者最近取得的一个成就,就是秦亚青于 2009 年在《中国社会科学》杂志第 3 期上发表的文章《关系本位与过程建构:将中国理念植入国际政治理论》,该文首次将中国传统文化的核心概念之一"关系性"移植到国际政治理论的论述中,为建构中国学派找到了一个突破口。

在这样一种背景下,本章坚持"交互格义"研究取向,参与中国学派国际关系理论的讨论。本章将围绕中国学派是否应该存在和将以何种形式存在的问题,集中阐述以下观点。中国学派无论在普适理论意义上还是在研究视角意义上都有自己产生的空间和必要,从秦亚青提出的关系本体和"关系性"这一分析概念出发,借鉴赵汀阳哲学层面的关系主义分析,根据西方现代理论的标准模式建构中国学派的国际政治理论,具有现实可操作性和不同于西方理论的视角独立性。

一、中国学派的定位:关系主义

在正式论述关系性和中国学派的关系之前,需要先解决一个基本问题,即从理论上看,中国学派是否应该存在和在什么意义上存在。不阐述清楚这个问题,讨论中国学派就没有意义。那么,我们是在什么意义上谈论中国学派、中国学派产生的空间和必要何在呢? 这实际上涉及中国学派的定位问题。本章将从现代西方科学理论的本体性假定出发,详细地阐述这个问题。

(一) 现代西方科学理论的本体性假定

现代西方主流的国际政治理论,都是以实证主义研究为特征的科学理论,我国学者在介绍和谈及西方国际政治理论的时候,也主要是指这些科学理论。在这样的话语背景下和知识基础上,我们谈论中国学派,也主要是从科学研究的意义上谈起。目前,中国存在的三大研究取向的观点都暗含了科学理论的基本含义,拥有共同的科学实证主义话语基础。基于此,我们有必要从科学理论的角度出发,探寻在科学理论的框架内,中国学派的发展空间和存在依据。

现代西方科学理论包含一些特色鲜明的本体性假定,主流现代理论都是在这些本体性假定基础上建构起来的。这些假定包括:第一,世界是独立于和外在于我们的认识而存在的;第二,独立于和外在于我们的认识而存在的世界,由表面现象和深层原因构成,我们认识到的所有表面现象,都是由其内在的深层原因引起的;第三,原因是由浅到深的,多层面的,在所有的不同层面的原因背后,存在一个根本的起源或原因,即所谓的"本源",这个"本源"是对世界最后的和最根本的解释,所以,"本源"具有唯一性。现代科学理论研究的最终目的,就是把这个"本源"揭示出来,以这个"本源"为内核建构起统一的理论,对所有的现象作出统一解释。遵循科学方法对社会事实进行研究的学者,也基本接受这些假定和研究目标。

遵循这些假定对社会事实进行理论研究的最终目标,必然是寻找社会事实的本源性解释,提出统一的社会理论。但是,这样的理论目标是很难一蹴而就的,在统一的本源性理论产生之前,在相当长的时期内,广大理论工作者所做的,还是逐渐深入地探索和构建基于不同层面原因的视角理论,逐步推动人类理论研究向最终目标迈进。

(二) 西方理论的不同视角

那么,截至目前,西方国际政治理论处在一个什么样的发展阶段呢?

从目前情况来看,以现代西方理论的基本程式进行研究的主流国际政治理论基本上分为两大类,一是建构主义,二是理性主义。

建构主义的基本观点是,社会世界从根本上是被建构起来的,我们只有把世界的建构模式研究清楚了,才可能真正将世界解释清楚。所以,考察和提炼研究对象的建构模式成为建构主义研究的基本任务和根本特点。从不同的角度看,研究对象的建构模式有多种,从不同的建构模式展开研究,就形成了不同支派的建构主义理论。[4]总体上看,关于研究对象的建构模式主要有两类,一是结构建构模式,主要研究各种结构对结构内个体的建构作用;二是进程建构模式,主要研究个体互动如何塑造社会结构和社会规范。目前西方国际政治理论学者主要进行结构建构主义研究,例如,有的学者研究社会群体结构对个体成员的建构作用,[5]有的学者分析性别结构对个体观念的塑造,[6]有的学者探讨语言结构对言语表达和社会事实的构成性影响,[7]有的学者研究社会关系结构对社会成员的塑造。[8]此外,还有一种研究取向也属于结构建构主义的范畴,即权力建构模式,主要探讨权力关系结构对个体规范的塑造,但鲜见西方国际关系主流学者论及。

理性主义的基本观点是,世界根本上是处于因果联系之中的,只有将研究对象的因果联系机制搞清楚了,才能将其解释清楚。但是,因果联系不是无缘无故产生的,它的背后存在某种推动力。在社会科学研究中,理性主义一般认为因果关系形成的基本动力是理性。对理性动力的不同观点,催生了不同支派的理性主义研究。[9] 例如,现实主义强调"强制理性",认为通过强制手段,例如施加军事压力,可以较好地实现功利目的;[10] 自由主义强调"合作理性",认为通过相互协调与合作才能最大化地实现国家的功利目的。[11] 除此之外,还有一种因果关系的理性动力,即"关系理性",关系理性或强调特定关系规范的纯正实现,或强调通过关系规范界定和实现功利目的,对应了另一支派的理性主义研究。这一支派目前鲜见西方学者进行系统的论述。

这意味着,现代西方的国际政治理论研究虽然看似丰富多彩、流派纷呈,但是,西方学者并没有穷尽所有可能的分析视角,更谈不上提出可以对国际政治进行统一分析的本源性理论了。

(三) 西方理论的非一般性和中国学派的空间

现代西方理论假定,真正意义上的一般性理论应该是关于研究对象的本源的理论,能够从根本上对研究对象作出解释,但是,现代西方的国际政治理论没有能够做到这一点。目前西方理论的多样性说明了西方国际政治理论不可能是最终的一般性理论,所以不可能是普适性理论。这些理论最多是基于某个层面的或始于某个侧面的对国际政治现象作出解释的"视角理论"。

这意味着,中国学派至少在两个层面上可以找到自己的发展空间:一是在最根本的层面上,提出国际政治的本源性理论;二是在非本源性层面上,创建基于特定因果联系或特定建构模式的视角理论,开发出与目前的西方国际政治理论大致并列或可能更深一层的分析视角。由于创建本源性理论需要重新建立概念体系和思维范畴,这不仅可能性很小,也没有必要。所以,中国学派目前最可能做到的,是以中国文化核心要素为基础建构具有中国特色的视角理论。但无论如何,中国学派都会有自己的立足之地和生存空间。

那么,中国学派具体可以在哪些方面作出自己的理论贡献呢?

前面的分析显示,现有的西方国际政治理论解释,无论在建构主义层面还是在理性主义层面,都存在西方学者尚未深入探讨的方面。

在建构主义层面,至少有两个亚类的建构模式没有被西方主流学者系统研究过,一是过程建构主义模式,着重研究社会互动关系如何塑造社会结构和社会规范,二是结构建构主义模式中的权力关系建构模式,重点研究权力关系结构对个体规范的塑造。这两个建构模式有一个共同特点,即都涉及"关系"问题,过程建构主义涉及动态的互动关系如何建构群体结构,权力关系建构模式涉及权力关系结构如何建构个体成员的规范和身份。而研究关系恰是中国文化的长项,所以,这两个方面与中国文化结合起来是完全可能的。事实上,中国学者已经开始对这两个方面进行研究。[12]

在理性主义层面,至少有"关系理性"模式尚未被西方学者深入研究过。"关系理性"主要研究国家如何在清晰的关系规范指导下展开行动,或者研究如何通过特定关系框架界定和实现自己的功利目的,这些内容既与中国文化擅长的关系研究密切相关,也与中国社会长期形成的心理结构一脉相承,所以可以成为中国学派重点开拓的重要方面。

总之,国际关系领域存在一些西方国际政治理论没有深入开拓的领域,这些领域又恰好与关系研究有关,可以与中国文化的核心要素结合起来,形成中国学派的分析框架。这意味着,中国学派很可能是"关系主义"理论,并可能围绕"关系性"这一核心概念展开论述,建立自己的分析框架。[13]

围绕"关系性"建构中国学派的分析框架,至少需要做两项工作,一是系统阐述"关系性"和关系主义在中国文化中不同于西方文化的独特含义,二是在这种独特含义基础上寻找关系主义的分析逻辑,构建具有中国特色的国际政治理论。下面,我们分别从本体论、认识论、分析逻辑三个方面论述"关系性"和关系主义的中国文化属性,为提出关系主义国际政治理论的分析框架作铺垫。

二、关系主义的本体论假定

在《关系本位与过程建构——将中国理念植入国际政治理论》一章中,秦亚青明确阐述了关系性的本体论意义(关系本位),这也是中国传统文化对关系性的一个基本认识和定位。问题是,对关系性的本体性定位并不仅见于中国文化,西方也有论及本体性关系的学者和著作,那么,中国传统文化究竟对关系性的本体论含义有哪些独特理解和论述使这一概念具有鲜明的中国文化特色、从而使我们可以名正言顺地称其为典型的"中国元素"而不是另外一种西方元素呢?

我们可以从中西文化中关于关系性的不同观点看出中国文化对关系性独特认识和界定。

(一) 西方对关系本体性的认识与问题

西方从本体论意义上谈论"关系性"的学者不多,主要有以马利·列维纳斯(Emmanuel Levinas)、阿尔弗雷德·怀特海(Alfred White-head)、马丁·布伯(Martin Buber)、穆斯塔法·埃米尔拜尔(Mustafa

Emirbayer)等人。

列维纳斯认为,传统的(西方)形而上学忽视自我与他者的关系,导致个体迷失和孤立。无他人的孤立的"我"根本不最先存在,而是我与他者"共在",即"我"在世是与"他人"同在,我与他者"共在"的关系结构是先于我而在的本体论结构。而且,"我"不仅存在于"共在"之中,还与"共在"相遇,即生命群体不断发生交往。个体虽然是理解自我生命意义的起点,但世界是由为完成共同生存目标的生命群落组成的,个人的人生欲望只有在他者的给予认同中才能实现,生命个体必须在世俗的世界中寻找生命的价值,因为我与他者共在,我的人生理想是他者赋予我的,同时也是我要实现于他者之中的。[14]

怀特海也认为关系或联系具有实质重要性。他指出,任何事物都不是孤立存在的,每个事物和我们对事物的经验都具有历史或过程联系。由个人和个人之外的实体粒子所组成的整个宇宙,就是一个由事件和关系性过程组成的世界。换句话说,存在的东西就是构成生成与消亡过程的诸多过程和关系。我们居于其中的那些寻常物体,无非由那些关系或事件组成的相对稳定的"集群"而已。总之,从本体上或本质上看,"实在就是关系性的过程"。[15]

布伯则对西方传统的实体本体论进行了批评。他指出,作为西方哲学核心的本体论研究,从古代的宇宙本体论,到中世纪的神性本体论,再到近代的理性本体论,都摆脱不了实体概念的束缚,认为宇宙的本体就是一个处于本原状态的实体。布伯认为,这种实体本体论的认识是有问题的。真正的本体不是任何一种实体,而是关系,关系先于实体存在,实体由关系而生。而且,关系不是客观事物之间的相互作用,而是以人为参照、以人为中心的关系,它必须基于人来谈论、围绕人来思考和探讨。[16]

埃米尔拜尔也表现出关系本体论的主张。他认为,现代社会学存在两大对立的观点,一是实体主义,二是关系主义。实体主义将独立、分离、理性、可以根据自己的意志采取独立行动的单个实体(即个人)看作基本分析单位,并将其视为社会关系的最后原因和最终解释,所以个体实体比关系更具本体性。埃米尔拜尔反对这种观点,他认为行为体不是独立、分离的理性实体,也不是社会关系的根源,实体在社会关系中存在,社会关系先于实体产生。[17]

上述几位西方学者虽然都坚持关系本体论的观点,但是,他们的观点有一个共同的问题,那就是无法避免西方哲学根深蒂固的个体主义的影响,因而不能提出彻底的关系本体论主张。西方学者虽然重视关系(更直接地说是重视他人),但仍然是以个人为核心的,他人以及我与他人的关系不过是个人不得不接触、融入或卷入的情境,而不是从根本上承认关系高于个人。即使是列维纳斯,他所说的关系也是充分尊重他人(因为他人是上帝精神的体现),仍然算不上将关系看作高于个人、先于一切的根本性存在。

这意味着,西方学者的这些关系本体论观点,只是从传统的以个人为中心转向以个体为核心的关系体系,强调重视他者以及我与他者的关系重要性,而不是彻底强调关系的根本本体地位。这样的观点只是对西方传统的实体本体论进行一定程度的纠正和补救,而不是根本否定实体本体论的观点。显然,这样的观点不是彻底的关系本体论,与中国文化的关系本体论表述相比具有很大差距。

(二) 中国文化的关系本体论观点

其实,在中国文化中,并没有直接使用过"关系性""本体论""关系本体论"之类的西方哲学术语,但这不意味着中国文化没有关于关系性和关系本体性的论述。相反,中国文化不仅假定世界是有本源的(这一点与西方的本体论哲学不谋而合),而且提出了与西方很不相同的本体论假定:本体性关系,而不是本体性实体,才是宇宙的本源(而不仅仅是个人的本源)。这种观点弥漫于中国文化的主流共识之中,比西方学者对关系本体论的论述更根本、更基础、更一般,具有鲜明浓厚的中国特色。

中国文化的这种关系本体论假定最早可能源自《周易》。《周易》在中国素有"群经之首"之称,对中国文化具有深刻而系统的影响。该书有一个基本观点,就是在宇宙和世界万物的表象背后,有一个本源性的存在,即先天之"道",[18]这个"道",就是(阴阳)关系。《周易》"易之为书也,广大悉备,有天道焉",[19]"是以立天之道,曰阴与阳"[20]之类的表述,都含蓄地表达了"天地有道"、道在天地之先的本体论观点。在这样一种本体论假定基础上,《周易》将观察天地万物、体悟其中承载的阴阳之道及其相互转化规律、总结这些规律对人类行为的启发意义,作全书的核心内容。

《周易》这种"道本主义"的关系本体论思想,不仅作为《周易》一书的分析基础,还对其后产生的中国文化经典著作产生了深远影响。《老子》一书认为,"道冲而用之……吾不知谁之子,象帝之先";[21]"有物混成,先天地生。寂兮寥兮,独立不改,周行而不殆,可以为天下母。吾不知其名,强字之曰道"。[22]这就是说,作为阴阳关系统一体的道,是先于天地万物又衍生天地万物的根本存在,是被称为道的本体性存在。孔子则在天人合一认识(天地运行和人类社会运转都是先天之道的具体体现,两者具有根本的内在一致性和相通性)的基础上,致力于将先天之道在人类社会中的表现特征揭示出来,推动人类行为符合"道理"(即道之理)。中国中医理论的经典文献《黄帝内经》也以"道本主义"为基础,认为"阴阳者,天地之道也,万物之纲纪,变化之父母,生杀之本始,神明之府也……"[23]。意思是说,天地所循之道,不仅是天地运行的根本规则,也是世间万物变化的依据。甚至中国的纵横术也是以遵循天地之道为根本的,如《鬼谷子》开篇即强调圣人在天地之间,谨遵天地阴阳之道,才是无往不胜的根本,这预示了天地之道的本体性存在及其对社会生活的重要作用。[24]

在中国的古典文献中,先天之道的"道"不是实体,而是关系,是阴阳和合转化的关系统一体,并以"阴阳鱼"的符号为世人所熟知,这与西方哲学的本体论假定根本不同。这种本体论观点在儒家的入世哲学中得到了深刻体现,也被现代学者深入阐发。

秦亚青指出,中国文化和中国社会的一个基本特点就是"关系本位",即主张"关系"是社会生活最有意义的内容,是一切社会活动的枢纽,是社会知识的根本和核心。儒家的基本政治哲学是以关系为起点的,它首先以各种不同的关系界定社会等级和政治秩序,社会和政治的稳定也首先是理顺各种关系,社会规范多是用于调理各种社会关系的,社会和谐则以道德主导和调节矛盾为基本标志。中国传统的阴阳观将关系置于研究的核心,关系在中国人的思维中处于首位。[25]

赵汀阳通过哲学层面的研究指出,儒家的在世哲学其实是、也应该是一种道本主义的关系本体论:"共在实在论"。赵汀阳将世界区分为"物的世界"和"事的世界"。[26]"物的世界"包含天地万物的自然物体,先天之道投射到"物的世界",表现为天地万物的有规律运行,并以先天之道的方式发生物与物的"共在"联系。"事的世界"包含人类所制造的社会事实,先天之道应用到"事的世界",表现为人的有规律的社会行为,人通过这种有规律的社会行为而"生事",而互相关联,形成"我"与"他者"因事而成的共在关系。"物的世界"和"事的世界"的主要不同是,

"事的世界"创造性地体现了先天之道,表现为人类行为是有价值的,这种价值联系强化了人类社会的"共在关系";"物的世界"静态地体现着先天之道,表现为物与物之间共在关系的形式单一性和相对稳定性。

赵汀阳认为,"事的世界"和"物的世界"的这种不同,决定了孔子强调在世问题必须在"事的世界"中解决才可能完美解决。所以,"儒家寄希望于人际关系,将人际关系作为在现世内部解决问题的唯一方法"。在这种问题解决方式中,"共在"(coexistence)而不是"存在"(existence)成为首要问题。"共在存在论的基本原则是:共在先于存在。这意味着,任何事都必定形成一个共在状态,在共在状态中的存在才是有意义的存在,共在状态所确定的在场状态才是存在的有效面目。当某物尚未进入某事,它的存在是尚未在场状态,物只有在事中与他物形成共存关系才能确定其在场的存在价值。选择一种事就是选择一种关系,选择一种关系就是选择一种共在方式,只有选择了共在方式,存在才具有在世意义,所以说,共在先于存在。"[27]"共在"是"存在"的先决条件。[28]

中国文化中的这种本体性共在关系假定,决定了中国关系主义的基本分析单位是关系而不是个体,个体必须置于关系框架中才能被准确定位和理解。[29]赵汀阳认为,在社会研究中,以"关系"作为分析单位的研究方式优于以"个人"为分析单位的西方研究方式。如果以个人为分析单位,意味着具有普遍社会价值的事应该符合以下标准:从理性出发,任何人都会同意,我愿意做这件事并且同意所有其他人也可以做这件事。但是,具有这样的普遍价值的事未必是社会必要的事,因为我愿意做而且同意别人可以做的事未必是别人需要的或对别人有意义的事。然而,如果以关系为分析单位,情况就会改善。以关系为分析单位意味着具有普遍社会价值的事应符合"无报应"普遍模仿标准:如果一件事被众人普遍模仿而不会形成作法自毙的反身报应,那么,这件事就是具有普遍价值的事。这样的事不仅具有普遍社会价值,而且还是社会必要的事,既具有道德优势,又具有生存优势,真正体现了普遍价值的意义。[30]

这说明,基于关系本体论的中国关系主义研究,优于西方基于实体本体论的个体主义研究。这种研究优势必将改变目前国际关系理论研究的面貌。

(三) 作为结构化存在的关系性

道本主义的关系本体论假定,宇宙的本源是阴阳关系统一体(道)。这种阴阳关系统一体,是一个完整的关系结构,依次外化为天地关系结构和人类社会关系结构,三者一脉相承,一以贯之。

这意味着,从阴阳关系结构到天地关系结构,再从天地关系结构到社会关系结构,是一个从形而上到形而下、从本体到现象、从抽象到具体的外化过程,这个过程成为我们理解和认识关系世界的基本模式。在这个认识模式中,存在三个基本关系结构:阴阳关系结构、天地关系结构、社会关系结构。我们之所以称它们为结构,是因为它们都是以典型的结构形式存在的。结构化是关系存在的基本方式,关系性是一种结构化存在。

根据结构主义的观点,典型的结构应该具有以下特点。第一,结构有一个由不同单元组成的整体关系框架,这个关系框架包含了构成结构的单元、各单元的身份定位原则和职能分工原则、单元与关系整体的联系方式以及单元与单元之间的联系方式。第二,构成结构的单元一方面具有一定的自我构成、具有相对独立性和相对自我,另一方面,单元与单元之间是由特定的规范联系在一起,相互之间具有共通关系、依存关系和互构关系。第三,单元与结构整体之间具有总体一致性,单元的独立性是相对的,个体单元融入整体结构之中,在整体结构中定位自己、确定自己的身份和意义,一旦离开整体结构,单元的意义就不复存在。第四,结构的运动和变化是由单元与单元的互动、单元与结构整体的互动所推动的。在正常情况下,单元之间的互动、单元与结构整体的互动不断维持和再生结构而不会破坏结构本身,这是由结构的守恒性和封闭性决定的。[31]

结构的这些特点可以很好地在中国文化的关系结构(阴阳关系结构、天地关系结构、社会关系结构)中体现出来。

首先,阴阳关系结构包含"阴""阳"两个基本构成单元,两个单元构成了关系统一体。阴和阳各自代表相反相成的两类事物,这两类事物在性质上是彼此不同甚至是相反的,这说明它们既具有各自确定的身份定位,又具有明确的职能分工。阴和阳之间既互相区别,又互相依存、互相转化,共同构成一个共同体。阴和阳各自占它们关系整体的比例是变化的,但不管如何变化,两者始终共处于同一个关系整体中。

其次,天地关系结构包含"天""地"两个基本构成单元,两个单元构成了一个关系统一体。在天地共同体中,天命地成("乾知大始,坤作成物"),天尊地卑,天秉则坚定、地包容无违,天严地宽,这说明天和地既具有确定的不同身份定位,各自代表不同的事物,又具有明确的职能分工,既互相区别,又互相依存;天和地在联系和互动中始终共处于同一个关系整体中。[32]

最后,社会关系结构是由"自我"和"他者"构成的人际关系结构,不同的"自我—他者"关系构成了一个人类关系统一体;"自我"和"他者"既具有确定的身份定位,又具有明确的角色分工;"自我"和"他者"之间的联系机制是既互相区别,又互相依存,他们既联系互动又始终共处于同一个关系整体中。

这说明,关系性的确是一种结构化存在。从结构化的观点整体地看问题,是中国关系主义的一个基本特点。这意味着,关系主义的中国国际政治理论,必将把国际体系看作一个整体的关系结构,任何国际问题都要在这个结构内进行整体分析,才会合乎逻辑、符合实际。

三、关系主义的认识论假定

在中国传统文化中具有本体地位的关系性,在认识论层面上也有自己的鲜明特点,这些特点主要表现为三个倾向,一是经验主义倾向,二是整体主义倾向,三是规范主义倾向。这三个特点决定了我们对待关系性和研究关系性的中国特色,也决定了中国学派国际政治理论的基本认识论特点。

(一) 经验主义倾向

中国传统文化研究的一个基本方式,就是对研究对象进行"类比取象",将取到的"象"符号化,通过对研究对象所对应的"象"的符号所展示出来的阴阳转化特点,对事物的现状和趋势作出分析和预测。这就决定了中国传统文化在认识论上的经验主义特点。

经验主义是西方哲学的重要认识论之一,也是科学实证主义的基本认识论之一,其主要观点是,世界的本体真实是不可观察的,但是,本体真实所表现出来的"外在现象",却是可以观察的,因而是可以被我们认识的。世界的本体真实所表现出来的现象,稳定地与其背后的本体真实相联系,具有客观性和相对于我们的认识而言的独立性。我们可以认识而且只能认识这些"外在现象",对这些"外在现象"的观察和认识,形成我们的经验。关于现象的经验是我们进行研究的唯一可能的依据。[33]中国传统文化研究的"类比取象",蕴含了与其相似的认识论倾向。中国古代的圣人认为,隐藏在"象"背后的"道"难以观察,而"象"作为天地万物背后的本体真实即阴阳之道及其变化本质的体现,悬挂在人的认识之外并独立于人的认识而存在,可以被我们直接观察到。所以,我们能且只能通过精深观察世界万物的表象,对其进行归类并"类比取象",通过对这些昭示在外的"象"的深入观察以及对其象征符号的阴阳转化分析,间接认识事物的发展规律,把握其来龙去脉。这显然与实证哲学的经验主义认识论有异曲同工之妙。

　　然而,中国传统文化中"类比取象"的经验主义仍然与西方实证哲学的经验主义有很大的不同,这种不同至少表现在两个方面。第一,中国式的经验主义研究在对本体事实及其表面现象的关系的认识上与实证哲学的经验主义有明显区别。在西方的实证研究中,现象是独立表现在外面的,本体真实隐藏在深处,两者是相对独立的,主要通过因果关系联系起来。在中国文化中,表象和本体是相互蕴含、难以分开的,"道"包含在"象"中,"象"则体现着"道",彼此永远处于一个关系统一体中,这也从一个侧面体现了中国文化对关系本体论理解的彻底性。第二,中国式的经验主义研究在研究取向上与西方的实证研究有很大不同。西方实证研究强调通过对"外在现象"的经验观察,借助特定推理形式,发现表面现象背后的"真实联系",揭示与表面现象相关的"真实的"因果关系或建构机制。类比取"象"研究则不同,它观察天地万物所垂之"象"的主要目的,不是想搞明白研究对象是怎么构成的,也不是想搞清楚研究对象为什么会发生,而是想知道天地万物的"象"体现了什么样的天地之道,这些道理对我们究竟意味着什么。中国古代的圣人相信,天地万物的表象,是一种无声的语言,天地万物正是通过这种语言,告诉我们世界和人生的深刻含义,所谓"天行健,君子以自强不息";"地势坤,君子以厚德载物";"山下出泉,蒙,君子以果行育德";[34] 等等,都体现了这样一种认识论取向。因此,对天地万物之象的研究,需要精深的观察和体会,需要深入的理解和感悟,需要做到"感而遂通"。[35] 也正因为如此,德国社会学家马克斯·韦伯才感叹中国传统文化不乏对自然知识的"精深观察"。[36]

从这个意义上说,西方的实证研究侧重实体性,注重研究实体结构以及实体与实体之间的联系方式,这与其形而下意义上的实体主义本体论假定密切相关。中国传统文化中的经验主义研究侧重相对抽象的关系性,注重研究关系结构及其转化规律,体悟特定关系结构和关系原理对人类的启发意义,尤其是对关系原理对人类意义的探究超过了对关系结构本身的关注,这与中国文化中形而上意义上的关系本体论假定密切相关。两种研究方式究竟孰优孰劣,很难断定。但有一点是可以肯定的,那就是中国文化研究的关系性倾向及其抽象性特点,将直接决定中国学派的国际政治理论的基本面貌。

(二) 整体主义倾向

中国传统文化坚持关系主义的本体论,从关系结构及其阴阳转化的角度看问题,这意味着,中国传统文化必然是整体主义的。

整体主义是相对于个体主义而言的。所谓整体主义,是指整体地看问题,将整体看作问题的根源、目的和归宿,个体作为整体的一分子而存在,个体服从于整体。反之,个体主义则是指从个体出发看问题,将个体看作问题的根源、目的和归宿,整体是个体的衍生品,整体服从于个体,为个体服务。整体主义和个体主义是典型的西方哲学术语。西方哲学中的实体主义本体论假定决定了其认识论中的个体主义倾向。虽然西方也有学者宣称坚持"整体主义"研究,但他们的很多论述还是很难摆脱个体主义的影响。例如,在国际政治理论学界,肯尼思·华尔兹强调国际体系结构的重要作用,但其理论内核依然是个体主义的,即坚持个体国家的互动导致了国际体系的产生。[37]亚历山大·温特明确声称自己是进行整体主义研究的,但观其论述仍然摆脱不了个体主义的影子,因为在他看来,个体互动仍是建构整体观念结构的根本路径。[38]当然,我们说西方的科学研究深受个体主义的影响,并不是说在西方没有坚持真正的整体主义研究的学者,而只想说明,西方文化从整体上看和从根本上讲,是个体主义的,个体主义的影响是很大的。

然而,中国文化的情形却很不相同。在中国文化中,"道本主义"的关系本体论假定,从根本上决定了中国学者是从关系结构的角度看问题的,这意味着中国传统文化必然是整体主义的。因为关系是一个结构,关系结构中的构成单元虽然是实体,这些实体虽然很重要,但是,这些实体只是关系结构的一部分,它们只有在关系结构的整体中才能显现出真正意义,所以,我们必须在关系结构的整体中认识它们,解读它们,了解它们的真正含义。这就是关系主义的整体主义。

关系主义的整体主义在中国的影响,如同实体主义的个体主义在西方的影响,是普遍而深刻的。中国人自古崇尚"大道之行也,天下为公",[39]就是一种以整体主义为基本取向的价值观,这种观点在中国的政治文化中显露无遗。中国儒家文化和历代王朝都强调"家天下"的整体秩序,到了现代,更是以"集体主义"的形式将整体主义传统发展到很高的程度。这说明,整体主义在中国文化中,尤其在中国的政治文化中,是一脉相承的。这一点在世界政治领域的表现也很明显,在中国古人的政治观念中,从来没有像现代西方那样由单个的独立的主权国家构成的国家间体系,只有一个整体的世界,整个世界是一个"天下体系"，而不是"国家间"体系。[40] 中国这种大一统的政治观念源自阴阳一体的整体关系假定，其最近的表现则是"和谐世界"的理念。和谐世界就其本质而言，是指世界整体和谐有序这样一种理想秩序，虽然这样的秩序少不了单个国家的和谐以及国家与国家之间的关系协调，但就和谐世界本身来看，其要义还是落脚在世界，而不是落脚在国家，世界整体的和谐才是目的和归宿。这是比较典型的中国关系主义的整体主义观点。

中国文化的整体主义倾向，决定了中国学派的国际政治理论必然是整体主义理论，坚持在关系结构的整体中认识和定位国家和国家间关系，而且，世界本身，国际体系结构整体，应该比单个国家更值得重视。

(三) 规范主义倾向

中国文化的关系主义坚持关系本体论，认为世界的本源是一种阴阳一体的关系结构，这种关系结构外化为、体现在其他一切事物和现象中，人类的社会关系结构也是这种自然结构的表现。这意味着中国文化从根本上承认自然关系结构的合理性和自然关系结构与人类关系结构的一致性。

《周易》在"系辞传"开篇即说，"乾知大始，坤作成物"，"易简，而天下之理矣；天下之理得，而成位乎其中矣"[41]。意思是说，在天地关系结构中，天和地各有定位（天命地成），分工协作，道理简明易行，这是天地之理。天地之理也是全天下的道理，明白了这个道理，就可以规划好人的定位和人间的秩序了。这就明确解释了天地自然关系结构与人类社会关系结构的内在一致性。《周易》"系辞传"还说，"易与天地准，故能弥纶天地之道"，"与天地相似，故不违。知周乎万物，而道济天下，故不过",[42]这是在说,《周易》一书所揭示的道理,是与天地之道毫无例外地保持一致的,正因为如此,按照《周易》揭示的道理去做,就不会有违反规律的事情发生,一切都按照天地之理去做,就不会犯错误。这意味着,不仅自然关系和社会关系是一致的,而且,社会关系和社会行为是完全可以以自然关系的法则为指导的,这是做到"不过"的必要条件。这体现了《周易》和中国传统文化研究的一个基本方法:效法自然。

在中国传统文化中,效法自然至少有三个方面的基本含义,一是承认自然关系结构的合理性和价值优先性,二是尊重和相信人类经验的可靠性,三是承认通过经验(对自然关系法则的准确领悟)确立人际关系规范的合理性与必要性并坚持这样。在中国传统文化中,有一个基本概念:天。天是一切超人力量在器物层面的主宰,天道是自然关系规范的最高体现。中国文化充满了对天的尊崇与敬畏,也饱含了对天道的高度尊重与承认,强调"天命不可违"。其实,所谓天道,就是先天之道即阴阳关系规范通过"天"这一载体的集中表现,而其最终要通过天地人关系结构才得以彻底实现。天道非常重要,人类必须准确认识它,形成关于天道的确切经验。但是,并不是所有的人类经验都是确切的,所以,中国传统文化强调,需要认知能力高度发达的圣人,经过对天地自然的精深观察(所谓"极深而研几"[43]),形成对自然关系法则的深刻领悟和认识,以此作为人类关于天道的经验基础,只有这样的经验才可能很好地反映自然关系法则。正因为这样的经验能够准确反映自然关系的法则,所以它是合理的和具有价值优先性的,人们必须将这样的经验转化为社会规范,自觉按照这些规范行事,建立起天人相一的社会秩序。

从人的直觉经验出发,总结出相应的社会行为规范,是一种典型的规范研究方法,属于规范研究的"经验流派"。中国传统文化"效法自然"的研究取向恰恰体现了这样一种研究方法,表现出明显的规范主义倾向。

在中国古代的政治文化中,遵照对天地自然的经验规范而作出相应的政治行为,不仅是统治阶级的主流共识,也是实际政治生活中非常普遍的事情。例如,按照天上、地下的位置排列,形成天尊地卑的经验认识,将这一经验认识规范化,确立国家的统治秩序:主尊臣卑;根据天空出现日食的反常天象,形成太阳(象征天子)被蒙蔽的经验认识,将这一经验认识规范化,皇帝因之清查政治昏暗或臣属阴谋;西周末年,大臣们根据岐山崩塌、黄河断流的不正常现象,形成国家政权基础发生动摇的经验认识,将这一经验认识规范化,大臣们因之建议天子体恤百姓,放松言论管制,疏通民意表达渠道,夯实统治基础。[44]诸如此类,不胜枚举。中国传统文化的这种经验规范主义研究方法,将会对中国学派的国际政治理论产生重要影响。

四、关系主义的理性逻辑

中国传统文化中的关系本体论假定以及对关系认识的经验规范主义倾向,决定了中国关系主义分析的"关系理性"[45]逻辑:以经验的阴阳关系为基础的关系结构和关系原则,成为人们的优先考量和行为依据。这意味着,关系主义既坚持明确的关系价值及其实现手段,又在既定的关系框架内界定利益、确定其实现方式,这就是关系理性的实质。

在社会生活中,关系理性至少有三个表现:一是人们在共在关系框架中追求最大可及利益,而不盲目追求并不现实的纯粹个人利益;二是人们主动创造最优共在关系,以求改善自己所处的共在关系结构和利益实现环境;三是人们可以接受儒家"体仁行义"的现实选择,务实推动最优共在关系的构建。

（一）在共在关系中实现最大可及利益

根据关系本体论的假定，共在先于存在。所以，在社会世界中，共在关系是根本的社会存在，任何个体的存在和发展都要在共在关系结构中实现。这意味着，共在关系是个人生存和利益实现的基础条件。在共在关系结构中，关系所定义的"价值距离"，成为指导人们行为的基本依据。

根据关系主义的观点，人们按照他者与当事人的价值距离去建构世界图景，价值距离就是他者与当事人的亲疏远近程度。[46]其中，远近关系是指他者与当事人的切身利益的相关程度，亲疏关系是指他者与当事人的心灵的相关程度。远近亲疏关系构造了一个以当事人为中心的向心结构，在这一结构中，一切他者都因与当事人的价值关系不同而具有不同意义。这种向心关系不是物之间的静态联系，而是当事人和他者在动态共在关系结构中的存在方式和表现形式。其中，每个存在都因其与人的关系而被赋予不同的重要性和价值，而人正是按照这种关系生活着的。

赵汀阳认为，用价值距离理解社会存在的意义是一种比个体主义的"经济人"假定更为深刻的理性原则，因为这有助于纠正西方学者对理性的错误理解。现代西方学者将理性理解为个人谋求自己利益最大化的纯粹"经济人"行为，这种理解看似理性，实则非理性，甚至是反理性的。现代西方学者以个人主义为出发点，将"利益"看作个人独占利益，无视个人无法独占却对个人同样有利甚至更加有利的共享利益。赵汀阳认为，这种对利益的理解本身就是非理性的。以这种非理性的利益观念去指导行为，结果不可能是理性的。根据关系主义的观点，个人能够获得的最大利益大都属于无法独占而只能存在于共在关系之中的共享利益,这样的利益具有相互性和共同性特点,一旦有人试图独占,就会被破坏甚至不复存在。在共在关系结构中,共享利益是主要的,占多数的;独占利益是次要的,占少数的。

这意味着,在关系主义框架中,利益不是"独占利益"而是"可及利益",即个人在共在关系结构中可能实现的利益,包括多数共享利益和少数独占利益。在这样一种利益概念的理解下,真正的理性不再是西方学者所谓的个体追逐自己独占利益最大化的行为,而是个体追逐多数共享利益和少数可能的独占利益的考虑和行为。前者是一种个体理性,后者是一种关系理性。

也就是说,关系理性表现为个人在共在关系结构中谋求实现自己的最大可及利益的观念和行为。所以,关系理性是一个基于共在关系的概念而不是基于个体存在的概念。[47]

(二) 主动创造最优共在关系

在关系主义的分析框架中,理性不仅意味着在一个既定的共在关系框架中谋求实现个人的最大可及利益,还意味着主动地构建最优共在关系,改善自己的获益处境,促进自己的可及利益最大化。

根据关系主义的观点,良好的共在关系一定是普遍受惠的关系,所以,最优共在原则就是合作最大化并且冲突最小化,也就是"无人被排挤"的普遍受惠原则。基于这种原则构建共在关系,需要人类行为符合关系理性的两个基本条件,一是坚持可以引起普遍模仿的获利策略,二是坚持选择无报应策略。

坚持可以引起普遍模仿的获利策略,意味着处于共在关系中的每个人。(1)不仅能够知道自己的可及利益是什么,而且能够判断什么样的事情对自己有利;(2)不仅知道如何模仿对自己有利的事情,而且知道他人也会模仿对他们有利的策略。坚持选择无报应策略意味着处于共在关系中的个人。(1)不仅知道自己采取什么样的策略会因他人的模仿而促进自己的可及利益、因而必须坚持这样的策略,也知道他人明白同样的道理;(2)不仅知道自己采取什么样的策略会因他人的模仿而损害自己的可及利益、因而避免采取这样的策略,也知道他人明白同样的道理。

在这样一个普遍坚持关系理性的情境中,当事人必将通过以下博弈进程推动最优共在关系结构的出现。所有当事人都能在博弈过程中互相学习别人的更高明的优势策略(更高明的策略是指一个策略既可以更好的促进自己的利益实现又不会因为他人的模仿而损害自己的利益或者反而更有利于自己利益的实现),并且在接下来的博弈中使用这些优势策略。聪明人不断推出更高明的策略以获得暂时优势,但更高明的策略因为众人的模仿很快变成共同知识,直到博弈进行到一定阶段,各种优势策略暂时出尽并且被普遍模仿,新的优势策略又一时想不出来,这时,大家拥有足够饱和的、对称的共同知识。赵汀阳认为,这时将出现暂时的普遍策略均衡,此种稳定策略非常可能转化为稳定制度和普遍价值观,这种稳定制度和普遍价值观会构成一个崭新的、目前最优的共在关系结构,保证其中的每个人普遍受惠。

赵汀阳认为,最优共在关系的基本表现就是"和谐",因为和谐最充分地体现了多样存在的兼容互惠合作,体现了合作最大化和冲突最小化的共在原则。在这种环境条件下,人与人的共在将使每个人的利益和幸福都获得改善。赵汀阳将和谐定义为这样一种情况:处于共在关系中的一方 X 要获得利益改进 x+,当且仅当,另一方 Y 也同时获得利益改进 y+,反之亦然。这样,促成 x+ 的出现是 Y 的优选策略,因为 Y

为了达到 y＋就不得不承认并促成 x＋,反之亦然。赵汀阳将符合这一条件的共在关系出现称为"孔子改进"(Confucian Improvement),以纪念孔子"己欲立而立人、己欲达而达人"的经典共在关系论述。[48]赵汀阳的这一论述无疑为构建和谐社会与和谐世界提供了一种至少是理论上的可能性。

(三) 通过仁义建构最优共在关系

关系理性意味着将个人利益界定为在共在关系结构中实现自己的最大可及利益,意味着个人明确按照普惠原则和无报应原则选择自己的行为策略。问题是,是否存在既符合这种关系理性原则又现实可用的策略应用于社会实践,切实推动最优共在关系出现呢?

对此,关系主义借鉴儒家的仁义理念作出了肯定的回答。赵汀阳认为,符合普惠原则和无报应原则的现实策略,应同时具备两个条件,一是具备道德优势,二是具备生存优势。符合普惠原则和无报应原则的策略必然具有积极的社会价值,具有道德优势。但是,仅具有道德优势的策略未必切实可行,只有一个具有道德优势的策略同时具有生存优势时,即同时有利于个人的现实生存时,才可能真正被用于社会实践。

在现代西方理论中,具有道德优势的高尚原则一般都是抑制个体自私的,这样的原则虽然高尚,但往往不利于个体利益的实现,妨碍现实生活的成功,所以往往难以在实践中贯彻执行。现代西方的个体主义理论为此进行妥协,将道德原则的高尚程度降低,确立一个最低道德标准即道德底线,以确保道德原则可以被遵守。但是,道德底线往往不能保证道德的实现,大量发生在道德底线之上的行为仍可能是很不道德的。赵汀阳认为,现代西方这种做法是不可能成功的。为了克服这种方法的不足,提出真正可行的道德原则,需要借鉴儒家的做法。

儒家回避从反人性的角度界定道德原则的做法,以人性为基准制定道德标准,使道德成为一个现实可及的目标。其基本做法是,以是否合乎人情作为判断是否道德的标准,在此基础上,在人情所能允许的限度内力求高尚,即追逐人情所能到达的道德上限。这就是儒家以"仁义"为核心的道德策略。

儒家的"仁义"策略分为"仁"和"义"两部分,两者既密切相关、一脉相承,又有所区别、各有侧重。

首先是仁。赵汀阳认为,仁的直接含义是指任意两人之间普遍有效的良好关系。仁属于人心的范畴,所以,仁的意义可以引申为,任意两人的人心之间的普遍有效的良好关系,即良好的心际关系。这是仁的第一个含义。此外,从理论上看,仁还有第二个含义,即仁是人所以为人的条件,如果一个人不仁就不能算是真正的人,孔子所说的"仁者人也"就是这个意思。这意味着,处于共在关系中的人必须是一个"文化人"(有仁)而不能仅仅是个"自然人",[49]"自然人"必须通过不断充实仁的意识而仁化、而成人。这意味着,人是社会成人而不仅仅是自然成人,人性也是文化人性或曰关系人性而不仅仅是自然人性。总之,仁就是做人意识,是成人的条件,是把人当人并且与人共建良好关系的心意。

其次是义。赵汀阳认为,仁只是做人意识,仁的意识需要落实为相应的社会行为,仁才会实现。而仁的实现方式就是义。具体地说,"义就是以实际行动与他人共命运"。每个人的命运都是由个人与他人的共在关系定义的,都需要他人的承认和成全,而且每个人只能从他人那里获得承认和成全,舍此别无他途。既然如此,人对他人就有义不容辞的做人责任,这就是人义。人义包含两种道德义务,一是当他人遇到无法克服的困难而我们有能力帮助时,我们就有责任帮助他人;二是如果我们帮助了他人而且他人也接受了帮助,那么在我们需要他人帮助而他人有能力帮助时,他人就有责任帮助我们。所以,人义关系意味着以德报德的恩情回报和仁义再生。[50]在共在关系的建构中,以德报德非常重要,因为若不如此,后果会很严重:如果施恩的一方总是得不到理性回报,恩情就会逐渐衰竭,需要帮助的人就可能得不到及时帮助,这些人的利益就会受损,出现不符合关系理性的结局,最优共在关系也会因此建立不起来。如果人们切实履行关系理性行为,拒绝不助人、不报恩之类的不符合关系理性的行为,建立普惠共在关系的目标就可能真正实现。[51]

总之,因仁而义,体仁行义,是符合关系理性、建构最优共在关系的有效途径,也是现实可行的行动策略,可以实际用于最优共在关系的构建。仁义策略既具有道德优势又具有生存优势,很好地体现了共在原则的道德优势和生存优势的统一性。

五、关系主义国际政治理论框架

中国文化的关系主义具有自己的核心概念和完整的分析逻辑,其核心概念就是具有本体地位的"关系性",其分析逻辑就是基于共在关系的关系理性。围绕中国关系主义的这些要素,我们可以结合国际政治研究的主要问题,大致建立起一种中国国际政治理论的分析框架,以供学术批判和深入研究之用。

首先,关系主义国际政治理论需要确定自己关心的主要问题。总体上看,目前的西方主流国际政治理论主要以国家为行为体,关心国际体系的秩序和国家的战争与和平问题，或者说，关心国家在国际体系中的行为表现及其原因问题。在这一问题意识下，现实主义理论主要关心无政府国际体系内国家的相对权力与国家的国际行为之间的因果关系，自由主义主要关心无政府国际体系内的国际制度结构与国家的国际行为之间的因果关系，建构主义主要关心无政府国际体系中的观念结构对国家身份的塑造及其与国家的国际行为之间的关系。英国学派的国际社会理论主要关心无政府国际体系中社会要素的形成及其与国家的国际行为之间的关系。相形之下，中国学派的关系主义国际政治理论应该以国际体系的共在关系结构和其中的主权国家为主要研究对象，关心国际体系中共在关系结构的构成特点及其与国家的国际行为之间的关系。

其次，关系主义国际政治理论需要确定自己的基本构成要素。在国际体系的共在关系结构与国家行为的关系这一研究议题之下，关系主义国际政治理论可以包含以下基本要素。

第一，关系主义国际政治理论假定国际体系是一种以主权国家为主要构成单元的共在关系体系。在这种共在关系国际体系中，任何一个国家都以共同生存的方式与其他国家形成共在关系，并且因与其他国家的关系而有意义。这意味着，国际体系结构在本质上是一种以主权国家共存为基础的共在关系结构，我们可以称之为"主权共在关系结构"。主权共在关系结构的根本规范是主权规范，主权规范由国家之间的相互印证和主流国际共识所保证，具有在共在关系框架内的相互性和共通性。主权共在关系结构从根本上界定国家的性质和角色，限定一个国家与其他国家的关系模式，影响国家的利益计算，决定国家的国际行为。

第二，关系主义国际政治理论坚持关系理性逻辑。处于主权共在关系结构中的国家,只有在特定的关系框架内理解自己、认识别国、界定利益、选择行为,才是可行的和适当的,也才是符合理性的,这就是关系理性。关系理性意味着国家在充分认识本国所处的特定的主权共在关系结构的基础上,力求实现本国的最大可及利益。关系理性还意味着国家明白,本国必须通过普惠的和无报应的策略选择与其他国家共同营造最优的主权共在关系,促成和谐世界的出现,才能最大化地实现自己的可及利益。这意味着,国家必须在体会和内化"仁"的同时践行"义",即"体仁行义":一方面,国家既要充分尊重和理解自己、把自己当主权国家看待,又要充分尊重和理解其他国家、把其他国家当主权国家看待,以此建立与其他国家的良好关系;另一方面,国家又要在能力所及的范围内,积极帮助需要帮助的国家,并在必要时乐意接受其他国家的帮助,积极报恩,以德报德。

但是,关系主义国际政治理论并不认为所有国家能够步调一致地、足够深刻地认识到主权共存关系结构的真实存在及其对本国和国家间关系的意义,所以,一些国家可能、甚至很可能因为认识不到位而暂时性地采取不符合关系理性的策略,但是,国家采取这样的劣势策略一定是会遭受损失的,理性的国家会在遭受损失的过程中学会反思,提高学习能力,强化自己的关系理性能力。而且,关系主义国际政治理论本身也具有启发作用,提示国家认识主权共在关系结构和关系理性的存在。所以,国家会逐渐做到"体仁行义",按关系理性行事。

第三,关系主义国际政治理论将国家面临的问题理解为在主权共在关系结构中的相互作用问题。例如,在国际安全领域,一国将自己的国家安全问题看作本国与其他主权共在国家根据亲疏远近程度作出的相互保证问题,即我的安全取决于我和其他主权共在国家作出的一定程度的相互安全默契或承诺,我承诺其他国家的一定程度的安全(或至少不进攻他国），其他国家承诺我的一定程度的安全（或至少不进攻我国）。在这种意义上，我的安全是处于主权共在关系中的所有国家的事，而不仅仅是我国自己的事。另外，在主权共在关系结构中，如果一国试图采取非普惠的劣势策略，威胁其他共在国家的安全，那么，他也会受到其他主权共在国家的集体惩罚而遭受损失，而受威胁国家的安全仍然会受到其他主权共在国家的一定程度的保障。1990 年，伊拉克侵略科威特，多国部队随后解放了科威特，恢复了科威特的独立和主权共在，同时对伊拉克进行严厉的制裁和惩罚，就是一个例证。这样的不利结果将不断推动个别不具备关系理性能力的国家变得成熟和理性，逐渐融入国际体系的主权共在关系结构。

第四，关系主义国际政治理论的基本假设，包括国际体系的主权共在关系结构的构成方式假设，以及主权共在关系结构与国家的国际行为之间的关系假设等。既然国家的性质和国家间关系都是由主权共在关系结构界定的，那么最优主权共在关系结构及其对国家行为的作用机制，将是关系主义国际政治理论研究的核心问题。这意味着，一个系统的关系主义国际政治理论至少要回答以下三个问题：一是如何准确界定主权共在关系结构；二是如何清晰描述和合理建构主权共在关系结构；三是如何确立主权共在关系结构与国家行为之间的关系机制。如果按照实证研究的标准构建关系主义国际政治理论，则还需要回答一个问题，即如何运用经验材料归纳或验证上述假设。

对这些问题的回答，将会构建起中国关系主义国际政治理论的基本框架。

（原载《世界经济与政治》2010 年第 8 期）

注释

1. 严格地说,产生于美国的三大主义也是地域性理论(基于美国文化或欧洲传统),如果说任何地域性的理论都可能是假命题,那么在美国产生的三大主义也不能例外。这一点可能需要"反向格义"学者反思。

2. 国际关系研究的格义问题参见秦亚青:《国际关系理论研究的进步和问题》,《世界经济与政治》2008 年第 11 期,第 14 页。秦亚青:《国际关系理论中国学派生成的可能和必然》,《世界经济与政治》2006 年第 3 期,第 7—13 页。

3. "正向格义"研究的主要成果体现在赵汀阳著:《天下体系》,南京:江苏教育出版社 2005 年版;交互格义研究的前期成果主要体现在秦亚青的系列论文中,如秦亚青:《国际关系理论中国学派生成的可能和必然》,《世界经济与政治》2006 年第 3 期;《结构、进程与权力的社会化——中国与东亚地区合作》,《世界经济与政治》2007 年第 3 期(与魏玲合作);《中国国际关系理论研究的进步与问题》,《世界经济与政治》2008 年第 1 期;《关于构建中国特色外交理论的若干思考》,《外交评论》2008 年第 1 期,等等。

4. 高尚涛:《国际政治理论基础》,北京:时事出版社 2009 年版,第 129 页。

5. 科学建构主义的研究情况,参见[美]亚历山大·温特:《国际政治的社会理论》,秦亚青译,上海:上海人民出版社 2000 年版,以及秦亚青在"译者序"中所做的介绍。

6. 西方女性主义研究的情况,参见李英桃:《女性主义国际关系学》,杭州:浙江人民出版社 2006 年版。

7. 西方语言建构主义的研究情况,参见孙吉胜:《国际关系的语言转向与建构主义理论发展研究:以语言游戏为例》,《外交评论》2007 年第 1 期。

8. 规范建构主义的研究,可参见[美]玛莎·费丽莫:《国际社会中的国家利益》,袁正清译,杭州:浙江人民出版社 2001 年版。

9. 高尚涛:《国际政治理论基础》,北京:时事出版社 2009 年版,第 129 页。

10. 代表性的学者如美国的汉斯·摩根索、肯尼恩·华尔兹、约翰·米尔斯海默等,参见 Hans J. Morgenthau, *Politics among Nations* (sixth edition), Virginia: Virginia University Press, 1985; Kenneth N. Waltz, *Theory of International Politics*, NewYork: McGraw-Hill, Inc, 1979;[美]约翰·米尔斯海默:《大国政治的悲剧》,王义桅、唐小松译,上海:上海人民出版社 2003 年版,等等。

11. 代表性的学者如美国的罗伯特·基欧汉、约瑟夫·奈等。参见[美]罗伯特·基欧汉、约瑟夫·奈:《权力与相互依赖》,门洪华译,北京:北京大学出版社 2002 年版;[美]罗伯特·基欧汉:《霸权之后》,苏长和等译,上海:上海人民出版社 2001 年版。

12. 过程建构主义研究参见秦亚青:《关系本位与过程建构:将中国理念植入国际政治理论》,《中国社会科学》2009 年第 3 期;权力关系结构建构模式研究参见高尚涛:《国际关系的权力与规范》,北京:世界知识出版社 2008 年版。

13. 秦亚青在《关系本位与过程建构:将中国理念植入国际政治理论》中率先提出这一观点并进行明确表述。

14. 许菁菁:《列维纳斯与海德格尔存在论之比较》,《兰州学刊》2008 年第 8 期,第 2—3 页。

15. [美]罗伯特·梅斯勒:《过程—关系哲学——浅释怀特海》,周邦宪译,贵阳:贵州人民出版社 2009 年版,第 42—48 页。

16. 管健著:《我你它:马丁·布伯对话哲学对心理学的影响研究》,哈尔滨:黑龙江人民出版社 2006 年版,第 143 页。

17. Mustafa Emirbayer, "Manifesto for a Relational Sociology," *American Journal of Sociology*, vol.103, no.2, 1997, pp.281—317.

18. 在中国的经典文献中,"道"的意思有两种,一是指最一般、最普遍的关系准则,即天地所循之道,先于天地而生,我们称之为"先天之道",二是指一些具体的道理和原则,如儒家的等级秩序规则等,是圣人根据先天之道提出的某一生活领域的具体规范和秩序原则,我们称之为"后天之道"。其中,天地所循之道,即"先天之道",具有本源性和本体论意义。

19. 余顿康:《周易现代解读》,北京:华夏出版社 2006 年版,第 366 页。

20. 同上书,第 370—371 页。

21. 沙少海、徐子宏译注:《老子全译》,贵阳:贵州人民出版社 1989 年版,第 7 页。

22. 同上书,第 46 页。

23. 崔为译注:《黄帝内经·素问》,哈尔滨:黑龙江人民出版社 2003 年版,第 26 页。

24. 陈才俊主编,庄东魏、杨广恩注译:《鬼谷子全集》,北京:海潮出版社 2007 年版,第 2 页。

25. 秦亚青:《关系本位与过程建构:将中国理念植入国际关系理论》,《中国社会科学》2009 年第 3 期,第 81—82 页。

26. 赵汀阳:《共在存在论:人际与心际》,《哲学研究》2009 年第 8

期,第 22 页。

27. 赵汀阳:《共在存在论:人际与心际》,第 26 页。

28. 赵汀阳:《坏世界研究:作为第一哲学的政治哲学》,北京:中国人民大学出版社 2009 年版,第 118 页。

29. D. Y. F. Ho and C. Y. Chiu, "Collective Representations as a Metaconstruct: An Analysis Based on Methodological Relationalism," *Culture and Psychology*, vol. 4, no. 3, 1998, pp. 349—369; D. Y. F. Ho, "Relational Orientation and Methodological Relationalism," *Bulletin of the Hong Kong Psychological Society*, no. 26/27, 1991, pp. 81—95.

30. 赵汀阳:《普遍价值和必要价值》,《世界哲学》2009 年第 6 期,第 60—70 页。

31. 高尚涛:《国际关系的权力与规范》,北京:世界知识出版社 2008 年版,第 74 页。

32. 余顿康:《周易现代解读》,第 324—350 页。

33. 我们之所以给"外在现象"加了引号,是因为这仅仅是经验主义或者实证主义的观点,并不是所有哲学流派都同意这一观点。实际上,越来越多的哲学流派对此提出了强有力的批判。具体参见高尚涛:《国际政治理论基础》,第 121 页"注 2"。

34. 余顿康:《周易现代解读》,第 4、18、35 页。

35. 同上书,第 18、35、342 页。

36. [德]马克斯·韦伯:《新教伦理与资本主义精神》,康乐、简惠美译,桂林:广西师范大学出版社 2007 年版,第 1 页。

37. Robert Keohane ets, *Neorealism and Its Critics*, New York: Columbia University Press, 1986, pp. 268—271.

38. [美]亚历山大·温特:《国际政治的社会理论》,秦亚青译,上海:上海人民出版社 2000 年版,第 466 页。

39. 孔丘、孟轲等:《四书五经》,北京:北京出版社 2006 年版,第 278 页。

40. 参见李维琦点校:《国语·战国策》,长沙:岳麓书社 2006 年版,第 3 页;赵汀阳:《天下体系:世界制度哲学导论》,南京:江苏教育出版社 2005 年版,第 40—45 页。

41. 余顿康:《周易现代解读》,第 325—326 页。

42. 同上书,第 329 页。

43. 同上书,第 342 页。

44. 司马迁:《史记》,长沙:岳麓书社 1988 年版,第 29 页。

45. 根据马克斯·韦伯的开创性分析,理性是指以清晰的目标导向和明确的实现手段为基础的思维方式和行为方式。理性分为两大类,一是价值理性,二是工具理性。价值理性是以特定价值目标为基本导向的思维方式或行为方式,工具理性是以特定功利目的为基本导向的思维方式或行为方式,两者都具有清晰的目标导向和相应的实现手段,都是理性的。在这里,关系理性既遵循明确的关系价值及其实现手段,又在关系框架内界定利益及其实现方式,所以是理性的。

46. 在中国传统文化中,"远近亲疏"是典型的阴阳关系表现:"远"为阴,"近"为阳;"亲"为阳,"疏"为阴。

47. 参见赵汀阳:《共在存在论:人际与心际》,第 25—26 页。

48. 相关论述参见赵汀阳:《共在存在论:人际与心际》,第 26—27 页。

49. 秦亚青在《关系本位与过程建构:将中国理念植入国际关系理论》第 83 页有类似的论述。

50. 相关论述参见赵汀阳:《共在存在论:人际与心际》,第 27—28 页。

51. 高尚涛:《和谐世界理念与中国外交》,载秦亚青等:《国际体系与中国外交》,北京:世界知识出版社 2009 年版,第 158 页。

第五章 论"关系转向"的本体论自觉

季 玲

引 言

近年来,国际关系理论的"关系转向"成为一个引人注目的学理现象。东西方国际关系学界依照不同的学术传统,在理论对话和思辨中,共同推动了以"关系本体"为核心的国际关系理论的发展。关系主义研究正在成为国际关系学科诞生百年来首次出现的、真正具有全球意义的世界政治研究议程。1999年帕特里克·杰克逊(Patrick T.Jackson)和丹尼尔·奈克松(Daniel H.Nexon)发表了《关系先于国家》一文,揭开了世界政治研究"关系转向"的序幕。[1]近20年间,在东西方学术界的共同努力下,世界政治研究的"关系转向"开始形成系统理论成果和全球性研究意识。2017年英国兰卡斯特大学邀请来自世界各地的学者,以"全球关系性的未来"(The Future of Global Relationality)为题举办国际研讨会,2018年秦亚青的《世界政治的关系理论》和澳大利亚学者埃米力亚·卡瓦尔斯基(Emilian Kavalski)的《关系性国际理论中的

"关系"》等书的面世,都是世界政治领域关系主义全球性研究与对话形成的标志。[2]

全球性研究与对话的形成并不意味着东西方学术界对"关系主义"或"关系转向"有一个统一和清晰的认识。什么是关系主义研究?为什么东西方国际关系学界会同时出现"关系转向"?如何超越东西方学术分野、探求全球性关系主义研究的深刻学理意义?这些根本性的问题没有得到令人满意的回答。一方面,关系是人们日常使用的概念,似乎"所有的理论模式都会解释关系,都会涉及互动"[3],这使得"关系转向"的深层次学理意义常常被淹没在对"关系"的日常理解之中;另一方面,不同的文化背景和学术领域对"关系"有不同的理解和界定,国际关系研究者综合借鉴了不同文化背景下的"关系"概念和研究成果,这给东西方学术界之间乃至各自内部的对话与共识达成带来了困难。现有的关系主义研究梳理文献主要采用东西方文化圈分述对比的方法,突出两者的差异性。[4]这种梳理方法有助于直观地描绘世界政治研究中"关系转向"东西分支各自的发展谱系和学科背景,但是却忽视了东西方学术界"关系转向"的共通之处,不利于推动双方关系主义研究之间的对话,以及系统把握全球性"关系转向"的深刻学理意义。

本章通过发掘东西方国际关系理论界"关系转向"的共通之处,尝试为上述问题作出回答。第一部分回顾世界政治研究"关系转向"进程二十年中的代表性研究成果,以呈现"关系转向"的发展谱系,同时指出东西分述对比方法的不足,说明超越东西方学术壁垒、推动全球性关系主义研究是关系主义思维的内在要求。第二部分讨论世界政治发展变革的现实,以及主流国际关系理论在解释现实世界时面临的本体假定困境,指出理论与现实的张力推动东西方国际关系学界对主流理论的实体本体论假定进行反思,从而促成东西方学界共同转向"关系本体"。

第三部分考察了东西方关系主义研究的本体论立场及其认识论原则，说明反对实体主义、坚持关系主义的本体立场，并在研究设计中贯彻关系主义认识论原则，是东西方"关系转向"的共通之处，坚持关系主义研究的本体论自觉是超越东西方文化壁垒、推动全球性关系主义研究发展的基础。

一、"关系转向"发展谱系与东西分立的综述路径

与之前的各种"转向"不同，"关系转向"是在东西方国际关系理论界共同兴起的学术现象。学界多采用东西方文化圈分述对比的方法对这一理论现象进行综述。一方面，西方学者最先将关系社会学研究成果引入国际关系学界，发起了"关系转向"，因而早些时候西方的梳理文献一般只关注西方学术界；[5] 另一方面，中国学界的关系研究带有与西方学界不一样的文化烙印，在构建非西方国际关系理论的国内外学术语境中，学者们对中国关系主义研究的独特性予以了更多关注。[6] 这种东西分述对比的综述路径，有助于直观地描绘世界政治研究中"关系转向"东西分支各自的发展谱系和学科背景，是探讨"关系转向"学理意义的第一步。

（一）西方国际关系学界的关系主义研究与"关系转向"的起源

杰克逊和奈克松于 1999 年发表的《关系先于国家》一文被认为是东西方国际关系学界"关系转向"的起源。[7] 美国社会学家穆斯塔法·埃米尔拜尔（Mustafa Emirbayer）1997 年发表的《关系社会学宣言》一文作为"社会学内关系转向的历史重构"，[8] 直接启发了杰克逊和奈克松对国际关系主流理论范式进行批判。《关系先于国家》中虽然没有解释何

为"关系主义",但其"关系先于国家"的论断以及尝试建构的"过程/关系主义"理论模式"显然是关系主义最详细和最有影响力的宣言"。[9]其后国际关系领域的关系主义研究都或多或少受到这篇文章的启发。不过,杰克逊和奈克松更关注西方国际关系学界关系研究的沿袭,并将自己的关系研究归入社会网络分析的"哥伦比亚学派"一脉。

20世纪90年代,哈里森·怀特(Harrison White)和查尔斯·蒂利(Charles Tilly)对社会学传统的结构主义理论框架进行了大幅度修正,开创了"关系结构社会学"。怀特在空间维度上将古典社会学中先定给予的、刚性的社会结构分解成互动性的、多重的关系网络;蒂利则在时间维度上将传统社会学静态的结构主义思维改造为历时性的、动态的、多层次的社会机制。"关系结构社会学"在很大程度上成为社会网络分析的理论基础。[10]社会网络分析认为社会生活主要是由各种关系以及这些关系所形成的模式所创造的,将社会行动看成一个个由不同形式的关系连接在一起的网络节点之间的互动。[11]2017年,杰克逊和奈克松总结了哥伦比亚学派运用社会网络分析在国际关系研究中所形成的一些主要观点,其中包括:个体或团体行为体被理解为由动态的社会关系构成的场所(site);这些关系的相对稳定状态即是网络结构;网络结构可以通过密度、结构缺失和中心性等概念来描述;理论解释要将网络结构提供的可能条件分析与对处于某种位置的行为体分配物质和意义资源的分析结合起来,以及社会关系结构的运作和形成机制包括代理、转换和轭合;等等。[12]

在西方国际关系学界,皮埃尔·布迪厄(Pierre Bourdieu)的实践理论以及实用主义哲学思想也为"关系转向"提供了重要的分析框架。在布迪厄看来,行动者(actor)的一切行动,都是在一定的场域(field)中进行的,而场域是"在各种位置之间存在的客观关系的一个网络(network)或一个构型(configuration)"。[13]实践理论对场域内位置的强调,与哥伦比亚学派具有一定的相似性。两者的不同之处在于,哥伦比亚学派强调占据特定位置的主体间的联系,即社会互动,而场域分析主要关注行为体之间的客观位置,以及在该位置上所占有的社会资本,与社会互动无涉。[14]这就是杰克逊和奈克松所说的西方关系研究领域内的"过程"与"位置"两种研究路径的来源。西蒙·普拉特(Simon Pratt)在考察实用主义哲学中关系主义本体立场的基础上,将其与关系社会学进行结合,重新界定了"本体性安全",认为行为体不是要在心理层次上寻求"自我"的一致性和稳定性,而是要寻求自身所置身于其中的社会环境的稳定。[15]

(二) 东方国际关系学界的关系主义研究与"关系本体"宣言

随着中国理论创新意识的觉醒,东西方学术界交互影响,中国国际关系学界的关系研究也取得了重要进展,其中最为系统的研究成果当属秦亚青提出的"世界政治的关系理论"。与西方关系主义理论最大的不同在于,秦亚青更加关注关系性的本体意义,并在关系本体假定的基础上构建了关系主义的理论体系。西方关系社会学的兴起以及杰克逊和奈克松"过程/关系主义"为秦亚青的关系理论提供了最初的启发。但是秦亚青对西方主流国际关系理论的批判,尤其是从"过程建构主义"的提出到"关系本位"的确立,更多的是受到中国传统文化的启迪,带有中国独特的"文化胎记"。[16]可以说,这一东方文化圈中"关系转向"代表性理论成果的发展历程,展现的是东西方文化的交流碰撞与相互启迪的过程,这种带有独特"文化胎记"的理论研究成果不独立于世界整体文化背景,它体现了文化世界中"多"与"一"的统一。

冷战结束后,东亚地区蓬勃兴起的地区合作实践为考察动态"过程"在塑造国际关系现实中的作用提供了可能,秦亚青据此提出"过程建构主义"(processual constructivism),作为对西方主流建构主义理论结构主义倾向的修正和补充。过程建构主义认为"过程"不再是事物的属性和外力作用的附着物,过程自身具有独立的地位和解释力。过程建构主义突破了主流建构主义理论对静态的文化结构、规范等因素的关注,强调动态的、持续进行中的"过程",实际上是关系思维的初步体现。在追问"过程"的实质性内涵的过程中,秦亚青借鉴中国传统文化和本土社会学中的关系思维,将关系本位思想植入国际关系理论。[17]关系本位思想的引入对于关系研究的理论建构具有重要的意义。正是基于这一本体性假定,秦亚青对"关系性"(relationality)进行了高度理论化,提出了关系世界、元关系和关系性逻辑三个重要的理论主张,构成了世界政治关系理论的支柱。[18]

中国国际关系学界"关系转向"的另一位极具代表性的推动者是赵汀阳。赵汀阳从中国传统文化的哲学研究视角提出了"天下体系"理论。他关于"天下体系"的当代性、"共在存在论"以及"方法论关系主义"等论述都对"关系"问题进行了深入的讨论。"共在存在论"和"方法论关系主义"运用中国传统文化中的关系主义思想批评了西方的"实体主义"本体论和"个体主义"方法论,并在此基础上提出依据"关系理性"原则建立一个"无外"(all-inclusive)的世界性制度的理想模式,即天下体系。[19]赵汀阳的关系主义思想,尤其是具有本体论意义的"共在存在论",突出显示了中国国际关系学界"关系转向"的本体论特征,在中外国际关系学术界引起了关注和讨论。

在秦亚青、赵汀阳以及其他中外关系研究者的影响下,以关系主义为理论背景的实证研究也不断涌现。苏长和、高尚涛等学者尝试推动关系研究议程的扩展。[20]石之瑜、黄琼萩以及魏玲分别在双边情境和多边情境下考察了以"关系平衡"机制为核心的外交实践模式。[21]卡瓦尔斯基从中国传统"关系"(guanxi)概念出发,提出要超越"霸权国—挑战国"的二分认知模式,将中国崛起看作结果开放的社会协商实践。[22]阿斯特丽德·诺丁(Astrid H.M. Nordin)和格雷厄姆·史密斯(Graham M.Smith)从关系本体出发重塑了国际关系中的"友谊"概念。[23]陈定定、曹德军、刘毅等从关系视角出发考察了中美新型大国关系、中美信任关系以及中国对外援助类型等问题。[24]

(三) 超越西方与非西方知识壁垒的全球关系性

将国际关系研究中的"关系转向"依照东西方文化圈分门别类来梳理总结,对在"关系转向"发生初期就厘清线索、扩大影响而言是有裨益的。但正如卡瓦尔斯基所阐述的,关系性的知识生产依赖于与他者建立联系并学习他者的经验,因此超越西方与非西方知识的割裂、将西方与非西方看作相互交融、相互建构的互动网络是关系性国际关系理论研究的内在要求。[25]随着关系研究的深入,人们需要在承认东西方特殊性的基础上,超越东西方知识壁垒,探寻全球性关系主义研究的深层次学理意义,这种西方/非西方的分类梳理方法的局限性就暴露出来了。

首先,这种梳理方法忽略了东西方学术界发生"关系转向"的共同现实和理论背景。不论其理论来源和学科背景有多么大的差异,东西方文化圈中的"关系转向"都指向一个共同的全球化与网络化的现实世界,都是通过聚焦"关系"、解释过程,来为发展变化的世界提供一个更好的认识和理解路径。其次,将西方和非西方"关系转向"割裂开来,忽视了全球化时代知识生产的全球性。随着全球化的深入发展,与世界政治、世界经济深度交融一样,知识生产也正在突破文化界限,变成一个交融互通的全球性知识生产与积累过程。[26]最后也是最重要的,这种强调独特性和差异性的综述方法,容易为关系主义理论打上文化特殊性的烙印,从而无法充分、客观评价关系主义研究的学理意义和其全球性发展潜力。[27]

实际上,转向"关系主义"就是承认世界的普遍联系性,承认多样知识同时也具有内在统一性,在知识生产中超越西方与非西方的知识壁垒、追求全球性的关系主义研究是关系性思维的内在要求。因此,为了充分评估全球性"关系转向"的学理意义,促进东西方关系主义研究之间的对话,有必要超越上述东西文化圈分立和差异化的叙事框架,在更广阔的现实和理论背景中去考察东西方"关系转向"的共通之处。

二、互系的世界与实体主义本体论的反思

随着全球化、科技革命和网络化的加速发展,国际实践将世界编织成一个相互联系的全球性流动空间,传统的行为体概念与互动模式正在发生切实的改变。在这场日益以几何级速率发生的大变局中,主流国际关系理论受其本体假定所限,对国际关系中的重大现实缺乏解释力,陷入了发展困境。现实世界政治的发展变化和主流国际关系理论解释力困境之间的张力,引发学者对主流理论原子式的实体主义本体论进行反思和批判,推动了东西方国际关系学界共同转向关系本体。

(一) 全球化、互联网与高度互系的流动世界

随着全球化、信息化和多极化的加速发展,尤其是互联网时代的来临,"民族国家体系、帝国主义、争霸模式所定义的国际政治概念,正在逐渐与全球化的事实失去对应性",全球化语境下的变化,已经不仅仅是某些政治问题的变化,而"是世界在存在方式上的改变"。[28]一个高度

互系的全球性国际社会正在成为一个可以观察的事实。

西方主流国际关系理论中最常用来表述世界政治整体特性的概念是国际体系。罗伯特·吉尔平（Robert Gilpin）指出一个国际体系所包含的三个要素，即实体、有规则的互动以及对国际行为的控制形式，实体的类型在很大程度上决定了国际体系的特征。[29]当一个体系中的主要行为体的类型发生了变化，比如从帝国变成了民族国家，或从民族国家变成了世界公民，一个国际体系就发生了本体转型。[30]1648年确立的威斯特伐利亚体系中界定性的实体是民族国家。民族国家拥有确定的边界，这些边界划定并确立国家的统治范围，在这个边界内，国家享有采取行动和实行统治的主权，享有领土范围内民众的政治忠诚，即对国家的认同，任何国家不得干涉，也不承认有任何超越国家的权威。[31]简言之，具有边界的领土、主权和具有民族认同的人民是界定民族国家实体特征的三要素。[32]

冷战结束后，经济全球化和科技信息化的加速发展，弱化了民族国家作为一个实体的界定性特征。意识形态对立的结束为经济全球化的发展扫除了障碍，以信息技术为中心的新科技革命为经济全球化提供了强大的推动力和加速器，经济全球化、科技信息化带来的变化效应叠加在一起，对民族国家的领土边界、主权能力以及人民的认同都带来了影响深远的冲击。资本、商品和劳动力、通信和技术等要素在全球范围内的流动，打破了民族国家政治、经济和文化壁垒，编织出跨越民族国家疆界的互动联系网络，创造了一个全球性的流动空间。国际组织、跨国公司不仅对全球经济活动产生影响，也将国内发展与国际经济活动紧密联系在了一起，从而在相当程度上影响和左右着民族国家的国内政治。能源、环境和生态保护、移民、跨国犯罪、疾病控制等跨越国界的全球性问题的出现，不仅模糊了主权使用的边界，还使得国家权力逐渐向跨国地区组织或国际组织,乃至一些非政府组织转移,国家的主权能力受到削弱。与此同时,全球化动摇了民族国家根深蒂固的制度、传统和文化价值,一些先进的文化和价值在全球范围内获得认同,传统的民族国家认同受到冲击。[33]

随着互联网时代的来临,全球化正在成为一个以新技术为主导的世界网络化运动。互联网不仅仅加快了信息的传播、便利了信息的收集,更重要的是改变了国际行为体的存在方式,实体空间和网络空间交织在一起,国际社会也越来越多地呈现出非实体世界的特征。国家的边界进一步被穿透,边界内主权有可能转变为世界网络的一个运作枢纽;[34]非国家行为体乃至个人在国际系统层面发挥的影响力日益扩大,各种社会力量在互联网平台上聚合着各种形式的身份认同。[35]互联网的高度互动性、信息的瞬时性和低成本,加速了跨国沟通和网络社会关系的形成,大大促进了全球性市民社会的形成,非政府的社会联系逐渐成为"国际社会的神经系统和活动网络"。[36]国际体系中行为体的存在方式和互动模式越来越呈现出传统概念所无法描绘的特征,现代政治的实体形式正在被超越,一个高度互系、流动的国际社会越来越成为一个可以观察的现实。

经济全球化和信息化的叠加效应,以及互联网时代的来临,吉尔平式的国际体系的本体变革虽并未出现,但是实体性的民族国家和原子式的互动模式已经不能描述当前全球化中的互系世界。世界不仅已经发生了改变,且一直处于变化之中。如何理解和解释这些变化的产生、如何理解和解释这个仍处于不断变化中的动态世界,是摆在主流国际关系理论研究者面前最大的现实问题。然而,正是在全球化和网络化迅猛发展的几十年内,主流国际关系理论却没能跟上现实变化的脚步,理论发展和创新陷入了困境。

(二) 主流国际关系理论的发展困境与实体主义的本体论

国际关系学科建立百年来,西方主流国际关系理论在全世界范围内传播,塑造了全球国际关系学术话语体系。西方国际关系理论的发展经历了几次大的范式争论,形成了包括现实主义、自由制度主义和建构主义在内的三大主流理论范式。但是自 20 世纪 90 年代末以来,主流国际关系理论界总体上陷入沉寂,甚至有学者发出了"国际关系理论是否终结?"之问。[37]国际关系理论发展困境的一个重要的表现是主流国际关系理论无法对世界变革这一重大现象提供解释工具,其根源在于主流国际关系理论对国际体系所作的一系列本体论假定,将解释国际体系变化的可能性排除在研究设计之外。

从结构现实主义理论开始,国际体系就被假定为由结构和互动的单元所构成。肯尼思·华尔兹(Kenneth Waltz)认为,结构是独立、自在和物质性的,在国际关系中体现为行为体之间的物质力量对比;国际关系中的主要单位是国家,国家有其界定性本质属性,是单一的、理性的,并且具有事先设定的利益偏好。[38]自由制度主义在物质力量对比之外,增加了霸权国家建立的国际制度作为国际体系中另一种实体性存在。[39]建构主义学者否认了国际结构的物质性,认为国际结构在本质上是一个观念现象,将互动概念从单位层面解放和提升出来,用以阐释观念结构对国家身份和利益的建构作用。[40]尽管如此,在结构与单位的独立性、自在性假定上,建构主义与结构现实主义和自由制度主义并无实质性分别。在建构主义理论中,作为宏观结构的集体知识仍然是独立的、自在的,国家的身份和利益虽然是可变的,但国家的类属身份和个体身份等界定性属性仍然不随着互动而发生改变。主流国际关系理论对国际体系构成要素所作的这些内在稳定性以及脱离互动实践过程的假定,不仅难以符合高度互系、流动的现实世界,也将国际体系构成要素自身的变化排除在研究设计之外。

这种将世界假定为由具有稳定本质属性的、独立自在的实体所构成的本体论假定是西方传统的实体主义思维模式的典型反映。实体主义思维模式是贯穿西方哲学发展的一条主线。亚里士多德(Aristotle)继承了苏格拉底(Socrates)可变的现象世界和不变的概念世界的二元划分,提出了"实体"(substance)的概念,认为实体是存在的中心,是一切事物的基质或基础。[41] 这种实体主义的思维也体现在西方语言中。过程哲学家诺贝特·埃利亚斯(Norbert Elias)曾指出,人们常常用暗示存在着一个实体的方式来表达永恒的运动或永恒的变化,比如当人们说"风在吹"(The wind is blowing),似乎真有一个叫作"风"的实体在那儿一样。[42] 这种突出实体牺牲关系的语言进一步将实体主义思维深植于人们的常识中,深刻地影响了西方的社会科学研究。

约翰·杜威(John Dewey)和阿瑟·本特利(Arthur Bentley)区分了社会科学中两种形式的实体主义研究路径,即"自动"(self-action)路径和"互动"(inter-action)路径。在自动路径下,行为体依据内部驱动力量采取行动,不受其他实体的干扰,典型的代表是理性选择理论;互动研究路径则认为,行动的驱动力不是来自行为体内部,而是发生在行为体之间,但是在这个过程中,行为体作为实体仍然是固定不变、相互独立的,像牛顿机械力学中的原子球一样。[43] 杰克逊和奈克松将这些批判和分析引入国际关系研究,考察了主流国际关系理论的研究路径,指出主流国际关系理论中关于行为体与结构所作的实体主义的假定,是其无法解释"体系变革"的根本原因。[44]

面对世界政治变成高度互系的流动空间这一现实,东西方国际关系学术界均感受到理论发展与现实实践之间的张力。在西方和非西方学术界的共同推动下,关系主义本体批判在全球学术共同体中引发了越来越多的反响和回应,成为突破国际关系理论解释力困境、推动国际关系学科发展的重要力量。杰克逊和奈克松认为,正是因为这些包括关系主义在内的本体论和认识论反思的存在,国际关系理论不仅没有终结,反而比任何时候都更强大。[45]

三、"关系转向"的本体立场及其自觉

对主流国际关系理论的实体主义本体假定的反思与超越,是东西方关系主义研究的共同起点。在寻求突破实体主义本体立场束缚的过程中,西方文化圈更多地借鉴了西方社会学和哲学中的关系主义思想,而东方文化圈的学者则更多地汲取中国传统文化中的关系智慧。因为不同的文化渊源和学科背景,东西方关系主义之间,乃至双方内部的关系主义本体立场不尽相同。尽管如此,坚持世界政治的关系性、反对实体性,并且在不同程度上破除"物化"和"二元对立"等实体主义认识论的束缚,成为东西方国际关系学界"关系转向"的共同基准线。

(一)沟通东西方国际关系学界"关系转向"的本体论立场

由于长期深受实体主义思维的影响,西方国际关系学界的"关系转向"始于对实体主义思维的批判,西方社会学界反对实体主义思维的"关系转向"运动成为国际关系学者理论创新灵感的直接来源,实用主义哲学和实践理论则为关系主义研究提供了本体论框架。杰克逊和奈克松继承了关系社会学者埃米尔拜尔对实用主义交互(trans-action)路径的借鉴,但是其关注点在于研究路径的借鉴而不是本体论的批判。交互路径涉及实用主义的经验理论。杜威认为,经验不是我们的思维对外部世界的被动记录,而是人类与物质环境和社会环境的交流和交易,是互动的行为。[46]这种交互行动的经验论背后所隐含的是一套关于人与世界关系的形而上假定。

杜威的实用主义修正了传统哲学关于人与环境之间关系的描述。他认为,我们平常使用的"环境"这一术语意味着在我们之外存在着一种我们生活所依赖的、外在的、静态的实体。但实际上,环境并不是静态的,而是过程性的、易变的、动态的,是"对一系列相互联系、活动着的力量和要素的一种描述"。[47]环境不是严格地外在于我们的实体,我们就是环境的一部分。我们通常以为,我们的皮肤是我们与外界相分离的边界,但实际上它是我们与环境进行持续交换的中介。我们就在环境之中,环境也在我们之中。环境包括自然环境和社会环境,为了区别于实体意义上的环境,杜威用情境(situation)来统称自然环境和社会环境。

除了杜威的实用主义哲学之外,西方关系主义研究还深受布迪厄实践理论的影响。布迪厄是西方社会学界反对实体论、倡导关系论的典型代表之一。在布迪厄看来:"在社会世界中存在的都是各种各样的关系——不是行动者之间的互动或个人之间主体际性的纽带,而是各种'独立于个人意识和个人意愿'而存在的客观关系。"[48]布迪厄将这种关系论立场贯穿于他以场域、惯习、资本等概念构建的实践理论中。场域被定义为各种位置之间存在的客观关系的一个网络,这些位置附带着一定的权力(或资本)。场域是历史生产的,但并非静态的、固定不变的。场域中各种位置的占据者利用种种策略保证和改善他们在场域中的位置,不断在场域中展开斗争,场域因而是个持续变化的动态空间。惯习是由"积淀"在个人身体内的一系列历史关系所构成,是社会行动者具有的对应于特定位置的性情倾向,它既是历史的产物,又塑造、组织着实践,生产着历史。[49]这样,通过惯习,世界与行动者在关系的世界中相互依存。与杜威实用主义的关系本体立场不同的是,布迪厄的场域与行动者是通过惯习这一介质沟通在一起的,尽管两者相互影响和建构,但仍然具有一定程度的客观独立性,显现出实体主义思维影响的痕迹。

与西方不同,关系主义思维存在于中国几千年的传统文化之中,根植于中国人几千年的社会实践。在中国农耕社会中,人们通过社会生产实践,逐渐建立起关于自然与社会、人与社会以及人与人之间相互联系、相互影响的朴素的关系主义思维。中国古代的思想家孔子、孟子等都反复强调了关系性。费孝通和黄光国等本土社会学家的研究成果也表明,与西方社会中的个体本位不同,中国传统社会是一个关系本位的社会。[50]为了修正西方主流国际关系理论对过程、关系的忽视,秦亚青以中国传统文化智慧和传统社会生存方式为观照,深入反思西方社会的存在和认识方式,率先将中国传统文化中对关系的重视提炼为"关系性"这一核心理念,将其植入国际关系理论,为过程建构主义确立关系本体论的基础,[51]并坚持在本体论意义上推动国际关系研究的"关系转向"。

秦亚青的关系主义本体立场直接体现在"关系世界"的一系列假定上,他对"我们的世界是什么?是由什么构成的?"这一本体论问题作出了明确的回答:世界是由复杂关系构成的,由天、地、人之间的关系、人与人之间的关系,以及世界中所有事物之间的关系所构成。[52]与实体主义和个体主义相对,关系世界被看作充满连续的事件和流动的关系,而不是孤立的个体和静止的物体。因为一切都是相互关联的,所以不存在一个先验的"存在""原则"或"力量"凌驾于这个互系的整体之上。在社会世界里,最重要的关系是人与人之间或人类行为体之间的关系。

个体不再是如个体社会中理解的那样，是相互独立且独立于外在环境、具有各自属性的实体。关系社会中，所有社会性存在都是置身于一个复杂的关系整体中，这个关系整体界定了其存在，并指引着他们采取具有某种意义的行为，也赋予行动者管理和编制关系网络的能力。[53]因此，关系社会中的个体其实是"关系者"(relator)，关系者与关系环境是内在于彼此的，就像大海和水滴的关系，"无此则无彼，相容则无间"。[54]

赵汀阳的关系主义本体论思想集中体现在其"共在存在论"中。赵汀阳对自然科学世界和人的世界作出区分，认为人所存在的不是"物"的世界，而是"事"的世界，人存在的目的和意义要通过"做事"来创造，即"我做故我在"。我做不仅创造了我在，同时还创造了我与他人的共在，也就是创造了关系。[55]关系不是存在的外在联系，人只有在关系中才能确定其存在所具有的意义。在被纳入关系之前，一个存在及其本身的性质并不产生问题，不确定的动态互动关系才是形成问题和解决问题之所在。这样，人的关系世界中，共在先于存在。赵汀阳将"事"的世界与自然世界区分开来，突出了社会世界的实践性和人的施动能力，体现了中国传统儒家思想对人的生命和生活的关注，这与秦亚青以"人的关系"为社会世界中的核心关系的观点相一致，与杰克逊和奈克松的过程/关系主义路径则有着本质的区别。在杰克逊和奈克松的过程关系主义研究路径中，关系在其中是一般意义上的、非人格化的力量，表现为过程构型(configurations of processes)创造个体实体，这是将自然世界的关系机械移植到社会世界中的表现，个体的施动性在这个过程中被掩盖了。

赵汀阳的共在存在论与秦亚青的关系世界假定仍有两个方面的不同。首先，赵汀阳认为"事"的世界适用关系本体论，"物"的世界仍然是实体的，这并不是彻底的关系世界本体论。秦亚青认为社会世界中"人的关系"是核心,但是在关系性上,自然世界和社会世界并无分别,都是关系的世界。其次,秦亚青不同意赵汀阳"共在先于存在"的论断。"共在先于存在"与杰克逊和奈克松的"关系先于国家"有异曲同工之处。在秦亚青的关系世界里,关系与个体,共在与存在,是不分先后而同在的,互为生命前提。在这一点上,关系世界的假定与杜威实用主义情境理论的本体论立场更为接近。

综上所述,尽管东西方学术界关系主义研究之间以及各自内部,在关系主义本体论立场上仍然存在差异,但是在坚持世界的关系性、反对实体性这一个根本立场上是一致的。这一点在杜威的实用主义关系论立场和秦亚青的中国传统文化关系主义立场上体现得尤为突出。事实上,杜威实用主义与中国儒学之间的共鸣与对话一直是国际儒学研究者关注的议题。[56]可以说,正是在本体论立场上,东西方关系主义研究找到了超越文化壁垒的共通根基,也正是在本体论立场上,关系主义研究与传统的西方主流国际关系理论相决裂。因此,坚持和贯彻关系主义的本体论自觉,是理解和深化国际关系研究全球性"关系转向"的关键。

(二) 贯彻关系主义本体论自觉的认识论原则

将关系主义本体立场贯彻到认识论和研究设计中去,是深化全球性关系主义研究的必然要求。实体主义思维使得主流国际关系理论难以避免"物化"和"二元对立"的认识论困境,造成了理论解释与现实发展的脱钩。因此,在研究设计中避免"物化"和"二元对立"的认识论陷阱,才能真正实现关系主义理论建构与问题研究的一致性,才能真正建立有别于传统国际关系理论的全球性关系主义研究议程,弥合理论与现实的鸿沟。

1. "去物化"原则

"物化"是实体主义思维影响社会科学研究的一个重要表现。实体主义思维中,为了认识一个事物或现象,人们习惯于将其从环境或背景中剥离出来,并假定其具有不变的本质,从而可以开始寻求对该事物或现象的稳定的、确定性的认识。这种认识论倾向长期以来影响着社会科学研究,国际关系领域的研究也不能例外。亚历山大·温特(Alexander Wendt)曾对物化倾向进行了详细描述,指出物化是"把人活动的产品理解为似乎不是人生产的物体,比如理解为自然因素、宇宙规律的结果或是天意的表现。物化的世界……被人经历为陌生的实在物体,成为他无法控制的外生事物,而不是他自己的生产活动所创造的内生事物"[57]。简单来说,物化就是否认社会结构是由人的实践所生产,并且随着实践变化而不断变化的。

结构现实主义对国际社会结构的描述是典型的物化结构观。华尔兹假定,结构是一种抽象物,是脱离单元特性、单元行为以及单元之间的联系与互动而存在的,独立的、自在的要素。[58]很明显,在华尔兹的界定下,国际社会中的结构作为一个实体性存在,它独立于行为体,独立于互动进程,完全符合上述所引的物化的两个标准。尽管结构现实主义宣称,结构理论并不是解释国际政治体系演化的理论,而是解释国际政治的延续性和稳定性的理论,但是其结构概念至少应该要为解释变化提供逻辑上的可能性。[59]可是,物化的结构观却封闭了所有变化和转型的可能,同时也将国际关系研究议程锁定在单元的排列,即单元的物质实力分配的变化之上。

为了克服物化的结构观,温特引入了互动进程,在两个层次上定义观念结构,即作为微观结构的"共同知识"和宏观结构的"集体知识"。温特指出观念结构是互动实践的结果,克服了物化的第一个标准。不过,温特认为作为宏观结构的集体知识具有客观性质,其变化相对独立于行为体的具体实践活动,这就是社会学中"本体性依赖不等于本体性还原"的原理,即结构的产生依赖于单位的互动实践,但是结构一旦产生后,就不能还原到单位。[60] 这样一来,温特虽然承认了结构是人互动实践的结果,但结构在某种程度上仍然被假定为人无法控制的外生事物,仍然具有某种"物化"的特征。正是由于这种"物化"结构观的残余,温特无法合乎逻辑地解释身份的转变或进化,从而失去了对国际社会变化进程的观察和解释能力。[61] 所以,尽管温特意识到物化的认识论倾向给认识世界带来问题,也为突破物化的倾向作出了贡献,但是因为其反思仍然是在实体主义思维框架中,仍然要在动态的互动进程和静态的社会实体之间作出妥协,所以他无法真正理解和接受一个流动的社会空间。

因此,贯彻关系主义本体自觉的一个重要认识论原则就是"去物化",即从根本上否认存在一个静态的、外在于人类实践活动的物化结构,承认关系内在于互动实践的过程中,接受关系网络、关系空间的流动性。布迪厄的实践理论和杜威的实用主义哲学都是关系流动性的典型倡导者,但是两者之间存在的细微差别也进一步展现了"去物化"程度的差异。如前所述,布迪厄的实践理论中,场域随着行为体的斗争实践而处于动态变化之中。布迪厄还多次强调,结构虽然形塑着惯习,但是惯习也并不是宿命,而是"一个开放的性情倾向系统,不断随经验而变,从而不断地强化或是调整自身的结构"。[62] 但是布迪厄对客观位置关系的强调,以及场域形塑惯习、惯习决定实践逻辑关系的表述,还是容易使人联想起结构决定论。实用主义哲学则由于直接将环境的易变性、流动性与认识论贯通起来,在"去物化"的立场上更加彻底。杜威的探究实验认识论中,易变的、动态的、表现为种种过程的情境是分析的起点。正是因为情境是动态的并易发生波动，所以生命体经常面临着不稳定性、危险性和阻碍，"问题情境"才会不断涌现，从而引发人们去能动地回应与探究。[63]

受到杜威实用主义交互路径和埃米尔拜尔的影响，杰克逊和奈克松坚持关系的过程性和变动性。杰克逊和奈克松对西方关系主义研究中的"位置"和"进程"两种路径进行了对比。前者将关系概念化并操作化为相对静止的联系（static tie），比如以变量分析为中心的社会网络研究；后者则认为关系是动态的表现（dynamic performance）。变量中心研究者倾向使用定量的分析技术，测量出实体之间相互联系的信息和数据，作为解释结果的一种方法，比如一个实体相对于网络的"中心性"与行为结果之间的关系等等。[64]杰克逊和奈克松认为，尽管网络理论家不将网络中的相对位置当作一个实体的属性，因为他们也承认相对位置是内在于网络整体的，离开网络，位置无法理解，但是他们作出的解释看上去就是从一个属性推出的结果。他们将位置变量从基础性进程中剥离出来，使得关系的动态性成为第二次序的关切，于是静态的位置就战胜了动态的进程。[65]杰克逊和奈克松认为静态的位置与动态的进程之争是关系主义研究内部的分歧，但实际上不管是有意地将关系概念化为静态的位置，还是无意识地将关系操作化为类似实体的属性，都反映了研究者缺乏关系主义的本体自觉，从而有意无意地陷入实体主义思维的"物化"陷阱。

在秦亚青的关系世界假定中，"去物化"的认识论原则更加突出。秦亚青关系社会的意象原型是费孝通关于中国社会"波纹同心圆"的描述，波纹与波纹之间是相互联系，不断流动的，波纹之间的不间断就是过程。[66]秦亚青与杰克逊和奈克松虽然都将关系定义为动态的过程，但杰克逊和奈克松在具体研究设计中又将在某一时空点上发生的事件及其物化结果作为研究对象。秦亚青的研究单位则已不再是实体性个体,而是社会性关系,在其研究设计中强调互动关系,突出流动的、历时性的主体间行为,而不是具体的行为结果,观察的是运动中的变化,不是互动中的物化。[67]比如研究合作,关系理论关注行为体之间关联性的密切程度或曰亲缘选择(kin selection)、关系延续性产生的互惠(即孔子的"己欲立而立人")以及为实现个体利益创造最佳的和谐关系环境的孟子最优原则(Mencius optimality)。[68]在研究全球治理时,关系理论将治理看作一个关系管理的过程,不再将被治理的对象看作某个实体,而是行为体之间的关系,全球治理因而被看作国际社会共同管理复杂和多元关系而进行的社会政治安排的协商进程。[69]可见,从研究设计来看,在秦亚青这里"去物化"的认识论原则得到更为彻底的贯彻,关系主义的本体意义也更加自明。

2. 去"二元对立"原则

实体主义思维影响下的另一个认识论倾向是"二元对立"。从亚里士多德的形式与质料,奥古斯丁(Augustinus)的"上帝之城"与"人类之城"、勒内·笛卡尔(Rene Descartes)的心灵与肉体,到伊曼纽尔·康德(Immanuel Kant)的现象与本体,以及主观与客观、经验与理性、个体与整体,等等,各种各样的二元对立主导着社会科学研究。国际关系理论研究也在这种二元对立的认识论原则中开展研究。相对于物质与精神的二元对立,结构与施动的二元对立给国际关系理论发展带来的困扰尤为显著。

结构与施动问题涉及的是行为体个体与社会整体力量之间的关系问题。结构现实主义的本体假定中,行为体先于结构而存在,结构一旦形成后就具有超然于互动进程的特征,并且对个体行为具有制约和限制作用。这突出体现了实体主义思维下个体与整体二元对立、结构对施动的单向决定作用。温特借鉴安东尼·吉登斯（Anthony Giddens）的"结构化理论"，认为结构和行为体虽然相互区别，但相互依存，结构内在于行动者的实践之中，具有既是社会实践的中介又是结果、既是前提又是作用的二重性。结构化理论为超越结构与行动者的二元对立提供了理论线索。但是结构化理论并没有突破实体主义思维的局限，尽管强调结构与施动的相互建构，但其相互建构往往预设有时间上的接续特性，这就在不自知的情况下强化了结构与行动者作为实体之间的本质分离。[70]这也使得温特在具体的理论设计中，从结构与施动相互建构的立场上有所后退。他在某种程度上承认了单位行为体具有一定的本体优先性，比如国家作为国际政治中最重要的行为体，大部分属性是内部因素建构而成的。此外，由于温特没有明确阐明结构在从微观走向宏观的过程中，行为体的互动实践到底发挥了什么样的作用，从而结构与行动者之间的双向建构关系又在分析过程中简化为结构对行动者部分属性的单向建构。[71]

因此，要真正超越结构与行动者之间的二元对立，需要突破实体主义思维的束缚。布迪厄在反思了二元论背后的纯粹理论理性根源后，通过关系主义的路径，构建场域、惯习和实践等关系性的概念和实践理论来超越结构与行动二元对立。布迪厄实践理论中，惯习概念是沟通场域与行动者的关键。在布迪厄看来，各种教条主义的二元困境之所以妨碍我们理解实践活动，就在于它们忽视了场域和惯习之间的辩证关系。惯习以一种既被结构所制约，又不断产生新的结构的作用把结构与行动结合起来，结构对行动是结构性的，行动对结构是建构性的，二者相互作用。[72]与布迪厄通过惯习概念在实践中弥合结构与行动的二元对立不同的是，实用主义的交互路径在交互实践过程中就实现了对个体与环境二元对立的超越。在交互路径中，所谓的结构被重新概念化为动态的情境,行动者与情境通过交互行动而内在于彼此,交互行动既生产着个体也生产着行为发生的情境,交互进程的动态性和持续展开,使得情境具有广泛的变化可能性,情境所呈现出的结构只是交互行动链的暂时稳定状态。[73]

秦亚青破除二元对立认识论的理论工具也来源于中国的传统文化智慧。在他看来,来源于道家和儒家的中庸辩证法为化解两极对立、确立关系世界本体论提供了认识论基础。根据中华文化的基本理念,阴阳是原初的两极,孕育天地万物,代表着宇宙万物之中的两极关系。在中庸辩证法中,阴阳关系体现为三个方面:首先是阴阳互容,也就是阴中有阳,阳中有阴。阴阳既互为生命,亦共为生命。其次是阴阳互补。阴阳互为补充,互为支撑,无本体先后之分。阴阳互动就是一种互补性的动态过程。最后,阴阳和谐,即两者之间关系的自然状态是动态和谐,和谐不是静止的,而是动态的、开放的,是在不断相互协调和相互包容中实现的。[74]可见,中庸辩证法从阴阳两极出发,但是却没有走向二元对立,阴阳两极在互动实践中,通过相互协调、相互包容、相互转化,达到共同生长的自然和谐状态。在这个认识论基础上,国际关系中的利益和权力概念可以得到重新界定。国家的个体利益得到认可与尊重,但是个体利益总是存在于共同利益之中。关系理论不以个体利益牺牲他者利益,或共有利益,也不以共有利益凌驾于个体利益之上。个体利益的实现只能在共同利益之中,通过互惠来实现。所以,在世界政治中,研究问题不是是否存在共同利益,而是能否发现这些共同利益。[75]同样,权力也是可分享的、可交换的,可以被重新定义为一种"共同赋权"(co-empower)的过程,而不是强制别人做其不愿意做的事情的能力。[76]

综上所述,"去物化"和"去二元对立"的认识论原则的意义,在于坚持关系世界在时间上的永恒变化性,还在于坚持关系世界中个体与个体以及个体与整体之间在空间上相互内在的联系性。我们可以看到从场域实践理论到实用主义,从社会网络分析到过程/关系主义再到世界政治的关系理论,"去物化"和"去二元对立"的认识论立场在学术界的发展演进及其对关系主义研究设计的影响。在理论建构与研究设计中,超越物化的、静态的社会观,超越二元对立、非此即彼的互动观,是贯彻关系主义本体自觉的体现,也是东西方关系主义研究沟通对话、共同推动全球性关系主义研究发展的内在要求。

结 语

科学的成就是不断与各种根深蒂固的常识观念相决裂的产物。[77]国际关系研究领域亦是如此。当现实发展超出常识所能提供的知识方案,就是反思性向常识发起挑战的时候。当代国际关系理论建构最深层次的常识基础就是实体主义思维。而实际上,从实体论到关系论的转向已经成为当代社会思想的一个重要特征。[78]国际关系领域作为关系转向的后来者,在思维转换、理论建构和议程拓展等方面仍然任务艰巨。世界政治正在走向一个相容无间、活泼流动的互系空间,但是其中具备一定程度稳定状态的各种构型或关系模式,仍然是这个社会空间的重要构成要素,如何理解这些稳定性,并为这些稳定性的形成和作用提供理论解释,将成为关系主义研究面临的理论挑战。此外,关系主义研究中的行动者或关系者,在关系社会中的反应性和能动性仍需深入探讨。在"人与人的关系"构成的关系社会中,情绪施动与各种构型的稳定与变革之间具有什么样的联系也需要得到进一步的关注,如此等等。正如埃米尔拜尔在《关系社会学宣言》中所言,关系主义思维所具有的深度和广度,它对实体主义思维转向之彻底,还需要更多地去探索和挖掘。[79]推动关系主义研究的深入发展,需要东西方国际关系学术界的共同努力。超越文化壁垒、推动全球性关系主义研究是关系主义世界观的内在要求,东西方关系主义研究在本体论和认识论上的共通之处不仅证明了其可能性,也为其奠定了基础。

(原载《世界经济与政治》2019 年第 1 期)

注释

1. Patrick T. Jackson and Daniel H. Nexon, "Relations Before States: Substance, Process and the Study of World Politics," *European Journal of International Relations*, Vol. 5, No. 3, 1999, pp. 291—332.

2. Yaqing Qin, *A Relational Theory of World Politics*, Cambridge: Cambridge University Press, 2018; Emilian Kavalski, *The Guanxi of Relational International Theory*, London and New York: Routledge, 2018.

3. Emilian Kavalski, *The Guanxi of Relational International Theory*, p.42.

4. Emilian Kavalski, *The Guanxi of Relational International Theory*.

5. Daniel Nexon, "The Relational Turn in the Study of World Politics," paper presented at the annual meeting of the APSA 2008 Annual Meeting, Hynes Convention Center, Boston, Massachusetts, Aug 28, 2008.

6. Amitav Acharya and Barry Buzan, "Why is there no non-Western International Relations Theory? An Introduction," *International Relations of the Asia-Pacific*, Vol.7, No.3, 2007, pp.287—312.

7. Emilian Kavalski, *The Guanxi of Relational International Affairs*, p.42.

8. Riccardo Prandini, "Relational Sociology: a Well-defined Sociological Paradigm or a Challenging 'Relational Turn' in Sociology?" *International Review of Sociology*, Vol.25, No.1, 2015, p.2.

9. Patrick T. Jackson and Daniel H. Nexon, "Reclaiming the Social: Relationalism in Anglophone International Studies," paper presented at Lancaster University, 2017.

10. 李均鹏:《新哥伦比亚学派》,《读书》2011 年第 7 期,第 61—62 页。

11. Alexandra Martin and Barry Wellman, "Social Network Analysis: An Introduction," in John Scott and Peter J. Carringtong, eds., *The Sage Handbook of Social Network Analysis*, London: Sage, 2011, pp.11—25.

12. Patrick T. Jackson and Daniel H. Nexon, "Reclaiming the Social: Relationalism in Anglophone International Studies."

13. [法]皮埃尔·布迪厄、华康德:《实践与反思》,李猛、李康译,北京:中央编译出版社 2004 年版,第 133 页。

14. Patrick T. Jackson and Daniel H. Nexon, "Reclaiming the Social: Relationalism in Anglophone International Studies."

15. Simon Frankel Pratt, "A Relational View of Ontological Security in International Relations," *International Studies Quarterly*,

Vol.61，No.1，2017，pp.78—85.

16. 秦亚青：《关系与过程：中国国际关系理论的文化建构》，上海：上海人民出版社 2012 年版，第 17 页。

17. 秦亚青：《关系本位与过程建构：将中国理念植入国际关系理论》，《中国社会科学》2009 年第 3 期，第 69—86 页。

18. Yaqing Qin, *A Relational Theory of World Politics.*

19. 赵汀阳：《"天下体系"：帝国与世界制度》，《哲学研究》2003 年第 5 期，第 2—33 页；赵汀阳：《共在存在论：人际与心际》，《哲学研究》2009 年第 8 期，第 22—30 页；赵汀阳：《深化启蒙：从方法论的个人主义到方法论的关系主义》，《哲学研究》2011 年第 1 期，第 90—93 页；赵汀阳：《天下秩序的未来性》，《探索与争鸣》2015 年第 11 期，第 7—21 页；赵汀阳：《天下的当代性》，北京：中信出版社 2016 年版。

20. 苏长和：《关系理论的学术议程》，《世界经济与政治》2016 年第 10 期，第 29—38 页；高尚涛：《关系主义与中国学派》，《世界经济与政治》2010 年第 8 期，第 116—138 页。

21. Chiung-chiu Huang and Chih-yu Shih, *Harmonious Intervention: China's Quest for Relational Security*, Farnham: Ashgate, 2014; Chih-yu Shih, "Relations and Balances: Self-Restraint and Democratic Governability Under Confucianism," *Pacific Focus*, Vol.29, No.3, 2014, pp.351—372；魏玲：《关系平衡、东盟中心与地区秩序演进》，《世界经济与政治》2017 年第 7 期，第 38—63 页。

22. Emilian Kavalski, "*Guanxi* or What is the Chinese for Relational Theory of World Politics," *International Relations of the Asia-Pacific*, Vol.18, Issue 3, 2018, pp.397—420.

23. Astrid H.M. Nordin and Graham M. Smith, "Reintroducing

Friendship to International Relations：Relational Ontologies from China to the West，" *International Relations of the Asia-Pacific*，Vol.18，No.3，2018，pp.369—396.

24. 陈定定：《合作、冲突与过程建构主义——以中美新型大国关系的建立为例》,《世界经济与政治》2016 年第 10 期,第 59—74 页;曹德军:《关系性契约与中美信任维持》,《世界经济与政治》2015 年第 9 期,第 82—103 页;刘毅:《关系取向、礼物交换与对外援助的类型学》,《世界经济与政治》2014 年第 12 期,第 71—94 页。

25. Emilian Kavalski, "*Guanxi* or What is the Chinese for Relational Theory of World Politics," pp.413—416.

26. 任远:《全球化、全球性知识体系和我国人文社会科学的发展》,《复旦教育论坛》2009 年第 2 期,第 31—34 页。

27. Amitav Acharya, "Advancing Global IR：Challenges, Contentions, and Contributions," *International Studies Review*，Vol.18，No.1，2016，pp.4—15.

28. 赵汀阳:《天下的当代性》,第 1—2 页。

29. [美]罗伯特·吉尔平:《国际体系中的战争与变革》,宋新宁、杜建平译,上海:上海人民出版社 2007 年版,第 32—33 页。

30. 秦亚青:《国际体系的延续与变革》,《外交评论》2010 年第 1 期,第 4 页。

31. [德]乌·贝克、哈贝马斯等:《全球化与政治》,王学东、柴方国等译,北京:中央编译出版社 2000 年版,第 11—12 页。

32. 俞可平:《论全球化与国家主权》,《马克思主义与现实》2004 年第 1 期,第 4—5 页。

33. 同上。

34. 赵汀阳:《全球化之势:普遍技术与关系理性》,《探索与争鸣》2017 年第 3 期,第 46—48 页。

35. 蔡翠红:《国际关系中的网络政治及其治理困境》,《世界经济与政治》2011 年第 5 期,第 96—100 页。

36. 秦亚青:《世界格局、安全威胁与国际行为体》,《现代国际关系》2008 年第 9 期,第 1—3 页。

37. Tim Dunne, Lene Hansen and Colin Wight,"The End of International Relations Theory?" *European Journal of International Relations*, Vol.19, No.3, 2013, pp.405—425.

38. [美]肯尼思·华尔兹:《国际政治理论》,信强译,上海:上海人民出版社 2003 年版。

39. [美]罗伯特·基欧汉:《霸权之后:世界政治经济中的合作与纷争》,苏长河、信强等译,上海:上海人民出版社 2006 年版。

40. [美]亚历山大·温特:《国际政治的社会理论》,秦亚青译,上海:上海人民出版社 2000 年版。

41. 杨寿堪:《实体主义和现象主义》,《中国人民大学学报》2001 年第 5 期,第 67—71 页。

42. Norbert Elias, *What is Sociology*? New York: Columbia University Press, 1978, pp. 11—12. 转引自 Mustafa Emirbayer, "Manifesto for a Relational Sociology," *American Journal of Sociology*, Vol.103, No.2, 1997, p.283。

43. Mustafa Emirbayer, "Manifesto for a Relational Sociology," pp.282—283.

44. Patrick T. Jackson and Daniel H. Nexon, "Relations Before States," pp.296—299.

45. Patrick T. Jackson and Daniel H. Nexon, "International Theory in a Post-paradigmatic Era: From Substantive Wagers to Scientific Ontologies," *International Relations*, Vol. 19, No. 3, 2013, pp.543—565.

46. [美]罗伯特·塔利斯:《杜威》,彭国华译,北京:中华书局 2014 年版,第 67—68 页。

47. 同上书,第 32 页。

48. 杨善华、谢立中主编:《西方社会学理论(下卷)》,北京:北京大学出版社 2006 年版,第 159 页。

49. 同上书,第 167—168 页。

50. 费孝通:《乡土中国》,北京:北京大学出版社 2012 年版。

51. 秦亚青:《关系本位与过程建构:将中国理念植入国际关系理论》,《中国社会科学》2009 年第 3 期,第 69—88 页。

52. Yaqing Qin, *A Relational Theory of World Politics*, pp.107—108.

53. Ibid., pp.107—149.

54. 秦亚青:《国际政治关系理论的几个假定》,《世界经济与政治》2016 年第 10 期,第 21 页。

55. 赵汀阳:《共在存在论:人际与心际》,《哲学研究》2009 年第 8 期,第 22—30 页。

56. [美]安乐哲:《中国与转变中的世界秩序——儒家思想与杜威及实用主义的对话》,《探索与争鸣》2018 年第 2 期,第 4—15 页;David L. Hall and Roger T. Ames, *The Democracy of the Dead: Dewey, Confucius, and the Hope for Democracy in China*, Chicago and Lasalle: Open Court, 1999。

57. Peter Berger and Thomas Luckman, *The Social Construction of Reality*, New York：Anchor Books, 1966, p.89. 转引自［美］亚历山大·温特:《国际政治的社会理论》,秦亚青译,第 94 页。

58. ［美］肯尼思·华尔兹:《国际政治理论》,信强译,第 106—108 页。

59. 陈寒溪、肖欢容:《国际政治结构概念的批判》,《外交评论》2009年第 4 期,第 63—71 页。

60. Karsten R. Stueber, "How to Structure a Social Theory," *Philosophy of the Social Science*, Vol.36, No.1, 2006, p.100.

61. 季玲:《重新思考体系建构主义身份理论的概念与逻辑》,《世界经济与政治》2012 年第 6 期,第 85—86 页。

62. 杨善华、谢立中主编:《西方社会学理论(下卷)》,第 182 页。

63. ［美］罗伯特·塔利斯:《杜威》,彭国华译,第 77—96 页。

64. Hafner-Burton, Emilie M. and Alexander H. Montgomery, "Power position：International Organizations, Social Networks and Conflict," *Journal of Conflict Resolution*, Vol.50, No.1, 2006, pp. 3—27.

65. Patrick T. Jackson and Daniel H. Nexon, "Reclaiming the Social：Relationalism in Anglophone International Studies."

66. 秦亚青:《关系本位与过程建构:将中国理念植入国际关系理论》,《中国社会科学》2009 年第 3 期,第 71 页。

67. 秦亚青:《关系与过程》,第 48—49 页。

68. Yaqing Qin, *A Relational Theory of World Politics*, pp. 299—313.

69. Ibid., pp.335—337.

70. 刘军、杨辉:《从"实体论"到"关系论"》,《北方论丛》2012 年第 6 期,第 132 页。

71. 季玲:《国际关系中的情感与身份》,北京:中国社会科学出版社 2015 年版,第 41—42 页。

72. 杨善华、谢立中主编:《西方社会学理论(下卷)》,第 167—170 页。

73. Francois Depelteau, "Relational Thinking: A Critique of Co-Deterministic Theory of Structure and Agency," *Sociological Theory*, Vol.26, No.1, 2008, p.62.

74. 秦亚青:《国际政治关系理论的几个假定》,《世界经济与政治》 2016 年第 10 期,第 25—26 页。

75. Yaqing Qin, *A Relational Theory of World Politics*, pp. 136—137.

76. Ibid., pp.258—287.

77. 杨善华、谢立中主编:《西方社会学理论(下卷)》,第 157 页。

78. 同上。

79. Mustafa Emirbayer, "Manifesto for a Relational Sociology," p.317.

第二部分　案例研究

第六章　关系平衡、东盟中心
与地区秩序演进

魏　玲

一、引言：东盟如何平衡各大国

2017 年是东南亚国家联盟（东盟）成立 50 周年。几十年来，东盟不仅仅形成了"东盟方式"，推动了自身共同体建设，保证了东南亚次地区的基本和平与合作；而且在一个地缘政治复杂、大国竞争激烈的地区建立了"东盟方式"的地区主导规范，塑造了"东盟中心"地位，在地区进程的驾驶席位上维护和促进了东亚和平、繁荣与进步。东盟是如何在大国地缘和战略利益交织的地区实现"东盟方式"与"东盟中心"的扩散与制度化的？国际政治研究中比较常见的提法是东盟善于在大国之间施行平衡战略，使各方力量在地区实现相对均衡，并争取大国资源与支持。但是东盟究竟是如何实现大国平衡的？是被动的选边站队、几面讨巧，还是主动的关系经营、利益追求和秩序塑造？各大国为什么承认甚至不同程度地支持"东盟中心""东盟方式"和东盟平衡？这对于演变中的地区秩序具有怎样的意义?

国际关系主流理论无论是在实力分配、制度建设还是观念供应方面,研究的主要是大国对国际体系的塑造,对于中小国家是否能够在体系进程中发挥主导作用持怀疑态度。[1]东盟的大国平衡往往被视为一种被动平衡和权宜之计,被看作历史产物、自保的选择、大国之间战略互信严重不足的结果,陷于工具理性的逻辑。而近几年来的社会建构主义和社会网络分析虽然肯定了东盟对于体系基础规范和秩序塑造的重要意义和能动作用,但主要是从规范和网络结构方面探讨,缺乏对于"平衡"这一能动机制本身及其体系意义的研究。

本章拟借用社会学和世界政治的关系理论,提出"关系平衡"(balance of relations)的概念,它有别于石之瑜等学者提出的基于双边关系的"关系平衡"(balance of relationship)。[2]本章的"关系"是处于网络化进程中的关系。在本章的研究中,关系是体系的基本单位,研究重点是主动的关系管理和调节对于体系的塑造,而不是维护双边关系和谐以服务自身利益的过程。本章提出,东盟的"关系平衡"是将地区相关大国纳入东盟的关系网络中,通过对关系的主动管理和调节,实现关系亲疏均衡和关系环境最优,从而维护自身安全、增进自身权利。东盟通过关系性权力政治实践、关系网络化和情感关系过程等三个机制将"关系平衡"制度化为"东盟中心"。"东盟中心"不仅仅是地区合作的制度中心和规范基础,而且塑造着"东盟方式"的地区协商合作和协商治理秩序。多边主义秩序观是"关系平衡"起作用的规范背景和前提条件。"关系平衡"是秩序塑造过程的核心和动力。本章以美国加入《东南亚友好合作条约》、东盟防长扩大会议机制的建立以及中国—东盟关系的情感过程为案例对"关系平衡"的三个作用机制进行了验证。最后,本章讨论了"关系平衡"作为体系塑造机制与过程的条件、局限性和现实意义。

东盟 50 年恰逢东亚地区形势经历新一轮的重大变化,地区权力格局、制度建设和战略文化都处于变革与重塑过程中。在此情境下,对位于地区进程驾驶席位上的东盟及其与大国的互动进行深入研究,不仅具有重要的学术意义,而且具有重要的战略和现实意义。

二、东盟、大国与地区秩序:平衡的不同逻辑

关于东盟的大国平衡,政策性分析居多,系统性的学理研究仍显不足。现有的相关研究大致可以分为现实主义、制度主义、社会建构主义和社会网络分析以及关系研究等几个类别。

(一) 均势政治

在现实主义看来,东盟在大国之间的平衡战略就是权力制衡或均势政治,是为了防范地区霸权、维护自身安全而采取的多面下注、借力打力的做法;大国竞争和大国实力对比变化是塑造地区秩序、维护地区均势的最重要变量,作为中小国家群体的东盟对于地区安全和秩序塑造不构成重大影响。均势政治的平衡主要是制衡,具有强物质性和对抗性的根本特征,往往是被动和应对性的举措,结果是消极的力量相互抵消。

均势政治是西方国内政治权力制衡机制在国际政治中的应用。古典现实主义接受了西方政治哲学关于人性恶的基本假定,认为对权力的无限追求是国家行为的基本准则,权力的无限对外扩张必然导致国际冲突;在国家间政治中对权力进行制衡的办法就是实行均势,即寻求或组建力量相当的对抗性联盟。[3]结构现实主义认为,国际体系无政府

性和体系行为体生存与安全的自助性必然导致均势政治,均势是对国际体系中权力的制衡。[4]第二次世界大战后,随着一大批新兴民族国家独立,出现了国际体系总体均势与地区均势并存的局面。表面上地区均势是由一个地区的两个或两个以上的中等强国的利害冲突所构成,但实际上地区均势与国际体系均势密切相关。外来力量的介入和干预是地区均势稳定与否的决定性因素。[5]比如,冷战期间东北亚和南亚次大陆的地区均势都是通过体系层面的美苏两极均势实现的。

现实主义认为,大国竞争推动地区中小国家形成战略分歧或战略一致,导致它们采取追随或制衡战略。[6]东盟对于地区一体化进程的影响力并没有强有力的理论和经验支撑,对于地区安全和秩序塑造并没有决定性的影响。[7]东亚地区秩序和安全结构从地区层面来看是中日领导权博弈,而从国际体系层面来看,是中美权力竞争。[8]尽管冷战结束以来东亚经济相互依赖加深、地区多边制度发展迅速,但是均势政治依然是地区的主导战略文化。东盟自己不可能形成对崛起中国的均势,主要是依赖美国的地区霸权形成对中国的权力制衡。[9]东南亚国家普遍在中美之间实行双面下注,一个比较常见的看法是东盟在经济上依赖中国、在安全上依赖美国,从而形成了东亚二元结构或双重领导格局。二元结构表面上似乎是东盟的主动作为和资源选择,实质上是大国的权力竞争与相互制衡,东盟仍然被当作大国竞争的工具与手段。[10]东亚和平与稳定依然要通过均势政治来维系,以东盟为中心的多边制度为地区争端解决提供了机遇,但不能从根本上改造地区安全秩序。[11]

现实主义从根本上不认可中小国家行为体对于国际体系塑造的能动性和重要意义。传统意义上的均势政治往往是通过分裂和吞并小国,或者牺牲小国利益实现的,[12]其维护的体系和平与稳定是大国主导的体系和平与稳定,归根结底还是为大国利益服务。但是,这种强权现代性逻辑并不符合东亚进程的现实。所谓二元结构或双重领导是大国的视角，对于东盟来说，"东盟中心"是根本的地区结构和宗旨。

（二）制度平衡

制度主义对于东盟制度平衡的研究主要分为新自由制度主义和现实制度主义两类。新自由制度主义认为，东盟通过建立以自己为中心的地区制度体系来实现主要大国在地区的权力均衡。东盟的制度领导地位是在东亚冷战后出现权力真空的情况下实现的，东盟并不具备常规的领导角色所需要的实力和能力，但是它能够将具有合作意愿的各方聚集到一起，为地区协商合作和协商决策搭建了制度框架、奠定了理念基础，形成了具体问题的解决程序和地区行为体协作行动程序。以东盟为中心的地区制度体系有两方面的平衡作用：一是平衡东盟作为一个整体与各大国之间的关系，避免任意一方对地区影响力过大；二是平衡东盟各成员国与大国之间的双边关系，避免东盟成员国在大国之间的选边站队，破坏东盟本身的团结和领导。东盟在地区的制度领导地位已经被地区大国所接受。但是东盟的领导作用是基于具体问题的，它领导的制度合作能够化解一部分地区紧张，但是并不能解决地区重大安全关切。比如，在应对地区和国际金融危机时，主要依靠中国的领导；而在应对地区领土争端方面，一些东盟国家依然要求美国加强地区安全承诺。[13]

现实制度主义认为，以东盟为中心的地区合作制度体系是东盟的"制度制衡"或"软性制衡"战略，即通过建立、利用和主导多边制度，来应对外部压力和威胁，以维护无政府体系中自身的安全。[14]现实主义的均势主要通过军事实力的相互制衡来实现，是硬实力的制衡，而制度制衡则是一种新型的"软性制衡"。这是一种没有正式结盟的彼此心照不宣的制衡,基于有限的军备建设、临时合作实践或国际制度合作;当安全竞争加剧或者来自大国的安全威胁上升时有可能转化为公开的硬性制衡。[15]制衡战略的选择基于体系中的权力分布和经济相互依赖水平。总体而言,相互依赖水平越高,制度制衡的可能性越大;单极霸权越强,越有可能采取排他性制度制衡;体系权力分布越走向多极,则采取包容性制度制衡的可能性越大。[16]

根据现实制度主义理论,以东盟为中心的制度体系能够成功运行虽然在一定程度上取决于东盟的团结与领导能力,但更为重要的决定性因素依然是地区实力结构,即中国与东盟的经济相互依存度有多大,中日之间、中美之间力量对比如何变化。无论是均势政治还是制度平衡,对物质权力进行制衡以维护无政府体系中的自身安全的基本逻辑是一致的。

(三) 规范平衡与网络构建

社会建构主义和社会网络分析都没有直接研究东盟的大国平衡问题,但是却从规范与网络两个方面探讨了东盟主动塑造地区体系的实践,事实上是对大国塑造体系的反向平衡。

社会建构主义对东盟的研究主要集中于东盟的规范塑造能力,东盟越来越被视为一支规范力量。[17]东盟的规范力量在一定程度上是对大国或国际组织等大行为体进行规范传播和体系塑造活动的反向平衡。规范平衡的主要机制是本土规范扩散、国际规范本土化和大国社会化。东盟推动的规范扩散主要是以不干涉和协商一致为核心的"东盟方式"的扩散,尽管自20世纪90年代东亚地区进程启动以来"东盟方式"就一直受到各种"效率低下""制度化程度低"的批评,但是20多年来"东盟方式"不仅成为东南亚次地区建构安全共同体的主导规范,而且成功扩散到东亚和亚太,成为地区合作的基本规范,有效维护了地区基本和平与合作。[18]在倡导和扩散本土规范的同时,东盟还成功实现了国际规范的本土化,比如将来自西方经验的"共同安全"规范本土化为"合作安全"。1994 年,以"合作安全"为主导规范的东盟地区论坛建立,成为亚太地区安全合作的主要平台;2005 年,以《东南亚友好合作条约》为规范基础的东亚峰会召开,迄今主要大国都已进入这一领导人引领的地区战略论坛。"东盟中心"不仅仅是一种制度形式,而且已经成为地区规范中的规范,意味着东盟规范对大国的社会化。[19]上述规范进程就是对国际关系传统的强弱行为体之间"教"与"学"规范塑造路径的反向平衡。[20]

国际政治的社会网络分析方法将网络这种特定的组织形式引入了国际政治研究。网络既是结构也是行为体。作为结构,网络界定作为网络节点的行为体,既约束行为体,同时也赋予其权力,决定行为体行为,产生特定的网络效应。行为体的网络权力是由网络关系渠道、居中协调能力和网络退出能力决定的。作为行为体,网络是一种特定的组织形式,是有组织的协调行动或集体行动,目标是改变国际结果和国家政策。国际政治的网络分析重点研究两个问题:一是行动体如何通过网络结构中的优势位置强化权力,二是网络权力的交换性。[21]根据社会网络分析,东盟在地区制度网络集群中占据结构中心地位。这个中心地位来自东盟与东亚地区制度网络中的其他行为体所建立的紧密多重联系以及东盟作为网络中心节点联系不同网络的能力。东盟能否维护其在东南亚以及更大范围的地区进程中的制度中心地位取决于它自身的建设,即东盟能否维护协商一致决策原则、能否采取集体行动、能否实现既定目标。[22]

规范和社会网络研究承认国际体系中物质实力相对弱小的中小行

为体对于国际体系秩序塑造具有重要的能动作用,体现出相对于大行为体塑造体系的反向平衡。但是对于东盟和东亚秩序这个具体个案而言,有一个重要的特征——关系——没有得到足够重视。"东盟方式"的核心规范之一就是"非正式关系",不仅仅是低制度化的国与国关系和官方关系,而且领导人之间的私人关系对于维护和促进合作都具有重要作用。[23]社会网络分析侧重于强调网络结构的重要意义,但是合作网络的发展动力恰恰也在于动态的关系过程。[24]正如在东亚地区进程中所观察到的,东盟善于平衡与各大国的关系。而现有的网络分析恰恰没有跟踪关系过程。而且社会网络分析过于侧重结构研究和技术分析,[25]对于具体历史和文化背景下的网络关系解释力不足。

(四) 双边关系平衡

近年来,社会科学研究中出现了"关系转向",国际关系学界也提出了"过程关系主义""世界政治的关系理论"等理论及相关研究议程,并已经开始了实证研究。[26]其中,石之瑜和黄琼萩提出了基于双边的"关系平衡"理论。石之瑜提出,中国文化传统中的关系性(relationality)证明双边关系是敏感的;"关系平衡"是指国家可以进行自我克制,不是为了应对单边战略算计或者多边规则制定,而是为了建设互惠的双边关系环境;互动双方的"关系平衡"既发生在国家层面,也发生在个人层面,从而情感因素进入双边关系之中。[27]黄琼萩指出,国际关系的均势和追随理论都无法解释东南亚国家在面对实力日益上升的中国时所采取的外交政策。她以缅甸为例指出,历史因素、国内政治转型和外部环境决定了东南亚国家倾向于对中国采取"关系平衡"战略,即为了维护双边关系和谐而进行自我克制。[28]"关系平衡"是国际体系无政府性推动产生的国家战略;国家是关系施动者,"关系平衡"的目的是建设长期互惠的国际关系,特别是双边关系,避免不确定性;"关系平衡"的具体机制是自我克制,国家既通过自我克制建设各种关系,也通过自我克制修正或修复出现问题的关系。石之瑜与黄琼萩提出的"关系平衡"主要以双边关系进程为研究对象,不涉及多边关系过程,而东盟的"关系平衡"是在与多个大国同时打交道的过程中实现各种关系亲疏均衡和关系体系环境最优,自我克制与双边互惠无法解释这个体系现象。

综上所述,已有的相关研究主要存在以下几个方面的问题。第一,没有充分认识到或者不愿意承认小行为体对于国际体系可以发挥重要的能动作用,将东盟的大国平衡视为被动平衡、不得已的自保行为和权宜之计。第二,在一定程度上承认小行为体的能动作用和体系意义,但强调其被动性、条件性和限度,对于制衡的理解与认识主要还是物质意义和工具理性的,大国物质力量依然是重要的干预变量,大国合作与大国共识是重要的允容条件。第三,缺乏对地区多边关系过程和关系平衡的机制分析及其与地区秩序互动的学理研究。

三、关系平衡:从亲疏均衡和体系优化走向协商治理

本章拟借用社会学和国际政治的关系理论,提出"关系平衡"的概念,指出东盟在地区进程中的大国平衡是一种主动平衡,具有塑造体系秩序的重要能动意义。东盟的"关系平衡"就是将地区相关大国纳入东盟的关系网络中,通过对关系的主动管理和调节,实现各种关系亲疏均衡和关系体系环境最优,从而维护和促进合作,并在此过程中维护自身安全、增进自身权利。东盟通过关系性权力政治实践、关系网络化和情感关系过程三个机制将"关系平衡"制度化为"东盟中心"。"东盟中心"的制度和规范过程推动演进中的地区秩序朝着协商合作的方向发展。

多边主义秩序观是"关系平衡"的规范背景和前提条件。"关系平衡"是秩序塑造过程的核心和动力。"关系平衡"与地区秩序演进的一般性逻辑可见图 6.1。

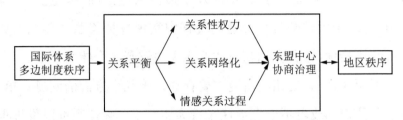

图 6.1   关系平衡、东盟中心与地区协商秩序

资料来源:笔者自制。

(一) 关系、关系主义与关系性权力

关系就是社会交往过程。社会科学研究中的关系主义(relationalism)是与实体主义(substantialism)相对而言的。实体主义坚持物质或实体本体,实体先于互动,所有关系都是实体之间的关系;而关系主义则坚持关系本体,将各种关系组合,即各种社会实体及其构成部分之间不断重复出现的社会文化交往过程,作为构建理论的基本单元。因为关系不是静止不变的,而是动态的、处于过程之中的,因此又可称为过程关系主义。过程关系主义能够更好地解释国际政治中的变化问题。帕特里克·杰克逊(Patrick T. Jackson)等指出,过程关系主义的四个基本要素是过程、关系过程组合、关系实体和关系塑造。[29]

秦亚青提出世界政治的关系理论,就关系、关系理性、关系过程和关系体系中的合作作出了如下假定。第一,社会世界是人的关系的世界,社会行为体是关系行为体或关系中的行为体。社会环境主要由关系构成,关系类型决定体系特征。第二,关系行为体的行动逻辑是关系理性,即行为体以自身与特定他者的关系、以自身所处的总体关系网络为场域权衡利弊、制定政策、采取行动。并且,关系就是权力,关系决定行为体互动结果。第三,关系是动态的、结果开放的、过程性的,行为体主观能动性在关系过程中发挥重大作用。第四,在关系体系中,合作是通过亲缘选择、互惠和创造最优关系环境来实现的。[30]

　　社会学的关系主义研究迄今已发展出几种初步的理论模型。第一种将关系主义界定为家族亲情伦理的社会延伸,血缘和姻缘关系是以自我为中心的关系网络的核心,泛亲情化是关系成为社会资本的必要机制。第二种理论认为关系的本质是特殊主义的工具性关系,行为体之间实现关系认同的根本动力是工具性的实惠交换,亲情化只是关系交往的手段。第三种理论认为关系的本质是非对称性的社会交换。社会交换包含情感性交换和工具性交换,承诺、信任、情感在交换中占据重要地位,赤裸裸的工具性对等交换受到否定和排斥。社会交换的行为体在具体交换中能够实现共赢,获取方获得工具性的满足,提供方获得地位认同,强化了其关系网络中心地位。工具性交换只是手段,维持、加强和扩大交换关系本身才是目的。第四种模型是运用社会网络分析,使用网络结构、社会资本等概念和测量方法对关系主义进行研究。第五种是近年兴起的基于中国经验的关系社会学理论,该理论指出,关系主义的基本特征是"伦理本位、关系导向"。个体和集体的利益及其边界是动态的,因为这些利益植根于个体和集体的各种关系之中。关系主义文化中的行为体以"划圈子"为基本行为准则,"最外围是熟与不熟的圈子,熟人之中是亲与不亲的圈子,核心圈是既熟又亲、再加上义、利高度一致而达到的信任"。也就是说,关系主义文化中的行为规则是"熟、亲、信"。[31]

　　本章在上述研究基础上,拟对关系作出如下假定。第一,关系是不断进行的社会互动过程。第二,没有独立于关系的行为体和利益,行为体身份、利益以及互动规则都是关系过程塑造的。第三,关系产生权力,关系本身就是权力。第四,关系既有功能维度,也有情感维度,功能与情感都可以成为关系过程的动力,功能关系与情感关系的边界是可渗透的、流动的,二者可以相互结合、相互转化。[32]第五,关系本身的维护与发展往往比工具性的实惠交换更加重要,因为它有助于为行为体创造最优的行动和关系场域。

关系性权力产生并蕴含于关系之中,可以从社会资本和"划圈子"两个层次来理解。权力带有强制性,一般是指行为体所具有的迫使其他行为体按自己意愿行事的资源与能力。一方面,关系产生社会资本,社会资本是权力资源,关系过程就是权力资源的调动过程。皮埃尔·布迪厄(Pierre Bourdieu)最早对社会资本进行了系统界定,将之视为现实或潜在的资源的集合体,而这些资源主要来源于行为体所拥有的或多或少制度化的关系网络,关系网络是为其成员提供信用的"信任状"。也就是说,社会资本主要由社会关系和社会关系的数量和质量构成。社会行为体对社会关系进行投资的目的是要把个体的特殊利益转化为超功利的、集体的合法利益,社会资本的生产和再生产依赖于行为体对于其可有效动员的关系网络的不断建设与投入。[33]其他社会学家大多从关系网络和网络结构的角度来界定社会资本,将之视为关系网络结构资源,即行为体能够获取的他所嵌入其中的社会关系中的资源,包括信任、规范和网络等,可以推动协调行动,提高合作效率。[34]另一方面,可以从社会关系学的"圈子"理论来理解关系性权力。该理论认为,关系主义有着超越中国本土的普遍意义;不但在传统中国社会,而且在走向市场经济的转型社会,人际关系的非正式规范都是调节社会行为的关键机制。关系性权力就是在社会交往互动过程中对行为体关系圈资源进行经常性的掌控与管理以促进行为体利益的能力。[35]根据"划圈子"和"熟亲信"规则，圈子划得越大，"熟亲信"实现程度越高，圈子中的重要行为体越多，那么关系性权力就越强。"圈子"只是潜在的关系权力资源，如何划圈子和经营圈子才是将关系资源转化为关系性权力的关键。

（二）亲疏均衡与体系最优的"关系平衡"

本章提出的"关系平衡"是指行为体通过主动管理和调节，实现关系网络中各种关系亲疏均衡和关系体系最优，以实现自身利益最大化、维护和促进合作。首先，行为体所处的任何一对社会关系都不是孤立存在的，而是存在于社会关系网络之中，行为体的身份和利益是由其体系地位和在体系中的互动决定的。双边关系平衡实际上也是双边关系过程中的行为体在处理双边关系与第三方关系时试图实现的亲疏平衡和次体系最优，自我克制、互惠与关系和谐实际上是发生于一个更大社会关系和互动体系背景之中，是体系的构成部分也被体系所界定。其次，亲疏均衡是指在各组社会关系之间实现微妙的平衡。从性质上看，互动关系既具有工具性，也具有情感性。工具性关系往往是互动推进的动力，而情感性关系则提供了信任、规范和认同等塑造社会体系的根本要素。"关系平衡"是亲疏均衡，是超越物质性和工具性的，情感在其中具有基础性作用，体现为在情感和认同上不选边站队，不以损害一组关系为代价发展另一组关系，维护各组关系在关系体系中的和谐。在关系网络和社会圈子中的重要行为体之间实行亲疏均衡才能维护和加强行为体社会关系的数量和质量，强化其可有效动员的关系网络，更好地把个体的特殊利益转化为超功利的公共利益，最大程度地获取网络和圈子中的社会资源。再次，"关系平衡"是关系体系最优，即为体系中的各方提供最好的总体关系环境，以实现和促进个体和共同利益。在关系体系中，个体利益是关系界定的，互惠与和谐是增进利益、促进合作的机制。互惠主要针对的是双边互动，而和谐主要指的是体系环境。总体和谐的关系网络可以促进作为网络节点的成员的利益。因此，"关系平衡"不仅可以促进关系施动者自身的利益，同时可以维护关系网络的总体和谐，实现"人和"，从而创造有利于实现网络行为体个体利益、有利于促进合作的最优体系环境。[36] 最后，本章研究的东盟大国平衡从根本性质来看是"关系平衡"。东盟将地区相关大国纳入自己的关系网络体系中，对关系的亲疏和张弛进行主动管理和调节，旨在实现亲疏均衡和关系体系最优，以争取实现社会资本最大化和体系和谐合作，从而维护和促进自身利益，并推进地区协商秩序的发展。

均势观念的发展及其对国际体系和秩序的塑造作用有助于我们理解东盟"关系平衡"的内涵与作用机制。均势是基于欧洲社会文化背景的观念，是对国际秩序物质结构的社会建构。最初，均势的核心思想仅仅是霸权或帝国是国际互动中应该避免的首恶。18 世纪，均势除了组建对抗性联盟之外，又增加了增进共同利益的内涵和效用。这一重大变化来自人们对于欧洲的共同理解，即欧洲被看作一个利益共同体。因此，利用均势约束强国、维护体系稳定与欧洲持久和平成为各国的义务与责任。随着均势观念与规范的变化，也发展出一整套与之相适应的规则，即如何维持平衡、限制权力的规则。到了 19 世纪，欧洲体系中的对立性和威慑性减弱，联合性和担保性加强，各国追求的政治目标变成了"政治均衡"，即责任与权利的均衡。各国通过责任感，而不是力量宣示来维护秩序，保证国家的生存、独立和实质性权利。这种保证来自条约和国际法制度体系，其支柱是大国的普遍保证和集体协商。[37]

东盟的"关系平衡"基于本土社会文化背景，同样体现了观念和规范的发展演变。首先，东盟的"关系平衡"具有特定的历史文化背景。尤其是近现代的殖民、侵略和独立战争的历史使得东盟从成立之初起就将保持中立、不选边站队作为其基本关系规范，实际上这就是"关系平衡"的初级形式，是对霸权的抵制和对抗。其次，东盟的"关系平衡"观念随着地区进程的深化与扩展不断发展。从东南亚次地区进程到东亚进程再到实际上超越地理东亚的多边合作进程，东盟的地区认同不断强化，"关系平衡"的观念基础从抵制霸权、维护自身安全逐步过渡到维护和促进自身与地区的共同利益，如何调动和利用与地区利益攸关方尤其是大国的关系，并建立相应的制度安排约束大国、维护地区稳定与持久和平被视为东盟和各方的共同义务与责任。再次，在规范和制度进程中，随着大国加入东盟提供的制度体系并实现了一定程度的社会化，提供安全保证，认可协商一致，"关系平衡"便制度化为"东盟中心"，东盟经营关系网络和朋友圈的主动性和能力进一步强化，成为构建地区协商秩序的重要推动和塑造力量。最后，"关系平衡"与均势和前文提到的制度制衡之间的最大区别就是关系具有情感性功能，也就是说，"关系平衡"也是体系中互动各方的情感过程。关系既具有功能性，也具有情感性，关系既是手段也是目的，而且往往维护、增强和扩展关系比通过工具性交换获得实惠更为重要。而关系的发展层级就是"熟、亲、信"，核心关系就是亲缘和血缘关系，其意义甚至超越了身份认同。不仅仅在东方文化中如此，西方文化中也一样具有普遍性。[38]因而，"关系平衡"的情感过程对于共同体的构建，对于最终实现相关各方关系和谐，塑造合作的文化具有重要意义。

（三）多边秩序、关系机制与协商治理

多边主义秩序观是"关系平衡"的规范背景和前提条件。东盟的

"关系平衡"包括三个同时作用的机制,即关系性权力政治实践、关系网络化和情感关系过程。这三个机制同时发挥作用将"关系平衡"制度化为"东盟中心"的政治实践。"东盟中心"的制度过程有助于塑造协商合作的地区秩序。

当前国际体系的多边制度秩序观是东盟等中小国家行为体实行"关系平衡"政治实践的前提条件。国际秩序是由国际体系行为体对于物质能力及物质结构的共有理解和观念塑造的。国际秩序观包括对于威胁性质和维护秩序的机制的认同、主权权利与义务的规范、合法有效使用武力的规范以及关于国家政治目的与手段的合法性的共有观念。自威斯特伐利亚体系建立以来,主要出现了四种不同的国际秩序,即18世纪的均势、欧洲协调、冷战时期的势力范围和当前的多边制度秩序。[39]多边制度秩序观的主要内涵包括以下几个方面。第一,国际安全的威胁性质发生变化,最大的威胁来自非传统安全威胁,比如恐怖主义、大规模杀伤性武器扩散、自然灾害等。第二,武力获得领土或改变领土边界不再具有有效性和合法性。第三,威胁跨越国境,任何国家无法独自应对,也难以独善其身,维护秩序的机制是多边和集体安全安排。第四,多边论坛和多边制度安排成为最具有合法性的外交模式。冷战结束后,国际物质力量分配呈现为压倒性的单极结构,但是多边主义规范已经成功地制度化到国际组织和国际条约之中,单极物质结构遇到了强有力的多边主义规范。20世纪90年代初,即便是在伊拉克公然入侵科威特的情况下,美国也没有采取单边行动,而是花费了巨大的政治成本和资源去建立联盟,通过联合国采取行动。而2003年布什对伊拉克的单边行动在国际上引起争议,使美国软实力严重受损。[40]这两个例子说明当代多边主义不仅具有战略性,而且具有深刻的政治性和规范性,多边主义规范和多边制度治理已经成为当前国际秩序的基础规范和维护秩序的合法有效机制。东亚地区进程的兴起正是在多边制度秩序的背景之中,地区相关大国之间彼此缺乏互信和认同,只能通过一个政治上中立、军事力量相对弱小但在地理上又具备重要战略意义的东盟[41]来促成地区多边合作,这就在客观上为东盟在大国之间进行"关系平衡"创造了允容性条件。地区大国需要借由东盟的关系网络来塑造地区进程;而一旦进入关系网络后,便成为网络节点,产生对网络的依赖甚至认同,因而东盟就能够在"关系平衡"中占据主动,发挥体系塑造的能动作用。

"关系平衡"是关系性权力政治的实践。与地区其他国家相比,东盟的权力资源和相对实力究竟是什么? 显然不是物质实力,也很难说是规范能力,尽管"东盟方式""合作安全"在很大程度上实现了大国的社会化,但是东盟的规范创新、倡导和传播能力与美国、欧盟等相比并不具备相对优势。东盟的突出优势和相对实力是关系性权力,即东盟的关系网络和朋友圈。"关系平衡"就是东盟关系性权力政治的实践。如上所述,关系产生社会资本,社会资本是权力资源,关系过程就是权力资源的调动过程。社会资本理论研究行为体通过社会网络动员资源的潜力。行为体的网络位置是判断其所拥有的社会资本的关键因素,与其潜在的资源动员能力高度相关。比如,在获取更多不同的、有价值的信息方面,"桥梁"位置的占据者有可能处于竞争性优势,有利于获得行动回报。桥梁概念被表述为"弱关系的强度",一般通过四个指标来测量,即互动频率、情感密度、熟识或相互信任的程度以及互惠交换。东盟的关系性权力实践主要通过两种方式进行,这两种方式既是权力资源的积累与强化,也是权力从资源到实施的转化。一是通过网络体系的中心节点和桥梁优势地位,加强各方对自身的投资,获得相关资源,促进自身利益,提升自身能力,从而进一步强化中心和桥梁地位,维护体系稳定与和谐。二是提升协调性权力,促进问题的协商与解决,并进而建立规范主导和制度主导权,塑造体系架构与体系文化。

"关系平衡"的第二个机制是关系网络化,这是东亚软性制度主义的重要特征。行为体通过非正式制度将相关关系固定下来,通过制度的发展不断与新的行为体建立关系,逐步形成关系网络;进而发挥网络中心节点的作用,将网络中的不同节点联系起来形成不同的"圈子",构成复杂交错的网络体系;关系网络的不断扩大发展就是关系网络化过程。这个过程使得网络中心节点对于各种关系的主动调节能力越来越强,而其他行为体一旦进入其中,就产生了网络利益,成为网络节点,既与中心节点直接互动,又在其发起的不同的网络"圈子"中与其他节点互动,嵌入程度越来越深,对于网络的依赖越来越大,逐渐成为关系网络过程的构成部分和利益攸关方。因而中心节点通过网络化过程可以更好地平衡和调节各种关系,并形成合作的网络体系,使维护合作网络成为各方共同利益。

东盟的关系网络化主要体现为"东盟+"的对话关系建设过程和"东盟中心"的地区制度合作过程,这两个关系过程相互补充、相互强化。首先,东盟把地区大国和利益攸关方纳入"东盟+"的关系过程,逐步形成以自身为中心节点的关系网络。1967年东盟成立以后,为了引入技术支持、加强经贸合作和政治关系,首批与美国、日本和欧盟建立了对话伙伴关系。冷战结束后,随着东盟自身的发展壮大,吸收了东南亚所有主要国家,信心和能力加强。为了维护后冷战时期的地区和平与安全,东盟作出了重大战略决策,与中国、印度和俄罗斯建立了对话关系。目前东盟的对外关系主要包括对话伙伴、领域对话伙伴、发展伙伴、特殊观察员等。[42]其次,以"东盟+"的对话关系为基础,东盟获得了独特的关系网络优势地位和关系性权力,逐步推动建立了多个以东盟为中心的关系"圈子",例如东盟地区论坛、东盟与中日韩合作、东亚峰会、亚欧会议等,进一步形成了以东盟为中心节点的复杂关系网络体系。东盟的"对话关系"以相互平等为根本规范,不因物质实力差异和物质援助而变成"捐助人与受捐人"的关系。[43]东盟为中心的地区多边机制对参与者没有强制约束力,遵循开放和协商合作的地区主义。东盟建立这些制度一方面是为了促进地区和平与合作,避免大国在地区形成对立或发生冲突,另一方面也是为了更好地平衡和管理好自己的对外关系。关系网络化过程中的"平衡"不是要利用一方来打压或者抵消另一方的力量,而是有效调动各方的积极性和资源,引导良性竞争,促进东盟安全发展、维护地区和平稳定。在地区合作机制中,尽管对话伙伴的经济投入远远高于东盟,但是"东盟中心"和"东盟方式"依然是主导规范。比如,在清迈倡议多边化机制建立的地区外汇储备库中,中日各出资 30%,韩国出资 20%,东盟出资 20%,但是依托此机制建立起来的国际组织"东盟与中日韩宏观经济研究办公室"(AMRO)却设在东盟国家新加坡。从东盟双边货币互换到多边化互换,再到国际组织,东盟为中心的地区金融合作网络渐渐发展起来,地区重要经济体都进入了网络之中。在这个过程中,东盟不仅很好地平衡了与大国的关系,而且强化了自己的中心节点地位和关系性权力,也优化了地区金融合作的软性制度环境。

"关系平衡"也是情感关系过程。如上文所述,关系既有功能维度,也有情感维度,功能与情感都可以成为关系过程的动力,且二者的边界是相互渗透和流动的。心理学研究指出,情感主导社会交往,是社会交往中的主要交易货币。情感反应是思维的基础,先于推理和思维;情感判断不可避免、难以收回,且具有自我指向、难以言传。[44]情感是人类动机的根本根源,没有情感无涉的理性;认知是实现动机的工具,情感与认知在社会互动中相互作用,共同作用于认同和身份建构。[45]因此,无论工具性或功能性因素在社会互动过程中占有多大的比重,情感性因素始终存在,而且关系本身的维护和发展往往比工具性的实惠交换更加重要。情感过程一般有两个作用机制,即好感和移情。社会心理学研究证明,增加互动和接触就能产生积极情感,提升好感,积极情感和好感推动产生认知,比理性判断更为自信和迅速,至少有利于产生合作倾向。移情就是心智相投和"我们感觉"。研究表明,人们更愿意帮助那些感觉上和自己相似的人,或者说认同度高的人。[46]

情感是世界政治的基本要素。情感关乎信任、友谊和认同,塑造社会互动和社会结构,产生情感权力和情感规范,界定特定情境下的恰当行为。[47]如上文所述,没有脱离"感觉"的认知,也没有情感无涉的理性。情感关系影响社会制度和实践,制度和政治过程也可以蕴含、产生情感。情感可以被制度化,情感被制度化以后,往往表征为判断、信念和理智,并且产生相应的程序、规范和习惯。在世界政治中,行为体之间互动的频度和移情的程度对于缓解紧张、减少冲突具有重要意义,移情是通向互信、合作与和平之路。[48]作为相对弱小的行为体集团,东盟与各大国建立对话关系,根本宗旨和目标是为了增进相互接触和彼此好感,建设和维护一个友善的周边环境,保护自身安全;其次才是争取互惠合作和大国对自己的支持和投入,促进自己的福祉和利益,比如互联互通和共同体建设。因而,关系过程的情感性对于东盟来说尤为重要。

作为一种理想的理论模型,"关系平衡"将推动产生基于"关系治理"的体系秩序。关系治理是就社会政治安排进行协商的过程,即对关系共同体中的复杂关系进行管理,建立和维护合作的秩序;在关系共同体中,成员以共享社会规范和道德规范为基础建立相互信任,并遵循互惠合作的行动原则。[49]"关系治理"是理想类型,走向"关系治理"的实践过程是无政府体系连续体上的一个部分，可以称为"协商治理"，[50]基于维护友好关系体系的协商合作和包容开放是这个秩序的根本特征。

四、东盟中心：关系、协商与东亚秩序

从"关系平衡"到"东盟中心"再到"协商治理"，东盟在东亚地区秩序的演进中发挥着积极的能动作用。本部分将采用过程跟踪的方法，以东盟参与地区进程实践的案例说明"关系平衡"是如何实施的，东盟又是如何通过关系性权力政治、关系网络化和情感关系过程等机制塑造地区协商秩序的。

（一）美国加入《东南亚友好合作条约》：关系性权力政治实践

《东南亚友好合作条约》是东盟的基础条约，也是地区基础规范。1976 年，东盟成员国签署该条约，承诺不干涉内政、和平解决争端。冷战后东盟对话伙伴增多、地区多边进程日益活跃，东盟为确保"不干涉"与"和平解决争端"成为地区规范，对该条约进行了修改，允许东南亚以外的国家加入，以建设地区国家之间的互信、促进和平与安全、推进地区经济合作。非东盟成员国加入该条约意味着不干涉、自我约束和不诉诸武力的政治承诺。2003 年，中国成为第一个加入该条约的东南亚域外国家。此后，其他东盟对话伙伴也纷纷加入该条约，东盟更是借成立东亚峰会之机，直接将《东南亚友好合作条约》作为东亚峰会的成员资格门槛。从这个过程可以看到，东盟通过对话关系推进该条约的地区进程，不仅把握了各组关系的亲疏均衡，而且主导了地区多边进程的规范基础，构建了维护和平、有利于合作的关系体系。

美国加入《东南亚友好合作条约》是东盟"关系平衡"过程中关系性

权力政治机制发挥作用的最好例子。权力就是迫使其他行为体按自己的意愿行事的能力。美国是国际体系和地区体系中物质力量最强大的国家,也是国际制度体系中的霸权国,东盟通过"关系平衡"实践成功地使美国加入了它原本不愿意加入的《东南亚友好合作条约》,这就是关系性权力政治的最好证明。美国于1977年与东盟建立对话关系,是最早进入东盟对话伙伴关系进程的大国之一,但却是最后一个加入该条约的太平洋地区大国。是否加入该条约被东盟看作美国是否重视东南亚尤其是东盟的一个重要信号。2009年2月,美国时任国务卿希拉里·克林顿(Hillary Clinton)宣布奥巴马政府将启动加入《东南亚友好合作条约》的正式进程。她指出,美国必须要在东南亚建立牢固的关系,建立强大且高效的存在。2009年7月22日在东盟地区论坛外长会期间,美国与东盟国家签署相关文件,正式加入《东南亚友好合作条约》,表示要"与东盟国家在应对地区和全球优先事务方面进一步加强有效接触"。[51]一些美国和东南亚官员表示,美国加入该条约表明美国将加大对地区多边进程的投入、加强与东盟的接触,此举将有助于提高东盟在地区的政治地位,在一定程度上应对迅速增长的中国在地区的影响力。[52]

美国加入《东南亚友好合作条约》的重大障碍是该条约的"互不干涉内政"条款。[53]美国担心,该条款将会对美国的自由行动构成限制,尤其是针对缅甸的制裁行动。此外,反对美国加入该条约的理由主要有三个方面:一是认为美国加入该条约将使得缅甸政府获得更大的合法性;二是认为东盟不具备足够的"行动导向";三是该条约未经过现实检验,被一些人认为是毫无意义的协定。另外,美国加入该条约还有一个程序障碍,那就是总统是否有足够的权限不经过必要的立法程序和参议院同意就可以批准加入一个国际"条约"。[54]为加入该条约,奥巴马政府对国会做了大量工作,并作出了三点说明。第一,美国在东南亚有重大外交和经济利益,加入该条约是要表明美国对东南亚加强投入与接触的政治承诺,也是为了增进美国在该地区的利益。第二,该条约虽然以"条约"命名,但实际并不具备法律约束力,只是一个一般意义上的政治文件,呼吁外交合作,没有具体行动要求。因此美国加入该条约只是一个行政决定,该条约只是一个行政参与的协定。第三,美国签署该条约时针对第十条"缔约一方不应以任何方式参加旨在对另一方的政治、经济稳定、主权和领土完整构成威胁的任何活动"提出了保留意见,即当美国需采取必要行动捍卫国家利益的时候不受此条限制。[55]

美国加入该条约的背景是东亚地区进程发展迅猛,以东盟为中心的地区合作制度体系初步形成,美国已经开始担心被边缘化甚至被挤出地区进程。导致美国政府从坚持不加入到排除重大国内阻力加入条约的立场变化,最关键的因素并不是物质力量对比变化或者理性制度主义,也不是规范社会化或情感认同,而是东盟的关系性权力。东盟从成立之初开始与大国建立对话关系,到20世纪90年代启动以"东盟与中日韩"为标志的东亚一体化进程后,东盟的对话关系开始发挥体系效应,以东盟为中心的制度合作网络迅速发展。在全球多边制度秩序下,东盟通过网络中心节点和桥梁地位进一步增强其关系性权力,使之成为地区进程中各方争相借重的力量。实际上,美国对亚太的战略转向早在2005年东亚峰会成立前后就启动了。应对中国崛起、防止被排除在东亚和亚太进程之外,甚至是进一步强化美国在地区的战略和经济投入,成为美国的重大战略目标。[56]而要实现这个目标,合法的路径必须是经过东盟。东盟的关系性权力迫使美国签署了原本不愿意签署的《东南亚友好合作条约》,作出了"不干涉内政"的承诺。

（二）从东亚峰会到东盟防长扩大会议：关系网络化的制度过程

如果说《东南亚友好合作条约》的地区化是东盟在政治领域实行"关系平衡"的结果，那么东盟防长扩大会议的建立则可以看作东盟在安全领域的"关系平衡"。从"东盟与中日韩"到"东亚峰会"再到"东盟防长扩大会议（ADMM＋）"的关系网络化和制度化过程，对于演进中的地区安全架构与秩序具有重要而深远的意义。

东盟防长扩大会议是东盟与中、美、俄、日等八个对话伙伴加强安全与防务合作的平台，旨在维护地区和平与稳定、促进地区发展，其成员国范围与东亚峰会完全一致。根据 2004 年制定的《东盟安全共同体行动计划》，东盟于 2006 年建立了防长会议机制（ADMM），作为东盟最高级别的防务磋商与合作机制。2007 年召开的第二届东盟防长会议通过概念文件，决定建立东盟防长扩大会议机制。2009—2010 年召开的第三届和第四届东盟防长会议就东盟防长扩大会议的成员资格、构成、运作方式和程序等形成概念文件。2010 年 10 月，首届东盟防长扩大会议在越南召开；此后每两年召开一次，主席国由当年的东盟防长会议主席国担任。[57]东盟防长扩大会议机制共有七个优先合作领域，包括海上安全、反恐、人道主义援助和救灾、维和行动、军事医药、人道主义扫雷行动以及网络安全。在各领域都成立了专家工作组，开展联合研究和务实合作。[58]

东盟防长扩大会议是在东亚地区进程迅速发展、大国对地区进程影响力日益增强、大国对地区战略投入的竞争日趋激烈的背景下建立的。美国自 2001 年以来就开始将战略重点逐步转向亚太，一方面加强在亚太的军事存在，另一方面强化亚太军事同盟与伙伴关系；自 2004 年开始逐步将"转向"战略落实为具体政策行动。[59]中日韩三国也纷纷强化了对地区的战略投入,各自提出了自己的一些设想。韩国提出地区合作的目标应该是东亚共同体,东北亚三国应在这个过程中发挥更重要的作用,支持"东盟＋3"机制逐步向13国平等参与的东亚峰会机制转变。日本也表现出要在东亚共同体建设进程中积极谋求领导地位的姿态。此外,中日韩三国都表达了希望主办首届东亚峰会的意愿。[60]因此,到2005年东亚峰会成立前,东盟对于自己与对话伙伴和与地区进程的关系认知和定位已经发生了重大变化。

根据东亚研究小组最初的设计,东亚峰会是作为"东盟与中日韩"机制的替代,从此13个成员国,而不是东盟与中日韩三国,共同致力于东亚共同体建设。然而,最终成立的时候东亚峰会却完全改变了性质。首先,它成为与"东盟与中日韩"平行的机制。其次,它变成了领导人引领的政治与战略论坛,紧密度和一体化程度大大低于预期。再次,东盟另外邀请了澳大利亚、新西兰和印度加入地区进程,东亚峰会成员国从13变为"东盟＋6"。最后,东盟不仅维护了东盟首先协商一致的规范,而且把住了东亚峰会成员资格的门槛。这个过程实际上是东盟从东亚共同体到东盟共同体的立场倒退的过程,[61]其原因就是根植于力量不对称的对大国的疑虑、不信任和担忧。在东亚峰会从提出到落实的几年时间里,东盟突然发现大国对地区进程的投入加大、影响力迅速增强,大国竞争加剧,而自己通过对话关系和"东盟＋"的方式建立起来的地区合作体系有被大国主导的趋势,自己则面临被边缘化和利益受损的危险。因此,东盟一方面改变了东亚峰会的构成,坚持其论坛性,并维护了"东盟＋"的制度主导形式;另一方面,致力于自身能力建设,通过自己对地区合作议程的主导,将东盟共同体建设作为东亚合作的优先领域,在一定程度上对大国竞争进行了有效化解和引导。东盟于东亚峰会成立的次年,即2006年,成立了东盟防长会议。这既是为了落实《东盟安全共同体行动计划》，强化东盟安全与防务合作，增强自身实力；同时也赋予了自己地区安全合作的中心地位，为建立东盟防长扩大会议、正式将东盟对话伙伴纳入东盟规范和东盟议程的地区安全与防务合作网络做好了准备。

从"东盟与中日韩"到东亚峰会再到东盟防长扩大会议，东盟利用自己的网络中心优势地位和网络关系资源，一方面将新成员引入东亚峰会网络中，另一方面发起新的网络增长点，形成了新的以东盟为中心节点的安全与防务合作网络。东盟防长扩大会议的建立标志着在地区安全和防务领域东盟既实现了与诸大国的安全关系均衡，又初步构建了"东盟中心"的安全与防务关系体系，开启了以协商一致和务实合作为特征的地区多边安全进程，对于地区秩序的塑造具有"里程碑"意义。[62]东盟关系网络化机制的运作得益于三个要素：一是东盟对话伙伴国对地区安全与防务合作的需求；二是东盟网络"桥梁"和中心节点优势地位；三是东盟自身防务合作的建设。东盟首先成立了自己的防长会，并于第二届东盟防长会议上决定将其扩大到对话伙伴和东亚峰会成员国，成立东盟防长扩大会议。东盟认为，此举符合自身利益。从客观上来说，东盟应对非传统安全威胁需要地区大国的支持和支援，而且大国也有与东盟开展安全和防务合作的愿望。当然，更为重要的是，此举在很大程度上化解了大国试图通过东亚峰会主导地区安全合作的努力；东盟不仅没有选边站队，维持了与各方的关系均衡，而且通过网络延展和制度化，建立了自己在新的安全与防务网络体系中的中心地位。

东盟防长扩大会议是首个包括东盟和地区所有主要国家在内的官方防务论坛。在双边互信不足，甚至存在对立的情况下，东盟倡议的多边机制可以提供一个沟通、磋商与合作的中立的平台，保证对话渠道的畅通；该机制的低制度化、协商一致和舒适度原则使得各方即便是在关系困难时期也可以进行接触和沟通,有利于缓解紧张、消除疑虑、达成务实合作。在 2010 年首届东盟防长扩大会议期间,中美、中日和日韩都进行了不同程度的双边会谈或接触。对于美国来说,这个会议机制有利于促进美国同盟国在地区的合作。对于中国来说,东盟坚持的不干涉和协商一致规范符合中国利益,而且该机制也为中国表达和平发展意图、阐述防御性的国防政策、塑造外界对中国军事现代化建设与和平发展的认知提供了重要平台。除了防长定期会晤,东盟防长扩大会议机制还包括不同层级的防务官员会议和非传统安全领域的专家工作组会议与联合演习,使参与各方形成了相应的一二轨合作网络,有助于加强交流、增进理解和信任、开展务实合作。至 2017 年成立近七年来,东盟防长扩大会议已经成为发展最快的地区安全合作机制。[63] 包容开放、维持各方利益平衡、维护战略性与功能性的平衡,也使得东盟可以借助该机制进一步夯实其在地区制度网络中的中心地位。[64] 在 2015 年举办的第三次东盟防长扩大会议上,美国国防部部长阿什·卡特(Ash Carter)指出,"东盟处于本地区安全架构的核心","东盟既提供了规则,又是基于规则的地区秩序的管理者",包括东盟防长扩大会议在内的东盟建立的各种地区论坛和机制"推动对话、构建协商、形成务实合作的习惯……所有这些对于建设一个稳定、开放和繁荣的地区都具有根本性意义"。[65]

(三) 中国—东盟关系实践:情感与协商秩序

过去 20 多年里,中国—东盟关系从猜疑走向合作的变化堪称地区国际关系中最大的变化,且具有重大体系意义。中国—东盟关系不仅仅是功能性、务实性的,给双方创造了实实在在的利益,而且其情感性和认同度对于地区秩序的演变产生了重大而深远的影响,成为地区维护和平、促进发展的重要力量。中国在冷战结束后才与东盟建立对话关系,是东盟"朋友圈"中的后来者,但是经过 20 多年的发展,中国—东盟关系已成为最富内涵、最具活力的关系之一,不仅使双方获益,而且为地区和平、稳定和繁荣作出了贡献。[66]中国已经成为东盟最大的贸易伙伴,双方累计互相投资超过 1 600 亿美元,2015 年人员往来达到 2 367 万人次。[67]中国与东盟早已从过去的猜疑、敌视甚至对抗发展成为具有广泛共同利益、基于深度相互依赖、致力于地区永久和平和共同繁荣的全方位战略伙伴。中国—东盟关系的发展过程具有很强的功能性和务实性,但其规范性和情感性实际上是关系过程的根本,而且对于地区文化和秩序塑造发挥了重要作用。一方面,中国与东盟的频繁互动和相互移情推动协商、合作与友谊成为规范和习惯;另一方面,协商、合作与友谊又不断被制度化,与情感实现良性互动,推动地区规范结构和秩序朝着协商合作的方向发展。

东盟与中国建立对话关系的初衷主要是基于物质性和功能性的"关系平衡",但同时也具有相关规范认同基础,移情在其中发挥了重要作用。有学者指出,自 20 世纪 90 年代以来,"大国均势"开始成为东盟标志性的对外安全战略,即引入各大国力量,东盟居中进行周旋协调,开展协商合作,共同维护亚太和平。[68]事实上,这一战略就是从东盟与中国建立对话关系开始的。早在 20 世纪 70 年代,东盟就同美国与日本建立了对话关系。1991 年东盟与中国建立对话关系,当时主要出于以下考虑:第一,冷战结束后,两极体系坍塌,美国对东南亚的军事投入开始收缩,地区出现权力真空,不确定性加深,东盟对于未来多极世界中的自身安全感到担忧。第二,经济全球化和地区一体化发展迅猛,东盟感觉到中国经济发展具有巨大潜力,有必要与中国开展合作。第三,中国与东盟国家都具有强烈的主权意识,具有相似的人权观和发展观,都以不干涉内政作为对外交往的基础与核心规范。东盟可以联合中国对抗西方的民主人权压力，反对外来干涉，倡导亚洲价值观，坚持独立自主的发展道路。而中国迅速与东盟走近，当时主要是为了突破西方遏制，打开对外开放合作的局面，但是主权、不干涉、独立自主、发展经济等规范与观念的相互认同，历史经历与现实经验的相互移情起到了基础和黏合剂的作用。

在东盟与中国对话关系的发展历程中，有几个方面的因素增进了东盟对中国的好感、信任与友谊。第一，中方高层重视对东盟和周边的外交工作，坚持睦邻友好，不断释放善意；长期坚持"多予少取"，甚至"多予不取"，让东盟国家获得实实在在的利益。第二，双方优先发展经济与务实合作，坚持循序渐进、先易后难的原则，建立了多层次、宽领域的合作格局，东盟切实分享了中国增长的红利。第三，在重大问题上，在危机和困难时期，中方坚定支持和支援东盟，表现大国责任和担当，获得了东盟的好感和信任。

1997年亚洲金融危机爆发，东盟国家在经济上、政治上和制度建设上都受到了重创。国际货币基金组织和以美国为首的西方国家在提供援助时开出了开放资本市场等不适宜当地的干预性政治和经济条件，令东盟非常失望甚至反感，认为它们不仅不积极施以援手，而且还企图从这场危机中获利。而与美国等西方国家形成鲜明对比的是，中国采取了负责任的援助行动。中国不仅为泰国提供了10亿美元援助，而且还在整个危机期间顶住巨大压力坚持人民币不贬值。在1997年中国与东盟领导人会议上，中国进一步表示要与东盟发展全方位合作，并表示支持《东南亚无核武器区条约》，成为第一个表态支持该条约的核武国家。中方领导人还承诺，中国要永远做东盟国家的"好邻居""好伙伴""好朋友"。中国在这场危机中的负责任表现获得了东盟国家的普遍赞誉。[69]随着中国与东盟确立"面向 21 世纪的睦邻互信伙伴关系",双方关系朝着"睦邻"与"互信"的方向实现了历史性突破。[70]

另外一个增进东盟对中国信任与好感的例子是中国于 2002 年在东盟对话伙伴中率先提出与东盟签订自贸协定。当时中国刚刚加入世界贸易组织,该协定为东盟提供了以较低关税优先进入中国市场的机遇和吸引中国投资的机遇,也彰显了中国致力于与东盟发展长期互利合作的政治决心。在谈判过程中,为帮助东盟消除疑虑、树立信心,使双方提早获益,中方提出了"早期收获"计划,即双方选择一些共同感兴趣、互补性强的产品,主要是农副产品,用较快的速度和较大的幅度提前进行降税,先行开放市场。[71]此外,中方还对东盟国家中经济发展落后的越南、老挝、柬埔寨、缅甸四个新成员给予了最惠国待遇,免除它们的对华债务,并给予一些特殊优惠和灵活政策,允许它们延后五年执行自贸协定。中国是第一个将东盟作为一个整体来商谈自贸协定的国家,并且主动为新东盟让利,帮助东盟缩小发展差距,维护了东盟一体化,照顾了东盟的核心关切。中国此举不仅进一步建立了负责任地区大国的形象和信誉,而且进一步获得了东盟的信任和好感。[72]

中国—东盟关系中的情感性不仅在合作顺利推进的时候得以体现和加强,而且在关系面临重大困难和挑战的时候能够帮助维护合作大局,维护地区协商秩序。近期的例子就是中国与东盟在南海问题上的磋商与合作。尽管中国与东盟在南海问题上都面临着来自声索国和域外势力的巨大压力甚至是挑衅,但是南海问题依然在按双方的既定节奏有条不紊地推进,实现了中国与东盟共同维护南海稳定的既定目标,维护了双边合作和地区合作的大局。东盟作为一个整体没有在南海领土争议中选边站队,没有将个别成员国的诉求作为东盟的诉求。2015 年的第三届东盟防长扩大会议没能按原定计划产生联合宣言,并不是如一些国际媒体所说的东盟国家在南海问题上持不同立场,而是恰恰相反,包括四个声索国在内的所有东盟国家意见完全一致,都反对将南海问题写入联合宣言中。[73]这其中固然有务实和理性的考虑,但更为重要的是,这反映了东盟与中国对于对话协商解决争议这一基本规范的共识,反映了双方对于维护总体友好关系,不把争议扩大化、公开化、复杂化的社会规范的认同,充分体现了东盟"关系平衡"和中国—东盟关系实践中的情感性。情感性关系与功能性关系共同作用于地区协商秩序的构建。

五、结　论

本章试图理解东盟在地区进程中的大国平衡战略以及在地区秩序演进过程中发挥的作用。尽管现实主义、制度主义、建构主义和社会学网络研究从势力均衡、制度制衡、规范本土化和网络化的不同角度对于东盟的战略与作用作了不同的分析,但是它们或者低估了中小行为体对于体系塑造的能动作用,或者忽略了一个深嵌于东亚本土和文化背景中的社会变量,即关系。现有的东盟相关的关系平衡研究也是基于国与国之间的双边关系的研究。本章提出,东盟的大国平衡是"关系平衡",即将地区相关大国纳入东盟的关系网络中,通过对关系的主动管理和调节,实现各种关系亲疏均衡和关系体系环境最优,从而维护自身安全、增进自身权利。东盟的"关系平衡"主要通过关系性权力政治、关系网络化和情感关系过程三个机制发挥作用,塑造"东盟中心"的地区规范和地区制度,并引导演进中的地区秩序朝着协商合作的方向发展。本章通过美国加入《东南亚友好合作条约》、东盟防长扩大会议机制的建立以及中国与东盟关系实践中的情感因素三个案例分别对上述假设进行了验证。作为国际和地区体系中的唯一超级大国和制度霸权国，为了进一步发展同东盟的关系并加入"东盟＋"的地区进程，美国最终改变了初衷，排除巨大的国内阻力，加入了以"不干涉内政"为核心的《东南亚友好合作条约》。在面临地区安全合作滞后，各大国竞相加大对地区的投入，并试图展开战略竞争的局面下，东盟利用自己的网络桥梁和中心节点的优势地位，一方面将东盟共同体作为地区合作优先目标，成立东盟防长会；另一方面发展网络并将更多关系资源引入网络之中，守住"东盟＋"的地区制度网络形式和规范，成立东盟防长扩大会议，使之成为唯一一个包含所有地区大国和利益攸关方的防务与安全合作机制，维护了"东盟中心"地位。在与中国发展对话关系的过程中，务实功能合作和基础规范认同推动着双方在冷战后实现了从相互猜疑到战略合作的重大转变，成为推动地区和平、合作与进步的重要力量。尽管中国—东盟关系目前还面临不少困难和挑战，但好感、信任和友谊明显得到了发展，且无论是在金融危机、自贸谈判还是南海问题的磋商中，都发挥着重要作用，成为构建地区协商秩序的重要力量。

"关系平衡"是东盟地区主义的核心和动力，是东盟主动塑造地区秩序的实践，对于地区协商秩序的构建具有重要的积极意义。但是，"关系平衡"的实践需要特定的前提条件，也具有一定局限性。一个最根本的前提条件就是国际体系多边制度秩序的合法性。只有多边制度秩序具有合法性，被国际社会内化为适当的规范，多边制度合作被认为是应对国际社会面临的共同威胁的首要合法路径时，"关系平衡"才有实践的空间。在强权政治主导国际体系时，"关系"只能屈服于权力。此外，"关系平衡"的有效性也受到大国关系的影响，大国之间互信不足，或者任何一个大国难以主导体系时，"关系平衡"才有可能发挥重要作用。比如，欧洲一体化进程由以法德为核心的欧盟主导，并受到美国主导的北约的影响,中东欧等后加入的中小国家很难发挥主观能动性。当然,"关系平衡"不只是中小国家行为体的实践,大国在国际体系中也会进行"关系平衡",比如中美苏战略大三角,也可以看作是"关系平衡"的实践。本章的研究重点放在中小国家是因为大国之间的关系性互动更容易被物质性因素所掩盖和替代,典型性要弱一些。而中小国家的物质性资源相对贫乏,对"关系平衡"的依赖程度更高、实践更充分,也更容易显现出成效。

本章的研究对象是东盟,但"关系平衡"不是东盟特有的,而是具有普遍意义的国际实践。在国别研究中,"关系平衡"的案例更多。比如,泰国既是美国的军事同盟,又是"中泰一家亲"的倡导者;新加坡一方面积极邀请美国加强对东亚的战略和经济投入、加强军事存在,另一方面又大力发展与中国的经济合作,是东盟国家中对华投资最多、经济合作广度和深度最大的国家。再比如,对于韩国来说,在中国、美国、日本等国之间进行关系平衡也可以说是一个常规实践。因此,"关系平衡"的理论研究和经验研究具有重要的学术、战略和政策意义,有助于我们更准确地理解国际政治进程,更好地调动国际体系行为体的积极性和能动性,探索和塑造能够提升人类共同福祉的地区和国际秩序。

(原载《世界经济与政治》2017 年第 7 期)

注释

1. 参见魏玲:《小行为体与国际制度——亚信会议、东盟地区论坛与亚洲安全》,《世界经济与政治》2014 年第 5 期,第 85—100 页。

2. Chih-Yu Shi, "Affirmative Balance of the Singapore-Taiwan Relationship: A Bilateral Perspective on the Relational Turn in Inter-

national Relations," *International Studies Review*，Vol. 18，No. 4，2016，pp.681—701，https://doi.org/10.1093/isr/viw024，访问时间：2017 年 5 月 20 日；Chiung-Chiu Huang, "Balance of Relationship: the Essence of Myanmar's China Policy," *The Pacific Review*，Vol.28，No.2，2015，pp.189—210。

3. 参见苏长和：《关于均势理论的几点思考》，《欧洲》1997 年第 4 期，第 32—38 页。

4. ［美］肯尼思·华尔兹：《国际政治理论》，信强译，上海：上海人民出版社 2003 年版，第 154—170 页。

5. ［英］赫德利·布尔：《无政府社会》，张小明译，北京：世界知识出版社 2003 年版，第 103 页。

6. 刘若楠：《大国安全竞争与东南亚国家的地区战略转变》，《世界经济与政治》2017 年第 4 期，第 60—82 页。

7. Michael Leifer, "The ASEAN Peace Process: A Category Mistake," *The Pacific Review*，Vol.12，No.1，1999，pp.25—39.

8. Christopher M. Dent, "Regional Leadership in East Asia: Japan and China as Contenders," in Mark Beeson and Richard Stubbs, eds., *Routledge Handbook of Asian Regionalism*，London: Routledge，2012，pp.236—274.

9. 参见张锡镇：《东盟实施大国平衡战略的新进展》，《东南亚研究》2008 年第 3 期，第 20—26 页；曹云华：《在大国间周旋——评东盟的大国平衡战略》，《暨南大学学报（哲学社会科学版）》2003 年第 3 期，第 11—21 页。

10. 周方银：《东亚二元格局与地区秩序的未来》，《中国社会科学院国际研究学部集刊》2014 年第 6 期，第 106—119 页；Quansheng Zhao,

"U.S.-China 'Dual Leadership': The Rise of a New Balance of Power in East Asia," *Policy Brief*, No.182, 2015, http://isdp.eu/content/uploads/publications/2015-zhao-us-china-dual-leadership-the-rise-of-a-new-balance-of-power.pdf, 访问时间: 2017 年 4 月 20 日。

11. Avery Goldstein, "Balance-of-Power Politics: Consequences for Asian Security Order," in Muthiah Alagappa, ed., *Asian Security Order*, Stanford: Stanford University Press, 2003, pp.194—197.

12. [英]赫德利·布尔:《无政府社会》,第 107—108 页。

13. Richard Stubbs, "ASEAN's Leadership in East Asian Region-Building: Strength in Weakness," *The Pacific Review*, Vol.27, No.4, 2014, pp.523—541.

14. He Kai, "Institutional Balancing and International Relations Theory: Economic Interdependence and Balance of Power Strategies in Southeast Asia," *European Journal of International Relations*, Vol.14, No.3, 2008, pp.489—518.

15. T.V. Paul, "The Enduring Axioms of Balance of Power Theory," in T.V. Paul, James J. Wirtz and Michel Fortmann, eds., *Balance of Power: Theory and Practice in the 21st Century*, Stanford: Stanford University Press, 2004, p.3.

16. He Kai, "Institutional Balancing and International Relations Theory: Economic Interdependence and Balance of Power Strategies in Southeast Asia," p.495.

17. Jiajie He, "Normative Power in the EU and ASEAN: Why They Diverge," *International Studies Review*, Vol.18, No.1, 2016, pp.92—105, https://doi.org/10.1093/isr/viv028, 访问时间: 2017 年 5

月 4 日。

18. Amitav Acharya，"Ideas，Identity and Institution-Building：From the 'ASEAN Way' to the 'Asia-Pacific Way'？" *The Pacific Review*，Vol.10，No.3，2007，pp.319—346.

19. Amitav Acharya，"How Ideas Spread：Whose Ideas Matter？Norm Localization and Institutional Change in Asian Regionalism，" *International Organization*，Vol.58，No.2，2004，pp.239—275；秦亚青、魏玲：《结构、进程与权力的社会化》，《世界经济与政治》2007 年第 3 期，第 7—15 页。

20. 关于国际规范的"教"与"学"，参见［美］玛莎·芬尼莫尔：《国际社会中的国家利益》，袁正清译，上海：上海人民出版社 2012 年版。

21. 参见 Emilie M. Hafner-Burton，Miles Kahler and Alexander H. Montgomery，"Network Analysis for International Relations，" *International Organization*，Vol.63，No.3，2009，pp.559—592；Miles Kahler，ed.，*Networked Politics：Agency，Power and Governance*，Ithaca：Cornell University Press，2009；［美］玛格丽特·E.凯克、凯瑟琳·辛金克：《超越国界的活动家：国际政治中的倡议网络》，韩召颖、孙英丽译，北京：北京大学出版社 2005 年版。

22. Mely Cabellero-Anthony，"Understanding ASEAN's Centrality：Bases and Prospects in an Evolving Regional Architecture，" *The Pacific Review*，Vol.27，No.4，2014，p.565；魏玲：《规范、网络化与地区主义：第二轨道进程研究》，上海：上海人民出版社 2010 年版。

23. ［加拿大］阿米塔·阿查亚：《建构安全共同体：东盟与地区秩序》，王正毅、冯怀信译，上海：上海人民出版社 2004 年版。

24. 关于关系过程，参见秦亚青：《关系与过程：中国国际关系理论的文化建构》，上海：上海人民出版社 2012 年版。

25. ［美］马汀·奇达夫、蔡文彬：《社会网络与组织》，王凤彬、朱超威等译，北京：中国人民大学出版社 2007 年版，第 76 页。

26. 参见 Patrick T. Jackson and Daniel H. Nexon, "Relations Before States: Substance, Process and the Study of World Politics," *European Journal of International Relations*, Vol. 5, No. 3, 1999, pp.291—332；秦亚青：《关系本位与过程建构：将中国理念植入国际关系理论》，《中国社会科学》2009 年第 3 期，第 80—86 页；秦亚青：《关系与过程：中国国际关系理论的文化建构》，上海：上海人民出版社 2012 年版；Yaqing Qin, "A Relational Theory of World Politics," *International Studies Review*, Vol.18, No.1, 2016, pp.35—47, https://doi.org/10.1093/isr/viv031，访问时间：2017 年 3 月 2 日；Chih-Yu Shi, "Affirmative Balance of the Singapore-Taiwan Relationship: A Bilateral Perspective on the Relational Turn in International Relations," pp.681—701。《世界政治与经济》杂志在 2016 年第 10 期也专门刊登了一组"关系"理论与实证研究的最新成果。

27. Chih-Yu Shi, "Affirmative Balance of the Singapore-Taiwan Relationship: A Bilateral Perspective on the Relational Turn in International Relations," p.681.

28. Chiung-Chiu Huang, "Balance of Relationship: the Essence of Myanmar's China Policy," pp.189—210.

29. Patrick T. Jackson and Daniel H. Nexon, "Relations Before States: Substance, Process and the Study of World Politics," pp. 291—292.

30. 参见秦亚青：《关系与过程：中国国际关系理论的文化建构》，第

59—69 页；秦亚青：《关系本位与过程建构：将中国理念植入国际关系理论》，《中国社会科学》2009 年第 3 期，第 80—86 页；秦亚青：《国际政治的关系理论》，《世界经济与政治》2015 年第 2 期，第 7—9 页；Yaqing Qin, "A Relational Theory of World Politics," *International Studies Review*, Vol.18, No.1, 2016, pp.35—39, https://doi.org/10.1093/isr/viv031，访问时间：2017 年 3 月 2 日；Yaqing Qin, "Cooperation in a Relational World," forthcoming；秦亚青：《国际政治关系理论的几个假定》，《世界经济与政治》2016 年第 10 期，第 19—28 页。

31. ［美］边燕杰：《关系社会学及其学科地位》，《西安交通大学学报（社会科学版）》2010 年第 3 期，第 2—3 页。

32. 关于功能与情感的分类受到文明关系研究的启发，参见 David MacDonald and Brendon O'Connor, "Special Relationships: Australia and New Zealand in the Anglo-American World," in Peter J. Katzenstein, ed., *Anglo-America and Its Discontents*, London and New York: Routledge, 2012, pp.177—201。

33. Pierre Bourdieu, "The Forms of Social Capital," in John G. Richardson, ed., *Handbook of Theory and Research for the Sociology of Education*, Westport: Greenwood Press, 1986, pp. 248—251; Pierre Bourdieu, *The Logic of Practice*, Stanford: Stanford University Press, 1990, p.109.

34. 张文宏：《社会资本：理论争辩与经验研究》，《社会学研究》2003 年第 2 期，第 24—29 页。

35. Yaqing Qin, "A Relational Theory of World Politics," *International Studies Review*, No.18, 2016, p.42, http://dx.doi.org/10.1093/isr/viv031，访问时间：2017 年 3 月 2 日。

36. 关于"人和"的关系体系环境,参见 Yaqing Qin, "Cooperation in a Relational World," forthcoming。

37. 本段关于均势思想的讨论,主要参见[美]玛莎·芬尼莫尔:《干涉的目的:武力使用信念的变化》,袁正清、李欣译,上海:上海人民出版社 2009 年版,第 96—104 页。

38. 参见彼得·卡赞斯坦等关于西方文明的讨论,其中英美文明和澳新美关系都被视为具有血缘和亲缘关系的西方文明变体,尤其是英美文明,它被视为西方文明的核心。Peter J. Kazenstein, ed., *Anglo-America and Its Discontents: Civilizational Identities Beyond East and West*, London and New York: Routledge, 2012。

39. [美]玛莎·芬尼莫尔:《干涉的目的:武力使用信念的变化》,第 87—93 页。

40. 同上书,第 122 页。

41. Mely Caballero-Anthony, "Understanding ASEAN's Centrality: Basis and Prospects in an Evolving Regional Architecture," p.570.

42. ASEAN Secretariat, "External Relations," http://asean.org/asean/external-relations/,访问时间:2017 年 4 月 10 日。

43. S. Pushpanathan, "ASEAN's Strategy Towards Its Dialog Partners and ASEAN Plus Three Process," November 4, 2003, http://asean.org/?static_post=asean-s-strategy-towards-its-dialogue-partners-and-asean-plus-three-process-by-s-pushpanathan,访问时间:2017 年 4 月 12 日。

44. R.B. Zajonc, "Feeling and Thinking: Preferences Need No Inferences," *American Psychologist*, Vol.35, No.2, 1980, pp.151—158.

45. 季玲:《国际关系中的情感与身份》,北京:中国社会科学出版社

2015 年版,第 103—104 页。

46. [美]玛莎·芬尼莫尔:《干涉的目的:武力使用信念的变化》,第 151—154 页。

47. Emma Hutchison and Roland Bleiker, "Theorizing Emotions in World Politics," *International Theory*, Vol. 6, No. 3, 2014, pp. 491—514, http://dx. doi: 10. 1017/S1752971914000232, 访问时间: 2017 年 5 月 2 日。

48. Neta C. Crawford, "Institutionalizing Passion in World Politics: Fear and Empathy," *International Theory*, Vol. 6, No. 3, 2014, pp. 535—557, http://dx.doi:10.1017/S1752971914000256, 访问时间: 2017 年 5 月 2 日。

49. Yaqing Qin, "Rule, Rules, and Relations: Toward a Synthetic Approach to Governance," *The Chinese Journal of International Politics*, Vol. 4, No. 2, 2011, p.133.

50. 关于协商治理和协商秩序,亦参见秦亚青、阿米塔·阿查亚、时殷弘:《世界秩序:思考与前瞻》,《世界经济与政治》2017 年第 6 期,第 4—13 页。

51. U.S. Department of State, "Fact Sheet: United States Accedes to the Treaty of Amity and Cooperation in Southeast Asia," https:// 2009-2017. state. gov/r/pa/prs/ps/2009/july/126294. htm, 22 July 2009,访问时间:2017 年 5 月 10 日。

52. Mark E. Manyin, Michael John Garcia and Wayne M. Morrison, "U.S. Accession to ASEAN's Treaty of Amity and Cooperation (TAC)," *Congressional Research Service*, May 5, 2009, https://fas. org/sgp/crs/row/R40583.pdf,访问时间:2017 年 5 月 5 日。

53.《东南亚友好合作条约》,http://www.npc.gov.cn/wxzl/gong-bao/2003-08/12/content_5318793.htm,访问时间:2017 年 4 月 5 日。该条约第二条规定了缔约方在处理相互关系时应遵循的基本原则,其中第三款即为"互不干涉内政"。

54. Mark E. Manyin, Michael John Garcia and Wayne M. Morrison, "U.S. Accession to ASEAN's Treaty of Amity and Cooperation (TAC)," Congressional Research Service, May 5, 2009, https://fas.org/sgp/crs/row/R40583.pdf,访问时间:2017 年 5 月 5 日。

55. "United States Accedes to ASEAN Amity Treaty as Sole Executive Agreement," *The American Journal of International Law*, Vol.103, No.4, 2009, pp.741—743.

56. Nina Silove, "The Pivot Before the Pivot: U.S. Strategy to Preserve the Power Balance in Asia," *International Security*, Vol.40, No.4, 2016, p.46; ASEAN Secretariat, "Overview of ASEAN-United States Dialogue Relations," http://asean.org/storage/2012/05/Overview-of-ASEAN-U-S-Dialogue-Relations-March-2017.pdf,访问时间:2017 年 5 月 5 日。

57. 第一届会议时确定以后每三年召开一次,第二届会议后改为每两年召开一次。迄今已于 2010 年、2013 年和 2015 年召开了三届东盟防长扩大会议。第四届东盟防长扩大会议于 2017 年下半年召开。

58. ASEAN Secretariat, "ASEAN Defense Ministers Meeting," http://asean. org/asean-political-security-community/asean-defence-ministers-meeting-admm/,访问时间:2017 年 5 月 5 日。

59. Nina Silove, "The Pivot Before the Pivot: U.S. Strategy to Preserve the Power Balance in Asia," p.53.

60. 季玲:《国际关系中的情感与身份》,第 179—180 页。

61. 季玲:《国际关系中的情感与身份》,第 190 页。

62. ASEAN Secretariat, "Chairman's Statement of the First ASEAN Defence Ministers' Meeting-Plus: 'ADMM-Plus: Strategic Cooperation for Peace, Stability, and Development in the Region'," Ha Noi, October 12, 2010, http://asean.org/chairman-s-statement-of-the-first-asean-defence-ministers-meeting-plus-admm-plus-strategic-cooperation-for-peace-stability-and-development-in-the-region-ha-noi-12-october-2010-2/,访问时间:2017 年 5 月 4 日。

63. 参见 Seng Tan, "The ADMM-Plus: Regionalism That Works," *Asia Policy*, No.22, 2016, pp.70—75, https://doi.org/10.1353/asp.2016.0024,访问时间:2017 年 5 月 2 日。

64. Siew Mun Tang, "ASEAN and the ADMM-Plus: Balancing Between Strategic Imperatives and Functionality," *Asia Policy*, No.22, 2016, pp.76—82, https://doi.org/10.1353/asp.2016.0029,访问时间:2017 年 5 月 4 日。

65. Ash Carter, "Remarks at the ASEAN Defense Ministers Meeting-Plus(ADMM+)," Kuala Lumpur, Malaysia, November 4, 2015, https://www.defense.gov/News/Speeches/Speech-View/Article/628351/remarks-at-the-asean-defense-ministers-meeting-plus-admm-plus/,访问时间:2017 年 5 月 4 日。

66.《第 19 次中国—东盟领导人会议暨中国—东盟建立对话关系 25 周年纪念峰会联合声明——迈向更加紧密的中国—东盟战略伙伴关系》,http://news.xinhuanet.com/world/2016-09/08/c_1119528493.htm,访问时间:2017 年 4 月 15 日。

67.《中国—东盟 25 年：李克强促"万象"更新》，http：//www.gov. cn/xinwen/2016-09/07/content_5106286.htm，访问时间：2017 年 4 月 15 日。

68. 张锡缜：《东盟的大国均势战略》，《国际政治研究》1999 年第 2 期，第 120 页。

69. Alice D. Ba, "China and ASEAN：Renavigating Relations for a 21st-Century Asia," *Asian Survey*, Vol.43, No.4, 2003, pp.634—637.

70. 张蕴岭：《中国—东盟战略伙伴关系：回顾与前瞻》，《东南亚纵横》2013 年第 9 期，第 7 页。

71. 尚国骥：《中国—东盟自贸区的试验田：早期收获计划》，http：//fta. mofcom. gov. cn/dongmeng/annex/zaoqijihua. pdf，访问时间：2017 年 4 月 5 日。

72. Alice D. Ba, "China and ASEAN：Renavigating Relations for a 21st-Century Asia," pp.638, 643.

73. 参见 Seng Tan, "The ADMM-Plus: Regionalism That Works," p.73。

第七章 东盟的中心地位：
一个网络视角的分析

董 贺

一、引　言

近年来,伴随东亚区域合作逐渐趋向机制化和网络化,东南亚国家联盟(东盟)在这一进程中的作用和地位问题引起了政策界和学界的广泛重视。在关于东盟中心地位的既有研究中,相关表述主要包括"主导地位""核心地位""主导权""领导力"等。[1]其中,东盟官方文件主要使用的是"centrality",释义为"中心性"。[2]中国政府通常采用"中心地位"的提法,多次强调"中方坚定支持东盟在区域合作中的中心地位",以表明中国在双方关系以及东盟中心地位问题上的态度和立场。[3]

目前学界普遍对东盟的中心地位持肯定态度,但对其实质性的内涵及形成等具体议题有着不同的见解。一些学者着重于东盟自身因素,关注东亚区域合作中的"东盟方式"以及东盟一体化的外溢效应;[4]

一些学者更加强调东盟中心地位形成的外部因素,即东亚区域合作进程的特性。[5]由于理论基础与分析视角的不同,这些研究或着重于东盟自身在其中心地位的形成中所发挥的作用,或强调东亚区域环境带来的外部条件,其最终落点均突出了某一方面因素的影响。在多数关于东盟与东亚区域合作的研究中,东盟中心地位的形成被归因于由东盟所主导的区域合作框架,即内外因素共同作用的结果。[6]这类研究兼顾了东盟自身与东亚区域环境两方面的影响因素,将东盟在东亚区域主义与区域合作机制中扮演的角色与发挥的作用作为其中心地位的来源与基础。此外,部分学者认为,由于东亚地区缺少一个能够获得广泛认同的领导者,且东盟具有丰富的制度化经验,其在东亚区域合作中的角色可界定为"有限的中间人"(limited brokerage)、"地区合作的驾驶员"、"规范供给者"和"进程设计者"等,以区别于传统权力定义下的中心地位。[7]

世界政治的关系理论为东盟中心地位的内涵与形成提供了新的解释。秦亚青指出,东亚地区合作的主要模式是过程主导,其中起主导作用的并不一定是大国。[8]他认为,在东亚地区合作中,东盟始终发挥主导作用。作为中小国家组成的集团,东盟在地区事务与地区秩序中并不具备直接权力,其领导力更多地表现为维持合作过程等间接权力。这种间接权力由主体间的关系互动与平衡以及合作过程中产生的共识和规范所建构。根据这一理论,东亚区域多元、多重、多层次的合作机制构成了一种复杂的过程网络和关系网络,东盟在这一网络中则占据中心地位。关系与关系网络建构了东盟在东亚地区合作中多种形式的间接权力,而这种权力的生成及作用也体现了东盟中心地位形成的基本逻辑。但东亚地区合作并不仅限于制度层面,东盟主导作用的发挥或间接权力的施行必然涉及各主体在政治、安全、经济等领域的实质性合作。因此,对东盟中心地位的考量不应局限于东亚区域合作机制框架,应将不同领域中主体间的互动情况加入考量体系中,关注各主体在具体领域的合作关系及网络。

在该理论的基础上,魏玲结合社会学的理论与概念,提出了"关系平衡"的概念,认为"东盟中心"由关系性权力政治实践、关系网络化和情感关系过程三个机制将"关系平衡"制度化而来。[9]其中,"关系平衡"是指将地区相关大国纳入东盟的关系网络中,通过对关系的主动管理和调节,实现各种关系亲疏均衡和关系体系环境最优,从而维护自身安全、增进自身权利。除此之外,一些国外研究也将关系作为理解和分析东盟中心地位的重要变量。例如,李·琼斯(Lee Jones)将东盟的中心地位界定为东盟在东亚国际关系中的领导力。[10]他认为,东盟影响大国关系的能力并不源于制度安排,而是源于大国间的关系,各大国同东盟之间的关系、东盟国家间关系的本质以及东盟国家在特定地区议程或议题和主导性的社会政治集团利益影响下的关系等内外关系因素。理查德·斯塔布斯(Richard Stubbs)则更加强调东盟在东亚区域合作机制建构中所扮演的领导角色。[11]他将东盟的这种领导力解释为与其他主体的追随以及追随者对其管理或解决共同挑战的期待紧密相关的互动过程。这些研究将东盟的中心地位问题置于由东盟通过同其他国家的互动所形成的关系网络背景下,愈加凸显了"关系"对于东盟中心地位的价值。

梅里·卡瓦列罗-安东尼(Mely Caballero-Anthony)从社会网络的视角对东盟的中心地位进行了解读。[12]根据其研究,东盟的中心地位可以理解为东盟在区域合作机制架构中的地位。他认为,倘若将每一个合作机制作为一个独立的关系网络,那么在整个东亚区域合作机制网络图景中,东盟既作为多数网络中的节点之一,也居于不同的网络之间，为各个网络所紧密联结。因此，在这些网络所构成的结构中，东盟居于中心位置，并发挥桥接作用，这也就解释了东盟中心地位的由来。在此基础上，安东尼提出，在东亚峰会及其他由其所主导的区域合作机制中，东盟的中心地位体现在推动合作议程，通过召开会议的形式将区域主体联结到一起以及在多边合作中作为重要主体等方面，其在由区域合作机制所构成的网络结构中的地位随之不断上升。这种中心地位强化了东盟对区域环境与秩序的影响和塑造能力，也赋予了东盟有效的领导能力。该研究利用社会网络分析中的中心性概念，为中心地位提供了一种具有普适性的定义。尽管研究中并未对东盟的中心地位进行定量分析，但社会网络分析的视角使进一步的测量和验证成为可能。

上述研究为分析东盟的中心地位问题提供了新的动力。尽管多年来东盟在东亚区域合作中所发挥的作用及其重要性毋庸置疑，但关于如何定义东盟的中心地位以及在主体间竞争不断加剧的背景下东盟中心地位的未来存续等问题尚无定论。东盟的中心地位从何而来？更进一步说，基于东亚区域合作的不同层面，东盟何以占据中心地位？为回答上述问题，本章在笔者之前研究的基础上，从网络视角出发，结合社会网络理论及其方法从制度与互动层面进一步考察东盟在东亚区域合作中的中心地位。[13]在这一视角下，东盟的中心地位被抽象为社会网络分析中的中心性概念，东亚区域合作被具象为制度与互动层面的关系网络。下文从三个方面进行讨论：从网络视角对东盟在东亚区域合作中的中心地位进行界定，确定其质性；在社会网络理论及其方法的基础上，借助中心性概念，进一步阐释网络结构中关系与位置之间的逻辑，为分析东盟的中心地位提供一种新的路径；根据东亚区域合作制度与互动层面各领域的具体情境，刻画东盟在不同关系网络中的位置，从而考察其中心地位的水平。

二、关系、中心性与中心地位

社会网络理论近年来被广泛应用于社会学、经济学、管理学等相关学科研究的多个领域。在社会网络理论中，网络被视为一种不同于市场和层级的组织形式，[14] 是由一组单元以及定义其中任意两个单元是否、如何以及多大程度上相互联系的规则构成的结构；[15] 社会网络是由行为体之间的社会关系所构成的相对稳定的系统，[16] 其中的行为体既可以是个人，也可以是社群、组织或国家。根据这一理论，国际行为体通过互动建立联系、形成关系，特定领域或范围内的关系构成网络。相对于其他组织形式，这种基于互动的关系网络更具过程性和动态性。

在实际应用中，根据不同的理论分支和问题需求，既可以选择某个网络结构为研究对象，关注结构整体的特征；也可以着重于网络结构下的某个或某些行为体，分析个体间的互动及其对网络整体的影响。可以说，社会网络理论通过网络视角为理解和分析不同背景下各种类型的关系创设了一个新的情境。个人、社群、组织或国家间不同形式、不同内容的关系都可以通过网络结构得以呈现。由于关系是不断变化的，由关系构成的网络结构也处于动态过程中。行为体通过互动建立或改变相互之间的关系，进而建构关系网络；关系网络的结构特征影响行为体之间信息和资源的传递，影响行为体的互动模式及其在网络中所处的位置。

关系是社会网络理论的核心概念。在社会学领域，关系在理论上主要包括三种含义：一是作为亲族义务延伸的网络；二是作为特殊主义工具性纽带的交换网络；三是作为非对称性交易的社会交换网络。[17]前两种含义以亲缘和不同属性的利益界定关系，注重关系对社会伦理和规范的影响。在第三种含义中，关系体现为以社会交换为内容的互动模式，通过长期性的社会交换过程，信息与资源的流动使得主体间的关系水平以及各主体在网络中的位置发生变化，网络结构也随之变化。这种界定显然更适用于国际关系领域对于关系的理解。

在社会网络结构中，节点（node）代表其中的行为体，边（edge）则代表行为体之间的关系。不论是否出自带有目的性的互动行为，行为体之间的关系都是一种共有特征，在两者或多者之间建立某种联系。这种关系既可以是定向的，如一国向另一国进行贸易倾销；也可以是非定向的，如两国之间的游客互访。一些关系建立在行为体间既定的关联上，如地缘关系或文化、制度等方面的同质关系等，而通常情况下，行为体可以通过互动行为建立关系，如外交关系、贸易关系等。关系网络具有以下几个特征："第一，网络是一种组织形式，是由流动的、开放的关系构成的，包括网络节点、网络化过程和网络结构；第二，不同层面的网络互动具有传递性，小规模网络层面的互动可以传递到更大规模的网络层面，反之大规模互动又可以将影响传递到小群体；第三，关系网络具有很强的社会性和规范内涵，这是由关系本身的社会和规范属性决定的。"[18]

基于社会网络理论的两种研究取向，既可以将东盟视为由东南亚十国构成的关系网络，也可以将其视为东亚区域合作网络中的独立行为体。不同于既有的国际组织理论视角，作为网络的东盟，其结构并非建立在《曼谷宣言》或首脑会议等机制上，而是基于这些合作机制以及各成员国之间在各领域的实际交往所形成的互动关系。而作为独立行为体的东盟,其在东亚区域合作中的地位和作用并非由一体化的成功经验或大国博弈下的被动结果等单一因素决定,而是建立在以东盟为主导的东亚区域合作框架以及东盟与各国在不同互动领域的关系水平上。

社会网络理论不仅为本章提供了研究视角,同时也为分析东盟在东亚区域合作中的中心地位提供了可操作的方案。其基本逻辑是用节点代表个体,用节点之间的连线来描述个体之间的关系,从而构建社会网络模型,通过测量网络密度、节点出入度、节点构成的成分等参数可以分析得出关系网络的结构与个体特性。[19]在社会网络分析中,中心性是衡量某一节点与其他节点及整个网络结构之间关系的指标。通过分析节点的中心性,能够量化该节点在网络结构中的位置和重要性。中心性的测量包含三个分析要素:程度中心性(degree centrality)、接近中心性(closeness centrality)和中介中心性(betweenness centrality)。[20]程度中心性是某一节点同网络中其他节点关系数量的总和,是节点中心度最直接的体现,节点的程度中心性与其在网络中的重要性成正比;接近中心性是指某一节点与网络中其他节点之间直接或间接的接近程度,能够反映该节点通过网络获取信息及其他资源的能力;中介中心性是指某一节点在多大程度上居于网络中其他节点之间的位置,能够显示该节点与其周边节点之间的关联性以及该节点在所处网络中的桥接作用。

在关系网络的情境下,关系是分析行为体地位与权力的核心元素,中心性则能够反映节点在网络结构中的位置及其重要性。节点的中心性越高,该节点在网络结构中的位置便越趋向中心,对于其他节点和网络整体的影响也就越大。通过分析东盟在东亚区域合作网络中的中心性,能够判断东盟在这一网络结构中的位置。如果东盟的中心性最高,那么东盟则占据这一网络的中心位置，也就验证了东盟在东亚区域合作中的中心地位。不同的中心性分析指标有助于了解节点在直接关系数量以及与其他节点的接近程度和关联性等特征，进而判断该节点在关系网络中拥有着怎样的权力构成。这使得本章在检验东盟中心地位的基础上，能够进一步探究其来源与基础，及其在不同层面、不同领域的效力与局限。

在东亚区域合作中，东盟作为东亚区域合作的首倡者，在创立并主导东亚区域主要合作框架的同时，以其自身一体化的经验为东亚区域合作贡献智慧，因而在合作过程中起主导性作用。但东亚区域合作并不仅仅局限于"10＋N"、东盟论坛、东亚峰会等机制和规范中，域内各方在政治、安全、经济等领域的合作情况才是东亚区域合作的实质性体现。在网络视角下，东盟在东亚区域合作框架网络中的主导作用十分显著，而在政治、安全、经济等合作网络中，东盟的地位和作用则有待明确，需要通过各领域的不同指标进行具体分析。[21] 本章主要使用UCINET 软件建构关系网络并测量节点中心性。[22] 在上述分析框架下，本章将东盟作为独立行为体，通过东亚峰会划定区域合作网络的范围，[23] 以东盟、中国、日本、韩国、澳大利亚、新西兰、印度、美国、俄罗斯为对象，测量各节点的中心性，判断东盟在东亚区域合作机制、政治关系、安全关系以及经济关系网络中所处的位置，进而分析东盟在东亚区域合作中的中心地位。

三、东盟中心地位的网络分析：制度层面

东盟在东亚区域合作中的中心地位，首先体现在以东盟为主导的区域合作框架中。由东盟倡导并推动的一系列东亚及亚太合作机制在

东亚一体化进程中发挥了极其重要的作用,而东盟也通过将东亚各国引入东盟既有的合作机制,同时作为东盟国家的整体性力量积极参与东亚区域合作机制,逐渐在制度层面获得了巨大的优势。这一优势地位是东盟在同东亚各国长期的互动与合作中逐渐形成的,而其"中心性"也是相对于东亚区域合作的主体而言的,强调东盟在东亚区域合作机制中相对于其他国家的主导作用。本章将东盟、中国、日本、韩国、澳大利亚、新西兰、印度、美国、俄罗斯作为东亚区域合作中的主要行为体,将"东盟+N"(包括"10+1""10+3""10+6""10+8")、中日韩峰会、东亚峰会(EAS)、区域全面经济伙伴关系(RCEP)、东盟地区论坛(ARF)以及亚太经合组织(APEC)作为东亚区域合作机制的主体,通过建立"行为体—合作机制"网络,分析东盟在东亚区域合作机制网络中的中心地位。

东亚区域一体化兴起于 20 世纪 90 年代,冷战的结束与亚洲金融危机的爆发给东亚区域合作带来了巨大的发展契机,各国愈发意识到区域合作的重要性与紧迫性,一系列区域合作机制得以建立起来,逐步形成了当前东亚区域多主体、多层次、多领域的合作机制网络。影响东亚区域合作进程的主要合作机制包括"东盟+N"("10+1""10+3""10+6""10+8")、中日韩峰会、东亚峰会(EAS)、区域全面经济伙伴关系(RCEP)、东盟地区论坛(ARF)以及亚太经合组织(APEC)等。在东亚区域合作机制网络中,从参与度上看,东盟作为主体参与了除中日韩峰会和亚太经合组织之外的所有机制,亚太经合组织成员中包含七个东盟国家,东盟秘书处也作为观察员参与其中。从影响力上看,东盟在"东盟+N"、东亚峰会、区域全面经济伙伴关系以及东盟地区论坛中发挥主导作用,并获得了相关国家的认可。

表 7.1　东亚区域合作机制及成员国

合作机制	成员构成
"10＋1"(中)	东盟(菲律宾、印度尼西亚、泰国、新加坡、马来西亚、文莱、越南、老挝、缅甸、柬埔寨)、中国
"10＋1"(日)	东盟(菲律宾、印度尼西亚、泰国、新加坡、马来西亚、文莱、越南、老挝、缅甸、柬埔寨)、日本
"10＋1"(韩)	东盟(菲律宾、印度尼西亚、泰国、新加坡、马来西亚、文莱、越南、老挝、缅甸、柬埔寨)、韩国
中日韩峰会	中国、日本、韩国
"10＋3"	东盟(菲律宾、印度尼西亚、泰国、新加坡、马来西亚、文莱、越南、老挝、缅甸、柬埔寨)、中国、日本、韩国
"10＋6"	东盟(菲律宾、印度尼西亚、泰国、新加坡、马来西亚、文莱、越南、老挝、缅甸、柬埔寨)、中国、日本、韩国、印度、澳大利亚、新西兰
"10＋8"	东盟(菲律宾、印度尼西亚、泰国、新加坡、马来西亚、文莱、越南、老挝、缅甸、柬埔寨)、中国、日本、韩国、印度、澳大利亚、新西兰、美国、俄罗斯
东亚峰会	东盟(菲律宾、印度尼西亚、泰国、新加坡、马来西亚、文莱、越南、老挝、缅甸、柬埔寨)、中国、日本、韩国、印度、澳大利亚、新西兰、美国、俄罗斯
区域全面经济伙伴关系	东盟(菲律宾、印度尼西亚、泰国、新加坡、马来西亚、文莱、越南、老挝、缅甸、柬埔寨)、中国、日本、韩国、印度、澳大利亚、新西兰
东盟地区论坛	东盟(菲律宾、印度尼西亚、泰国、新加坡、马来西亚、文莱、越南、老挝、缅甸、柬埔寨)、中国、日本、韩国、朝鲜、蒙古、印度、巴基斯坦、孟加拉国、斯里兰卡、俄罗斯、美国、加拿大、澳大利亚、新西兰、巴布亚新几内亚、东帝汶、欧盟
亚太经合组织	文莱、印度尼西亚、马来西亚、菲律宾、新加坡、泰国、越南、中国、中国香港、中国台北、日本、韩国、澳大利亚、新西兰、墨西哥、巴布亚新几内亚、秘鲁、俄罗斯、美国、加拿大、智利

资料来源:笔者自制。

　　本章对东盟制度中心地位的网络分析主要基于二模网络中隶属网络的中心性分析。一模网络(one-mode network)是指由一个行为体集合内部各行为体之间的关系构成的网络,其中模(mode)指行为体的集合,模数则是行为体集合类型的数目。[24]由一类行为体集合与另一类行为体集合之间关系构成的网络称为二模网络(two-mode network)。隶属网络(affiliation network)是二模网络的一种,即如果网络中的一模

（行为体集合）为"各个行为体"，另一模为这些行为体所隶属的"各个部门"，则称这一网络为隶属网络，也称为成员资格网络，通常用来描述一组行为体对一系列事件的参与。[25]隶属网络既能够描述行为体通过共同参与事件而形成的关系，也能够描述事件在行为体的参与中所表现出来的特性。在隶属网络中，行为体各项中心性指标的测量与一模网络中行为体的中心性分析有一定的不同，需要考虑行为体通过参与不同事件所建立的关系，以判断在各个关系集合中行为体的关系数、距离及影响力。因此，可将隶属网络理解为行为体及其参与的关系集合，既要考虑行为体所隶属的事件，也要考虑行为体通过参与事件所建立的关系。

程度中心性也称度数中心性。如果某个节点有最高的程度中心度，则称该节点居于网络的中心，拥有权力。[26]本章主要讨论东盟在东亚制度、政治、安全、经济领域的中心地位，着重于各节点在上述不同领域的合作关系，并不涉及不同网络中某一节点的中心性比较或有向图中的点入度、出度分析，因此本章所关注的程度中心性是绝对程度中心度。在隶属网络中，某一节点的程度中心度是该行为体所隶属的事件数量，等于行为体共同成员矩阵 X^N 中对角线上的数值。[27]具体公式为：

$$C_D^{NM}(n_i) = \sum_{k=1}^{g+h} x_{ik}^{NM}$$

其中 $C_D^{NM}(n_i)$ 表示节点 i 的程度中心度，g 是网络中节点数，h 是事件数，x_{ik}^{NM} 代表节点 i 与事件 k 之间的隶属关系。公式表明，行为体 i 的程度中心度等于其通过所有事件的隶属关系所获得的联结数量。

接近中心性也称亲密中心性。如果一个节点与网络结构中所有其他节点的距离都很短，则称该节点具有较高的接近中心度，而一个节点越是与其他节点接近，该节点在传递信息方面就更加容易，因而可能居于网络的中心。[28]对隶属网络中的一个行为体而言，由于行为体之间通过其隶属的事件形成联系，所有从代表某一行为体的点发出的途径必然经过其所隶属的各个事件，因此这一行为体在网络中的接近中心度与该点到其他点的距离以及该点到所有事件的距离相关。也就是说，在隶属网络中，一个节点 n_i 的接近中心度是 n_i 所隶属的事件到其他节点和事件的距离的函数。其具体公式为：

$$C_C^{NM}(n_i) = \frac{1}{1 + \sum_{j=1}^{g+h} \min {}_k d(k, j)/(g+h-1)}$$

其中，$i \neq j$，$C_C^{NM}(n_i)$ 代表节点 i 的绝对接近中心度，g 是网络中节点数，h 是事件数，事件 k 与节点 i 邻接，d 表示测地距（连接两节点间的最短路径长度）。公式表明，隶属网络中某一行为体与其他行为体之间的联结必然经过该行为体所隶属的事件，行为体的接近中心度与其所隶属的事件之间存在相关性。一个行为体的接近中心度越高，意味着它与其他行为体和事件之间的关系越紧密，对资源和信息可能有着更大的影响力。

中介中心性也称中间中心性。在隶属网络中，行为体之间的关系需要经过共同隶属的事件来建构，因而事件总是处于行为体之间的捷径上。[29]假设在一个隶属网络中有 g 个行为体，h 个事件，某一行为体 i 仅隶属于事件 m，那么节点 i 得到 $g+h-2$ 个中介"点"（betweenness "points"）；因此，对一个行为体所隶属的所有"事件对（pairs of events）"而言，该节点则拥有 $1/x_{k_1}^M$ 个中介"点"。[30]节点 i 相应于网络结构中所有事件对的中介中心度加在一起，就得到 i 的绝对中介中心度。如果节点 i 的中介中心度数值为 0，则意味着行为体 i 不能控制任何其他行为体和事件，处于网络的边缘位置；如果节点 i 的中介中心度数值为 1，则意味着行为体 i 可以完全控制其他行为体和事件，处于网络结构的核心位置。因此，节点的中介中心度越大，便越具备控制或调解网络中各节点之间关系的能力。

本章首先将东盟、中国、日本、韩国、澳大利亚、新西兰、印度、美国、俄罗斯作为东亚区域合作的主要行为体，将"东盟＋N"（包括"10＋1""10＋3""10＋6""10＋8"）、中日韩峰会、东亚峰会、"区域全面经济伙伴关系"、东盟地区论坛以及亚太经合组织作为东亚区域合作机制的主体，建立"行为体—合作机制"隶属网络二分图（图 7.1）。在图 7.1 中，行为体和合作机制表现为两列形状不同的点，行为体与合作机制之

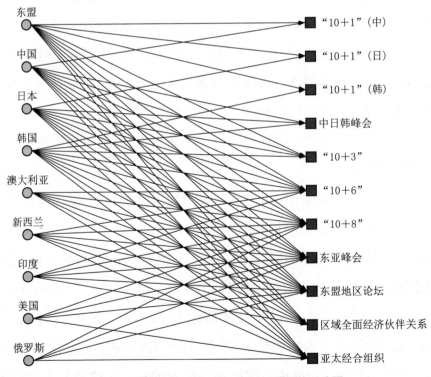

图 7.1　东亚区域"行为体—合作机制"网络二分图

资料来源：笔者自制。

间的关系用线来表示，在行为体之间或合作机制之间不存在直接
联系。

　　通过图 7.1 所示，各行为体与合作机制之间的关系得以形象地表
现出来，但未能对其关系结构提供更多的量化说明。因此，本章依据上
述行为体和合作机制之间的关系建立东亚区域"行为体—合作机制"隶
属关系矩阵，对行为体在合作机制中的参与情况以"是"或"否"两种情
况（1 表示是，0 表示否）进行描述。其中需要说明的是，尽管东盟未以
整体形式作为亚太经合组织的成员，但已加入亚太经合组织的东盟七
国（包括文莱、印度尼西亚、马来西亚、菲律宾、新加坡、泰国、越南）的国
土面积和人口分别占东盟的 75％和 87％，国内生产总值和贸易总额
均占东盟的 95％以上，在亚太经合组织中占据重要位置。同时，东盟
秘书处也作为亚太经合组织的三个观察员之一，广泛参与组织的各
项会议和事务。因此，本章将东盟在亚太经合组织中的参与情况认
定为"是"。

表 7.2　东亚区域"行为体—合作机制"隶属关系矩阵

合作机制 行为体	"10＋1" （中）	"10＋1" （日）	"10＋1" （韩）	"中日 韩峰会"	"10＋ 6"	"10＋ 8"	东盟 地区 论坛	东亚 峰会	区域全面 经济伙伴 关系	亚太 经合 组织
东盟	1	1	1	0	1	1	1	1	1	1
中国	1	0	0	1	1	1	1	1	1	1
日本	0	1	0	1	1	1	1	1	1	1
韩国	0	0	1	1	1	1	1	1	1	1
澳大利亚	0	0	0	0	1	1	1	1	1	1
新西兰	0	0	0	0	1	1	1	1	1	1
印度	0	0	0	0	1	1	1	1	1	0
美国	0	0	0	0	0	1	1	1	0	1
俄罗斯	0	0	0	0	0	1	1	1	0	1

资料来源：东盟及各国官方网站，数据截至 2018 年 12 月 31 日。

　　如表 7.2 所示,东亚区域"行为体—合作机制"隶属网络表现为一个 9×11 的长方形矩阵,东盟所在第 1 行的各列数值表明东盟对于各合作机制的参与情况。从表 7.2 中可以看出,东盟参与了除中日韩峰会之外的所有合作机制,在 9 个行为体中参与合作机制数目最多。经 UCINET 软件分析得出,各行为体在东亚区域合作机制网络中的中心性结果见表 7.3 所示。在表 7.3 中,9 个行为体的程度中心度、接近中心度、中介中心度在数值上分别呈现东盟,中国、日本、韩国、澳大利亚、新西兰、印度、美国、俄罗斯 5 个层级逐级下降的特征。东盟的三项结果分别为 0.909、0.931、0.181,均为各节点中的最高值,表明东盟在同各国的直接关系数量,对资源和信息的影响以及对各国间关系的控制和调解上有着最为明显的优势,充分明确了东盟在东亚区域合作机制网络中的中心地位。

表 7.3　东亚区域"行为体—合作机制"网络中心性分析结果

行为体 ＼ 中心度	程度中心度	接近中心度	中介中心度
东盟	0.909	0.931	0.181
中国	0.818	0.871	0.110
日本	0.818	0.871	0.110
韩国	0.818	0.871	0.110
澳大利亚	0.545	0.730	0.017
新西兰	0.545	0.730	0.017
印度	0.455	0.692	0.011
美国	0.364	0.659	0.005
俄罗斯	0.364	0.659	0.005

资料来源:笔者自制。

　　以上分析结果表明,东盟在东亚区域合作机制网络中占据中心地位。这一结果赋予了其中心地位以不同的内涵。就制度层面而言,东盟在东亚区域合作框架中发挥主导作用;而就关系层面而言,东盟通过东亚区域合作框架不断建构自身同各国之间的关系水平,积累了丰富的关系性权力资源,进一步巩固了自身的中心地位。通过将这一内容纳入东盟及东盟主导的各项合作机制,东盟的中心地位得以规范化,并得到了东亚各国的广泛认可。这不仅仅带来制度层面以及政治、安全、经济等具体合作领域中直接的话语权与影响力,也使得东盟能够作为一个独立的整体同其他国家和组织建立和强化相互之间的关系,为东盟共同体的发展营造更加有利的外部环境。

四、东盟中心地位的网络分析:互动层面

东亚区域合作机制网络涵盖政治、安全、经济等多个领域,从制度层面决定着东亚区域合作的广度;与之并行的是行为体在各领域的实际合作,表现为行为体的双边与多边关系,从互动层面决定着东亚区域合作的纵深。[31]制度层面的优势为东盟在东亚区域合作中的中心地位奠定了坚实的基础,但东亚区域合作不仅体现在作为制度化成果的合作框架中,也体现在行为体在不同领域所建立的合作关系及其构成的网络中。因此,在以上分析的基础上,须根据东亚区域合作的各个领域建立关系网络,择取具体指标,分析东盟在东亚政治、安全、经济合作中的地位与影响。

(一) 政治领域

本章将以行为体双方是否已经建立伙伴关系为指标,构建东亚政治关系网络,分析东盟在政治领域的中心地位。根据关系网络的基本定义,东亚政治关系网络指的是由东亚区域内的成员(包括国家与国际组织)以及其间的政治关系构成的网络。就一般意义而言,国

际政治关系意指国家和国际组织等国际行为体之间的双边关系及多边关系，是一个相对笼统的概念。本章中的政治、安全与经济关系着重于东亚区域各行为体在不同领域所建立的合作关系，目的在于描述行为体之间的双边互动关系及其构成的网络结构，进一步分析东盟在东亚区域政治、安全和经济合作中的地位与作用。同时，在东亚政治、安全与经济关系网络中，行为体并不仅限于东亚区域内的国家和组织，还包含那些已参与东亚区域合作进程并有着重要影响的行为体。因此，本章将东亚政治关系网络定义为由东亚区域政治合作进程中的行为体（包括国家与国际组织）以及其间的政治关系构成的网络。

东亚政治关系网络具有以下几个特征。第一，行为体的多元化。在东亚政治关系网络中，既包括区域内外的多个主权国家，也包括作为地区组织的东盟；既涵盖东亚地缘范围内的绝大多数行为体，也有澳大利亚、新西兰、印度、美国、俄罗斯这些域外国家的加入。在政治制度、宗教信仰、社会文化方面，东亚政治关系网络同时兼容了社会主义与资本主义、基督教与佛教、东方文化与西方文化等复杂多样的因素。行为体的多元化给东亚区域政治合作设置了诸多障碍，但随着行为体间相互依赖程度的加深，各种异质性特征得以在合作进程中迸发出新的动能，对整个关系网络起到强化作用。

第二，行为体间关系的多样性。如表 7.4 所示，东亚政治关系网络中，行为体之间存在着不同水平的双边关系，包括不同级别的伙伴关系以及非伙伴关系。伙伴关系包括战略伙伴关系、战略合作伙伴关系、全面战略伙伴关系、全面对话伙伴关系等，不同语汇的表述体现国家间伙伴关系的水平以及双方政治关系的紧密程度。伙伴关系的建立表明双方当下及未来合作的意愿。通过发表联合声明，双方在相互认同与共

表 7.4　东亚政治关系网络

	东盟	中国	日本	韩国	澳大利亚	新西兰	印度	美国	俄罗斯
东盟	—	战略伙伴关系(2003年)	战略伙伴关系(2011年)	战略伙伴关系(2010年)	战略伙伴关系(2014年)	战略伙伴关系(2015年)	全面对话伙伴关系(1995年)	战略伙伴关系(2015年)	全面对话伙伴关系(1996年)
中国	战略伙伴关系(2003年)	—	战略互惠关系(2006年)	战略合作伙伴关系(2008年)	全面战略伙伴关系(2014年)	全面战略伙伴关系(2014年)	战略合作伙伴关系(2005年)	新型大国关系(2013年)	全面战略协作伙伴关系(2011年)
日本	战略伙伴关系(2011年)	战略互惠关系(2006年)	—	成熟伙伴关系(2008年)	全面战略伙伴关系(2006年)	战略合作伙伴关系(2013年)	特殊全球战略伙伴关系(2014年)	全球性伙伴关系(1992年)	正式外交关系(1956年)
韩国	战略伙伴关系(2010年)	战略合作伙伴关系(2008年)	成熟伙伴关系(2008年)	—	战略合作伙伴关系(2009年)	正式外交关系(1962年)	战略伙伴关系(2010年)	全球性伙伴关系(2013年)	战略合作伙伴关系(2008年)
澳大利亚	战略伙伴关系(2014年)	全面战略伙伴关系(2014年)	全面战略伙伴关系(2006年)	战略合作伙伴关系(2009年)	—	盟友关系(1943年)	战略伙伴关系(2009年)	同伴关系(1918年)	正式外交关系(1942年)
新西兰	战略伙伴关系(2015年)	全面战略伙伴关系(2014年)	战略合作伙伴关系(2013年)	正式外交关系(1962年)	盟友关系(1943年)	—	正式外交关系(1952年)	新型战略伙伴关系(2010年)	正式外交关系(1944年)
印度	全面对话伙伴关系(1995年)	战略合作伙伴关系(2005年)	特殊全球战略伙伴关系(2014年)	战略伙伴关系(2010年)	战略伙伴关系(2009年)	正式外交关系(1952年)	—	战略伙伴关系(2002年)	战略伙伴关系(2000年)
美国	战略伙伴关系(2015年)	新型大国关系(2013年)	全球性伙伴关系(1992年)	全球性伙伴关系(2013年)	同伴关系(1918年)	新型战略伙伴关系(2010年)	战略伙伴关系(2002年)	—	正式外交关系(1933年)
俄罗斯	全面对话伙伴关系(1996年)	全面战略协作伙伴关系(2011年)	正式外交关系(1956年)	战略合作伙伴关系(2008年)	正式外交关系(1942年)	正式外交关系(1944年)	战略伙伴关系(2000年)	正式外交关系(1933年)	—

资料来源:东盟及各国官方网站,数据截至 2018 年 12 月 31 日。

同利益的基础上建立伙伴关系,并不受双边条约的约束,这使得行为体更易达成共识,保持双边关系的稳定性与灵活性。此外,澳大利亚与新西兰之间的"天然盟友"(natural allies)关系以及澳大利亚与美国之间的"同伴关系"(mateship)可以基本理解为水平较高的伙伴关系。[32] 行为体之间关系的多样性能够在一定程度上体现出东亚政治关系网络中关系水平的多样性,某一行为体同其他行为体之间的关系水平则建构着该行为体在网络中的地位及影响。

第三,双边与多边合作交错并行。东亚区域合作机制网络为东亚区域的政治合作提供了制度基础,而在国家发展以及一系列具体的区域事务中,各方的合作长期以来表现为双边与多边合作交错并行的状态。行为体对于双边和多边合作的选择受地缘关系与合作目标等因素的影响,行为体既能够在多边合作框架下寻求双边合作,也能够通过双边合作促进多边合作。双边与多边合作的有机结合有益于强化行为体之间的关系,进而强化东亚政治关系网络。

第四,弱关系主导下的合作。根据马克·格兰诺维特(Mark Granovetter)的"弱关系假设"理论,与强关系相比较,弱关系更有助于信息和资源的交互和流动,建立在弱关系基础上的社会关系网络的影响力更加广泛。[33] 在东亚政治关系网络中,强关系可指代国家联盟,而弱关系可指代更具普遍性的伙伴关系。从东亚区域政治关系的发展进程来看,各行为体间于近年来建立了一系列不同级别的伙伴关系,既有助于不同行为体间信息与资源的互补与共享,更促进了政治合作向经济、安全领域的外溢。

在东亚政治关系网络中,东盟作为唯一一个地区组织,同其他行为体之间均建立了不同级别的伙伴关系。东盟同各国伙伴关系的建立基于《东南亚友好合作条约》的开放性。从 2003 年起,中国、日本、俄罗斯、新西兰、美国等东南亚地区外国家不断加入《东南亚友好合作条约》,在认同条约中各项宗旨与原则的基础上与东盟建立了友好合作关系。伴随合作进程的发展,东盟与各国间的关系水平有所提升,分别与中国、日本、韩国、澳大利亚、新西兰、美国建立了战略伙伴关系,与印度和俄罗斯建立了全面对话伙伴关系,为东盟在东亚政治关系网络中的中心地位奠定了基础。

本章对东盟在东亚区域政治、安全、经济领域中心地位的网络分析主要是基于一模网络的中心性分析。在一模网络中,程度中心度的测量主要依据各节点间直接相连的边数,不考虑间接相连情况,反映节点在网络中活跃的积极程度。具体公式为:

$$C_D(N_i) = \sum_{j=1}^{g} x_{ij}$$

其中,$i \neq j$,$C_D(N_i)$ 表示节点 i 的程度中心度,g 是网络中节点数,x_{ij} 代表节点 i 与节点 j 之间的直接联系。公式表明节点 i 的程度中心度是节点 i 与其他 $g-1$ 个 j 节点之间直接联系的数量。因此,节点的程度中心度不仅反映该节点与其他节点之间的关联性,也受所在网络规模的影响。

测量接近中心度的具体公式为:

$$C_C(N_i) = \frac{1}{\left[\sum_{j=1}^{g} d(N_i, N_j)\right]}$$

其中,$i \neq j$,$C_C(N_i)$ 代表节点 i 的绝对接近中心度,$d(N_i, N_j)$ 表示节点 i 与节点 j 之间的测地距。公式表明节点 i 的接近中心度等于节点 i 与 $g-1$ 个节点之间测地距总和的倒数。这意味着节点的接近中心度越高,该节点与其他节点之间的测地距越短,越可能居于网络的中心。[34]但在具体操作中通常使用的是相对接近中心度指数，将节点 i 与 $g-1$ 个节点之间测地距的总和除以网络中可能出现的最小接近中心度，即 $g-1$，因此节点 i 的相对中心度则为：

$$\frac{g-1}{\left[\sum_{j=1}^{g} d(N_i, N_j)\right]}$$

假设节点 j 和节点 k 之间存在的测地距的路径数量用 g_{jk} 来表示，两点之间存在的经过第三个节点 i 的测地距路径数量用 $g_{jk}(N_i)$ 来表示，节点 i 能够控制 j 与 k 两点交往的能力便等于 i 处于 j 和 k 之间的捷径上的概率。节点 i 相应于网络结构中所有点对的中介中心度加在一起，就得到 i 的绝对中介中心度。其具体公式为：

$$C_B(N_i) = \sum_{j<k} g_{jk}(N_i)/g_{jk}$$

其中，$j \neq k \neq i$，且 $j < k$。$C_B(N_i)$ 代表节点 i 的绝对中介中心度。如果 $C_B(N_i)$ 数值为 0，则意味着节点 i 不能控制任何其他节点，处于网络的边缘位置，$C_B(N_i)$ 的数值越大，意味着该节点越能够控制或调解网络中各节点之间的关系。

为分析东盟在东亚政治关系网络中的中心性，本章以行为体之间是否已建立伙伴关系作为指标，构建东亚区域伙伴关系矩阵（见表7.5）。表7.5以"是"或"否"两种情况（1 表示是，0 表示否）描述了各行为体之间的伙伴关系情况。其中需要说明的是，基于对伙伴关系的界定，本章未将中日战略互惠关系、中美新型大国关系以及同盟关系等纳入其中。此外，由于国家间关系具有一定的时效性，一些伙伴关系已随国家间的互动上升到新的层次，而另一些伙伴关系已少有提及（如中日韩伙伴关系），因此本章主要依据近年来各国的官方提法对各方的政治关系进行定位。

表 7.5 东亚区域伙伴关系矩阵

	东盟	中国	日本	韩国	澳大利亚	新西兰	印度	美国	俄罗斯
东盟	—	1	1	1	1	1	1	1	1
中国	1	—	0	1	1	1	1	0	1
日本	1	0	—	1	1	1	1	1	0
韩国	1	1	1	—	1	0	1	1	1
澳大利亚	1	1	1	1	—	1	1	1	0
新西兰	1	1	1	0	1	—	0	1	0
印度	1	1	1	1	0	—	1	1	1
美国	1	0	1	1	1	1	1	—	0
俄罗斯	1	1	0	1	0	0	1	0	—

资料来源:笔者自制。

　　如表 7.5 所示,东亚区域伙伴关系矩阵表现为一个 9×9 的方形矩阵,东盟所在第 1 行的各列数值表明东盟与各国之间的伙伴关系情况。由表 7.5 可知东盟同东亚政治关系网络中的其他行为体均建立了不同级别的伙伴关系,为其在网络中的中心地位奠定了基础。经 UCINET 软件分析得出,东盟与各国的中心性分析结果如表 7.6 所示。为保证分析逻辑的一贯性,程度中心度和中介中心度由 UCINET 软件直接得出,取绝对程度中心度和绝对中介中心度数值;接近中心度数值由软件得出各节点与网络中其他节点测地距的总和,进而通过公式计算得出。根据中心性分析结果,东盟的程度中心度、接近中心度和中介中心度数值分别为 8.000、1.000、2.217,均为 9 个节点中的最高值,表明东盟在同各国的联结数量,对资源和信息的影响以及对各国间关系的控制和调解上有着最为明显的优势,充分明确了东盟在东亚政治关系网络中的中心地位。

表 7.6　东亚区域政治关系网络中心性分析结果

行为体 \ 中心度	程度中心度	接近中心度	中介中心度
东盟	8.000	1.000	2.217
中国	6.000	0.800	1.150
日本	6.000	0.800	0.400
韩国	7.000	0.889	1.317
澳大利亚	7.000	0.889	0.800
新西兰	5.000	0.727	0.400
印度	7.000	0.889	1.317
美国	6.000	0.800	0.400
俄罗斯	4.000	0.667	0.000

资料来源:笔者自制。

注:为与软件得出的程度中心度和中介中心度数值保持一致,接近中心度计算结果保留到小数点后三位。

由表 7.6 可见,由于东盟同其他节点之间均已建立伙伴关系,东盟的程度中心度和接近中心度都达到了可能的最高值。在韩国、澳大利亚、印度以及中国、日本、美国这两组程度中心度和接近中心度数值相同的节点中,其中介中心度都出现了一定的差异。中介中心度所显示的是某一节点处于其他节点对的捷径上的程度。由于俄罗斯在该网络中仅与东盟、中国、韩国和印度之间存在关系,对其他节点而言并不具备中介性,因而与俄罗斯相连的这四个节点便有了相对较高的中介中心度。日本和美国的程度中心度与接近中心度都高于新西兰,但三者的中介中心度数值相同,都为 0.400。原因在于,尽管新西兰只与五个节点有直接关系,但其中包含中国,中国与日本和美国之间不存在直接关系,因而新西兰相对于日本和美国而言具有较高的中介性。从三个中心性指标来看,各个节点的程度中心度与接近中心度之间存在着较强的相关性,而就中介中心性而言,那些与处于网络边缘的节点之间存在直接联系的节点更具优势。

东盟的中心性优势建立在同网络中各国间广泛的伙伴关系上。东盟目前有包括上述八国以及加拿大和欧盟共十个对话伙伴,东盟与对话伙伴国系列会议也作为各方磋商地区政治与安全问题的重要平台,在维护东亚的和平与稳定中发挥着积极的作用。与韩国、澳大利亚、印度等中心性较高的国家相较而言,东盟的对外关系可能受内部国家影响,更加被动且更具不确定性。但随着共同体的建立,集体身份与共同意识的强化使得东盟内部在立场和声音上更易于达成一致。东盟作为独立行为体与各国之间建立并发展的伙伴关系,与东盟内部各国的外交关系发展是并行不悖的。而东盟地区组织的身份也淡化了内外国家间矛盾对区域合作的影响,使得东亚区域合作能够在相对稳定的条件下顺利发展。

(二) 安全领域

安全问题始终是东亚各国关注的焦点。大国实力对比带来的结构性矛盾,美国同盟体系的调整与巩固,拥核国家的聚集,朝鲜半岛问题等多种直接或潜在因素影响着各国间安全关系的发展,也使得东亚地区的安全态势复杂化。东盟在东亚区域安全合作中起到了独特的引导和示范作用。一方面,东盟地区论坛作为亚太地区最为主要的多边安全合作机制,为推动东亚各国的安全对话与合作作出了巨大的贡献;另一方面,东盟通过将东亚各国纳入《东南亚友好合作条约》,使非武力和非干涉等原则成为所有缔约国的共同认识。本章将以同盟关系、军事合作关系和条约关系为指标,建立东亚安全关系网络,分析东盟在东亚区域安全合作中的中心地位。

东亚区域内主要的国家与组织以及在该区域有重大利益关切的域外大国构成了东亚安全关系网络的主体。东亚安全关系网络随行为体之间的竞争与合作等互动行为而一直处于动态过程中。从总体来看，目前东亚安全关系网络主要具有以下几个特征。

第一，区域安全体系依然受冷战时期两极对峙结构的影响，稳定的安全秩序尚未形成。东亚是受冷战影响最为深重的地区，冷战的结束并未从根本上改变这一地区的权力格局与安全关系，一些冷战遗留问题有待解决，国家间边界、领土、领海纠纷以及民族、宗教、文化冲突仍是引发传统安全问题与非传统安全问题的导火索。按照国家寻求安全的方式，东亚地区国家可分为作为地区安全供给国的美国、作为他助国家的美国盟国以及作为自助国家的中国三类；从国家间安全关系的类型看，东亚地区既存在安全竞争关系，也存在安全依赖关系。[35]因此，东亚地区体系兼具无政府体系与安全等级体系的特征，是典型的"准无政府体系"。安全利益的扩大加深了关系网络中各行为体的相互依赖，核武器的发展及其威慑作用也极大地降低了国家间冲突与战争的概率，在国际法与各项合作机制的约束下，尽管各方在安全观念与战略取向等方面存在分歧，但协商与合作仍然是大势所趋。

第二，多边安全合作效力有限，行为体之间的安全关系更多体现在军事领域的实质性合作当中。东盟地区论坛作为亚太地区的多边合作机制，对东亚区域安全合作提供了制度与平台上的支持，但松散的机制性特征决定了东盟地区论坛功能与作用的局限性。冷战后，美国不断巩固以美日、美韩、美澳双边安全同盟为主要支柱的同盟体系，通过扩大合作范围、强化合作方式等举措对其同盟关系进行了调整，赋予其同盟国家更加重要的战略地位和责任。同时，美国于近年来积极发展与以菲律宾、泰国为主的东盟国家之间的同盟关系以及与印度之间的"准同盟"关系，其在东亚区域的同盟体系呈逐渐扩大趋势。美国同盟体系是东亚安全关系网络中的重要组成部分。如图 7.2 所示,东亚安全关系网络包括同盟关系、军事合作关系[36]与条约关系三种类型的安全关系,三者强度逐级下降。[37]对其他国家而言,美国同盟体系的存在增加了东亚安全关系网络的不稳定性与非对称性,促使各国借助东盟与东盟地区论坛等机制的力量发展更加有效的双边及多边安全合作。通过开展军事领域的实质性合作,行为体之间在国家安全与区域安全的共同利益基础上建立了不同水平的合作关系。而这种基于多边安全条约与军事实务的合作关系构成了行为体之间在安全领域的弱关系,成为东亚安全关系网络中最为普遍的关系模式。

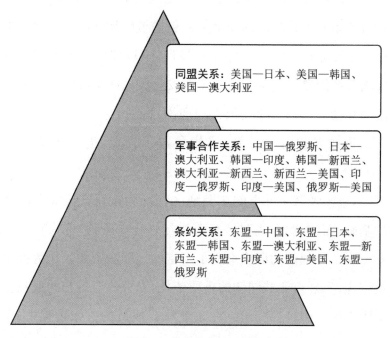

同盟关系:美国—日本、美国—韩国、美国—澳大利亚

军事合作关系:中国—俄罗斯、日本—澳大利亚、韩国—印度、韩国—新西兰、澳大利亚—新西兰、新西兰—美国、印度—俄罗斯、印度—美国、俄罗斯—美国

条约关系:东盟—中国、东盟—日本、东盟—韩国、东盟—澳大利亚、东盟—新西兰、东盟—印度、东盟—美国、东盟—俄罗斯

图 7.2　东亚安全关系网络

资料来源:东盟及各国官方网站;斯德哥尔摩国际和平研究所政府间常规武器交易数据库,https://www.sipri.org/databases/armstransfers,数据截至 2018 年 12 月 31 日。

第三,区域大国间的关系对整个东亚区域安全格局起决定性作用,结构性对抗与有限度合作成为大国安全关系的主流。在美国政府2017 年底公布的国家安全战略报告中,特朗普表示美国将回归"有原则的现实主义"(principled Realism),以保卫美国的国土安全、促进美国的繁荣、强力捍卫和平以及提升美国的影响力四项重要国家利益为战略支柱,并将俄罗斯与中国明确列为挑战美国实力、影响和利益的"竞争对手"(rival powers)。[38]美国作为最大的发达国家,长期将保持自身在亚太地区以至全球范围内的军事优势作为其国家发展的重要目标,中国的快速发展对其优势地位产生了直接的挑战。中国作为最大的发展中国家和东亚区域大国,在自身发展和地区事务中与美国有着难以规避的结构性矛盾。中国和日本之间有着历史遗留的信任困境,美日同盟关系使中日之间的安全关系更加敏感和微妙。中国与俄罗斯在战略上相互靠近,而美俄之间的战略竞争也加剧了美国对中国的疑虑。大国关系的错综复杂构成了东亚安全关系网络的底色。随着各行为体之间互动的增强与相互依存的加深,区域安全的共同诉求促使各国建立双边或多边合作关系,寻找利益汇合点,进而开展有限度的合作。

第四,东盟及其主导下的东盟地区论坛为东亚安全关系网络提供了制度基础,而"东盟方式"与《东南亚友好合作条约》也为行为体之间共有安全观念与规范的形成贡献了丰富的经验和资源。作为推动东亚一体化进程、实现东亚共同体的重要依托,东亚峰会最初的成员构成仅限于东盟十国与中日韩三国。在东亚峰会成员的扩张过程中,东盟设置了三项标准,即应是东盟的全面对话伙伴、已加入《东南亚友好合作条约》以及与东盟组织有实质性的政治和经济关系。在《东南亚友好合作条约》的约束下,缔约国在处理国家间关系时须遵循以下原则:"相互尊重独立、主权、平等、领土完整和民族特性;任何国家都有免受外来干涉,颠覆和制裁,保持其民族生存的权利;互不干涉内政;和平解决分歧或争端;反对诉诸武力或以武力相威胁;缔约各国间进行有效合作。"[39]各国对该条约的签署表明其对上述原则的基本认可,而这些原则也在一定程度上发挥了约束作用。在东亚区域安全关系的发展过程中,各国在安全观念与国家战略等方面表现出极大的差异性。通过东盟与各国间几十年的互动与合作,以"东盟方式"为主的东盟原则与规范已经深深嵌入东亚区域合作中。在这些原则与规范的基础上,东亚区域安全合作规范逐渐形成,为各国间相互理解与认同的实现创造了有利条件。

　　本章以同盟关系、政府间常规武器交易情况(2010—2018 年)以及是否共同签署相关条约为指标,建构东亚安全关系网络,分析东盟在东亚安全关系网络中的中心性。首先,以东盟、中国、日本、韩国、澳大利亚、新西兰、印度、美国、俄罗斯为主体,建立东亚安全关系矩阵(如表 7.7 所示),以"是"或"否"两种情况(1 表示是,0 表示否)描述各行为体之间的军事安全关系。

表 7.7　东亚安全关系矩阵

	东盟	中国	日本	韩国	澳大利亚	新西兰	印度	美国	俄罗斯
东盟	—	1	1	1	1	1	1	1	1
中国	1	—	0	0	0	0	0	0	1
日本	1	0	—	0	1	0	0	1	0
韩国	1	0	0	—	0	1	1	1	0
澳大利亚	1	0	1	0	—	1	0	1	0
新西兰	1	0	0	1	1	—	0	1	0
印度	1	0	0	1	0	0	—	1	1
美国	1	0	1	1	1	1	1	—	1
俄罗斯	1	1	0	0	0	0	1	1	—

资料来源:笔者自制。

如表 7.7 所示,东亚安全关系矩阵表现为一个 9×9 的方形矩阵,东盟所在第 1 行的各列数值表明东盟与各国之间的安全关系情况。由表 7.7 可知东盟同东亚安全关系网络中的其他行为体均建立了安全合作关系,为其在网络中的中心地位奠定了基础。美国次之,与除中国之外的所有行为体间都存在军事安全合作关系。中国是矩阵中关系数最少的国家,仅与东盟和俄罗斯存在条约关系和军事安全合作关系。

经 UCINET 软件分析得出,东盟与各国的中心性分析结果如表 7.8 所示。根据中心性分析结果,东盟的程度中心度、接近中心度和中介中心度数值分别为 8.000、1.000、9.333,均为 9 个节点中的最高值,程度中心度、接近中心度都已达到可能的最高值,且东盟的中介中心度远远高于其他节点。这表明东盟在同各国的联结数量,对资源和信息的影响以及对各国间关系的控制和调解上有着最为明显的优势,充分明确了东盟在东亚安全关系网络中的中心地位。美国的中心性结果位于第二位,其程度中心度、接近中心度、中介中心度数值分别为 7.000、0.889、4.333,程度中心度和接近中心度与东盟接近,但中介中心度与东盟差距较大。韩国、澳大利亚、新西兰、印度、俄罗斯五个节点的程度中心度和接近中心度相同,俄罗斯的中介中心度高于前四者。原因在于,五国中仅有俄罗斯一国与中国间存在军事安全合作关系,而中国是东亚安全关系网络中中心度最低的国家,俄罗斯与中国之间的关系对中国与其他节点间的关系具有中介性,提高了俄罗斯的中介中心度。日本的程度中心度、接近中心度均高于中国,但由于与中、日两国相连的其他节点均有联结,两个节点对其他节点而言都不具备中介性,因此两国的中介中心度均为 0.000。

表 **7.8**　东亚安全关系网络中心性分析结果

中心度 行为体	程度中心度	接近中心度	中介中心度
东盟	8.000	1.000	9.333
中国	2.000	0.571	0.000
日本	3.000	0.615	0.000
韩国	4.000	0.667	0.333
澳大利亚	4.000	0.667	0.333
新西兰	4.000	0.667	0.333
印度	4.000	0.667	0.333
美国	7.000	0.889	4.333
俄罗斯	4.000	0.667	1.000

资料来源:笔者自制。

　　在东亚安全关系网络中,美国、俄罗斯、中国在近五年的常规武器出口国中位列前五位,占全球常规武器出口的一半以上。印度、中国、澳大利亚分别在常规武器进口国中排名第一位、第五位和第六位。[40] 美国奉行"美国优先"战略,在不断调整和巩固以自身为中心的"扇形"同盟体系的同时,通过政府间常规武器交易与印度和俄罗斯建立了军事合作关系。中国坚持总体国家安全观与积极防御战略方针,主张发展不结盟、不对抗、不针对第三方的军事关系,因此中国最先加入《东南亚友好合作条约》,在东亚安全关系网络中仅与俄罗斯一国存在常规武器交易关系。[41] 与同盟关系、军事合作关系相比,以东盟为核心的条约关系较为松散,且不具强制约束力。但通过签署《东南亚友好合作条约》,东盟将其中心地位以及以"东盟方式"为主的东盟理念规范化,并逐渐成为东亚各国的共识,在观念上影响并约束着各国的互动与合作。当前东亚地区呈现冲突与依赖、竞争与合作共存的安全态势,多层次、多类型的安全关系以及整个网络结构的集中化使东亚安全关系网络更加复杂。在这一背景下,东盟的角色与作用愈加凸显,而以东盟为主导的条约关系也成为多边安全合作最具可行性的范例。

(三) 经济领域

东盟作为中小国家的联盟组织,不论是其经济实力还是经济规模都相对有限,并不具备传统意义上主导区域经济合作的能力。但通过在制度层面建立并主导一系列东亚区域合作机制,在观念层面提供"东盟方式"等作为合作原则与规范的公共产品,东盟使自身在东亚区域经济合作中的中心地位成为可能。本章将以是否已签署自由贸易协定为指标建构东亚经济关系网络,通过描述各行为体之间的自由贸易关系情况,分析并验证东盟在东亚经济合作中的中心地位。

建立东亚经济关系网络意在描述东亚区域各行为体在经济领域的合作关系。就区域整体而言,行为体的经济合作表现在参与区域经济合作机制与推动经济一体化进程当中;而就行为体个体而言,与其他行为体之间的经济关系表现在是否采取了促进双方合作的举措(如签署自由贸易协定)以及实质上的贸易与投资往来。

东亚经济关系网络具有以下几个特征:第一,经济增长主要由区域内需驱动,行为体间产业结构互补性强。东亚区域内各行为体在经济制度、发展模式、发展水平上都存在极大的差异性,这种差异性使行为体之间很难形成对称的合作关系,进而加剧区域经济发展的不平衡性。但这种差异性在某种程度上为行为体间的产业分工提供了便利,各国在资源占有与产业优势的基础上发展合作关系,在区域产业结构上呈现出一定的优越性。尽管东亚区域各国目前仍以出口型经济为主,但在区域产业结构中,日本与韩国主要负责资金、技术与管理的提供,其作用体现于技术密集型产业中;中国与东盟主要负责劳动力的提供以及生产过程,其作用则表现在劳动力密集型产业中。随着各国国内产业结构的升级,东亚区域产业链出现了新的态势,域外国家的加入更凸显了区域产业结构调整的必要性。这需要东亚经济关系网络中的各行为体将自身战略与区域发展有效对接,形成更加完善和更具可持续性的区域产业结构。

第二,尽管经济合作往往先行于政治和安全合作,但经济关系始终受政治、安全关系的影响。区域经济一体化进程的推进表明了东亚各国对于经济合作的强烈的意愿与决心,也将各国间的经济关系提升到了前所未有的水平。但经济合作关系的发展也常因各国在政治与安全领域的矛盾或冲突而停滞,甚至出现倒退。东亚区域政治安全环境的复杂性令各国间的经济关系不能保持一贯的、积极的态势,而是常常陷于国家间的历史遗留问题与信任危机等传统安全困境中,难以突破各国在政治与安全方面的利益冲突。经济关系“政治化”、政经分离等现象严重影响着东亚区域政治、安全、经济等领域关系的有机结合。在这种情况下,单纯依靠制度并不能实现问题的解决,而东亚国家在通常情况下采取的都是一种“应激性”策略,或是暂时搁置争议,避免因合作的停滞或倒退影响更重要的国家利益。由于东亚国家对于主权、领土等政治安全利益的高度敏感性,当双方或多方在其重大关切上产生冲突时,各国选择限制或停止经济合作以表明自身的立场和态度,或希望通过经济制裁对对方形成压力,以达成本国的战略目标。这一特征的根本原因在于东亚各国间权力与利益的纵横交错,但也暴露了东亚区域合作机制在经济领域效力的局限性。

第三,行为体间经济关系水平差距大,影响着整个东亚经济关系网络的结构特征。经济关系水平并不取决于行为体双方经济合作的规模,而是基于双方合作的意愿与行动。一方面,经济关系受政治、安全关系所限,在政治与安全领域未能进行有效合作的行为体之间难以在经济领域实现突破,良好的政治与安全合作关系是经济合作关系顺利发展的必要条件。另一方面,行为体本身对于合作的意愿与行动是合作达成的基础,只有行为体双方或多方有着合作的意愿与利益汇合点,才能通过具体行动增进相互之间的了解与共识,在互动过程中发展合作关系。行为体间经济关系水平的差异使得东亚经济关系网络难以形成紧密而稳定的结构,也制约着行为体间经济合作的均衡发展。

为分析东盟在东亚经济合作中的中心地位,本章以是否已签署自由贸易协定为指标(1 表示是,0 表示否),建构东亚经济关系矩阵,描述各行为体之间的自由贸易关系情况,见表 7.9 所示。[42]

表 7.9　东亚经济关系矩阵

	东盟	中国	日本	韩国	澳大利亚	新西兰	印度	美国	俄罗斯
东盟	—	1	1	1	1	1	1	0	0
中国	1	—	0	1	1	1	0	0	0
日本	1	0	—	0	1	0	1	0	0
韩国	1	1	0	—	1	1	1	1	0
澳大利亚	1	1	1	1	—	1	0	1	0
新西兰	1	1	0	1	1	—	0	0	0
印度	1	0	1	1	0	0	—	0	0
美国	0	0	0	1	1	0	0	—	0
俄罗斯	0	0	0	0	0	0	0	0	—

资料来源:参见亚洲开发银行 ARIC 项目中关于自由贸易协定的数据,https://aric.adb.org/fta-country,数据截至 2018 年 12 月 31 日。

表 7.9 显示,东亚经济关系矩阵表现为一个 9×9 的方形矩阵,东盟所在第 1 行的各列数值表明东盟与各国之间的自由贸易关系情况。由表 7.9 可知,东盟同除美国、俄罗斯之外的所有国家均建立了自由贸易关系,韩国同除日本、俄罗斯之外的所有国家均建立了自由贸易关系,澳大利亚同除印度和俄罗斯之外的所有国家均建立了自由贸易关系。因此,东盟、韩国、澳大利亚是东亚经济关系网络中自由贸易关系

最为广泛的行为体,为其在网络中的中心地位奠定了基础。俄罗斯并未与该网络中的任何行为体建立自由贸易关系,美国也仅与韩国和澳大利亚之间存在自由贸易关系。

经 UCINET 软件分析,东盟与各国的中心性分析结果如表 7.10 所示。根据中心性分析结果,东盟的程度中心度、接近中心度和中介中心度数值分别为 6.000、0.471、2.667,程度中心度和接近中心度均与韩国和澳大利亚相同,为 9 个节点中的最高值,但中介中心度低于韩国和澳大利亚。这表明东盟在同各国的联结数量、对资源和信息的影响上存在优势,但对各国间经济关系的影响力不及韩国和澳大利亚。中国和新西兰的程度中心度、接近中心度均高于日本和印度,但中介中心度为 0.000,低于日本和印度。原因在于日本和印度的关系数量少,但两者间存在自由贸易关系,增强了日印两国的中介性。而由于缺少同其他节点之间的直接联系,美国的中介中心度同样为 0.000。东亚经济关系网络的特殊性在于俄罗斯,它与其他节点之间并未建立自由贸易关系,因而在网络中成为孤点,其程度中心度和中介中心度均为 0.000,接近中心度则无法测算。

表 7.10　东亚经济关系网络中心性分析结果

行为体 ＼ 中心度	程度中心度	接近中心度	中介中心度
东盟	6.000	0.471	2.667
中国	4.000	0.421	0.000
日本	3.000	0.400	0.333
韩国	6.000	0.471	3.833
澳大利亚	6.000	0.471	3.833
新西兰	4.000	0.421	0.000
印度	3.000	0.400	0.333
美国	2.000	0.381	0.000
俄罗斯	0.000	——	0.000

资料来源:笔者自制。

实质上,自由贸易关系并不能完全定义东盟以及东亚各国之间的经济关系与经济合作水平,但能够体现双方合作的意愿以及对于优势互补、共同发展的认同。目前,东盟与中国、日本、韩国、澳大利亚、新西兰、印度六国签署了自由贸易协定,中日韩自由贸易区谈判也已经开启。与此同时,通过倡导并推进"区域全面经济伙伴关系",东盟为实现区域经济一体化提供了新的范式,也在制度层面为东亚经济关系网络创造了更多的有利条件。经济发展始终是各国国家战略的重中之重。随着东亚各国相互依赖的加深,区域经济一体化进程也必然随之前进。东亚经济关系网络的分散与不平衡制约着区域经济发展的包容性和可持续性,这需要东盟和东亚各国继续推进"区域全面经济伙伴关系",加强东亚经济关系网络的凝聚力,在自身发展的同时共同促进东亚地区的稳定与繁荣。

五、结 论

本章的分析结果证明,东盟的中心地位不仅建立在对区域合作机制的参与或主导上,也体现在东盟与各国在政治、安全、经济等领域的互动之中。但就各领域的具体情境而言,东盟在不同关系网络中的中心性水平并不一致,甚至表现出较大的差异性。尤其是在经济领域,目前东盟仅居于"次中心"位置。这意味着东盟所拥有的并非一种全面且统一的中心地位,而鉴于关系网络的动态性,东盟的中心地位仍有被替代的可能。结合当前区域合作进程的总体态势来看,在制度层面上,基于其已有的巨大优势以及制度本身的稳定性,东盟将长期保有中心地位以及与之匹配的关系性权力。在互动层面上,东盟作为次区域共同体,在政治、安全、经济领域合作中的身份极具特殊性,既有益于发挥组织的整体性力量,又可能受制于组织内部的关系水平,尤其在经济领域,东盟自身的局限性表现得尤为明显。可以说,东盟的中心地位更多地体现在提供合作平台、塑造合作环境、推动合作议程以及在主体间发挥桥接作用等方面,并不能等同于传统权力定义下的中心地位,但东盟的这种中心地位显然更加适应当前机制化、网络化的东亚区域合作进程。本章着重于从制度与互动层面考察东盟的中心地位,尽管网络分析强调关系与关系网络的动态性,但受指标与数据影响,文中只反映了一定时期内的情况,且单一指标难以反映具体领域的整体水平,东盟的地位与作用仍然有待进一步的研究。

(原载《世界经济与政治》2019 年第 7 期)

注释

1. 关于东盟中心地位的相关英文表述主要有 centrality、driver's seat、leadership、leading role、central role 等。

2. 参见"The ASEAN Charter," http://www.asean.org/wp-content/uploads/2012/05/11.-October-2015-The-ASEAN-Charter-18th-Reprint-Amended-updated-on-05_-April-2016-IJP.pdf,访问时间:2019 年 5 月 2 日;"The ASEAN Community Vision 2025:Forging Ahead Together," http://asean.org/storage/2015/11/67.-December-2015-ASEAN-2025-Forging-Ahead-Together-2nd-Reprint.pdf,访问时间:2019 年 5 月 2 日。

3. 参见《习近平出席亚太经合组织领导人与东盟领导人对话会》,http://world.people.com.cn/n1/2017/1111/c1002-29640049.html,访问时间:2019 年 5 月 2 日;《李克强在第 20 次中国——东盟领导人会议

上的讲话（全文）》，http：//www. xinhuanet. com/world/2017-11/14/c_
1121950086.htm，访问时间：2019 年 5 月 2 日。

4. 王玉主：《RCEP 倡议与东盟"中心地位"》，《国际问题研究》2013
年第 5 期，第 46—59 页；Peter A. Petri and Michael G. Plummer，
"ASEAN Centrality and the ASEAN-US Economic Relationship," ht-
tp：//www. eastwestcenter. org/sites/default/files/private/ps069. pdf，
访问时间：2019 年 5 月 2 日；翟崑等：《东盟对东亚合作主导权的波动
规律(1997—2017)》，《教学与研究》2017 年第 6 期，第 50—57 页。

5. 喻常森：《东盟在亚太多边安全合作进程中的角色分析》，《外交
评论》2007 年第 8 期，第 59—66 页。

6. 刘少华：《论东盟在东亚区域合作中的领导能力》，《当代亚太》
2007 年第 9 期，第 39—45 页；陆建人：《从东盟一体化进程看东亚一体
化方向》，《当代亚太》2008 年第 1 期，第 21—35 页；刘阿明：《东亚共同
体建设：关于现状与问题的思考》，《东南亚研究》2010 年第 1 期，第
49—57 页。

7. 参见 Ralf Emmers and See Seng Tan, "Conclusion：Trends
and Driving Forces in East Asian Regionalism," in Ralf Emmers, ed.，
ASEAN and the Institutionalization of East Asia，Oxon：Routledge，
2012，pp. 192—196；Evelyn Goh，"Institutions and the Great Power
Bargain in East Asia：ASEAN's Limited 'Brokerage' Role," *ASEAN
and the Institutionalization of East Asia*，pp. 105—121；顾静：《东盟
"中心地位"面临的变局及其重构》，《当代世界》2014 年第 3 期，第 64—
66 页。

8. 秦亚青：《关系与过程：中国国际关系理论的文化建构》，上海：上
海人民出版社 2012 年版。

9. 魏玲:《关系平衡、东盟中心与地区秩序演进》,《世界经济与政治》2017 年第 7 期,第 38—64 页。

10. Lee Jones, "Still in the 'Driver's Seat', But for How Long? ASEAN's Capacity for Leadership in East-Asian International Relations," *Journal of Current Southeast Asian Affairs*, Vol.29, No.3, 2010, pp.95—113.

11. Richard Stubbs, "ASEAN's Leadership in East Asian Region-Building: Strength in Weakness," *The Pacific Review*, Vol.27, No. 4, 2014, pp.523—541.

12. Mely Caballero-Anthony, "Understanding ASEAN's Centrality: Bases and Prospects in An Evolving Regional Architecture," *The Pacific Review*, Vol.27, No.4, 2014, pp.563—584.

13. 笔者曾尝试运用社会网络分析法对东盟在东亚合作网络中的位置与关系性权力进行量化,参见董贺:《关系与权力:网络视角下的东盟中心地位》,《世界经济与政治》2017 年第 8 期,第 88—105 页。本章在此基础上建立了更加完整的分析框架,深化并拓展了这一分析过程。关于社会网络分析在国际关系研究领域的应用,参见陈冲、刘丰:《国际关系的社会网络分析》,《国际政治科学》2009 年第 4 期,第 92—111 页。

14. Walter Powell, "Neither Markets nor Hierarchy: Network Forms of Organization," *Research in Organizational Behavior 12*, 1990, pp.295—336.

15. Zeev Maoz, *Networks of Nations: The Evolution, Structure, and Impact of International Networks, 1816—2001*, New York: Cambridge University Press, 2011, p.7.

16. Barry Wellman, "Structural Analysis: From Method and Metaphor to Theory and Substance," in B. Wellman and S. Berkowitz, eds., *Social Structures: A network Approach*, Cambridge: Cambridge University Press, 1988, pp.19—61.

17. Bian Yanjie, "Guanxi Capital and Social Eating: Theoretical Models and Empirical Analyses," in Nan Lin, Karen Cook and Ronald S. Burt, eds., *Social Capital: Theory and Research*, New York: Aldine de Gruyter, 2001, pp.275—295.

18. 魏玲:《关系、网络与合作实践:清谈如何产生效力》,《世界经济与政治》2016 年第 10 期,第 39—58 页。

19. 参见[美]戴维·诺克、杨松:《社会网络分析》,李兰译,上海:上海人民出版社 2012 年版。

20. Linton C. Freeman, "Centrality in Social Networks: Conceptual Clarification," *Social Networks*, No.1, 1978/1979, pp.215—239.

21. 在政治、安全、经济领域,可选择的测量指标并不是唯一的。为分析主体间在各领域的关系水平,本章主要依据主体合作的意愿及其互动成果在双边关系上的体现,择取最能够表现合作关系特性的指标。

22. 软件来源:Borgatti, S.P., Everett, M.G. and Freeman, L.C., Ucinet for Windows: Software for Social Network Analysis, Harvard, MA: Analytic Technologies, 2002. 关于 UCINET 软件的介绍详见刘军:《整体网分析讲义:UCINET 软件实用指南》,上海:上海人民出版社 2014 年版。

23. 本章将东亚峰会成员作为东亚区域合作网络的考察范围,原因在于不论从影响力还是从合作的深度与广度来看,东亚峰会都是区域合作进程中最具代表性的机制。与地缘意义上的东亚国家相比,东亚峰会的成员更能够代表东亚区域合作的主体。

24. 刘军：《整体网分析讲义：UCINET 软件实用指南》，第 5 页。

25. 参见［美］戴维·诺克、杨松：《社会网络分析》，第 160 页；刘军：《整体网分析讲义：UCINET 软件实用指南》，第 5 页。

26. 刘军：《整体网分析讲义：UCINET 软件实用指南》，第 127 页。书中将程度中心性和中介中心性分别称为度数中心性和中间中心性。

27. Katherine Faust, "Centrality in Affiliation Networks," *Social Networks*, No.19，1997，pp.157—191.

28. 刘军：《整体网分析讲义：UCINET 软件实用指南》，第 134 页。

29. 刘军：《整体网分析讲义：UCINET 软件实用指南》，第 286 页。

30. Katherine Faust，"Centrality in Affiliation Networks," pp. 157—191.

31. 董贺：《关系与权力：网络视角下的东盟中心地位》，《世界经济与政治》2017 年第 8 期，第 88—105 页。

32. 此处未将美澳、澳新之间的关系界定为同盟关系，而选取了更加侧重于政治领域国家间关系的"天然盟友"关系和"同伴关系"。同盟关系的重点一般集中于军事安全领域，尽管对国家间关系的定位有着直接影响，但并不能完全替代国家间的政治或外交关系。本章在分析中将政治关系与安全关系区分开来，从美澳、澳新的官方表述中提取了"天然盟友"关系与"同伴关系"，并将其作为伙伴关系的不同形式。关于"天然盟友"关系和"同伴关系"的说明参见"New Zealand Country Brief," Department of Foreign Affairs and Trade of Australian Government Official Site, http://dfat. gov. au/geo/new-zealand/Pages/new-zealand-country-brief.aspx，访问时间：2019 年 5 月 5 日；"Australia and the United States-First 100 Years of Mateship," Embassy of

Australia in United States of America Official Site，http：//usa.embassy.gov.au/whwh/Mateship.html，访问时间：2019 年 5 月 5 日。

33. Mark S. Granovetter，"The Strength of Weak Ties，"*American Journal of Sociology*，Vol.78，No.6，1973，pp.1360—1380.

34. 在接近中心度问题上，刘军认为一个节点的接近中心度是该点与图中所有其他点的捷径距离之和，而戴维·诺克与杨松认为亲密中心度（接近中心度）是节点与其他节点之间测地距总和的倒数。两种定义导致其关于接近中心度的测量公式和结论截然相反，刘军认为，接近中心度的值越大，越说明该点不是网络的核心点；诺克与杨松认为，节点的接近中心度越高，越可能居于网络的中心。结合 UCINET 软件的实际操作与具体分析，本章决定采用诺克与杨松的观点和公式。

35. 孙学峰：《东亚准无政府体系与中国的东亚安全政策》，《外交评论》2011 年第 6 期，第 32—48 页。

36. 本章以政府间常规武器交易情况作为衡量国家间军事合作的指标，指标的选取与具体分析过程将在下文中进行详细说明。

37. 本章在两个行为体间同时拥有两种或三种类型关系时，择取相对较强的类型关系对两者间的安全关系进行界定。

38. "National Security Strategy of the United States of America，" https：//www.whitehouse.gov/articles/new-national-security-strategy-new-era/，访问时间：2019 年 5 月 10 日。

39. "Treaty of Amity and Cooperation in Southeast Asia，" http：//agreement.asean.org/media/download/20131230235433.pdf，访问时间：2019 年 5 月 10 日。

40. "SIPRI Yearbook 2018，" Stockholm International Peace Research Institute，https：//www.sipri.org/yearbook/2018，访问时间：

2019 年 5 月 12 日。

41.《中国的军事战略(全文)》,http://military.people.com.cn/n/2015/0526/c52936-27057959.html,访问时间:2019 年 5 月 12 日。

42. 本章中自由贸易关系以协议已签署并生效为准。

第八章 关系主义研究视角下的
东盟共同体

韩志立

2015 年，东盟共同体成立。作为东亚首个区域共同体，东盟的意义和影响超出其本身，对东亚区域合作有着示范作用。[1]然而，学界以欧盟为参照，对东盟成就提出诸多质疑，认为东盟一体化与制度化程度低，外交与安全合作缺乏实质性内容，贸易自由化和便利化程度不够，成员国间观念差异大，等等。[2]这些质疑不能否定东盟的成功，东盟为实现地区安全与繁荣作出重要贡献，东盟 50 多年长久不衰本身也说明了东盟的成功。[3]人们该如何认识东盟共同体的特性？东盟共同体的理论与实践基础是什么？对东亚区域合作有怎样的意义？这些不仅是当前困扰东亚区域主义研究的理论议题，也是影响未来东亚共同体建设的重要政策议题。

围绕这一系列问题，本章首先分析了以欧盟为参照认识东盟的局限性，认为欧盟是一体化共同体，其核心功能是实现欧洲一体化，其制度形态是服务于一体化功能的超国家机制，其观念具有同质性，东盟与欧盟在核心功能、制度形态、观念认同等方面存在显著差异，认识东盟需要新视角。其次，本章以关系主义为基础，探讨了关系共同体及其要素，提出关系共同体是成员国实现关系治理的制度平台，其核心功能是成员国关系治理，其制度形态是服务于关系治理功能的国家间磋商机制与规范。再次，本章分析了东盟的发展历程与制度架构，认为东盟成立、扩员、共同体建立都是以关系治理为核心考量，其制度架构由国家间磋商机制与规范构成，东盟具有显著的关系共同体特性。最后，本章探讨了关系共同体与东盟的实践对东亚共同体建设的意义。

一、认识东盟需要新视角

学界在评判东盟成就时，常常以欧盟为参照。东盟与欧盟有相似之处：两者都是由主权国家组成的区域共同体，都在政治与安全、经济、社会与文化各领域开展了富有成效的功能性合作。然而，历史条件不同和地域差异塑造了不同的东盟与欧盟。

欧盟代表着一体化共同体。在这方面，西方一体化理论有着深入的论述。功能主义是欧洲一体化理论的重要渊源，主张建立超国家机制，在欧盟事务中行使决策权，这确立了一体化共同体的基本制度形态。[4]新功能主义提出"合作外溢"概念，为欧洲一体化指出从低敏感领域向高敏感领域外溢的发展路径。成员国一体化举措，往往会创造新条件，带来新问题，各国只有不断采取新举措，适应新条件，解决新问题，才能实现原定的一体化目标，这就是所谓技术性压力诱发合作外溢，最终推动了一体化范围的扩大。近年来，欧洲一体化理论取得新成果，其中较为重要的是新政府间主义，该理论试图解释欧盟超国家机构的局限性，以及政府间政策协调的重要性，[5]提出"协商和共识"已成为欧盟各层级日常决策的主导规范。欧盟所遵循的共识原则不是一致共识,而是多数共识。

在实践上,欧盟一体化共同体有三个重要特征。欧盟的核心功能是推进欧洲一体化,实现欧洲共同经济、外交与安全政策。欧共体在创建之初,管控彼此关系曾是成员国主要考量,各国希望通过发展贸易,建立区域机制,促进相互依存和相互信任,避免世界大战再次爆发。随着欧洲国家间关系缓和,欧洲区域合作的动因从关系管控、避免大战,转向了实现欧洲一体化。在经济领域,欧盟将单一货币政策纳入欧共体议程,以欧元取代国家货币;取消内部边境管制,实现资本、货物、服务和人员的自由流动;促使成员国执行趋同标准的经济政策。[6]在外交与安全领域,欧盟一体化与制度化程度不断提高,特别是《马斯特里赫特条约》《阿姆斯特丹条约》与《尼斯条约》强化了欧盟共同外交与安全政策的法律基础、组织形式与运作效能,《关于建立永久结构性合作的决定》推动欧盟共同安全与防务一体化进入新的发展阶段。[7]

欧盟的制度形态服务于一体化功能,具有显著的超国家性。欧洲议会和欧盟委员会等欧盟机制属超国家机构。欧洲议会由欧盟公民直接选举产生,是欧盟的立法机构,承担立法、监督和预算责任。欧盟委员会是欧盟政治上独立的行政机构,代表欧盟整体利益,独自负责起草欧洲立法提案,并执行欧洲议会和欧盟理事会的决定。此外,欧盟还设立政府间合作机制,比如由成员国政府部长组成的欧盟理事会,其决策方式是有效多数表决制,具有显著的超国家性。[8]

欧盟成员国在观念上有同质性,西方民主价值观构成了欧盟的观念基础。《里斯本条约》和《欧盟基本权利宪章》规定,自由、民主、人权、平等、法制等价值观是欧洲生活方式的组成部分。[9]欧盟以价值观为标准,明确限定了入盟条件:"欧盟申请国须尊重和致力于发展民主价值观;实行保障民主、法治、人权,尊重和保护少数群体的稳定政治制度;市场经济正常运行。"[10]

东盟与欧盟在这三方面有显著差异。共同经济、外交与安全政策不是东盟追求的首要目标。东盟成员国经济发展水平差异大,实现共同经济政策尚不现实,也不在东盟远景规划之列。东盟全称为"东南亚国家联盟"(Association of Southeast Asian Nations),本意是东南亚国家协会,不具有联盟性质,成员国不打算让其承担共同安全的职能。一些东盟国家甚至加入域外安全机制,比如泰国、菲律宾与美国结盟,新加坡、马来西亚加入五国联防安排。东盟正在探索开展预防性外交合作,推动东盟共同外交与安全政策,但目前看,部署实质性预防性外交行动并非成员国普遍共识。

超国家机制尚无法被东盟所接受。东盟设立的均为国家间合作机制,东盟所遵循的共识是一致共识,不是有效多数共识。东盟成员国对于让渡主权建立超国家机制始终持谨慎态度,对于时下东盟而言,主权仍然是其坚守的根本原则。《东盟宪章》《东南亚友好条约》等东盟基础文件反复强调东盟规范的核心作用。东盟规范是东盟国家的行为准则,其中包括为人熟知的主权原则,如尊重主权和领土完整、不干涉国家内部事务等。东盟机制是用来维护成员国国家利益的,国家利益决定成员国之间的合作与竞争。东盟逐渐形成共同区域利益,但区域利益尚未替代国家利益,成为东盟决策的核心变量。

西方民主价值观并非东盟共识性观念基础。东盟在共同体建立之初便着手制定《东盟人权宣言》,希望以此来统一东盟价值观。2012 年11 月,东盟峰会通过《东盟人权宣言》,这是东盟在人权问题上所达成的共识。从其文本来看,东盟国家并未形成真正意义的共同价值观。有些东盟国家接受国际人权规范所宣扬的普世价值观,完全接纳《世界人权宣言》等国际人权规范。有些否认《世界人权宣言》的普遍适用性，强调个人对社群和社会的责任，以及对他人权利和自由的尊重，提出保护和促进人权应兼顾地区差异，反对将人权问题政治化，或以人权为由干涉他国国内事务。东盟强调观念的多元性，建立单一观念并非东盟所求，西方民主价值观不会成为东盟共同体的观念内核。[11]

二、关系共同体及其理论基础

东盟共同体不符合欧盟标准，这并不能否定东盟的成功。东盟成立 50 多年来，不断展现出活力与韧性。在安全领域，成员国之间没有发生重大军事冲突，东盟为维护地区安全与稳定发挥了重要作用。在经济领域，东盟建成自贸区，带动了落后成员国的经济发展与繁荣。在社会文化领域，东盟开展广泛合作，加强了东盟的团结与身份认同。在对外关系方面，东盟与主要国家建立多层次伙伴关系，成为东亚区域合作架构的重要基石。

东盟代表着一种不同于欧盟的区域共同体，关系主义为我们认识东盟共同体特性提供了一种新视角。近年来，国际政治研究出现关系主义（relationalism）回归的趋势。[12]国际关系学界以"关系性"为内核，对国家行为体的思维与行为方式，提出新的理解与论述。一些学者提出，国际政治关系网络是国家的基本存在状态，学界应将国际政治研究的本体从"自我"重新定位到"国家间关系"，把"关系性"作为国关理论的内核，以及诠释和理解国际政治的基础。这些学者认为，"关系性"是不同于"理性"的一种思维和行为方式，行为体的行为不是简单以利益最大化来决定，而是以彼此关系的远近亲疏及重要性来决定，"国家间关系"也不是西方以利益所定义的"关系"，而是以亲密性与重要性定义的"关系","关系性"同"理性"都是国际政治的内在行为逻辑,具有普适性意义。[13]基于关系主义,学界对国家行为有了一些新的认识。比如,有学者提出,国家作为国际政治关系网络中的社会行为者,不可避免地采取自我约束策略,以维护关系网络的稳定。[14]

秦亚青的《世界政治的关系理论》(*A Relational Theory of World Politics*)是国内关系主义探索的一项主要成果。[15]该项成果对区域主义研究的贡献在于,它描绘了一种新的区域共同体,即关系共同体。关系共同体不同于一体化共同体,它有两个特性:共同体的核心功能不是寻求区域一体化,而是实现成员国间的关系治理;共同体的制度形态不是超国家机制,而是服务于关系治理这一核心功能的政府间磋商机制与规范。

具体来看,关系在关系共同体中具有本体地位,是共同体的内核。关系主义认为,世界本质上是由关系,而非完全独立的行为个体构成。关系性共存是行为体的基本生活形态,行为体交织在各种关系中,不断进行关系性互动与交流,平衡彼此关系,补充彼此不足。行为体所处关系网络环境构成了行为体的行为背景,行为体身份是由其在关系网络环境中的位置、角色与作用所定义的。国家间关系具有不可中断性,存在于同一个地缘空间内的任何国家,都无法被排斥在此共同空间之外,国家间关系无论好坏,都无法被切断,即使它们从朋友变为敌人,其关系也不会因之而中断。关系共同体不会因为国家权力、利益、合作需求、观念文化等因素发生变化而瓦解,所改变的只是共同体成员间关系的亲密与和谐程度。[16]

关系的亲密与和谐程度是关系共同体的重要属性,密切与和谐是关系有效治理的标识,而失序和混乱则是治理失败的标识。关系的亲密性是行为体决策的重要依据。行为体往往根据彼此关系的密切程度来决定自己的合作行为。双方关系疏远，实现合作的可能性小，合作范围狭窄。双方关系密切，实现合作的可能性大，合作范围广泛。[17]和谐的关系是行为体实现自我利益的最优条件，互惠合作是维护和谐关系的重要途径，可以使自我关系网络环境处于最优状态。[18]

关系治理和规则治理是关系共同体治理的两种主要方式，两者的目标相同，都是要实现共同体的有效治理。关系治理是成员国维护密切与和谐关系的过程，关系治理的对象是行为体之间的关系。规则治理是通过建立规则来约束行为体行为，赋予行为体行为能力，规则治理的对象是行为体的行为。共同体的治理方式一般根植于社会实践与社会文化传统之中，选择规则治理还是关系治理，往往是社会实践与社会文化传统作用的结果。在个体社会，规则治理受到更多推崇，在关系社会，关系治理则有着更为长久的实践传统。对于关系共同体而言，其治理方式以关系治理为基础，以规则治理为辅，关系治理与规则治理两者可以共同存在，相互加强。[19]

建立磋商机制与规范是实现关系治理与规则治理两者融合的有效手段。磋商是关系治理的实质要求，国家间关系密切与和谐的前提是平等磋商。处于同一共同体当中，各成员应承担哪些责任，该如何处理关乎彼此利益的事务，必须通过平等磋商来解决，磋商才能达成共识。磋商必须在机制和规范约束下进行，这是规则治理的实质要求。规则是共同体成员互信的保障，互信是关系治理成功的基础，互信缺失往往导致关系治理的失败。[20]

三、东盟的关系共同体特性

东盟的发展历程与制度架构体现了关系共同体特性。东盟成立、扩员、共同体建立都是以关系治理为重要考量,其核心功能不是实现区域高度一体化,而是实现成员国关系治理。一体化是东盟关系治理的一种手段,不是首要目的和核心功能。东盟共同体实质上是东盟国家通过磋商机制与规范,实现关系治理的制度平台,其制度形态不是超国家机制,而是服务于关系治理功能的国家间磋商机制与规范。

（一）东盟的核心功能

从其发展历程来看,关系治理是东盟的核心功能。东盟成立50多年来,经历了三个重要历史节点:1967年8月,印度尼西亚、马来西亚、菲律宾、新加坡、泰国五国发表《曼谷宣言》创立东盟;1984年后,东盟陆续吸纳文莱、越南、老挝、柬埔寨和缅甸入盟,使其成为涵盖整个东南亚的地区组织;2015年底,东盟共同体(ASEAN Community)建立。关系治理是东盟建立与发展的主要动因。

具体来看,东盟成立的主要目的是实现东南亚国家的关系和解。冷战时期,东南亚国家之间的关系紧张,领土争端、意识形态斗争、互信缺失,是当时的普遍状况。1967年东盟成立之前,印度尼西亚与马来西亚刚结束武装冲突,两国关系仍不稳定,彼此存有疑虑,相互指责。新加坡与印度尼西亚、马来西亚是敌对国家,以华人为主体的新加坡难以融入马来西亚联邦,政治上遭到孤立。另外,新加坡身处马来西亚和印度尼西亚两大国之间,未获邀参与两国的政治和解进程,这让新加坡感到不安。泰国与马来西亚也是矛盾重重,在泰国南部北大年地区,马来族穆斯林的反政府活动一直无法平息,泰国政府怀疑马来西亚政府支持马来族穆斯林在该地区的反政府活动,企图将该地区纳入本国领土范围。在此背景下,时任泰国外长塔纳(Thanat Khoman)提出东南亚国家建立一个区域多边机制,推动该地区国家间的政治和解进程。[21]

泰国的倡议得到其他四国的认同和响应,最终东盟五国发表《东南亚国家联盟成立宣言》建立东盟。《曼谷宣言》明确指出,东盟成立的目的是加强地区"团结与合作关系",维护地区"稳定与安全"。实现政治和解,促进团结与合作,维护稳定与安全,是东盟成立的主要动因。[22]

东盟扩员的主要意图是缓和新老东盟之间的紧张关系、建立完整的东南亚。1984 年之后,东盟陆续吸纳文莱、越南、老挝、柬埔寨、缅甸入盟。东盟扩员有外交与经济方面的考量,扩员可以加强东盟在地区事务中的外交协作能力,提高东盟外交话语权和影响力,还可以增强东盟经济实力,扩大内部贸易,吸引更多海外投资。从根本上看,东盟扩员是为了消除冷战对东南亚的影响,实现新老东盟国家之间的团结,建立完整的东南亚。建立完整的东南亚,是东盟先贤的夙愿。在《东盟宪章》所规定的东盟申请资格中,"位于公认的东南亚地理区域"是唯一限定性条件。东盟在成立之初曾与缅甸和柬埔寨非正式接触,邀请其入盟。由于冷战意识形态对立,缅甸和柬埔寨拒绝了东盟的入盟邀请。冷战结束为越老柬缅加入东盟消除了障碍。缅甸入盟一度因人权问题遭到西方国家反对。菲律宾等老东盟国家强力支持缅甸入盟,希望东盟对缅甸采取建设性接触政策,而不是对其孤立和排斥。时任菲律宾总统顾问何塞·阿尔蒙特(Jose Almonte)表示,就东盟而言,实现东南亚国家团结比人权问题更为重要。[23]

东盟共同体成立的主要目的是加强成员国间磋商与协调,管理不断增强的相互依存关系。随着全球化的深入和发展,东盟国家相互依存度不断提高,彼此命运相连,任何一国遭遇危机,都会很快波及其他国家。1997 年金融危机席卷东南亚,成为东盟共同体建立与发展的重要推动因素。90 年代初,伴随外国投机性投资、高经济增长率,东南亚一些国家的房地产和股票市场涌入大量投资,银行出现大规模坏账、呆账。1997年,泰国政府的救助措施无法奏效,引发外国投资者恐慌和外资大规模逃离,导致泰国股票市场崩溃、银行破产。这场金融危机迅速在东南亚蔓延开来,对东南亚各国经济造成重创,并激化了东南亚社会矛盾,引发大范围的社会动荡和政治变革。这次危机让东盟对彼此相互依存关系有了更加深刻认识。1998年,时任泰国外长素林(Surin Pitsuwan)提出,在全球化时代,亚洲金融危机、环境问题、跨国犯罪等经济与安全挑战都具有跨国性,一国动荡会影响整个地区,泰国已无法独自应对所面临的挑战,东南亚地区须加强政策协调,共同应对。[24] 基于此考量,东盟发布《东盟2020愿景》,提出成立东南亚国家共同体(the Concert of Southeast Asian Nations)的设想。对彼此相互依存关系认知的深化,政策磋商与协调需求的增强,是东盟共同体成立与发展的重要推动因素。

(二) 东盟的制度形态

东盟共同体的制度形态是国家间磋商机制与规范。东盟建立了包括政治安全共同体、经济共同体、社会文化共同体在内的三个共同体,构成这三个共同体的制度主体是政治与安全、经济、社会文化领域的部长会议、高管会等各级别会议机制,以及一些专门机构。这些会议机制和专门机构是东盟国家间磋商机制,东盟成员国通过这些会议和机构,对各领域事务进行磋商与政策协调。"磋商与共识"是东盟各机制所遵循的主要决策规范,这一规范维护了东盟磋商的平等性、务实性、共识性、非冲突性。[25] 东盟的磋商机制与规范是行之有效的,对成员国间化解分歧、扩大共识、开拓务实合作、加强东盟团结发挥了重要作用。

在政治领域,通过对话与磋商,管控彼此价值观与政治差异,这是实现东盟关系密切与和谐的基本要求。2009年,东盟成立政府间人权委员会,负责《东盟人权宣言》的起草工作。[26]该委员会实质上是东盟成员国就价值观与人权规范开展对话的主要平台。2012 年,东盟发表《东盟人权宣言》,东盟人权委员会继续就人权等问题推动东盟国家间对话。在安全领域,东盟是安全对话与磋商机制。东盟国家之间的领土争端尚未得到彻底解决,时常引发关系紧张,甚至武装冲突。在争端解决进程中,东盟很少直接扮演问题解决者的角色,东盟在直接解决冲突方面所发挥的作用十分有限,冲突国家倾向于在联合国机制下解决彼此争端。东盟防长会议、东盟地区论坛等东盟安全机制,为东盟国家之间的安全对话与磋商提供了重要场合。

在经济领域,东盟建成东盟自贸区,推进东盟单一市场、单一生产基地建设,其贸易自由化和便利化程度得到显著提高。对于东盟而言,经济一体化是手段,而非根本目的。东盟内部贸易仅占其贸易总量的24％—30％,[27]东盟自贸区的经济影响有限。东盟经济一体化的重要性在于促进东盟内部货物、服务、投资、人员流动,带动东盟落后国家的经济发展。东盟各国发展水平不尽相同,相对落后国家常常难以在国家或地方层面落实区域合作承诺,一些国家甚至设立了不同种类的非关税壁垒,这些大大降低了东盟自贸区的功效,并引发东盟国家之间新的矛盾。[28]要解决这些问题,东盟各国需要沟通与磋商,协调各国政策。东盟经济领域的部长级会议,以及设立的专门机构,为东盟国家的经济磋商与政策协调提供了有效渠道。

在社会文化领域,东盟在构建东盟身份认同、保护文化多样性、缩小社会发展差距、提高社会福利与保障、维护社会公正与权利、实现环境可持续发展等方面面临共同挑战。[29]为此,东盟建立了多个部长级会议机制,协调各方政策,推动彼此协作,共同应对挑战。比如,东盟环境部长会议机制就应对全球气候变化问题,控制跨境有害物污染开展磋商,推动东盟国家在气候变化和跨境污染问题上建立共同立场和政策。[30]东盟农业部长会议机制推动东盟国家在粮食安全领域的磋商,协调东盟国家间的粮食安全政策,促进农业领域投资,推动东盟粮食安全和农业可持续发展。[31]此外,东盟还在一些专门领域建立区域性机构,比如东盟灾害管理人道主义援助协调中心、东盟公共卫生风险信息交流中心、移民工权利监督委员会,这些机构是东盟国家间合作机制,其授权范围有限,主要负责落实各领域合作倡议,不具有超国家属性。

四、东盟实践为东亚共同体建设提供新思路

关系共同体与东盟实践的意义在于,为未来东亚共同体建设提供了一种新思路。东亚共同体作为东亚区域合作的长远目标,是东亚国家的共识。2001年,东亚展望小组(EAVG)向"10＋3"领导人会议提交《迈向东亚共同体》的政策报告,之后"10＋3"组建东亚研究小组(EASG),对该报告进行评估,确定实施26项优先举措,推动东亚共同体建设。[32]由这两份文件来看,东亚共同体最初设计所依据的主要是一体化区域主义,即通过推动东亚各领域一体化与合作,最终建成东亚共同体。当前,东亚共同体的这一建设路径遇到两个新情况、新困惑。

自启动以来,东亚区域一体化与合作取得重要进展。2010年,东盟以及中日韩签署《清迈倡议多边化协议》(CMIM),决定建设东亚货币储备库,并专门成立"10＋3"宏观经济研究办公室(AMRO)支持《清迈倡议多边化协议》的实施。2011年,东盟以及中日韩签署《大米紧急储备协议》(APTERR),确定为该机制专储787 000吨大米以应对该地区源自自然灾害和人道主义援助对大米的紧急需求。2020年,东盟以及中日韩澳新签署《区域全面经济伙伴关系协定》(RCEP),将要建成

跨越 15 个国家,占世界人口的近 30％ 的全球最大自贸区。此外,东亚国家还在基础设施建设、粮食安全、公共卫生、灾害管理、文化与教育等方面开展广泛合作。可以说,东亚研究小组所提出的举措得到有效落实或推进,各国已从与东亚深度融合中获得重大利好。这引发了人们对东亚共同体建设的第一个困惑:东亚区域一体化与合作达到怎样高度,东亚共同体才算建成?

美国"印太"战略导致地缘竞争重回亚太舞台,东亚大国关系呈日趋紧张的态势。美国处于《清迈倡议多边化协议》《区域全面经济伙伴关系协定》等重要区域金融和贸易安排之外,美国感到被东亚区域合作边缘化,这是美国实施"印太"战略维护其地区霸权地位的重要动因。美国"印太"战略基于美国在印太地区的同盟及战略伙伴关系,以及其防务和情报网络,有制衡中国的意图,造成了地区局势竞争,加深了东亚各国的安全焦虑。这引发了人们的第二个困惑:东亚大国关系日趋紧张的态势下,东亚共同体建立的条件是否还存在?

东盟的关系共同体实践为解决这两个困惑提供一种新思路。东亚共同体的建立条件是东亚各国之间难以切断的地缘相互依存关系。从东盟实践来看,区域一体化程度高低,或者国家关系好坏,并非共同体建立的充要条件。东盟刚刚建立之时,东南亚国家间关系紧张,甚至敌对,更谈不上一体化合作。东亚国家处于共同的地缘空间,任何国家都无法被排斥在外,这种地缘关系不会因国家间关系好坏而被切断。随着相互依存程度提高,东亚国家已经命运相依,身处同一个命运共同体之中,此命运共同体不会因地缘竞争而瓦解。

东亚共同体的核心功能是成员国间的关系治理。从东盟经验来看,共同体的核心功能不一定是实现区域共同经济、外交与安全政策。目前情况下,东亚国家实施共同经济、外交与安全政策不现实,也不是各方所追求的目标。东亚国家间跨境资本、货物、服务、人员流动飞速增长,已深刻地改变了东亚国家间相互依存状况。东亚国家还面临影响地区和平与发展的不确定因素,比如传统地缘政治竞争,领土和海洋争端,恐怖主义、大规模传染性疾病、跨国犯罪、自然灾害等非传统安全挑战。面对这些挑战,任何国家都不能独善其身,也无力单独应对,东亚国家须开展更加密切的磋商和政策协调,共同妥善应对。

东亚共同体的主要制度形态是国家间磋商机制与规范。从东盟经验来看,关系共同体的制度形态服务于关系治理的功能,超国家机制难以被东盟所接受。东南亚国家强调国家主权,不会让渡主权给区域组织,同样东亚国家也不会接受一个区域组织凌驾于本国主权之上。在机制方面,东亚地区已建立起以东盟为中心的多层次区域合作机制,其中"10+3"机制和东亚峰会在东亚共同体建设进程中发挥着重要但有差异的作用。"10+3"机制是东亚共同体建设的主渠道,在东亚区域合作中展现出强劲活力,《清迈倡议多边化协议》《区域全面经济伙伴关系协定》等重要成果,都是在"10+3"机制推动下实现的。东亚峰会为东亚与域外国家开展对话与磋商提供了制度平台,在统筹大国关系与区域合作进程中发挥着重要作用。东亚共同体不是排他性区域安排,具有开放性和包容性,可为构建更大范围的亚太命运共同体提供平台与空间。[33]在规范方面,东亚共同体须遵循"磋商和共识"规范。东亚国家发展水平、战略目标、政策优先性,以及看待国际事务的视角和方式均不尽相同,"磋商和共识"规范是维护东亚共同体的平等性、共识性、务实性和非冲突性的重要保障。

东盟与欧盟代表着两种不同的区域共同体。欧盟所践行的是基于一体化的区域主义,而东盟所践行的是基于关系共同体的区域主义。我们不能从功能和制度形态来判断两种区域共同体的优劣。欧盟有其

自身缺陷,东盟有其优势。英国脱欧的一个重要原因是欧盟高度一体
化、制度化的区域安排,削弱了成员国国家主权,让英国觉得加入欧盟
的成本大于收益。东盟基于关系治理的磋商机制与规范具有良好的灵
活性和创造力,东盟磋商成果非常丰富,其中包括具有法律约束效力的
条约和协议、共同遵守的发展规划和倡议、在重大国际问题上的共同立
场,等等。尽管这些磋商成果性质不尽相同,但充分表明东盟磋商机制
与规范在包容分歧、建立共识和促进团结方面的优势。

关系共同体与东盟实践为探索东亚共同体的建设路径提供了新思
路。在当前地缘竞争重回亚太舞台的态势下,推动东亚命运共同体建
设显得尤为必要,它将是实现地区关系治理的重要手段。东亚是关系
社会,关系治理有长久的实践传统。东亚共同体建设的主要动力来自
东亚国家通过对话与磋商,管理彼此间复杂且密切的关系的客观需求。
该地区已经建立起来的以东盟为中心的多边机制,是该地区普遍接受
的国家间对话与磋商机制,可为未来东亚共同体提供制度支撑。

(原载《国际论坛》2021 年第 2 期)

注释

1. 王毅:《东盟共同体:亚洲一体化的新起点》,《人民论坛》2015 年
5 月,第 8 页。张蕴岭:《如何认识和理解东盟——包容性原则与东盟
成功的经验》,《当代亚太》2015 年第 1 期,第 4 页。

2. Richard Stubbs, "ASEAN Sceptics versus ASEAN Proponents:
Evaluating Regional Institutions," *the Pacific Review*, Volume 32,
Issue 6, 2019, pp.923—950; Jun Yan Chang, "Essence of Security
Communities: Explaining ASEAN," *International Relations of the*

Asia-Pacific，Volume 16，Issue 3，2016，pp. 335—369；Barry Desker，"Is ASEAN a Community，" *ASEAN Focus*，Issue 4，2017.

3. Mark Beeson，"The Great ASEAN Rorschach Test，" *the Pacific Review*，Volume 33，Issue 3—4，2019，pp.574—581.

4. 梁雪村：《欧盟为什么需要民族国家——兼论欧洲一体化的理论误读》，《欧洲研究》2020 年第 1 期，第 9 页。

5. 张强：《协商与共识：后马斯特里赫特时代的新政府间主义》，《国际论坛》2016 年第 6 期，第 49—50 页。

6. "From Economic to Political Union，" the official website of the European Union，https://europa. eu/european-union/about-eu/eu-in-brief_en，访问时间：2020 年 12 月 30 日；Hoang Thi Ha，Moe Thuzar，Sanchita Basu Das，Termsak Chalermpalanupap，"Diverging Regionalisms：ASEAN and the EU，" *ASEAN Focus*，Issue 6/2016，August 2016.

7. 赵怀普：《欧洲共同防务视阈下的"永久结构性合作"机制探究》，《欧洲研究》2020 年第 4 期，第 30—49 页；郑春荣、范一杨：《重塑欧美安全关系？——对欧盟"永久结构性合作"机制的解析》，《欧洲研究》2018 年第 6 期，第 1—24 页。

8. "EU Institutions and Bodies in Brief，" the official website of the European Union，https://europa. eu/european-union/about-eu/eu-in-brief_en，访问时间：2020 年 12 月 30 日；朱贵昌：《从"共同体方法"到"联盟方法"：欧洲治理的新发展》，《国际论坛》2014 年第 5 期，第 29—34 页。

9. "Goals and Values of the EU，" the official website of the European Union，https://europa.eu/european-union/about-eu/eu-in-brief_

en，访问时间：2020 年 12 月 30 日。

10. Hoang Thi Ha，Moe Thuzar，Sanchita Basu Das，Termsak Chalermpalanupap，"Diverging Regionalisms：ASEAN and the EU，" *ASEAN Focus*，Issue 6，2016.

11. Barry Desker，"Is ASEAN a Community，" *ASEAN Focus*，Issue 4，2017.

12. 季玲：《论"关系转向"的本体论自觉》，《世界经济与政治》2019 年第 1 期，第 78—79 页。

13. S. Prat，"*Relational View of Ontological Security in International Relations*，" *International Studies Quarterly*，Vol.61，2017，pp.78—85；Jackson P. and Nexon D.，"Relations Before States：Substance，Process and the Study of World Politics，" *European Journal of International Relations*，Vol.5，No.3，1999，pp.291—332；Kavalski，E.，"Guanxi or What is the Chinese for Relational Theory of World Politics，" *International Relations of the Asia-Pacific*，Volume 18，Issue 3，2018，pp.397—420.

14. Chih Yu Shih，*China and International Theory：the Balance of Relationships*，London，Routledge，2019.

15. Yaqing Qin，*A Relational Theory of World Politics*，Cambridge，Cambridge University Press，2018.

16. Ibid，pp.146—147.

17. Ibid.，pp.301—303；313—317.

18. Ibid.，pp.308—313.

19. Ibid.，2018，pp.318—356.

20. Yaqing Qin，*A Relational Theory of World Politics*，pp.146—

147；318—356.

21. Michael Leifer，*ASEAN and the Security of Southeast Asia*，London：Routledge，1989，pp.17—21；"History：the Founding of ASEAN"，https://asean.org/asean/about-asean/history/，访问时间：2020 年 12 月 30 日。

22. The ASEAN Declaration（Bangkok Declaration）Bangkok，8 August 1967.

23. Christopher B. Roberts，*ASEAN Regionalism：Cooperation*，*Values and Instituionalization*，NY：Routledge 2012，pp.60—65.

24. Lee Jones，*ASEAN*，*Sovereignty and Intervention in Southeast Asia*，Hampshire：Palgrave Macmillan，2012，pp.107—113.

25. Hoang Thi Ha，"Reconciling Consensus with New Realities：Distinguished Thought Leaders' Views on ASEAN Consensus，" *ASEAN Focus*，Issue 1，2017；Amitav Acharya，"Ideas，identity，and institution-building：From the 'ASEAN way' to the 'Asia-Pacific way'?，" *The Pacific Review*，Vol.10，No.3，1997，pp.319—346.

26. "Chairman's Statement of the 15th ASEAN Summit：Enhancing Connectivity, Empowering Peoples，" Cha-am Hua Hin，23—25 October 2009，http://www. 15thaseansummit-th. org/PDF/24-02Chairman'sStatementofthe15thASEANSummit_final_with_logo. pdf，访问时间:2020 年 12 月 30 日。

27. "Intra-Asean trade seen to hit 30% by 2020，" https://www. miti.gov. my/index. php/pages/view/2867，访问时间：2020 年 12 月 30 日。

28. Sanchita Basu Das，"Are ASEAN Members Ready for the

AEC by 2015?，" 7 May 2010，www.iseas.edu.sg/aseanstudiescentre/asco33-10.pdf，2011-1，访问时间：2020 年 12 月 30 日。

29. ASEAN Secretariat，*Roadmap for an ASEAN Community，2009—2015*，2009，pp.67—68.

30. "Joint Media Statement of Special ASEAN Ministerial Meeting on the Environment，" Hua Hin，Thailand，7 September 2009，http://www.aseansec.org/JMS-Special-AMEM-2009.pdf，访问时间：2020 年 12 月 30 日。

31. "ASEAN Leaders' Joint Statement on the ASEAN Community in a Global Community of Nations，" www.asean.org/Joint_Statement_ASEAN_Community.pdf，访问时间：2020 年 12 月 30 日。

32. "Towards an East Asian community: Region of Peace，Prosperity and Progress，" East Asia Vison Group Report 2001，"Final Report of the East Asia Study Group"，ASEAN＋3 Summit，4 November 2002，Phnom Penh，Cambodia.

33. 罗照辉：《第 18 届东亚论坛：纵论经济金融合作》，2020 年 12 月 10 日，https://www.fmprc.gov.cn/web/wjb_673085/zzjg_673183/yzs_673193/xwlb_673195/t1839209.shtml，访问时间：2020 年 1 月 19 日。

第九章　关系性安全与东盟的实践

季　玲

引　言

　　成立 50 多年来，东南亚国家联盟（以下简称东盟）发展成为与欧洲联盟（以下简称欧盟）并驾齐驱但却有着深刻不同的地区组织典范。近十多年来，欧盟的一体化遭遇前所未有的危机，迁延多年的债务危机、难民危机以及英国脱欧，给欧盟的团结与凝聚力带来沉重打击，欧盟一体化模式备受质疑。而曾被当作欧洲一体化"亚洲翻版"的东盟却呈现出一番不同的景象。2015 年底，东盟共同体正式宣布成立，同年召开的东盟峰会通过了《东盟 2025：携手前行》愿景文件，东盟共同体建设跨入新阶段。新加坡资深外交官马凯硕（Kishore Mahbubani）将东盟的成功称为"东盟奇迹"，认为东盟为地区带来的是长久的和平和可见的繁荣，是"有弹性的和平生态系统"。[1]两大区域合作模式近年来的发展境遇形成了强烈对比，东盟不同寻常的安全实践再次吸引了全球国际关系研究者的关注。

但东盟构建的"有弹性的和平生态系统"仍然是一个没能得到充分解释的"奇迹"：东盟是如何建构起一个维持长期和平的地区安全生态系统的？其弹性和灵活性安全行为背后遵循着什么样的逻辑？冷战结束至今，关于东盟地区安全机制及其作用的争论就一直没有停止过。近30年来，现实主义与建构主义关于东盟安全实践争论的一个焦点就是东盟是否建成"安全共同体"。[2]根据现实主义的观点，在自助的无政府国际体系中，生存是国家的首要关注，合作是有限的和暂时的，国家之间的军事竞争与冲突不可避免，不使用武力的预期以及长期利益的趋同都是不现实的。[3]因此，现实主义学者认为冷战时期东盟的安全合作之所以可能，是因为东盟国家面临着共同的敌人或威胁，其本质是东盟国家为了维持地区均势而采取的政治外交合作，一旦共同的敌人消失、权力均势不复存在，东南亚地区的和平与安全必将不复存在。[4]据此，在现实主义逻辑中，东南亚地区长期和平的安全生态是不可解释的。

建构主义用"安全共同体"来描述和解释东盟对地区和平与安全的建构作用。建立在伊曼纽尔·阿德勒（Emanuel Adler）和迈克尔·巴尼特（Michael Barnett）建构主义安全共同体研究路径的基础上，阿米塔·阿查亚（Amitav Acharya）认为通过规范内化和集体身份建构，东盟成员国之间已经形成和平解决争端的可靠预期，成为一个"初级的安全共同体"。[5]但是对建构主义理论的批评也正是集中于规范内化和身份建构等关键环节上，比如东盟遵守规范到底是出于国家利益的理性权衡还是身份内化的适当性考虑？[6]东盟的建立是出于对民族国家认同的维护还是对地区集体认同的追求？[7]东盟成员国是否放弃了针对其他成员国的战争准备以及成员国之间所爆发的局部战争是否可以被看作东盟不存在"非战安全共同体"的例证？[8]拉夫·艾莫斯（Ralf Emmers）

对"安全共同体"概念的剖析揭示出这一西方概念在理解东盟安全实践中的局限性。根据阿德勒和巴尼特对安全共同体概念的阐释,成员具有共享的身份、价值观和意义是安全共同体最重要特征之一。[9]只有在同质性基础上,成员国的长期利益才能真正趋同,安全共同体成员间才具有互惠和信任的基础。也正是因为"安全共同体"概念背后的这一假定,艾莫斯认为,东盟成员国间具有不同甚至冲突的国家利益,只能采取冲突避免而不是冲突解决的安全路径,这是东盟成员国间信任缺失的表现,艾莫斯据此否定东盟国家间建立起安全共同体的论断,并否认了东盟建立安全共同体的未来可能性。[10]可见,安全共同体也并不是理解和解释东盟安全实践的恰当视角。

国际关系理论研究的"实践转向"为理解东盟长期和平提供了新的理论选择。实践理论集中批判行为体对理性"表象知识"的偏好,指出这是人类知识体系离实际的行为实践越来越远的根源,强调人类知识体系中"实践知识"的重要性。与传统国际关系理论依赖反思性理性施动的"因果逻辑"和"适当性逻辑"相对,实践理论强调用非反思性施动的"实践性逻辑"或"习惯性逻辑"来解释行为体的行为。[11]实践理论被运用到东南亚安全研究中,以解释现有理论无法给出合理解释的东盟安全实践的延续性。比如冷战后东盟虽然对其制度目标和非正式制度进行了变革,但仍坚守冷战期间形成的正式安全制度以及东盟成员间虽偶有军事冲突发生,但仍然维持了长时间的总体和平。实践理论指出,其原因在于冷战期间东盟成员国的互动实践形成了具有自明特性的"东盟理性"或"习惯倾向",框定了东盟各成员国所能选择的行为选项。[12]虽然强调行为体的非反思性施动和习惯性逻辑部分地解释了东盟国家维系和平的长期倾向性和稳定性,但囿于对非反思性施动的关注,实践理论无法解释东盟和平生态系统的弹性以及东盟各国基于各自不同利益考虑的政策灵活性。"弹性的和平生态系统",意味着对维持长期和总体和平的期待以及对各国利益和现实需求多样性的包容,两者的有机结合才是理解"弹性和平生态系统"的关键。

东盟成功避免了安全困境,进而构建长期和平的地区安全生态,为多样性、非同质以及存在利益差异乃至冲突的国家间成功实现长期和平提供了经验证明。要理解这一现象,需要超越传统的实体主义思维和个体主义方法论对国际安全研究的桎梏。本章借鉴国际关系理论研究中"关系转向"的最新研究成果,从关系主义思维出发重新认识国际安全问题,提出"关系性安全"[13]的概念与分析框架,为突破传统安全认识论悖论,理解在多样性、差异性前提下实现长期和平的安全实践提供了一个新的理论视角。本章分为三个部分。第一部分以分析国际安全研究中普遍存在的三大认识论悖论及其实体主义思维根源为切入点,运用中国国际关系学界的关系主义研究成果,尤其是借鉴秦亚青和赵汀阳关于共在存在、关系性身份和关系理性等基本假设,建立关系性安全的分析框架,用以诠释多样互系现实中的关系性安全目标、关系性身份确认的安全路径以及关系理性逻辑下的安全行为。第二部分运用关系性安全视角去观察东盟安全实践,以重要文献、亲历者述评和研究文献观点为依据与参照,考察东盟安全实践是否遵循了关系性身份确认的安全路径及其对地区安全生态演变的作用,以及东盟安全行为是否遵循了关系理性的逻辑从而呈现出灵活多元的特征。第三部分是结论,指出了本章研究的理论和现实意义。

一、关系主义思维与关系性安全

安全概念与认识论紧密相连。[14]如何认识国际安全问题决定了国际安全研究与实践的目标、路径与成效。东盟安全实践遭遇的"解释困境"反映了现有国际关系理论在认识国际安全问题上存在着无法克服的局限性,其根源在于实体主义思维与安全关系性之间的张力。要理解和解释东盟安全实践,需要运用关系主义思维破解安全认识上的实体主义思维和个体主义方法论,并在此基础上重构国际安全的认知框架。

(一)国际安全研究的认识论局限性及其实体主义根源

安全困境是安全研究中的经典命题。1950 年约翰·赫兹(John Hertz)对安全困境的经典描述为:在无政府社会中,由于人们无法有效传达并让他人相信其和平意图,为了避免被他人攻击、支配、主导或者是消灭,人们通过获取更多的权力来维护自身的安全,这反过来加重了其他人的不安全感,从而也努力获取更多的权力,安全困境就表现为这样一种安全与权力积累的恶性循环。[15]这个经典叙述折射出对国际安全问题的传统认识存在着三个重要悖论。

第一,安全存在的关系性和安全利益界定的孤立性。一方面,安全问题的出现是以他者的存在为前提的,没有一个被推定为恶意的他者,安全就不构成一个问题;安全最终要在与他者的互动过程中获得实现,且取决于他者的安全感,当他者感到不安全时,行为体对安全的追求是无法真正得到实现的。可见,安全问题的产生和安全的实现内嵌于彼此动态关系中,即安全是关系性的。[16]另一方面,行为体追求的安全利益却是孤立的和排他的,行为体期望单方面地消除不确定性,实现绝对且排他的安全利益,他者的意愿和利益在这个过程中是被无视的。第二,安全问题产生的物理与心理双维度和安全实现路径的单维度。早在 20 世纪 50 年代,阿诺德·沃尔弗斯(Arnold Wolfers)就指出安全具有客观和主观两个维度,即"客观上不存在威胁、主观上不存在恐惧"。[17]在分析安全困境形成的原因时,赫兹也指出对他者意图的不确定性及其所产生的焦虑才最终导致人们处于困境之中。[18]但不论是现实安全行为还是安全研究,行为体心理层面的安全需求要么被忽视,要么被作为物理维度理所当然的副产品。第三,行为决策的个体理性和行为结果的非理性。寻求安全的行为体被假定为理性人,根据手段—目标的理性计算,选择能够最大限度实现目标的政策方案。[19]个体理性则意味着每个人都以自己的利益最大化为目标。但在安全问题中,个体理性不足以保证和平与安全,反而增加敌意和风险,最终导致了安全困境产生,所有人的安全利益都受到损害,即行为结果呈现出非理性特征。

虽然传统国际关系理论对安全困境是否必然产生、能否得以缓解持不同意见,但对国际安全问题的认识都没有克服上述三大悖论。首先,三大理论流派都遵循个体理性的原则。现实主义和自由制度主义所倡导的因果逻辑(logic of consequences)属于工具理性,建构主义理论提出的适当性逻辑(logic of appropriateness)属于价值理性,但无论是工具理性还是价值理性,本质上都是个体理性。[20]其次,与个体理性相关,在安全利益的界定上,三大理论流派的出发点都是假设个体利益具有潜在冲突性。现实主义理论认为安全利益是绝对排他的零和性质;自由制度主义则认为个体利益虽然具有潜在冲突性,但可以通过制度沟通信息、降低成本而促进合作,但以个体理性为基础的利益计算最终会因相对收益的不平衡而削弱制度的有效性;[21]建构主义则认为可以通过建立集体身份消除我他差异来实现个体利益的同一,[22]这实际上是对个体利益潜在冲突性的另一种注脚。最后,现有理论都或多或少地忽略安全心理维度的独立性及其与物理安全的交互影响。现实主义将恐惧、焦虑当作物质实力消长的伴随物,制度主义则认为信息交流会自动降低不确定,而建构主义消除差异性基础上的集体身份构建实际上忽视了行为体的身份安全需求,在实际经验中反而可能会引发焦虑、恐惧等消极情感体验。[23]

国际安全研究认识论上的局限性体现了西方传统的实体主义思维和与之相关的个体主义方法论对社会科学研究的影响。在实体主义思维下,世界被看成由具有不同本质、独立自在的实体所构成,这些实体是预先存在的,其本质属性不被互动过程所改变,其利益是预先给定的,由个体生存发展需求内在地、独立地界定。实体主义思维对社会科学研究的直接影响就是个体主义方法论长期占据主导地位,理性选择理论、规范内化的研究路径乃至结构主义的社会、体系等概念都是个体主义研究路径的体现。[24]不论是对安全利益的孤立界定,还是个体主义的理性决策,乃至对情感心理的忽视都或多或少是这种实体主义思维和个体主义方法论的体现,而这种个体主义视角又与国际安全相互依赖的关系性质之间存在无法调和的矛盾。因此,要突破安全困境产生的认识论悖论,更好地理解和促进国际政治中的和平与持久安全,"就必须从根本处着手,必须颠覆个体原则的世界观从而改变人类思想和行为方式"。[25]

(二) 关系主义思维与关系性安全

关系性安全建立在关系主义思维对国际安全问题认识的基础上。20 世纪末以来,受西方关系社会学影响,国际关系学界开始出现反实体重关系、反本质重过程的关系主义研究萌芽。[26]近年来,东西方国际关系理论界的关系主义研究得到进一步发展,来自不同文化背景的关系主义学者开展跨文化交流与对话,推动形成全球关系主义研究议程。[27]本章主要借鉴以秦亚青、赵汀阳为代表的中国学术界关系主义研究成果,尤其是秦亚青提出的"世界政治的关系理论"(以下简称关系理论)。[28]以两位学者关于共在存在、关系性身份以及关系理性的论述为依据,本章提出关系性安全关于安全目标、实现路径以及行为逻辑的假设。

1. 共在存在、关系性身份与关系视角下的国际安全

关系理论建立在对"世界是如何构成的"这一本体论问题进行反思的基础上,体现的是"从关系的角度去思考",而不仅仅是"思考关系"的思维方式。与实体主义相对,关系理论假定世界是充满连续的事件和流动的关系,而不是孤立的个体和静止的物体。在关系性社会世界里,个体不是相互独立且外在于环境、具有各自不同本质属性的实体,而是置身于复杂关系整体中的关系者,这种关系整体界定了个体存在的意义,并指引着他们采取具有某种意义的行为,也赋予其管理和编制关系网络的能力。[29]另外,关系也不是个体存在的外在联系。社会中的个体通过"做事",在创造了我在的同时,也创造我与他人的共在,即关系和这个关系性社会世界。[30]总之,中国学术界的关系主义研究是建立在对自然世界和社会世界的关系主义认识基础之上,以关系环境的流动性、关系中行为体即关系者的能动性以及关系与个体二元互构为其基本认识论立场。[31]

共在存在与关系性身份,是关系理论的两个核心假设。关系理论认为,在社会世界中,所有的行为体都不是孤立存在的,是并且只能是与他者、与总体关系环境共存。行为体不具有预先给定的本质属性,而是在与他人、与环境互动的过程中不断形成和重塑自我,同时也不断影响、塑造关系他者与总体关系环境。这种个体与他者、个体与总体环境的相互塑造过程,使得共在呈现出多样的、但具有内在统一性的生成性

特征。在这样的共在环境中,行为体的身份是以关系来界定的,是在关系中塑造和发展的,这就是行为体的关系性身份。主流建构主义将行为体的身份分为两类:一类是团体身份,是自组织的,由行为体的特性内在建构;一类是社会身份,是行为体从他者的视角出发赋予自身的一组意义。[32]他者的意义不在于他者的存在本身,他者和社会情境仅仅被当作证实和确认自我内部核心的资源,自我仍然是"独立的自我"。[33]在关系理论中,这种"内在"的自我和"外在"的自我是不可分割的,没有绝对的和独立的自我。[34]内在的自我与外在的自我统一于关系性身份之中,行为体与他者、与社会环境的关系本身就是自我概念的一部分。

共在存在和关系性身份,对于认识国际安全问题具有两方面的意义。一是关系本身就是目的,而不是个体存在的外在附属品,维系和优化关系环境成为行为体的安全目标。行为体的存在及其身份内在于、形成于关系之中,因此个体与他者关系越好,就越适于生存,总体关系环境越和谐,就越易于繁荣。[35]通俗地说,就是朋友越多,就越强大,亲密朋友越多,就越安全。[36]简言之,共在与关系性身份意味着行为体更多地以与他者的关系、以总体关系环境的优劣,而不以与他者相对实力的消长或本质属性的异同来界定安全;以维系和改善与他者的关系以及不断优化整体关系环境,而不以消除、削弱或影响他者的存在来维护和促进安全。二是他者存在本身成为目的,而不是维系自我存在的手段,与他者的共享利益才是最大可及利益。在"独立的自我"心理认知中,为了满足自我激励和自尊这一基本需求,差异化的他者往往被赋予消极意义,因而自我与他者的利益常常处于冲突之中;[37]关系性身份是"相互依赖的自我",他者是形成自我、确认自我的源泉,他者的存在本身就是目的,满足他者需求、愿望和目标是实现自我目标的重要条件。[38]因此,只有在增进自我利益的同时也使得他者利益得到增进,才是真正可及的最大利益。[39]即利益具有共享性,国际社会中共享利益总是存在的,而且只能通过互惠的方式实现。[40]总之,优化共在关系、追求共享利益是关系性身份的内在要求,关系性安全概念据此提出安全目标与安全路径的基本假设。

2. 行为体的能动性、关系理性与关系性安全行为

维系和优化共在关系、追求共享利益依赖行为体的能动性和关系理性。关系理论认为,关系中的行为体即关系者,他们能意识到共在的现实,了解其存在依赖于与他者的联通,理解其行为取决于与他者的关系,其利益的最佳实现途径是通过维系社会关系和共同努力。关系者是积极的能动者,能有目的地利用关系和关系环境来增进自我利益。[41]与此同时,关系总是倾向于变动的,关系的变化总是伴随着新的机遇、新的挑战,并孕育新的实践,关系者的能动性从而被赋予了创造性的内在品质。相反,在传统国际关系理论倡导的"结构选择""制度选择",或"文化选择""规范遵循"等行为逻辑中,行为体依既定逻辑和规则行事,缺少反身性、灵活性和创造性。黄琼萩和石之瑜在描述关系平衡与权力平衡的区别时,对行为体的能动性在两种机制中的差异作了富有启发意义的描述,指出关系平衡机制允许行为体在满足各个不同关系要求的政策选项中作出选择,从而发挥他们的能动性并且因此而承担其选择带来的后果,而"权力平衡典型地将结构视为终极制约,使得人类的选择充其量只是个虚假的过程"。[42]

关系者的能动性是在关系网络中孕育并实现的,其能动实践须遵循关系性逻辑,即关系理性。秦亚青强调,只有以关系性来界定的理性才具有重要意义,在明确了自我与他者不断演进的关系是何种性质之前,行动者对行为是否是理性的感知是有限的。[43]在自我对与他者身份

关系的判断中,两个重要的指标分别为体现情感心理维度的亲密性原则和体现理性功利维度的重要性原则。[44]赵汀阳认为,不遵循关系性逻辑的个体主义理性实际上是非理性。未来是由互动关系决定的,充分的理性必须是在互动中仍然普遍有效的理性,或者说,当未来的互动性被计算为一个变量而仍然能够保证安全最大化和利益积累最大化时,才是充分的理性。[45]秦亚青和赵汀阳都强调情感因素在关系性逻辑中的重要作用,这体现了中国传统文化将情感作为关系核心要素的倾向。[46]实际上,西方神经科学的研究也已证明,没有情感的存在,人将失去协调、计划和决策的能力,理性决策不仅是逻辑思维的产物,还必须要有情绪和感受的支持。[47]这就意味着,缺乏与他者共情的理性不是真正的理性,甚至是误导人类行为的非理性。英国历史学家赫伯特·巴特菲尔德(Herbert Butterfield)所说的"霍布斯式恐惧"的奇怪特征是缺乏共情的典型表现,即你自己可以生动地感觉到你对其他人所怀有的巨大恐惧,但是你却不能领会其他人对你的恐惧反应,甚至不能理解为什么其他人要如此紧张。[48]因此,共情是具备尊重他者和理解他者权利不被侵犯的能力。缺乏共情,我们不能理解他者的信念和感受,也不能理解他人如何理解和感受我们的行为,在国际关系中会引起错误知觉,导致安全困境的螺旋上升。[49]

简言之,关系理性描述的是一个建立在共在关系的基础上,从身份关系判断出发,综合考虑行为的未来性和互动性的共情与推理过程。遵循关系理性的关系性安全行为包括但不限于以下几方面的特征。(1)追求最优的共在关系和共享利益,即无人被排挤的普遍受惠关系。为了维系并优化共在关系,追求共享利益,行为体可以暂时放弃或延迟追求单边利益或少数国家的集体利益。(2)遵循关系选择原则。与互动中他者的身份关系越亲密、互动他者越重要,行为体越会优先考虑维系和发展这些关系,有时会牺牲或延缓其他关系及关系中的利益。
(3)关注未来长期收益。为了维护关系的长期稳定,行为体可以暂时放弃或延迟满足某些短期利益,黄琼萩与石之瑜的"关系平衡"就建立在关系性行为的这一重要特征基础之上。(4)贯穿上述行为特征并使之得以可能的是共情原则,行为体在互动中会遵循一定的情感原则和规范。总之,关系性安全行为是基于共情与推理能力的判断、权衡和选择的过程,高度依赖行为体的能动性和创造性,遵循的是非线性、非决定性的行为逻辑。

3. 关系性身份确认、可持续安全与关系性安全的路径与目标

关系性身份不断确认的过程是关系性安全的实现过程,体现了培育本体安全和增进物理安全的统一。本体安全指的是"存在安全"(security as being),是一种主体间心理层面的安全,与"生存安全"(security as survival)或"物理安全"(physical safety)相对。本体安全强调所有的政治主体都需要维持一种生物学意义上的自我叙事的连续性和完整性,因此本体安全和物理安全一样是国际政治行为体的基本安全需求。[50]当行为体的本体安全遭到威胁时,行为体会体验到严重的焦虑情绪,进而丧失行动能力或者是激发暴力行为。本体不安全可以来自深刻的不确定性,[51]也来源于自我叙事得不到他者的确认。[52]关系性身份确认为消除这种身份和存在的焦虑提供了重要机制。安东尼·吉登斯(Anthony Giddens)在论述本体安全状态时一个重要的参照就是健康的基本信任系统。基本信任系统是朝向他人、他物以及自我身份认同的一种情感—认知符合导向模式,健康的基本信任系统来源于行为体自我意识形成早期与重要他者亲密关系的水平与稳定性。[53]在关系性身份中,行为体的自我叙事总是在关系中产生并发展、变化,共在和相互依赖的存在是行为体建立自我叙事的基础,也是自我叙事得以成

功的条件。共在关系确保了身份确认过程的延续,意味着自我叙事总是得到关系中他者的确认,这不仅缓解了行为体面对未来的深刻不确定性,也是行为体间通向稳定亲密关系的前提和基础。因此,关系性身份的确认过程就是本体安全的培育过程。

本体安全以多种方式影响物理安全,可持续安全生态是本体安全与物理安全的统一。詹妮弗·米岑(Jennifer Mitzen)借用吉登斯的基本信任概念,指出具有健康基本信任的行为体,能创造性地应对变化和不确定性,从而使个体得以顺利度过危机与高风险时期。相反,一旦行为体的基本信任系统不健康或者是功能失调时,为抵御本体不安全带来的焦虑,行为体很可能盲目和僵化遵从习俗或惯例,哪怕是诸如安全困境这样的冲突惯例。[54]本体安全对物理安全的影响还不仅限于此,巴哈·鲁梅利利(Bahar Rumelili)在其研究中指出,本体不安全会强化行为体对外界的总体威胁感知,这种情况下行为体不仅会将他者当作异己,而且更容易将他者视为威胁,从而加剧物理不安全。此外,本体不安全同时也创造了一种情境,方便政治行为体动员和操纵这些不信任和不确定性,并将其转变为事关生存的物理威胁,造成物理安全状态的不稳定。[55]因此,在鲁梅利利看来,可持续安全是本体安全和物理安全的相互支持和统一,而实现这个目标的一个重要条件,是行为体通过将自己与重要他者相区分来维系自我的稳定性和确定性,但同时又不将特定他者当作迫在眉睫的伤害和危险。[56]关系性身份以维系和优化共在关系、追求共享利益为基本特征,这正是鲁梅利利所需要的维系可持续安全的条件。

简言之,关系性安全关注的是本体安全与物理安全相统一的可持续安全生态,这是关系性安全逻辑可及的目标。以共在和共享利益为基础的关系性身份为实现可持续安全生态提供了可能,互动过程中关系性身份的持续确认，即以关系为目的、建立和优化共在关系，以他者为目的、追求共享安全利益，是建立和维系可持续安全生态的过程，即关系性安全的实现路径。关系性安全路径的实现依赖关系者基于关系理性的能动性和创造性。关系环境的流动性以及个体与关系环境的二元互构决定了关系理性原则下的安全行为表现出多样和灵活的特征。总之，在关系性安全概念中，国际安全的关系性和安全利益的共享性实现了统一，安全问题的心理维度与物理维度实现了统一，行为决策的关系理性也导向最终符合所有行为体安全利益的理性结果。因此，关系性安全从理论上克服了传统安全认识的三大悖论。虽然关系性安全逻辑不如传统的权力逻辑、制度逻辑乃至规范、文化逻辑来得简约，但关系性安全所具有的非线性、开放性特征更为贴近高度复杂多变的国际政治与安全现实，为理解长期和平与短期利益冲突的弹性安全生态以及多种行为逻辑灵活共存的现实提供了理论框架。关系性安全总体框架如图 9.1 所示。

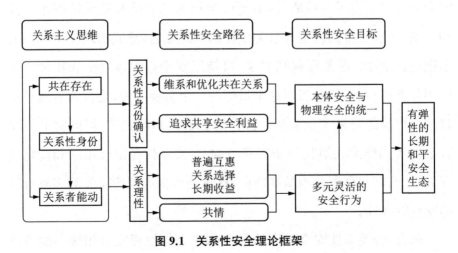

图 9.1　关系性安全理论框架

资料来源：笔者自制。

二、东盟的关系性安全实践

关系性安全为理解东盟安全实践以及现有东盟安全研究中的经验困惑提供了一个新的观察视角。下文将以重要文件文本、亲历者述评以及相关文献观点作为依据和参照,分别对东盟安全实践的历史进程、东盟重大安全战略和具体安全事务中的行为决策进行观察和描述,以期回答两个问题:东盟安全实践及结果是否符合关系性安全的身份确认路径;东盟安全行为决策与行为特征是否体现了关系理性原则。

(一)关系性身份确认与地区安全生态演变

第二次世界大战结束后,东南亚各国面临严峻的存在危机及生存威胁。一方面,新独立的民族国家国内政治不稳定,经济与军事力量弱小,整合国内多种族、多文化群体的政治认同以及处理殖民主义遗留下来的领土、种族矛盾任务艰巨;另一方面,旧殖民主义势力退出和冷战阵营的形成,区域外大国在本地区展开新一轮竞争与角逐,地区国家生存环境面临新的巨大不确定性。1963 年马来西亚联邦成立,胸怀"大印度尼西亚"民族主义梦想的印度尼西亚总统苏加诺(Bung Sukarno)拒绝给予承认。身份认同冲突及大国的可能卷入带来的本体不安全感被印度尼西亚领导人利用,马来西亚联邦被建构成新殖民主义的产物,"不仅构成对印度尼西亚的包围和威胁,而且也是美帝国主义在东南亚实现战争阴谋的帮手"。[57]印度尼西亚对马来西亚发动了长达 3 年多的"对抗"(konfrontasi),极大地恶化了东南亚地区的安全环境。东南亚国家意识到,确立地区国家间以及与区域外大国的相处之道是维护地区和平与稳定的当务之急。

这样的时机随着苏加诺的下台而到来。1967 年,印度尼西亚、马来西亚、菲律宾、新加坡和泰国在曼谷签署了《东南亚国家联盟成立宣言》(以下简称《宣言》),宣布成立"东南亚国家联盟"(Association of South-East Asian Nations,ASEAN)。从其名称来看,创立者特意加上了"nations",以区别于之前夭折的东南亚联盟,强调这是一个民族国家的联合体。"association"本身具有协会、联合、关联的含义,其内涵有别于中译文"联盟"。这说明创始国并没有建立一个超国家组织的意图,相反《宣言》更像是一个强化民族国家身份的政治宣言。[58]《宣言》开篇即明示,意识到地区国家间存在"共同的利益和共同的问题",有进一步增强"地区国家间现有的团结与合作的纽带"的必要,突出了"平等与伙伴关系"精神对于共同行动的重要性,强调了地区国家"确保地区稳定与和平不受任何形式与任何表现的外部干涉,维护与其人民的理想和愿望相符合的国家身份的决心"。[59]简单说,东盟国家维护的民族国家身份是以地区国家间的平等和友好以及相对于地区外大国的独立自主的身份关系为特征的。因此,"区域自治"或"地区问题地区解决",成为"东盟方式"的一个标志性规范。

《宣言》所追求的身份关系是以共在和共享利益为前提和目标的,具备关系性身份的典型特性。首先,东盟追求的是包容多样性和差异性的、非排他的共在关系。《宣言》明确规定东盟"对所有赞同上述目标、原则和宗旨的东南亚地区国家开放",[60]并且为了避免被看作针对他者的防务条约或军事联盟,故意没有提及地区安全。[61]实践中,东盟也从未放弃对不同政治制度的越南的争取。在越南入侵柬埔寨前,东盟曾多次邀请越南作为观察员出席东盟部长会议,1976 年又邀请越南签署《东南亚友好合作条约》。[62]这种"尊重东盟人民的不同文化、语言和宗教,同时强调他们基于多样统一精神的共同价值"被载入《东南亚国家联盟宪章》(以下简称《东盟宪章》)中。[63]其次,多元共在关系是在共享利益的基础上建立和维系的。所谓共享利益,不是指利益的同一,而是如《东南亚友好合作条约》所规定的"成员国要基于平等、非歧视和互惠原则在多边和双边场合尽最大努力寻求合作"。[64]"协商一致"的决策惯例是"平等、非歧视和互惠"原则在互动中得以贯彻的保证。"协商一致"意指在决策前通过事先协商在所有成员国中取得共识,是 2003年签署的《东盟第二协调一致宣言》(Bali Concord Ⅱ)和《东盟宪章》中确定的基础性决策规范之一。虽然常常被指效率低下,但"协商一致"是每个成员国利益得到充分尊重,促进共在关系行稳致远的重要保障。对于东盟来说,即使某项动议对多数成员国的利益具有明显促进作用,但如果不能在正式讨论前达成某种程度的共识,东盟也会放弃该事项。[65]实际上,东盟的"协商一致"原则并不是机械的一致同意,而是只要没有国家认为有损其国家利益,不明确加以反对,就算是达成了一致意见,重点是避免意见不一致时诉诸投票程序。[66]这其实在充分保障成员国利益的同时,也赋予了东盟决策以一定的灵活性和变通性。

冷战期间东盟维护地区安全的努力实质上就是追求平等友好与独立自主的身份确认实践,尤其是在应对和解决柬埔寨问题上取得的成功,不仅成为东盟身份确认取得积极成效的标志,大大提升了东盟本体安全感,也推动了东盟身份关系内涵的进一步发展。东盟成功协调成员国在柬埔寨问题上的立场,充分利用联合国等多边机制,积极协调中美等大国的支持,成功推动柬埔寨问题的政治解决,在联合国和国际社会中产生了巨大反响,其管理地区秩序的能力也得到国际社会的认可。[67]新加坡前外长尚穆根·贾古玛(Shunmugam Jayakumar)观察到,冷战结束后东盟国家中弥漫着一种"自信的情绪",而东盟在亚太地区甚至全球舞台上赢得了荣誉,是冷战后东盟自信的来源。[68]自信、荣誉感是东盟本体安全感提升的重要体现,为冷战结束后东盟调整与区域外大国的身份关系内涵,同时创造性地探索维护地区安全生态新方式奠定了基础。

　　冷战结束后,随着美苏势力的退出,长期盘踞在东南亚地区的大国力量暂时空置,但是中、日、印等崛起中的地区大国对东南亚地区安全态势的影响不可避免,为了应对地区安全关系变动的不确定性,东盟开始考虑构建包括重要大国的地区安全关系网络。1992 年 1 月,东盟第四次首脑会议授权东盟以部长扩大会议为平台,建立东盟地区论坛。[69]东盟地区论坛的一系列制度安排和行为规范确立了东盟在论坛中的中心地位。论坛在组织机构上依附于东盟,遵守东盟协商一致、不干涉内政以及制度进程渐进性等东盟原则规范,并由东盟设立论坛发展议程。东盟地区论坛是冷战结束后亚太地区唯一的、囊括了几乎所有重要国家的地区安全对话平台,参加论坛本身就是各国对东盟地区安全事务中心地位的确认。从理性主义视角来看,东盟地区论坛可能只是"权力平衡机制"微不足道的补充,[70]或者是效率低下的"清谈俱乐部",[71]但从关系性安全视角来看,东盟地区论坛对建立和维系所有相关国家的共在关系、增进各国对共享利益的认识(扩大共识)以及培育信任发挥了非常重要的作用。

　　自信与互信水平的提升所带来的本体安全感使得东盟能够积极应对危机、消解威胁、感知并化威胁为机遇,成功维系东南亚乃至整个东亚地区的稳定和安全生态。亚洲金融危机期间,东盟在应对危机过程中暴露出来的问题影响了东盟的国际声誉,也对东盟在冷战后形成的地区秩序中心地位形成了较为严重的挑战。[72]为了维系地区中心性的身份关系,东盟一方面极力抵制挑战其身份的行为,比如抵制美国推动建立新的论坛以及非东盟国家分享东盟地区论坛主席国权力的建议;[73]另一方面构建更为紧密的共在关系网络,加快东盟内部的一体化进程;同时推动建立东盟与中日韩(10＋3)合作机制,进一步突出和强化与地区大国的身份关系,将维护东盟在区域秩序建设中的中心性写入《东盟宪章》。随着东盟内部一体化进程的提速以及与中日韩(10＋3)合作进程的快速推进,东盟各国不仅顺利渡过了危机,还开辟了东亚合作的新局面。此外,本体安全感的提升也使得东盟能更为建设性地看待大国力量变动对该地区的影响,避免陷入安全困境窠臼。20 世纪 90 年代,随着中国经济的增长和军事现代化的推进,美日等国家试图利用这种力量消长带来的不确定性,操纵东南亚国家的焦虑情绪,在东南亚散播"中国威胁论"。从 1995 年到 1996 年,相继爆发了中国与菲律宾之间的美济礁争端和两次"台海危机",一时间"中国威胁论"在东南亚国家相当有市场。[74]亚洲金融危机后,中国积极参与东盟主导的地区政治经济合作,尤其是签署了《南海各方行为宣言》以及作为地区大国第一个加入《东南亚友好合作条约》,使得东盟本体安全意义上的威胁感得以缓解,中国与东盟国家之间的基本信任大大提升,"中国机遇论"也逐渐取代了"中国威胁论"。[75]

关系环境和身份关系都是倾向于不断变化的。东盟的身份关系确认过程也在不断变化的地区关系环境以及东盟各国与区域外国家互动关系的变化中不断迎来新的情况、新的挑战,需要东盟不断发展新的实践。进入 21 世纪后,东盟面临最重要的地区关系环境变化因素是中美在东南亚地区竞争和冲突的可能性不断增大。随着美国"重返亚太",尤其是特朗普上台后加速推动中美"脱钩",来自美国要求东盟"选边站队"的压力越来越大,这对东盟构建和维系共在地区安全生态的努力带来了极大的挑战和冲击。除了进一步加快东盟自身核心关系圈的团结、加快推进《东盟 2025:携手前行》各项建设之外,东盟国家一面极力避免在中美两国间"选边站队",[76]一面积极争取构建地区新秩序的话语权,在印度尼西亚、泰国等国家主导协调下,推出东盟版本的"印太"战略。美国的"印太"战略具有弱化东盟中心性和对抗中国的倾向,与东盟的共在关系思维有着本质上的不同。2019 年 6 月第 34 届东盟峰会正式推出了《东盟印太展望》,提出了基于东盟中心性、包容性和所有相关国家共赢基础之上的东盟版本的"印太战略"。[77]这一战略的形成过程充分体现了东盟协调成员国共同立场以及在东盟整体利益和所有相关国家利益与关切点中寻求最大可及共享利益的行为特征。《东盟印太展望》推出后即得到中、美、日、印、澳等国欢迎和支持,证明了东盟这一策略的成功。当然,以东盟为中心的印太共在关系网络是否最终得以建成,或能在多大程度上消解或缓和大国在该地区的竞争,不仅取决于东盟的能动性与创造性。但能否坚持追求包容性的共在关系和共享利益的基本立场,是东盟"中心性"身份关系确认的关键,也是东盟避免卷入可能出现的大国竞争漩涡,进而为大国关系平稳调适、推动印太地区秩序与和平建构做力所能及贡献的保证。总之,东盟关系性安全实践对世界和平贡献的潜力仍有待进一步探索,更为重要的是需要得到更多国家的认识和承认。

(二) 关系理性与东盟安全行为

关系性安全实践高度依赖行为体的能动性与创造性。维系以共在和共享利益为基础的关系环境是目的,关系环境从来不是静止不变的,总是在交互过程中不断发展变化,这就要求行为体能动地、创造性地管理关系过程。在这个过程中,权力制衡、制度创建、身份培育等都可以成为手段或工具。从这个角度看,可以更好地理解现有国际关系理论在解释东盟行为中遇到的一些经验困惑。如面对美国或崛起的中国,东盟并没有按照权力逻辑的推演采取制衡或追随的机械策略；不同成员国出于各自不同的关系环境评估和身份关系界定，对美国、中国等大国力量采取了不同的亲疏政策。东盟的制度化进程也并不是制度选择行为，而是行为选择制度，正如东盟前任秘书长所说："至少对于东盟来说，建立制度是为了支持先前就实现某个共同目标而达成协议的措施。"[78]这也是为什么东盟会设立一些看上去根本完不成的制度目标、或确立了制度目标却并不打算实现它，[79]又或者同一个规范，比如不干涉原则，在有些情况下被严格遵守，而在有些情况下又能灵活变通。[80]同样，东盟倡导培育集体身份认同，也不是文化或共有知识选择的结果，而是促进地区共在关系，谋求身份确认的路径。这解释了为什么东盟致力于培育地区集体身份认同，同时又坚持并强化民族国家身份认同这样的经验困惑。日本学者胜间田弘（Hiro Katsumata）也认为，东盟国家对西方规范的模仿，不是出于对规范本身的内化，而是出于维护其作为现代国家体系合法成员的身份安全的目的。[81]总之，维系最优多样共在关系、追求共享利益，需要东盟国家发挥能动性与创造性，而不是机械地遵循某个线性因果逻辑，这实际上体现了一种更为微妙和复杂的理性决策过程。正如马凯硕所说："许多人会想当然地看待东盟的团结与合作，但我们必须认识到这并不是自然而然发生的，而是在东盟历史的关键时刻作出的重要决定所造就的。"[82]这些重要的决定涉及东盟安全实践的方方面面，大到对东盟发展的战略性考量和重大事件中的利益取舍，小到一项具体议程如何安排，都依赖于实践者基于关系理性的决策智慧。

关系理性要求关注普遍互惠和长期利益，东盟的扩大正是体现了这种关系管理智慧的重要战略决策。从成立之日起，对于其他东南亚国家，不论其政治体制、意识形态还是经济发展水平和宗教文化，东盟都是无条件开放的。马来西亚前副总理伊斯梅尔·拉赫曼（Ismail A. Rahman）1973年谈及扩大东盟时就说："这一举动……最终将导致这样一个形势，即地区中没有一个国家感到它们处于一个敌对的环境中。为了这一目标，我们应该尽所有努力增进地区国家间的相互关系。"[83]冷战结束后，东盟相继吸收越南、老挝、缅甸和柬埔寨，实现了"统一的东南亚"的夙愿。尽管东盟的扩大证明了东盟自身的吸引力和凝聚力，挑战了现实主义对东盟发展前景的悲观预期，但东盟新老成员国在政治制度、经济发展水平和社会文化等方面的巨大差异，仍被认为是东盟一体化进程的沉重负担，不仅会减缓东盟一体化进程，也会削弱新生的东盟安全共同体。[84]这些判断是符合个体主义理性逻辑的，成员国差异会导致利益冲突的增加和共同身份认同的弱化，从而削弱制度合作和安全共同体建立的基础。但建立一个"统一的东南亚"背后的驱动力量并不是个体经济利益的最大化或者是超越身份差异的利益同一化，而是建立和维系一个不排斥任何人的共在关系网络。为了帮助新东盟成员国更好地融入这个关系网络，老东盟成员国在某种程度上放缓了经济一体化进程的步伐，允许新东盟成员国在经济一体化进程中执行不一样的时间表；同时为了缩小新老成员国的发展差距，特别推出了《东盟一体化倡议 2002—2008》（IAI）这一特别项目，为较发达的东盟成员国帮助那些最需要帮助的成员国提供一个地区合作框架，老东盟六国均在此框架下承担了帮助新成员国发展的各种不同项目。[85]

关注普遍互惠和长期利益的关系理性还表现为对利益多样性的包容，甚至是对利益分歧与冲突的容忍，东盟应对重大利益冲突的方式很好地诠释了这种包容性。传统观念对利益和谐的理解是绝对的，所以东盟成员国内部出现的利益冲突，尤其是围绕领土争端爆发的较为激烈的矛盾和冲突，常常被援引为批评东盟的武器。实际上，东盟促进地区安全的作用往往不在于直接应对或解决安全威胁本身,而是在容许短期利益差异乃至利益冲突的前提下,通过维系东盟的存在,发挥管理危机和构建互信的作用,直接或间接帮助维持和平。这一特征在东盟成立之初应对菲律宾与马来西亚由于沙巴问题引发的外交危机过程中就得到初步表现。当时东盟成立不久,为了避免双边争端影响到东盟的存在本身,东盟成员国一方面默契地将该争议置于东盟官方会议之外,另一方面通过各种手段和形式降低冲突的紧张程度,并促成双方达成一个"冷却"时期。虽然沙巴问题最终也没有得到彻底解决,但因为东盟的努力,菲马两国在经历一段冷却期后逐步恢复关系正常化,并在东盟框架下继续开展合作。这一处理成员国领土争端的经验被总结成"成员国间分歧或争端的解决应该依据理性、有效和充分灵活的程序来调解,避免产生可能会危害或阻碍合作的负面态度"被特别写入《东南亚友好合作条约》中。[86] 正如马凯硕所言,东盟并不是一个完全没有利益分歧或冲突的共同体,成员国间甚至还会出现小型的军事冲突,因为东盟所构建的是一个"弹性的和平生态系统"。[87] 从这个角度看,我们就不难理解,当印度尼西亚与马来西亚决定将利吉丹和西巴丹两个岛屿争端提交国际法院、柬埔寨请求联合国安理会介入与泰国在边境柏威夏寺附近爆发的军事冲突时,外界认为东盟在处理内部成员领土争端时被边缘化,但东盟自己则认为这正是维护东盟内部关系和谐与构建地区和平生态的胜利。

关系理性行为决策的一个重要依据是身份关系的亲疏远近。在东盟的总体关系网络中,东盟成员国是最重要的核心关系圈,是东盟构建和扩展关系网络的基石。[88] 东盟在制度设计上突出了东盟核心关系圈的优先性,从东盟外长扩大会议到东盟地区论坛,再到东亚峰会和东盟防长扩大会议,都是东盟内部成员国召开会议协调立场在前,与对话伙伴国举行各层次、各领域会议在后。2005 年东盟对东亚峰会的召开模式以及参与国范围的选择，表现出东盟对核心关系圈优先性的维护以及在亲密性和重要性两个维度上扩展身份关系圈的行为原则。东亚峰会召开前夕，东盟先是否定了韩国力推的东盟与中日韩 13 国以平等身份参与东亚峰会的建议，坚持以东盟＋模式召开东亚峰会；[89]接着重新设定了东亚峰会参与国的标准，即加入《东南亚友好合作条约》、与东盟国家建立对话伙伴关系并且与东盟国家具有正式的、密切的实质性关系。这三项标准虽难以具体量化，但仍然体现了与东盟关系的紧密性和务实性。东盟据此将东亚峰会扩容为包含澳大利亚、新西兰和印度在内的 16 国多边会议机制。2010 年，东盟又通过东盟防长扩大会议构建起囊括美国与俄罗斯在内的 18 国安全合作机制。这样，与地区安全密切相关的所有对话伙伴国形成了以东盟为核心的多层次安全关系网络。核心关系圈的团结和凝聚对于维系东盟总体关系网络的稳定具有基础性意义，这也是东盟常常会为了维系成员国间的团结和共同利益而超越传统权力利益逻辑的根源所在。比如东盟能置美国和欧盟等大国压力于不顾，甚至不惜延期乃至取消与欧盟的高层会晤，坚持吸纳军政府治下的缅甸为其成员国，并与缅甸军政府保持建设性接触。事实也证明，与欧盟对叙利亚采取孤立和制裁政策而导致长期冲突与动乱相比，东盟在缅甸问题上采取的接触政策对于促进缅甸民主化进程、维系地区和平与安全要有效得多。

东盟成员国能灵活运用各种工具与手段实现关系性安全目标，还取决于东盟在处理具体问题时的情理考量，这充分体现在东盟对成员国互动"舒适度"（comfort level）的重视上。东盟实践者对这一点有着更为深刻的感受，甚至认为东盟的进展就取决于对"舒适度"的维护。[90]一些学者也注意到，提升成员国的"舒适度"，是东盟多边外交得以成功的重要前提。[91]在东盟具体互动实践中,提升"舒适度"有一些通行的做法,比如通过面对面的私下会谈培育外交精英之间的个人关系,开展漫长的、通常是礼节性的对话,避免公开表达成员间的分歧,不在成员国间讨论双边争端或者采取非约束性的工作组、二轨道论坛和对话来私下解决分歧,要保全面子、避免点名羞辱等。[92]东盟在应对缅甸纳尔吉斯热带风暴引发的人道主义危机事件上的做法充分体现了这种基于情理考量之上的行为方式及其效果。2008 年 5 月,缅甸遭遇史上最严重的自然灾害,但缅甸军政府并没有在第一时间接受大多数国际援助。出于维护东盟公信力的需要,东盟国家亟须敦促缅甸对国际救援开放,值得关注的是东盟介入并获得成功的方式。[93]在召开部长会议敦促缅甸同意对国际援助开放前,印度尼西亚前外长哈桑・维拉尤达(Hassan Wirajuda)与新加坡前外长杨荣文私下就向缅甸提出的三个建议方案达成一致。为了照顾缅甸的面子和情感感受,会议先是安排其他七个成员国代表在印度尼西亚之前发言,向缅甸表达慰问。之后哈桑・维拉尤达提出三个选项:一是依照印度尼西亚 2004 年海啸时的先例,允许国际援助无阻碍进入缅甸;二是允许东盟协调国际援助;三是什么也不做。哈桑・维拉尤达首先对第一个选项表达了谨慎态度,认为不受约束的国际社会直接介入会威胁缅甸的国内稳定,同时也提醒缅甸外长审慎考虑第三个选项对缅甸与东盟的总体关系可能带来的影响。会议的结果是缅甸选择第二个方案。从会议的安排、选项的提供以及表达的方式来看,东盟充分考虑到缅甸的切实利益,避免了国际社会直接介入,又得体地维护了缅甸的面子,照顾到缅甸人民的感受,更为重要的是,东盟也得以灵活地避开不干涉内政这一原则的束缚,在人道主义救援方面发挥了重要作用,提升了在地区内外的公信力,最终的结果是所有人都感到舒适的同时,获得共同利益的最大化。这一案例较为充分地诠释了东盟维护和谐友好共在关系的情理平衡技巧。

三、结　论

长期以来,东盟以各种出人意料的方式编制着一个个东方"奇迹"。它是世界上最成功的中小国家集团,在大国力量环伺、曾被称作"亚洲巴尔干"[94]的东南亚地区创造并维系了长达 50 多年的地区和平,吸引着国际上大大小小的国家争相加入以其为中心的各种合作机制与平台;成员国间既团结凝聚、又各行其是;总是被指责效率低下、软弱无能,却常常能出人意料、另辟蹊径。围绕东盟的安全研究,似乎出现了一种"解释困境"的现象,研究越深入,背离传统理论认知的现象就越多。这一现象最终将我们导向这样一个事实:面对复杂多元的经验困惑,我们认知世界的思维方式跟不上实践的发展。

东盟安全实践的"解释困境"激发了本章的研究议程。东盟建立及其后几十年的安全实践进程中,对非排他共在关系的维护、对互动过程的重视、对共享利益的关注、对他者身份情感的高度共情能力等一以贯之的特征,都有别于关注个体独立生存状态的实体主义思维方式。在实体主义思维和个体主义方法论影响下,传统国际关系理论在认识国际安全问题时具有自身无法克服的局限性,即孤立、排他地界定安全利益,忽视国际政治行为体的心理安全及其对物理安全的影响以及遵从个体理性导致不安全的非理性结果。这些认识论悖论使得相关理论无法理解、无力解释变动不居的国际政治安全形态和灵活能动的安全行为,尤其是无法解释多样共存前提下长期和平安全生态的建设与维系这个动态平衡的过程。本章从关系主义思维出发,建立在关系环境流动性、个体关系者能动性以及关系与个体二元互构的过程性等认识论基础上，以关系理论关于共在存在、关系性身份和关系理论的相关论述为依据，提出关系性安全的安全目标、实现路径和行为逻辑，不仅为理解和解释东盟构建弹性的长期和平安全生态以及多元灵活的安全行为提供了理论认知框架，也为国际安全研究领域突破传统实体主义思维和个体主义方法论的绝对主导、推动国际安全研究多元化作出初步尝试，而对东盟安全实践的进一步观察验证了关系主义思维和关系性安全在国际政治现实中的相关性。

（原载《世界经济与政治》2020 年第 9 期）

注释

1. ［新加坡］马凯硕、孙合记：《东盟奇迹》，翟崑、王丽娜译，北京：北京大学出版社 2017 年版，前言第 22 页。

2. Ralf Emmers，"Enduring Mistrust and Conflict Management in Southeast Asia：An Assessment of ASEAN as a Security Community," *Trans-Regional and—National Studies of Southeast Asia*，Vol. 5，No.1，2017，pp.75—97.

3. Ralf Emmers，"Enduring Mistrust and Conflict Management in Southeast Asia：An Assessment of ASEAN as a Security Community," p.80.

4. Michael Leifer，*ASEAN and the Security of Southeast Asia*，London：Routledge，1989，p.157.

5. Amitav Acharya，*Constructing a Security Community in Southeast Asia：ASEAN and the Problem of Regional Order*，Oxen：Routledge，2014.

6. Tobias Nischalke, "Does ASEAN Measure Up? Post-Cold War Diplomacy and the Idea of Regional Community," *The Pacific Review*, Vol.15, No.1, 2002, pp.89—117.

7. Shaun Narine, "The English School and ASEAN," *The Pacific Review*, Vol.19, No.2, 2006, pp.199—218.

8. Alan Collins, "Forming a Security Community: Lessons from ASEAN," *International Relations of the Asia-Pacific*, Vol.7, No.2, 2007, pp.203—225.

9. [加拿大]伊曼纽尔·阿德勒、[美]迈克尔·巴尼特主编:《安全共同体》,孙红译,北京:世界知识出版社 2015 年版。

10. Ralf Emmers, "Enduring Mistrust and Conflict Management in Southeast Asia: An Assessment of ASEAN as a Security Community," pp.75—97.

11. Vincent Pouliot, "The Logic of Practicality: A Theory of Practice of Security Communities," *International Organization*, Vol.62, No.2, 2008, pp.257—264; T. Hopf, "The Logic of Habit in International Relations," *European Journal of International Relations*, Vol.16, No.4, pp.539—561.

12. Mathew Davies, "A Community of Practice: Explaining Change and Continuity in ASEAN's Diplomatic Environment," *The Pacific Review*, Vol. 29, No. 2, 2016, pp. 211—233; Aarie Glas, "Habits of Peace: Long-Term Regional Cooperation in Southeast Asia," *European Journal of International Relations*, Vol.23, No.4, 2017, pp.833—856.

13. 黄琼萩和石之瑜用 relational security 的概念来描述中国在人

道主义干涉中所体现的外交政策目标,意指维护双边关系的稳定,即关系的安全,而非关系性安全。当然,追求关系的安全是关系性安全的安全目标之一。参见 Chiung-chiu Huang and Chih-yu Shih, *Harmonious Intervention*:*China's Request for Relational Security*,Burlington:Ashgate Publishing Company,2014。

14.［英］巴里·布赞、琳娜·汉森:《国际安全研究的演化》,余潇枫译,杭州:浙江大学出版社 2011 年版,第 35 页。

15. John Herz, "Idealist International and the Security Dilemma," *World Politics*, Vol.2, No.2, 1950, p.157.

16. Yaqing Qin, *A Relational Theory of World Politics*, New York:Cambridge University Press, 2018, p.140.

17. Arnold Wolfers, "National Security as an Ambiguous Symbol," *Political Science Quarterly*, Vol.68, No.4, 1952, p.485.

18. Ken Booth and Nicholas J. Wheeler, *The Security Dilemma*:*Fear*, *Cooperation and Trust in World Politics*, Basingstoke:Palgrave Macmillan, 2008, p.22.

19. 秦亚青:《西方国际关系学的现实主义和新现实主义理论》,《外交学院学报》1996 年第 2 期,第 42 页。

20. Yaqing Qin, *A Relational Theory of World Politics*, pp.195—199.

21. Joseph Grieco, "Anarchy and the Limits of Cooperation:A Realist Critique of the Newest Liberal Institutionalism," *International Organization*, Vol.42, No.3, 1988, pp.486—508.

22.［美］亚历山大·温特:《国际政治的社会理论》,秦亚青译,上海:上海人民出版社 2000 年版,第 285—287 页。

23. Bahar Rumelili, "Identity and Desecuritisation: The Pitfalls of Conflating Ontological and Physical Security," *Journal of International Relations and Development*, Vol.18, 2013, pp.1—23.

24. 参见 Mustafa Emirbayer, "Manifesto for a Relational Sociology," *American Journal of Sociology*, Vol.103, No.2, 1997, pp.281—317。

25. 赵汀阳:《共在存在论:人际与心际》,《哲学研究》2009 年第 8 期,第 26 页。

26. Patrick T. Jackson and Daniel H. Nexon, "Relations Before States: Substance, Process and the Study of World Politics," *European Journal of International Relations*, Vol.5, No.3, 1999, pp.291—332.

27. Astrid H.M. Nordin, et al., "Towards Global Relational Theorizing: A Dialogue Between Sinophone and Anglophone Scholarship on Relationalism," *Cambridge Review of International Affairs*, Vol.32, No.5, 2019, pp.570—581.

28. Yaqing Qin, *A Relational Theory of World Politics*, 2018.

29. Ibid., pp.107—108.

30. 赵汀阳:《共在存在论:人际与心际》,《哲学研究》2009 年第 8 期,第 22—30 页。

31. 参见季玲:《论"关系转向"的本体论自觉》,《世界经济与政治》2019 年第 1 期,第 78 页。

32. Alexander Wendt, "Collective Identity Formation and the International State," *The American Political Science Review*, Vol.88, No.2, 1994, p.385.

33. Hazel Rose Markus and Shinobu Kitayama, "Culture and the

Self：Implications for Cognition，Emotion，and Motivation，" *Psychological Review*，Vol.98，No.2，1991，pp.48，226.

34. Yaqing Qin，*A Relational Theory of World Politics*，p.133.

35. Ibid.，p.123.

36. Ibid.，p.135.

37. 参见社会身份理论(SIT)中的"社会分类""社会比较"和"积极区分原则"的相关讨论及其在国际关系研究中运用，Henry Tajfel，"Social Psychology and Intergroup Relations，" *Annual Review of Psychology*，Vol.33，1982，pp.1—39；Jonathan Mercer，"Anarchy and Identity，" *International Organization*，Vol.49，No.2，1995，pp.229—252。

38. Hazel Rose Markus and Shinobu Kitayama，"Culture and the Self：Implications for Cognition，Emotion，and Motivation，" p.229.

39. 赵汀阳：《共在存在论：人际与心际》，第26页。

40. Yaqing Qin，*A Relational Theory of World Politics*，pp.136—137.

41. Ibid.，p.208.

42. Chiung-chiu Huang and Chih-yu Shih，*Harmonious Intervention：China's request for Relational Security*，p.9.

43. Yaqing Qin and Astrid H.M. Nordin，"Relationality and Rationality in Confucian and Western Traditions of Thought，" *Cambridge Review of International Affairs*，Vol.32，No.5，2019，pp.609—610.

44. Yaqing Qin and Astrid H.M. Nordin，"Relationality and Rationality in Confucian and Western Traditions of Thought，" p.608.

45. 赵汀阳:《天下的当代性:世界秩序的实践与想象》,北京:中信出版社 2016 年版,第 34—35 页。

46. Nan Lin, "Guanxi: A Conceptual Analysis," in Alvin Y. So, Nan Lin and Dudley Poston, eds., *The Chinese Triangle of Mainland China, Taiwan and Hong Kong: Comparative Institutional Analysis*, London: Greenwood Press, 2001, pp.153—166.

47. [美]安东尼奥·达马西奥:《笛卡尔的错误:情绪、推理和人脑》,毛彩凤译,北京:教育科学出版社 2007 年版,"出版十周年序"。

48. Herbert Butterfield, *History and Human Relations*, London: Collins, 1951 p.21.

49. Neta C. Crawford, "Institutionalizing Passion in World Politics: Fear and Empathy," *International Theory*, Vol.6, No.3, 2014, pp.544—545.

50. Catarina Kinnvall and Jennifer Mitzen, "An Introduction to the Special Issue: Ontological Securities in World Politics," *Cooperation and Conflict*, Vol.52, No.1, 2017, pp.3—11.

51. Jennifer Mitzen, "Ontological Security in World Politics: State Identity and the Security Dilemma," *European Journal of International Relations*, Vol.12, No.3, 2006, pp.341—370.

52. Ayse Zarakol, "Ontological(In) security and State Denial of Historical Crimes: Turkey and Japan," *International Relations*, Vol.24, No.1, 2010, pp.3—23.

53. [英]安东尼·吉登斯:《现代性与自我认同:晚期现代中的自我与社会》,夏璐译,北京:中国人民大学出版社 2016 年版,第 34—39 页。

54. Jennifer Mitzen, "Ontological Security in World Politics:

State Identity and the Security Dilemma," pp.350—351.

55. Bahar Rumelili, "Identity and Desecuritisation: The Pitfalls of Conflating Ontological and Physical Security," pp.1—23.

56. Ibid., pp.13—15.

57. J.A.C. Mackie, *Konfrontasi: The Indonesia-Malaysia Dispute, 1963—1966*, Oxford: Oxford University Press, 1974, p.3.

58. Shaun Narine, "The English School and ASEAN," p.199.

59. *The Asean Declaration*(Bangkok Declaration), Bangkok, 8 August 1967, http://agreement. asean. org/media/download/201401 17154159.pdf,访问时间:2020 年 5 月 12 日。

60. Ibid.

61. ［菲律宾］鲁道夫·C. 塞韦里诺:《东南亚共同体建设探源:来自东盟前任秘书长的洞见》,王玉主等译,北京:社会科学出版社 2012 年版,第 141 页。

62. Luu Doan Huynh, "Vietnam-ASEAN Relations in Retrospect: A Few Thoughts," in Bertrand Fort and Norberr von Hofmann, eds., *Peace and Reconciliation: Success Stories and Lessons from Asia and Europe*, Singapore: Asia-Europe Foundation and Friedrich Ebert Stiftung Office for Regional Cooperation in East Asia, 2004, pp.25—26.

63. *The ASEAN Charter*, Jakarta: ASEAN Secretariat, April 2019, p.7, http://agreement. asean. org/media/download/2016050906 2115.pdf,访问时间:2020 年 5 月 10 日。

64. *Treaty of Amity and Cooperation in Southeast Asia*, Indonesia, 24 February 1976, http://agreement. asean. org/media/download/ 20131230235433.pdf,访问时间:2020 年 5 月 12 日。

65. Aarie Glas, "Habits of Peace: Long-Term Regional Cooperation in Southeast Asia," p.841.

66. [菲律宾]鲁道夫·C. 塞韦里诺:《东南亚共同体建设探源:来自东盟前任秘书长的洞见》,第 32—33 页。

67. 杨黔云:《析东盟在国际体系中解决柬埔寨危机的活动》,《历史教学》2009 年第 4 期,第 72 页。

68. S. Jayakumar, "Asean Comes of Age as New Challenges Loom," *Business Times(Singapore)*, June 1, 1994.

69. *Singapore Declaration of 1992*, Singapore, January 28, 1992. https://asean.org/?static_post=singapore-declaration-of-1992-singapore-28-january-1992,访问时间:2020 年 5 月 10 日。

70. Michael Leifer, *The ASEAN Regional Forum*, Adelphia Paper 302, Oxford: Oxford University Press, 1996, p.57.

71. Hiro Katsumata, "Establishment of the ASEAN Regional Forum: Constructing a 'Talking Shop' or a 'Norm Brewery'?" *The Pacific Review*, Vol.19, No.2, 2006, p.181.

72. Irene Ng, "Whither Asean?" *The Straits Times(Singapore)*, December 5, 1998.

73. Kavi Chongkittavorn, "Regional Perspective: ASEAN Likely to Resist US Proposal," *The Nation(Thailand)*, July 8, 1998; Lee Kim Chew, "Asean Stays at the Helm of Security Forum," *The Strait Times*, December 17, 1998.

74. 罗伊:《关于"中国威胁论"(下)》,杨海凤译,《国外社会科学》1997 年第 11 期,第 39—41 页。

75. S. Pushipanathan, "Building an ASEAN-China Strategic Part-

nership," *Jakarta Post*，July 1，2004.

76. 笔者于2019年6月参加在马来西亚吉隆坡召开的第33届亚太圆桌会议，参会者为来自欧美、中日韩以及东盟各国的官方智库成员。应邀参会的美国代表是新美国安全中心高级研究员柯伯吉（Elbridge Colby）。柯伯吉曾任负责战略与军力发展的美国防部副助理部长，因曾公开要求东盟在中美之间"选边站队"而在会议上成为东盟代表质疑和批判的焦点。

77. *ASEAN Outlook on Indo-Pacific*，https：//asean.org/asean-outlook-indo-pacific/?highlight＝ASEAN％20Outlook％20on％20the％20Indo-Pacific，访问时间：2020年5月20日。

78. ［菲律宾］鲁道夫·C.塞韦里诺：《东南亚共同体建设探源》，第23页。

79. Anja Jetschle，"Institutionalizing ASEAN：Celebrating Europe Through Network Governance，" *Cambridge Review of International Affairs*，Vol.22，No.3，2009，pp.407—426.

80. Lee Jones，"ASEAN's Unchanged Melody? The Theory and Practice of 'Non-Interference' in Southeast Asia，" *The Pacific Review*，Vol.23，No.4，2010，pp.479—502.

81. Hiro Katsumata，"Mimetic Adoption and Norm Diffusion：'Western' Security Cooperation in Southeast Asia?" *Review of International Studies*，Vol.37，Issue 2，2011，pp.557—576.

82. ［新加坡］马凯硕、孙合记：《东盟奇迹》，第56页。

83. ［菲律宾］鲁道夫·C.塞韦里诺：《东南亚共同体建设探源》，第44页。

84. Amitav Acharya and Jillian Moo-Young，"Constructing Secu-

rity and Identity in Southeast Asia," *The Brown Journal of World Affairs*, Vol.12, No.2, 2006, p.162.

85. *IAI Work Plan*(*2002—2008*), https://asean.org/iai-work-plan-i-2002-2008/?highlight＝2000,访问时间：2020 年 5 月 20 日。

86. *Treaty of Amity and Cooperation in Southeast Asia*, Indonesia, 24 February 1976, http://agreement.asean.org/media/download/20131230235433.pdf,访问时间：2020 年 5 月 12 日。

87. ［新加坡］马凯硕、孙合记：《东盟奇迹》,第 22 页。

88. Yaqing Qin and Astrid H.M. Nordin, "Relationality and Rationality in Confucian and Western Traditions of Thought," pp.611—614.

89. "Regional Ties: Roh Urges East Asian Community," *The Nation*(*Thailand*), October 21, 2003.

90. "ASEAN Progress Depends on Maintaining 'Comfort Level'," *The Myanmar Times*, June 20, 2017, https://www.mmtimes.com/asean-focus/26469-asean-progress-depends-on-maintaining-comfort-level.html?qt-social_plugin＝1,访问时间：2020 年 5 月 10 日。

91. Hiro Katsumata, "Reconstruction of Diplomatic Norms in Southeast Asia: The Case for Strict Adherence to the 'ASEAN Way'," *Contemporary Southeast Asia*, Vol.25, No.1, 2003, p.107.

92. 参见 Hiro Katsumata, "Reconstruction of Diplomatic Norms in Southeast Asia: The Case for Strict Adherence to the 'ASEAN Way'," p.107; David Martin Jones and Michael L.R. Smith, "Making Process, Not Progress: ASEAN and the Evolving East Asian Regional Order," *International Security*, Vol.32, No.1, 2007, p.155; Aarie Glas, "Habits of Peace: Long-Term Regional Cooperation in Southeast

Asia," p.844。

93. 下文对部长会议的详细描述来源于对印度尼西亚前常驻东盟代表 Gede Ngurah Swajaya 的访谈，转引自 Aarie Glas, "Habits of Peace: Long-Term Regional Cooperation in Southeast Asia," pp.843—844。

94. Charles A. Fisher, "Southeast Asia: The Balkans of the Orient? A Study in Continuity and Change," *Geography*, Vol.47, No.4, 1962, p.347.

第十章　关系、网络与合作实践：
清谈如何产生效力
——东亚软性制度主义研究

魏　玲

一、引言：清谈馆推动大合作？

东亚地区进程的一个突出特征是软性制度主义，即合作的制度化程度不高，甚至是最小程度的制度化，非正式性强。[1]东亚合作机制因而大多被称为"清谈馆"，指其效率低下、难以产生立竿见影、具有法律或行动约束力的效果。然而，自 1997 年东亚多边合作启动以来，地区一体化进程发展迅猛，以"东盟方式"和"东盟中心"为基本规范，不仅合作架构和机制全面扩展，而且在诸多领域取得了实实在在的成果。比如，多层次的地区自由贸易安排、清迈倡议多边化框架下的地区金融合作、应对粮食安全的东亚大米紧急储备协议等。即便是美国亚太再平衡战略实施以来，在地区安全形势复杂化、大国战略竞争加剧的情况下，地区合作也依然得以维持和推进，比如东亚峰会的发展议程、互联互通议程等。2015 年，东亚经济增速放缓，但对全球增长的贡献率仍达三分之一，是所有其他发展中地区贡献率总和的两倍。[2]为什么看似无既定目标、无法律约束力的"清谈"式软性制度进程可以导向、推进和维护务实合作？清谈又是怎样产生效力的？

本章对制度主义与清谈的相关研究进行了简要梳理，发现国际关系学界在软性制度和清谈领域尚未形成严肃系统的研究议程，因而对东亚软性制度进程无法提供令人满意的解释。笔者拟借鉴世界政治的关系理论[3]和实践理论，建立关于清谈推动合作的理论模型，对软性制度进程进行初步探讨。这个模型的关键是在清谈与合作之间引入了关系变量，将清谈推动的关系过程作为不断进行的合作实践。笔者首先对清谈、关系、关系网络、实践共同体等核心概念进行了界定，以过程建构主义为基本假定，提出软性制度主义通过清谈建立、发展和维护关系，形成关系网络；而业已建立和加强的关系可以促进合作，即便是在困难时期，也至少可以维持合作的关系过程不变；合作是不断进行的关系实践的根本内容。为了对这一理论假设进行验证，本章选取了典型的清谈——东亚第二轨道进程"东亚思想库网络"——作为研究个案；通过对其中两项合作成果产生的过程跟踪，说明合作在政策结果和制度建设层面的效力。本章在最后讨论了验证的有效性以及本项研究的意义与局限。

二、东亚一体化：制度主义的局限与清谈研究的不足

国际关系领域的制度合作主要遵循新自由制度主义的路径。从广义上看，国际制度是指"正式与非正式的规则体系"，主要形式包括国际组织、国际机制和国际惯例。[4]在国际惯例领域的制度研究中，研究较多

的是正式制度,具有相当高的权威性和制约性。东亚地区合作进程的
主导规范是"东盟方式",其核心是最小程度的制度化,也可称为软性制
度主义。但是国际关系学界对软性或非正式制度的研究依然侧重制度
选择逻辑,对非正式性和软性特点的研究还远远不够。

清谈是东亚软性制度主义的主要表现形式,然而长期以来主流国
际关系理论对清谈却几乎没有专门研究。理性主义往往强调物化的因
果逻辑,清谈无法产生立竿见影的效果,因此在其看来清谈是无效的。
反思主义承认言语行为、沟通理性和建构过程,但是清谈是非正式性
的,目的指向不明确,甚至往往过程大于目的,因而上述逻辑显得说服
力不足。笔者曾经讨论过"清谈效应",提出清谈是有意识的规范建构
和社会化过程,但是清谈如何塑造合作的习惯、导向合作的制度化和具
体合作成果,其发生机制似乎仍然不很清楚。[5]对于清谈是否有效、产生
何种效用,以及如何产生效用等问题,国际关系学界缺乏深入细致的研
究,难以提供令人满意的答案。

(一) 欧盟、东盟与软性制度进程

研究地区进程中的制度主义一般以欧盟作为样板和模型,但欧盟
模式无法解释东亚软性制度进程。欧洲的国际制度基本上是按照严格
的法律原则,在法律实践过程中逐步形成的。欧盟的产生与发展以国
际条约为基础,其制度进程具有很强的法律性。[6]欧盟一体化中的制度
主义主要包括三种变体,即理性选择制度主义、社会制度主义和历史制
度主义。理性选择制度主义中的制度指的是正式制度,行为体遵循工
具理性逻辑,追求战略效用最大化。社会制度主义中的制度定义更为
宽泛,包括正式规则和非正式规范,行为体遵循恰当性逻辑,规范与制
度塑造行为体偏好和行为,从而促成合作。历史制度主义关注制度在

历史进程中随着时间的流逝对政治产生的影响，特别是制度建立之后对行为体行为方式的影响和限制，作用机制主要是惯性、时序性和路径依赖。[7]

东亚一体化进程的制度化程度较低，非正式性突出。国内学界对于"软性制度主义"几乎没有专门的研究。[8]而在现实世界中，过去二十年来，东亚一体化在制度合作领域快速扩大与深化。学术研究的不足与现实的飞跃性发展形成了巨大反差。通过百度学术搜索到的直接研究软性制度主义的英文文献只有两篇，一是将之等同于社会学中的社会资本，探讨其在政治经济学视角下的制度进程中的作用；二是在制度经济学分析框架中研究文化因素的作用。[9]这两篇文献分析了社会资本和文化因素对制度进程的影响，但没有建立软性制度主义的中级理论。此外，还有一些文献研究了"软法律""软治理""软欧洲化"等概念；与"软权力"一样，"软"主要是指观念、社会和文化因素，几乎不涉及非正式性制度过程。关于东亚制度主义的最新研究基本停留在三种制度主义模式的东亚经验，或者东盟方式的优势与局限方面，没有明显的重大进展。[10]建构主义对东亚非正式性规范的研究也非常有限。阿米塔·阿查亚(Amitav Acharya)指出非正式性、最小程度的制度化、领导人之间的私人友谊是东盟方式的重要特征，指出了"非正式性"所附带的低约束和灵活性有利于促进合作。[11]但是，他没有跟踪研究非正式过程究竟如何发生作用，从初步建立友谊到签署宣言，再到务实合作是如何实现的，作用机制是什么，也没有发展出相关研究议程。

（二）清谈馆、社会化与清谈机制

在理性主义的语汇中，清谈或者清谈馆一般是贬义的，在国际政治相关文献中往往是"无效"的代名词。通过百度学术搜索政治学领域包含清谈的中国国内期刊文献,就会出现"南亚合作走出'清谈馆'"、"当国际峰会变成'清谈馆'"、"沦为富国的清谈会"等明显不认同清谈的标题,以及"清谈相当于俱乐部"等内容。[12]在理性主义学者的东亚地区研究中,清谈也是合作制度化失败和效力低下的结果或表现。比如,徐进和孙学峰都认为,冷战后东亚多边安全机制建设基本是失败的,沦为清谈馆即是失败表现之一。[13]在英文文献中,理性主义学者也将清谈视为合作失去实际效用、流于形式,或者本身就是合作虚化弱化的表现。[14]比如,有学者提出,中国出于自身利益考虑对东亚地区合作采取"软性"方式,在很大程度上阻碍了地区合作的制度化,导致其流于清谈,不能有效解决地区冲突。[15]还有学者指出,日本对东亚多边安全合作的态度从20世纪90年代的乐观理想主义转向后来的悲观现实主义,主要原因之一是参与东盟地区论坛的失望经历。日本认为东盟地区论坛只是一个清谈馆,只能进行最低程度的信心建设,无法产生地区安全合作,也无法解决成员的安全关切。[16]

反思主义学者不轻易否定清谈的效力,但对于效力大小和具体产生怎样的效力有不同看法。阿查亚认为对东盟不作为或者清谈馆的批评有失偏颇,应走中间道路,将之放到可比的发展中国家集团类别中,以统一的成败标准来客观评价东盟。[17]也就是说,清谈是有一定效用的,不能将之视为合作失败或者效力低下的现象。在支持清谈效力的学者中,对于清谈的研究很多停留在"谈",即言语的层面,提出作为言语的清谈孕育和塑造规范。比如,尽管东盟地区论坛常常被批评为清谈馆,但实际上它是东盟建立和实践规范的平台。它的清谈塑造和传播了两种规范:一是地区共同安全思维;二是东盟方式。[18]还有学者提出,清谈可以推动行为体的社会化。[19]美国国防部参与东盟防长扩大会议(ADMM+)的经历表明,东盟防长扩大会议不是人们所说的无用的清谈馆，而是在很大程度上将美国国防部社会化了，使他们学会并认同了"东盟方式"和"东盟中心"的根本规范，学会如何与包括同盟与非同盟在内的地区同僚打交道和开展安全合作，还使他们能够与国务院等部门合作共同服务于总统的地区外交政策目标。[20]

如果清谈能够产生效力，那么它是如何产生效力的？作用机制是什么？已有研究提出三种路径，即规范说服和社会化、象征政治和累积效应以及权威治理。笔者曾经提出，清谈是一种规范说服的言语行为，是一种网络社会化机制，它通过言语建构和重复互动实现行为体社会化，构建认知共同体。[21]戴安娜·潘克（Diana Panker）在对联合国大会的研究中指出，很多人指责说联合国大会只是一个效率低下的清谈馆，原因之一是大量决议和大量议题都是在进行重复性讨论，比如一年中有一半以上的谈判议程都是重复议程。为什么要重复性地清谈？她指出了两种逻辑，即象征政治和累积效应。也就是说，清谈并非如表面上看起来那样低效，而是通过不断重复，产生政治累积和政治象征作用，从而实现相关政策目标。[22]还有一些学者对二十国集团进行了研究，他们提出被批评为清谈馆的二十国集团实际上已经成为全球治理中新型的治理权威。他们以网络治理理论为基础，发展出一个中层理论，提出因为二十国集团具有权威性，因而其清谈具有背书功能，可以为专门组织和专业网络提供支持，强化这些机制的合法性，其对经济合作与发展组织的国际税务透明议程的背书就是一个很好的例子。[23]

综上所述，国际关系学界关于软性制度主义和清谈的研究存在以下不足：一是缺乏主流学者和一流学术期刊的关注，没有建立中级理论，更没有形成可操作的具体研究议程。二是在制度主义研究中，没有突破现有三大制度主义理论，欧盟制度模式在很大程度上仍然被认定为地区进程的主导模型。三是在为数不多的清谈研究中，主要还是借鉴了言语建构、规范传播和象征/权威政治的研究成果，没有提出能够真正凸显其特色的作用机制。

三、清谈：软性制度主义研究议程

本部分拟在现有研究的基础上，提出以关系为核心、以网络与合作实践为重要要素的清谈理论，将之作为建立软性制度主义研究议程的初步尝试。下文首先对清谈、关系、网络和实践进行概念界定，然后以过程建构主义的基本假定为基础，提出清谈理论的基本假设和分析框架。

（一）清谈过程中的关系、网络与实践

首先，什么是清谈？在英文文献中，有两种常见的表达：一是"talk shop"，指讨论与工作相关的事；二是"talking shop"，带有贬义，指的是进行大量讨论和辩论却不采取行动的场合，[24]一般译为"清谈俱乐部"。但是，笔者认为这个定义是对清谈的物化，是物质主义和本质主义的。清谈作为一种社会活动，具有很强的社会属性，应视为社会本体。此外，在英文文献中还有一种"cheap talk"的提法，[25]意思是非正式的、没有什么实质性内容的"空谈"或"廉价磋商"；在经济学、博弈论、信号学中研究较多，主要是从谈判战略、博弈技巧和沟通效率层面进行分析，进而讨论"空谈博弈"的效果。近年来，"cheap talk"也进入了国际关系研究领域，《国际组织》杂志自2002年以来发表了5篇相关论文，其中4篇都是用博弈论和信号学理论研究外交实践中的"cheap talk"如何通过博弈战略、信号机制、重复博弈起作用，从而导向更加有效的沟通和成功的谈判；还有一篇研究人权机制在新兴民主国家究竟是空谈还是可以带来实绩。[26]本章研究的清谈不是"cheap talk"，因为它不是一种

博弈战略或信号机制,也不是只说不做的具体言语行为。

本章研究的清谈是指一种软性制度主义的国际合作实践,具有以下几个基本特征。第一,它是有意义的社会活动,即行为体偏好与行为主要受到社会规范与背景知识的塑造和影响。第二,它是制度化活动,虽然不是建立在国际法和国际条约基础之上的高度制度化,但具备国际制度的一般性特征,即成员、规范与组织,是重复进行的实践活动。第三,它具备不同程度的话语权力和权威性,比如二十国集团领导人清谈时的政策权威性,再如第二轨道、认知共同体或专家小组清谈时的官方背景和/或专业权威性。第四,它是结果开放的合作过程,对参与各方往往不具备强制约束力,一般不产生立竿见影的政策或行动后果。[27]

在社会世界中,清谈是一种规范构建和传播活动,但更是"关系"过程。关系是清谈的核心。这里借用秦亚青提出的世界政治的关系理论,从以下几个方面来界定和理解关系。第一,社会行为体是关系行为体或关系中的行为体。关系是社会生活的主要内容,是复杂社会中至关重要的联结枢纽,社会环境主要由关系构成,它独立于行为体个体特征之外,关系类型决定体系特征。第二,关系行为体的行动逻辑是关系理性,也就是说行为体以自身与特定他者的关系,以自身所处的总体关系网络为场域权衡利弊、制定决策、采取行动。因此,从这个意义上来看,关系就是权力,关系决定行为体互动结果。第三,关系是动态的、结果开放的、过程性的,行为体主观能动性在关系过程中发挥重大作用;关系过程具有包容性,是合作与冲突的交融进化过程。第四,在关系体系中,合作是通过亲缘选择、互惠和创造最优关系环境来实现的。[28]

本章研究的网络是关系网络,它具有以下几个特征。第一,网络是一种组织形式,是由流动的、开放的关系构成的,包括网络节点、网络化过程和网络结构。第二,不同层面的网络互动具有传递性,小规模网络层面的互动可以传递到更大规模的网络层面，甚至直接转变为大规模互动；反过来大规模互动又可以将影响传递到小群体。也就是说，不同层面、不同规模的关系网络的互动不仅塑造网络本身，而且塑造了更大层面的社会秩序和社会结构。第三，关系网络具有很强的社会性和规范内涵，这是由关系本身的社会和规范属性决定的。人际关系的表层结构是血缘、姻亲或其他联系，深层结构是社会规范，包括价值观、互动规则和社会认同。因此网络化过程是关系网络流动和生长的过程，也是规范传播、进化和社会化的过程。[29]

实践是本章的另一个核心概念。实践是"适当绩效行动的实施"。这一定义可以从下述几个方面来理解。第一，实践是做事情的过程，它不是实体也不是实在，而是存在于实践展开过程之中。第二，实践是"适当"绩效行动，也就是说实践是社会性的，具有社会意义，能够被社会识别。第三，实践是跨越时空界限、重复进行的有规律的活动。第四，实践是通过学习和训练建立起来的。它依赖于背景知识，同时包含、展现背景知识，并使之具体化；背景知识是隐形的，它是人们心照不宣、无法言喻的反思性知识，是技术性知识，具有行动导向。第五，实践同时具有观念性和物质性，它一方面是物质世界的具体再现，另一方面又受到物质世界的影响。实践可能导向三类变化，即施动者在偏好、性情或意图等方面的变化、实践本身的变化以及社会秩序的变化。[30]上文提到的东盟防长扩大会议、二十国集团、东盟地区论坛等都是国际实践。

（二）以关系为核心的清谈实践模型

本章拟建立一个以关系为核心的清谈实践理论模型，作为软性制度主义研究的初步尝试。该理论模型接受过程建构主义的基本假定。过程建构主义是社会建构理论，坚持国际关系的社会本体，主要观点和逻辑如下。第一,国际关系是动态过程,过程建构主义研究的是过程本身,即过程的变化和变动中的关系。第二,过程既是实现某种目的的手段,也是目的本身;有时过程并没有预设目标,维护过程比实现特定目标更为重要;如果追求预设目标有可能导致过程的颠覆,那么宁愿放弃预设目标也要维护互动过程。第三,作为实践活动的过程在社会化中起关键作用,或者说过程主导社会化,即过程的维持使社会化得以继续。第四,过程孕育规范和规则,培育集体身份;过程可以产生预期结果,也可能产生预期外的结果,推动变化产生的动力来自过程本身。第五,过程具有竞争性和可逆性。竞争是指各种力量、观念和制度等的竞争;可逆性意味着过程的发展既可能走向进化,也可能走向退化。[31]

　　以上述假定为前提,软性制度进程通过清谈建立、发展和维护关系,形成关系网络;业已建立和加强的关系可以促进合作,即便是在困难时期,也至少可以维持合作的关系过程不变;合作是不断进行的关系实践的根本内容。关系是这个模型的核心,是实践本体,是合作进化的逻辑、动力和目标。

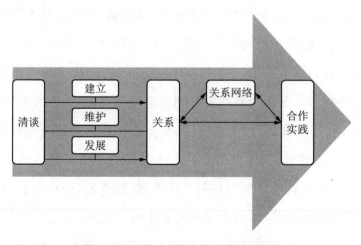

图 10.1　以关系为核心的清谈实践模型

资料来源:笔者自制。

　　清谈是有意义的言语活动和社会实践过程,因而人们往往倾向从言语建构规范、传播规范的角度来分析清谈的作用机制和效应。然而就沟通交流而言,清谈尽管有相对集中的主题,但其参与者的主要目的往往在于阐述自己的主张和观点,希望能够获得认同和支持,并形成一些共识;从规范劝服的角度来说,目的性不是那么强。长期的清谈实践的确可以建构和扩散规范,实现规范社会化。但是与之相比,更为重要的是关系建设过程。清谈的核心是建立、维护和发展关系,关系是清谈起作用的核心机制。

　　清谈建立的关系是一种礼尚往来的人情关系。黄光国把关系分为三类,即情感性关系、混合性关系和工具性关系。情感性关系是长久稳定的关系,比如家庭、密友、紧密的社会团体等,情感关系主要满足行为的情感需要,维护情感本身就是情感性关系的目的。工具性关系是为了实现某种物质利益而建立和维护的关系,是为了实现其他目标,主要是物质性目标的工具和手段。在混合性关系中,互动的行为体相互认识,有一定情感因素,但情感不足以维系关系的长期存续,关系的存续主要是靠礼尚往来。这个"礼"可以是物质性的,也可以是非物质性的,但不是实现其他急功近利的手段或工具。混合性关系最容易形成关系网络,每个行为体都以自己为中心,形成自己礼尚往来的关系网;与此同时,这些行为体又成为其他关系网络上的节点,这些关系网络交叉重叠,形成了复杂的关系网络体系。[32] 如果说情感性关系的逻辑是亲情,工具性关系的逻辑是理性,那么混合性关系的逻辑就是人情。由于混合性关系中互动行为体的交往是个体性的、特殊的,而且有着再次交往和共享关系网络的预期,所以关系中的行为体会对相关关系的社会资源以及资源的互惠产生期待,因此往往在互动时遵循人情逻辑,给予互动方所需要的特殊帮助,人情就是资源馈赠,可以是情感性资源,也可以是物质性资源。根据人情逻辑，在一个团体中，维护互动关系和整体和谐有时往往比公平原则更为重要。[33]清谈建立的人情关系，其基本维护机制就是互惠与和谐。

清谈是社会实践，是适当绩效活动的反复实施。国际上的各种峰会，例如东盟峰会、东亚峰会、二十国集团领导人峰会等，都可以说是清谈性质的国际实践。实践过程中有大量的观点交流，立场宣示和倡议活动；峰会后发表联合声明和宣言，具有行动导向，但是一般不形成具有法律约束意义或产生具体政策行动的文件。这些活动的社会规范意义在于它能够传递政策信号和表达政治意愿，比如大国合作、金融监管、东盟制度中心等，但更为重要的是领导人在这些活动中的交流沟通、相互熟悉和私人友谊的发展。通过这些活动，领导人之间建立的就是混合性关系。他们的交往是个体性的、特殊的，而且带有礼尚往来和资源互惠的预期。清谈过程就是关系建立、维护和发展的过程。维护关系主要靠礼尚往来和资源互惠，在国际关系实践中，"礼"主要是在国际事务中的相互支持，资源既包括物质性资源，也包括非物质性资源，比如政治支援。

清谈过程中建立和加强的关系可以促进合作，即便是在困难时期，也至少可以维持合作的关系过程不变。合作的促进就是合作关系的深化和扩大化。深化是情感和互惠程度加深，扩大化就是合作关系网络化。关系在实践流动过程中具有生产性和再生产性。研究发现，关系与特定社会中的具体实践活动具有内在关联，"关系是为了承担实践功能而被实践调动起来的存在"，不是简单的二元概念或固化的结构，也不是在一个固化结构中运作。关系是"在实践逻辑中经过错综复杂的策略互动和人的全面关怀所建构的"，具有流动性、策略性和变通性，是不断的被生产和再生产的过程，必须被嵌入关系网络中加以理解。虽然在国际实践中关系网络化往往是制度性和非制度性因素共同作用的结果,但是行为体个体的社会网络空间、社会交往实践及所形成的知识、惯习在关系网络化过程中发挥着非常重要的作用,尤其在非正式活动或策略选择中,行为体个体的特征和作用表现得更为明显。[34] 皮埃尔·布迪厄(Pierre Bourdieu)指出,每个行为群体都倾向维护自己的关系网络,包括系谱关系和因需要而调动的非系谱关系,一旦这些关系进入实践运用,就变成了"实践亲属关系"。关系网络既通过实践,又为了实践而存在,因而通常会受到维护并处于良好运行状态。[35]

最后,清谈构建的关系和关系网络不仅自觉进行自我维护,而且在维护过程中促进了合作,形成合作实践共同体,清谈实践成为合作实践。根据世界政治的关系理论,关系决定合作。在关系世界中,合作是通过三种机制实现的,即亲缘选择、互惠原则和孟子最优。[36] 亲缘选择解释了社会性昆虫的亲缘利他行为,指出利他者只为自己的亲属提供帮助或作出牺牲,并且利他行为与亲近程度成正比,关系越近,相同基因越多,彼此之间利他合作的倾向就越强。[37] 互惠原则是指个体利益和幸福只有通过个体之间的和谐共在才能实现,共在与存在互为条件,各种存在只有兼容互惠合作才能达到各自可能的最优状态,也就是孔子所说的"己欲立而立人,己欲达而达人"。[38] 孟子最优是指"人和",即和谐原则;互惠促进关系的和谐,而和谐的关系为个体利益最大程度的实现创造了场域条件。根据这一原则,利他和互惠不仅仅是实现个人利益的手段,而且还是建设和维护良好人际关系的机制,只有这样才能维持良好的人际关系氛围,即人和,为个人获得最大程度的利益创造条件。[39] 由于清谈群体一般不涉及亲缘关系,因此清谈群体的合作主要是通过互惠与和谐机制来实现的,即兼容互惠并维护良好的关系氛围。在清谈实践中,关系与合作是正相关关系,维护和增强关系就维护和促进了合作,因而清谈实践成为合作实践。

四、东亚思想库网络:关系网络与合作进化

本部分将以东亚第二轨道进程——东亚思想库网络(以下称NEAT)为案例对上述假设进行验证。第二轨道是指有官方背景的学者参与的非官方对话与协商进程,目的是为官方合作提供智力支持。[40]第二轨道进程是典型的清谈,因为其对话和磋商所产生的成果不具备政策行动力和执行力,只是规范倡议和政策建议性质,不产生立竿见影的效果。NEAT 成立于 2003 年,是东盟与中日韩(10+3)框架下经领导人认可的第二轨道进程,具有上文界定的清谈的典型特征。首先,它是社会活动,是被"10+3"官方指定和认可的、为"10+3"官方合作提供智力支撑的地区进程,是总体东亚地区进程的组成部分。其次,它有相对固定的成员、规范和组织,有自己的工作机制,是具备一定制度化水平、为促进东亚地区合作而重复进行的国际实践。最后,它具备一定的权威性。NEAT 由"10+3"各国官方指定的智库和学术单位组成,参与工作组的专家由各国国家协调员单位推荐,不仅在专业领域具有较高的权威性,而且在政策过程中也具有一定话语权。2005 年起每年向"10+3"领导人会议提交政策建议报告,推动功能领域的地区合作;受到领导人高度认可。

NEAT 的清谈是否能够产生效力?在规范研究中,一般采用两个标准来验证规范效果,即政策工具和制度化程度。[41]第二轨道进程不可能直接产生政策工具,最为重要的是政策相关度,如果二轨的政策建议与一轨决策相关度高,一般认为二轨的清谈是有效的。就制度化而言,因为二轨本身是非正式的,制度化程度不高,所以可以看看二轨合作自

身的制度建设或者扩大效应,即合作是否深化或扩大。本章拟采用过程跟踪的方法,选取 NEAT 的两个具体事例进行研究,一是 NEAT 关于东亚基础设施投资银行的研究和政策建议过程,它与新近成立的亚洲基础设施投资银行高度相关;二是 NEAT 如何推动东亚二轨进程的扩大与深化,即中国—东盟思想库网络(NACT)和中日韩思想库网络(NTCT)的成立与运作。通过过程跟踪,这两个案例将验证本章所提出的"以关系为核心构建合作实践"的清谈式软性制度主义是否成立。

(一) 政策效力:东亚基础设施投资银行

NEAT 自 2005 年以来开始实行工作组机制,即由各国家协调员单位自愿认领,并向国家协调员会议提交工作组概念文件,经国家协调员会议讨论通过以后,由认领方出资召开工作组会议并主持工作组政策研究报告的撰写。NEAT 成员各推荐一名专家参与,报告最后递交国家协调员会议,并形成最终建议列入《NEAT 备忘录》,提交当年的"10+3"领导人会议。截至 2016 年底,NEAT 共组织了近 60 个专题研究工作组,所有工作组均撰写和提交了政策研究报告,研究领域涵盖地区架构建设、金融合作、投资合作、贸易与经济一体化、文化交流、非传统安全、环境保护、能源安全、流动劳工、食品安全、灾害管理、互联互通、城市化、公共卫生、东亚经济共同体等。[42] NEAT 向"10+3"领导人会议提交政策建议已成为惯例,迄今已提交《NEAT 备忘录》共 13 份,受到领导人高度认可,每年都被写入"10+3"领导人会议的《主席声明》。[43]

自 2005 年以来,"NEAT 中国"一共认领了 19 个工作组,其中 12 个直接涉及东亚基础设施投资合作,时间跨度长达 9 年,是 NEAT 框架下清谈最多、研究时间最长、反复辩论最多的课题。"NEAT 中国"

很早就主张要建立某种形式的东亚基础设施投资机构，但是"NEAT日本"坚决反对，认为此举将损害日本主导的亚洲开发银行的利益。然而，即便在这样的情况下，为什么"NEAT日本"最终采取了合作的态度，同意将相关建议写入《NEAT备忘录》并提交给领导人会议呢？[44] 2013年"NEAT中国"主持的工作组明确提出建立"东亚基础设施投资银行"的建议。[45]同年10月，中国提出建立"亚洲基础设施投资银行"（以下简称亚投行）的倡议；2015年12月，亚投行正式成立。截至2016年8月，西方七国集团除美国和日本以外均已加入或申请加入亚投行。[46]从上述发展来看，无论在政策内容和时间节点上，NEAT建议都与亚投行决策具有很高的相关度。

那么，NEAT的政策效应是如何实现的呢？从清谈到产生政策实效的合作，其中的关键是关系和网络机制。"NEAT日本"在官方强硬反对、东亚地缘政治竞争加剧，且中日双边关系没有根本性改善的情况下，仍然选择了合作，同意提交中方倡议，主要是出于"关系理性"，是一种"关系选择"。这里的"关系"并不是指"NEAT中国"与"NEAT日本"建立了具体的合作关系，也不是说因为长期清谈过程中产生的工作友谊导致"NEAT日本"作出了与之利益相悖的选择。情感固然有利于合作，但是工作友谊远不足以导致损己利他的"亲缘选择"。产生合作的根本原因是清谈推动建立的NEAT关系过程。在这个过程中，包括"NEAT中国"与"NEAT日本"在内的行为体相互之间，以及他们与NEAT这个第二轨道进程之间形成了"自在共在"的关系，也就是说他们之间的存在互为条件，[47]共同存在。"NEAT日本"的合作选择并不是非理性的，也没有背离其利益。因为在"共在存在"的关系过程中，其根本利益已经发生了变化。在"东亚基础设施投资银行"这个案例中，"NEAT日本"的最大利益已经不是坚持官方立场、坚持维护亚洲开发银行,而是维护 NEAT 关系进程,合作正是其理性选择。如果不合作导致 NEAT 进程中断,那么"NEAT 日本"的根本利益也将遭受重大损害。

虽然"东亚基础设施投资银行"的建议写入了工作组报告,但在最终提交给领导人的《NEAT 备忘录》中,却没有使用"东亚基础设施投资银行"这样一个专有名词,而是换了一个委婉的说法,即"就建立专门从事地区基础设施投资的新型金融机构进行可行性研究"。[48]这是"NEAT 日本"与"NEAT 中国"协商合作的结果,也是 NEAT 关系进程"孟子最优"——"人和"机制作用的结果。2013 年 8 月在吉隆坡召开 NEAT 国家协调员会议,讨论"NEAT 中国"认领和主持的工作组报告时,该建议已经具备了获得支持的"天时"与"地利",只差"人和"。"天时"是在中方的领导下,NEAT 已就东亚基础设施投资合作进行了长达 9 年的研究,12 个工作组研究报告和政策建议中都提出了与之相关的倡议。两个观念已经在 NEAT 国家协调员和专家中间深入人心:一是要致富、先修路,加强基础设施投资是东亚整体经济发展的必要条件;二是基础设施建设资金缺口巨大,现有金融机构无法解决其资金问题,需要考虑地区融资投资合作。[49]尤其在 2008 年国际金融危机之后,东亚各国更加认识到地区金融合作的重要性和必要性,以"清迈倡议多边化"为标志的东亚金融合作已取得突破性进展。"地利"是东盟面临2015 年底建成共同体的紧迫任务,基础设施建设是东盟实现互联互通、缩小发展差距的关键。因此,东盟各国对于"东亚基础设施投资银行"的倡议不仅大力支持,而且希望能够早日变成现实,早日获得基础设施建设所需要的资金支持。该建议成为了东盟的重大利益。

那么,"人和"机制是如何作用的呢? 国家协调员会议是 NEAT 最高决策机制,遵循东盟的协商一致决策原则,即所有成员经协商达成一致意见后通过。当建立"东亚基础设施投资银行"的建议在 NEAT 国家协调员会议讨论时，"NEAT 日本"表示不同意将其写入《NEAT 备忘录》，因为这与日本官方的基本立场相左，日本官方坚决反对在亚洲开发银行之外另立山头，成立新的地区投资银行。然而，当时会上出现了一边倒支持该建议的形势，日本的反对基本陷入了孤立，在道理和道义上似乎也站不住脚。但是日本代表表示，如果使用专有名词来提这个建议，明显反对日本官方基本立场，他们就是失职，无法向国内交代。会议一时陷入了僵局，只能暂时休会。在此期间，日本代表找到中方代表，表示他们确有苦衷，问能否换个说法，表达同样的意思，但不用专有名词，他们愿意尽最大努力与中方合作。后来经中日代表会下协商，字斟句酌确定了上述文本，并报告了当时的会议主席"NEAT 马来西亚"。会议重开，换了个说法的建议通过，全体参会代表报以热烈的掌声，对"NEAT 中国"和"NEAT 日本"为维护合作进行的最大努力表示赞赏和感谢。这个过程说明，即便是面临利益不一致的重大困难，也要想办法进行最大程度的合作，维护关系过程和关系的整体和谐。如果这次会议不能就该建议达成一致，会议无法进行下去，NEAT 整体和谐与合作进程就面临中断的危险。《NEAT 备忘录》无法形成和提交，关于东亚基础设施投融资机构的建议也无法上达"10＋3"领导人，损害的不仅是 NEAT 共同利益，也是 NEAT 各参与方的个体利益。维护总体关系和谐与进程顺利，同时为个体利益的实现提供尽可能好的关系场域，这是 NEAT 在过去十多年里能够屡次化解矛盾与冲突，维护合作的重要原因。

（二）制度效力：中国—东盟思想库网络与中日韩思想库网络

2013 年是中国与东盟建立战略伙伴关系十周年。但是，当时中国周边环境随着美国亚太再平衡战略的深入和南海问题的升温变得比十年前更为复杂,中国与东盟政治安全合作与战略互信急需加强和提升。为推动中国与东盟战略伙伴关系从"黄金十年"走向"钻石十年",中方提出了一系列合作倡议,其中包括成立中国—东盟思想库网络(NACT)。当时主要是有两个方面的考虑:一是增进战略互信,比如当时提出的商签《中国与东盟国家睦邻友好合作条约》等工作,可能首先在二轨渠道比较好谈;二是东亚各国一轨对于 NEAT 多年来的工作模式和成效普遍比较满意,所以中方希望能够借鉴 NEAT 成功经验,重点加强中国与东盟的战略互信和务实合作。于是,中国外交部指定"NEAT 中国"国家协调员单位外交学院来牵头落实这项倡议。2013 年外交学院起草了《NACT 概念文件》提交中国—东盟高官会,获得一轨认可。与此同时,外交学院通过 NEAT 等关系网络积极与东盟相关学者和政府官员联系,就建立中国—东盟思想库网络的想法与他们充分沟通。2013 年 7 月 14 日,由中国外交部主办,外交学院承办的"纪念中国—东盟战略伙伴关系十周年研讨会"在北京召开。在这次会议上,参会的一轨和二轨代表就建立 NACT 达成初步一致。[50] 2014 年 7 月 3—4 日,NACT 第一次国家协调员会议和 NACT"建设中国—东盟命运共同体"研讨会在北京召开。国家协调员会议讨论通过了《NACT 概念文件》,NACT 正式启动。2015 年 11 月 16—17 日,外交学院亚洲研究所与马来西亚战略与国际问题研究院在吉隆坡共同举办 NACT 第二次国家协调员会议和 NACT"中国—东盟关系:合作、共同体与互联互通"研讨会,并进一步完善了 NACT 工作机制,按照 NEAT 模式正式形成了国家协调员会议、年度研讨会和工作组会议三级机制,制定了 NACT 轮值主席制度。2016 年,NACT 工作组启动,举行了"纪念中国—东盟对话关系 25 周年"专题工作组会议,并在东盟主席国老挝召开了第三次 NACT 国家协调员会议和年度研讨会，确认了 2017 年 NACT 主席和工作组，制定了工作组研究成果和政策建议向一轨提交的机制。NACT 制度化合作走上正轨。

2012—2014 年，由于中日和韩日政治关系走低，中日韩领导人会议中断。在此期间，中日韩机制下功能领域合作和非正式对话与磋商显得格外重要。2013 年 10 月，在中国外交部的指导下，在三国合作秘书处的支持下，外交学院成立了国内首家官方认可的中日韩合作研究中心。外交部希望该中心不仅要专门从事中日韩合作研究，并且还要与国内相关学术机构进行协调，与日韩智库建立伙伴关系，开展常规性研究与交流，为三国间的官产学媒对话搭建二轨平台，为中日韩官方合作建言献策。2014 年 12 月，外交学院与吉林中日韩合作研究中心在长春共同举办"中日韩合作十五周年研讨会暨首届人文交流论坛"，为三国智库交流作铺垫。2015 年 3 月，在第七次中日韩外长会议上，经中方倡议，三国外长决定加快推进三国智库网络建设，中国外交学院、日本国际关系论坛和韩国国立外交院被三国政府指定为智库网络的国家协调员单位。2015 年 9 月，在吉林召开的中日韩第二届人文交流论坛上，"中日韩思想库网络"正式成立。三国国家协调员单位表示，将致力于加强三国智库间的对话与合作，共同研究三国合作的共同利益基础、优先领域、面临的机遇和挑战，为中日韩合作今后的发展出谋划策。2016 年，中日韩思想库网络将分别在日本东京和中国长春召开国家协调员会和研讨会。

中国—东盟思想库网络和中日韩思想库网络的成立可以被看作 NEAT 进程的扩大与深化，其中关系性依然是核心要素和核心作用机制。首先，NEAT 在合作实践中不仅成功确立了自己东亚二轨"领头羊"的身份，[51] 而且还在地区和"10＋3"各国国内层面成功建构了一二轨互动关系。事实上,不仅二轨过程本身是清谈,一二轨互动的主要内容也是清谈。清谈建立、维护和促进了二轨关系过程,也建立、维护和促进了一二轨互动关系;关系在实践中产生又进入实践运用,变成了布迪厄所说的"实践亲属关系",关系中的行为体因而依"关系理性"行事。在 NEAT 案例中,"10＋3"国家和地区层面的一二轨共同形成了复杂的关系网络体系,该体系既通过实践又为了实践而存在,因而受到维护并处于良好运行状态。这就是为什么当中国—东盟合作机制和中日韩合作机制需要二轨时,一轨不仅想要按照 NEAT 模式来复制网络结构,而且还指定了大致相同的国家协调员单位,这就是关系网络的自我维护。图 10.2 列举了 NEAT,NACT 和 NTCT 三个思想库网络的国家协调员单位,其中中国外交学院是所有三个思想库网络的中国国家协调员单位,日本国际关系论坛同时是 NEAT 和 NTCT 的国家协调员单位,文莱、老挝、马来西亚、缅甸、新加坡和越南的 NEAT 国家协调员单位也同时是该国 NACT 国家协调员单位。

其次,NACT 和 NTCT 的成功建立和顺利运作也得益于 NEAT 关系进程。从最初产生想法,到提出倡议,再到落实为具体机制,NACT 和 NTCT 各自都经历了几年时间。在这个过程中,因为有了 NEAT 过程中的良好工作关系、工作友谊和相互支持与信任,有了关系网络中的认同和"共在存在"的认识,才能做好沟通与协商,达成一致。在 NACT 过程中,2015 年,在南海问题不断升温、中国与东盟战略疑虑加深的时候,马来西亚战略与国际问题研究院承担了 NACT 第二次国家协调员会议与研讨会,使 NACT 进程在中方牵头启动之后得以延续。2016 年老挝外交学院在菲律宾南海仲裁案结果出台之后,在同时承担着东盟主席方几十场会议的情况下,接任 NACT 共同主席,成功举办了 NACT 第三次国家协调员会议与研讨会,从此确定了轮值主

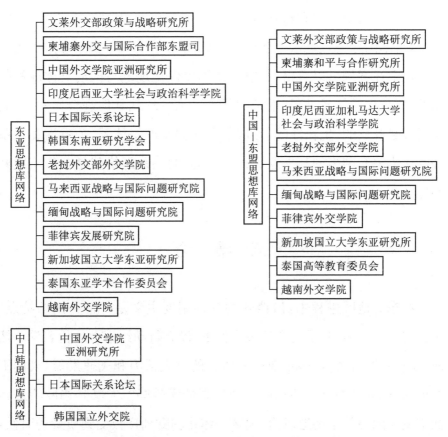

图 10.2　NEAT、NACT 和 NTCT 国家协调员单位

资料来源：笔者自制。

席制和工作组制，保证了 NACT 制度化运作。他们作出的重大贡献不仅仅是出于对发展地区合作的认同，更为重要的是在十多年 NEAT 进程中与中国外交学院产生的感情和对地区二轨网络的认同，产生的自觉维护网络和关系进程的"关系理性"。在 NTCT 进程中，起初日本官方对 NTCT 的态度不积极，因而虽然 2013 年就提出了这个想法，但是一直到 2015 年 3 月外长会之前都没有实质性进展。外长会后，日本国际关系论坛被指定为"NTCT 日本"国家协调员单位。由于具有和中国外交学院在 NEAT 框架下十多年的清谈经历和工作关系，日本国际关系论坛很快与中方顺利沟通并达成一致，当年 9 月 NTCT 得以启动。此后，日本国际关系论坛主动提出，愿意承办 NTCT 国家协调员会议。

从上述案例可以看出，二轨清谈不仅仅是规范与推动具体政策行动的过程，更是关系过程，维护和促进关系过程就是促进合作本身；关系过程是开放的，生长性的，形成复杂的关系网络体系，关系性和关系理性成为关系网络的基本逻辑；清谈建立的关系网络就是合作实践共同体。

五、结　论

在东亚地区进程中，清谈式的软性制度主义是一个突出的特点。过去它饱受诟病，几乎是合作效率低下、没有行动约束力的代名词。然而，反观东亚过去 20 多年地区一体化的巨大活力和飞速发展，人们不禁要问，东亚真的是清谈馆吗？清谈真的无效吗？尤其是当欧盟进程面临重大困难甚至倒退风险，地区一体化的欧洲样板受到质疑的时候，对清谈的严肃研究就显得更为重要和必要。笔者认为，处于国际关系学研究前沿的关系理论和实践理论恰好可以解释清谈效力，可以帮助建立一个关于清谈的国际关系中级理论。清谈是规范过程，更是关系过程；清谈建立、维护和发展关系和关系网络体系；共在存在的关系性使合作与和谐成为互动关系行为体的理性选择，因此，合作是关系过程的基本内容，清谈建立的关系过程就是不断展开的合作实践。

本章研究只是清谈理论化的初步尝试。创新之处在于突出了清谈的关系性，将关系作为清谈理论的内核，而这正是理性研究最容易忽视的问题。理性研究议程往往只重视物化成果，规范制度化、政策行动化等都是以物质性结果来衡量观念性动因的效力。然而清谈的最大效力在于它所构建的关系和关系网络过程，因为过程本身就是合作实践，甚至往往比具体的、个体化的物质性成果更为重要。清谈构建的关系过程，其根本效力不在于导向具体合作，甚至不在于推动形成合作的观念或规范，而是使合作成为其理性选择，使关系互动本身成为合作实践。本项研究也是对东亚软性制度主义的初步探讨，将有益于制度主义理论的丰富，有益于具有本土特色的制度理论和研究议程建设。

当然，本章在理论和案例研究方面都还存在明显局限性。在理论方面，没有探讨替代解释的可能性，比如权力因素。互动关系过程不是一个各方均衡发力的过程，必然存在力量不对称，那么权力因素和不平衡互动是否对关系过程具有重大影响？东亚二轨进程的成功和中国主动推动有多大关联？在清谈理论模型中，笔者也有意忽视了其他有意义的变量，比如规范和情感。忽视的原因不是不承认它们的作用，而是为了更加突出核心变量——关系，更加突出制度过程的社会性和非正式性，尝试构建"片面深刻"的理论。在案例研究方面，笔者是 NEAT、NACT 和 NTCT 过程的亲历者和见证者，不仅掌握了几乎所有的案例素材，更是亲身参与了主要的清谈。"局内人"身份是一把"双刃剑"，既可以给笔者更精准的洞察力和更敏锐的感觉，但是也难免使研究带上个人的主观色彩。不过，社会科学研究终究是无法做到价值无涉的。在案例的过程跟踪叙述中，笔者尽量只做事实叙述，以最大程度地降低主观偏见对研究的影响。

最后，清谈尽管是东亚进程的突出特色，但清谈式的软性制度进程实际上却普遍存在，具有普遍意义。外交在很大程度上是谈的艺术，而大多数的谈一定都是清谈。国际关系的核心是关系，在社会世界中，无论国家行为体还是个人行为体，都是关系存在。制度过程是人主导和推动的社会过程，关系性和背景知识既是过程的重要内容，也是过程的动力和塑造力。总之,关系、清谈和软性制度主义应该成为国际关系和外交研究中重要的研究纲领和议程。

(原载《世界经济与政治》2016 年第 10 期)

注释

1. 非正式性或最小程度的制度化是"东盟方式"的突出特征,后来成为以东盟为制度中心的东亚地区进程的特点,参与进程的大国被社会化。参见[加拿大]阿米塔·阿查亚:《建构安全共同体:东盟与地区秩序》,王正毅等译,上海:上海人民出版社 2004 年版;秦亚青、魏玲:《结构、进程与权力的社会化——中国与东亚地区合作》,《世界经济与政治》2007 年第 3 期,第 7—15 页。

2. 世界银行:《2015 年东亚与太平洋地区发展中经济体保持强劲增长》,http://www.shihang.org/zh/news/press-release/2015/04/13/developing-east-asia-pacific-growth-remains-robust-in-2015,访问时间:2016 年 8 月 20 日。

3. 参见秦亚青:《关系与过程:中国国际关系理论的文化建构》,上海:上海人民出版社 2012 年版;Qin Yaqing, "A Relational Theory of World Politics," *International Studies Review*, http://dx.doi.org/10.1093/isr/viv031 viv031,访问时间:2016 年 9 月 2 日。

4. 参见秦亚青:《关系与过程:中国国际关系理论的文化建构》;Qin Yaqing, "A Relational Theory of World Politics," http://dx.doi.org/10.1093/isr/viv031 viv031,访问时间:2016 年 9 月 2 日。秦亚青:《新自由制度主义》,载秦亚青主编:《理性与国际合作:自由主义国际关系理论研究》,北京:世界知识出版社 2008 年版,第 71 页。

5. 魏玲:《第二轨道进程:清谈、非正式网络与社会化——以东亚思想库网络为例》,《世界经济与政治》2010 年第 2 期,第 19—34 页。

6. 衡孝军、卢静:《欧盟的制度》,载秦亚青主编:《观念、制度与政策——欧盟软权力研究》,北京:世界知识出版社 2008 年版,第 150 页。

7. [美]马克·波拉克:《新制度主义与欧洲一体化》,载[英]安特耶·维纳等主编,朱立群等译:《欧洲一体化理论》,北京:世界知识出版社 2009 年版,第 172—178 页。

8. 笔者曾经在研究中提到"软性制度主义",但是也没有做深入研究,参见魏玲:《东亚地区化:困惑与前程》,《外交评论》2010 年第 6 期,第 29—44 页。

9. Gorden Macleod, "Beyond Soft Institutionalism: Accumulation, Regulation, and Their Geographical Fixes," *Environment and Planning A*, Vol. 33, No. 7, 2001, pp. 1145—1167; Violetta Zentai and János Mátyás Kovács, "Soft Institutionalism: The Reception of New Institutional Economics in Croatia," in János Mátyás Kovács and Violetta Zentai, eds., *Capitalism from Outside*?: *Economic Cultures in Eastern Europe After 1989*, Budapest: Central European University Press, 2012, pp.241—262.

10. 参见 Etel Solingen and Wilfred Wan, "Critical Junctures, Developmental Pathways, and Incremental Change in Security Institutions," in Orfeo Fioretos, Tulia G. Falleti and Adam Sheingate, eds., *The Oxford Handbook of Historical Institutionalism*, Oxford: Oxford University Press, 2016; Yong Wook Lee, "Nonhegemonic or Hegemonic Cooperation? Institutional Evolution of East Asian Financial Regionalism," *The Korean Journal of International Studies*, Vol.

13，No.4，2015，pp.89—115；Kei Koga，"Institutional Transformation of ASEAN：ZOPFAN，TAC，and the Bali Concord I in 1968—1976，" *Pacific Review*，Vol.27，No.5，2014，pp.729—753；Stephan Haggard，"The Organizational Architecture of the Asia-Pacific：Insights from the New Institutionalism，" in Miles Kahler and Andrew MacIntyre，eds.，*Integrating Regions：Asia in Comparative Context*，Stanford University Press，2013。

11. Amitav Acharya，"Ideas，Identity and Institution-Building：From the 'ASEAN Way' to the 'Asia-Pacific Way'?" *Pacific Review*，Vol.10，No.3，2007，pp.319—346.

12. 参见江亚平：《南亚合作走出"清谈馆"》，《瞭望》2007 年第 15 期，第 57 页；李巍：《当国际峰会变成"清谈馆"》，《中国经济周刊》2010 年第 45 期，第 17 页；蔡恩泽：《沦为富国的清谈会》，《国际市场》2009 年第 8 期，第 16—18 页；林利民：《G8 这三十年》，《领导文萃》2006 年第 11 期，第 43 页。

13. 参见徐进：《东亚多边安全合作机制：问题与构想》，《当代亚太》2011 年第 4 期，第 91 页；孙学峰：《寻求中国东亚政策的再平衡》，《东方早报》2014 年 1 月 14 日，http://www.carnegietsinghua.org，访问时间：2016 年 7 月 10 日。

14. Anja Bauer and Reinhard Steurer，"Innovation in Climate Adaptation Policy：Are Regional Partnerships Catalysts or Talking Shops?" *Environmental Politics*，Vol.23，No.5，2014，p.818.

15. Suisheng Zhao，"China's Approaches Toward Regional Cooperation in East Asia：Motivations and Calculations，" *Journal of Contemporary China*，Vol.20，No.68，2011，p.53.

16. Takeshi Yuzawa，"Japan's Changing Conception of the ASEAN Regional Forum：From an Optimistic Liberal to a Pessimistic Realist Perspective," *The Pacific Review*，Vol. 18，No. 4，2005，p.463.

17. Amitav Acharya，"Arguing About ASEAN：What Do We Disagree About?" *Cambridge Review of International Affairs*，Vol. 22，No.3，2009，p.493.

18. Hiro Katsumata，"Establishment of the ASEAN Regional Forum：Constructing a 'Talking Shop' or a 'Norm Brewery'?" *The Pacific Review*，Vol.19，No.2，2009，p.181.

19. 魏玲：《第二轨道进程：清谈、非正式网络与社会化——以东亚思想库网络为例》，《世界经济与政治》2010 年第 2 期，第 19—34 页。

20. Kurt Leffler，"The ADMM＋ and the U.S. Department of Defense：Beyond the 'Talk Shop' Paradigm," *Asia Policy*，No.22，2016，pp.123—129.

21. 魏玲：《第二轨道进程：清谈、非正式网络与社会化——以东亚思想库网络为例》，《世界经济与政治》2010 年第 2 期，第 27—28 页。

22. Diana Panker，"The UNGA—A Talking Shop? Exploring Rationales for the Repetition of Resolutions in Subsequent Negotiations," *Cambridge Review of International Affairs*，Vol.27，No.3，2014，p.442.

23. Richard Eccleston，Aynsley Kellow and Peter Carroll，"G20 Endorsement in Post Crisis Global Governance：More Than a Toothless Talking Shop?" *The British Journal of Politics and International Relations*，Vol.17，No.2，pp.298—317.

24. 英文释义源于 *Oxford Learner's Dictionaries*，http：//www.oxfordlearnersdictionaries.com，访问时间：2016 年 8 月 15 日。

25. 感谢陈定定教授在阅读本章初稿时指出这一点。

26. 参见 Anne E.Sartori, "The Might of the Pen：A Reputational Theory of Communication in International Disputes," *International Organization*, Vol.56, No.1, 2002, pp.121—150; Leslie Johns, "A Servant of Two Masters：Communication and the Selection of International Bureaucrats," *International Organization*, Vol. 61, No. 2, 2007, pp.245—p275; Robert F. Trager, "Multidimensional Diplomacy," *International Organization*, Vol.65, No.3, 2011, pp.469—506; Marcus Holmes, "The Force of Face-to-Face Diplomacy：Mirror Neurons and the Problem of Intentions," *International Organization*, Vol. 67, No. 4, 2013, pp. 829—861; Sharanbir Grewal and Erik Voeten, "Are New Democracies Better Human Rights Compliers?" *International Organization*, Vol.69, No.2, 2015, pp.497—518。

27. 亦参见魏玲：《规范、网络化与地区主义——第二轨道进程研究》，上海：上海人民出版社 2010 年版，第 116—119 页。

28. 参见秦亚青：《关系与过程：中国国际关系理论的文化建构》，第 59—69 页；秦亚青：《关系本位与过程建构：将中国理念植入国际关系理论》，《中国社会科学》2009 年第 3 期，第 80—86 页；秦亚青：《国际政治的关系理论》，《世界经济与政治》2015 年第 2 期，第 7—9 页；Qin Yaqing, "A Relational Theory of World Politics," pp. 35—39; Qin Yaqing, "Cooperation in a Relational World," forthcoming。此外，袁正清教授对"关系理论"的相关讨论，也对本章写作有很大启发，参见袁正清、李志永、主父笑飞：《中国与国际人权规范重塑》，《中国社会科学》

2016 年第 7 期,第 193—194 页。

29. 参见魏玲:《规范、网络化与地区主义——第二轨道进程研究》,第 112—115 页。

30. [加拿大]伊曼纽尔·阿德勒、文森特·波略特主编:《国际实践》,秦亚青等译,上海:上海人民出版社 2015 年版,第 6—19 页;Vincent Pouliot, "The Logic of Practicality: A Theory of Practice of Security Communities," *International Organization*, Vol. 62, No. 2, pp. 257—288。

31. 参见秦亚青:《关系与过程:中国国际关系理论的文化建构》,第 43—59、205—215 页;秦亚青:《关系本位与过程建构:将中国理念植入国际关系理论》,第 72—80 页;秦亚青、魏玲:《结构、进程与权力的社会化》,《世界经济与政治》2007 年第 3 期,第 7—15 页;Qin Yaqing, "East Asian Regionalism: A Process-Focused Model," paper presented at the Conference of "East Asian Cooperation and Sino-US Relations," Beijing, China, November 3—4, 2005。

32. 黄光国等:《面子:中国人的权力游戏》,北京:中国人民大学出版社 2004 年版,第 7—9 页。

33. 同上书,第 10—11 页。

34. 潘泽泉:《实践中流动的关系:一种分析视角——以〈礼物的流动:一个中国村庄中的互惠原则与社会网络〉为例》,《社会学研究》2005 年第 3 期,第 222—223 页。

35. [法]皮埃尔·布迪厄:《实践感》,蒋梓骅译,南京:译林出版社 2003 年版,第 296 页。

36. Qin Yaqing, "Cooperation in a Relational World," forthcoming。

37. 刘鹤玲、蒋湘岳、刘奇:《广义适合度与亲缘选择学说:亲缘利他行为及其进化机制》,《科学技术哲学研究》2007 年第 5 期,第 26—29 页。

38. 赵汀阳:《共在存在论:人际与心际》,《中国社会科学》2009 年第 8 期,第 27 页。

39. Qin Yaqing, "Cooperation in a Relational World," forthcoming.

40. 魏玲:《规范、网络化与地区主义——第二轨道进程研究》,第 62—63 页。

41. Amitav Archaya, "How Ideas Spread: Whose Ideas Matter? Norm Localization and Institutional Change in Asian Regionalism," *International Organization*, Vol.58, No.2, 2004, pp.239—275.

42. NEAT Korea, "NEAT Working Group Report: Institutional Sustainability of NEAT Towards the East Asian Community," produced in Seoul, Korea in June 2016, and presented at the 25th Network of East Asian Think-Tanks(NEAT) Country Coordinators Meeting, Bangkok, Thailand, July 28, 2016.

43. 参见东盟秘书长网站发布的历年"10＋3"领导人会议《主席声明》,http://asean. org/asean/external-relations/asean-3/,访问时间:2016 年 7 月 20 日。

44. Network of East Asian Think-Tanks, "Memorandum No. 10," Kuala Lumpur, Malaysia, August 26—27, 2013.

45. NEAT China, "NEAT Working Group Report on Financing Infrastructure Connectivity in East Asia," Beijing, China, June 14, 2016.

46. 李晓喻:《加拿大决定加入亚投行 金立群:非常欢迎》,http://news.21cn.com/caiji/roll1/a/2016/0831/17/31492165.shtml,访问时间:2016 年 8 月 31 日。

47. 参见赵汀阳:《共在存在论:人际与心际》,《中国社会科学》2009 年第 8 期,第 22—30 页;Qin Yaqing, "Cooperation in a Relational World," forthcoming。

48. Network of East Asian Think-Tanks, "Memorandum No.10."

49. NEAT 历年工作组报告和备忘录可参见 NEAT 网站,http://www.neat.org.ph,访问时间:2016 年 8 月 31 日。相关文件更新到 2013 年。该网站目前由"NEAT 菲律宾"维护,将于近期更新完毕。

50. Qin Yaqing, "Opening Remarks at the 1st NACT Country Co-ordinators Meeting," Beijing, China, July 3, 2014.

51. 魏玲:《规范、网络化与地区主义——第二轨道进程研究》,第 10 页。

第十一章　关系网络的竞争：
"印太"战略对东盟中心地位的挑战

——以关系主义身份理论为视角

韩志立

一、引　言

东盟在东亚区域一体化合作关系网络中处于中心地位，这是人们对当下东盟地缘政治身份的普遍认识。特朗普执政后，美国摒弃了"亚太再平衡"战略，在"美国优先"治国方略指导下，推进"印太"战略，将中国明确视为"对手国家"，并发起中美贸易战，重新布局亚太。随着美国"印太"战略的逐步推进，以一体化与合作为根本目的的东亚关系网络是否面临中断的危险，继而使整个地区卷入大国对抗？东盟是否会失去在东亚关系网络中的中心地位？东盟作为地区一体化组织的整体性是否会被破坏？这些关于东盟对外关系网络以及东盟中心地位身份演进的问题，已成为当前困扰东盟官方和研究界的最主要问题，也是我们理解东盟作为重要地区组织的地位、角色和作用，判断东亚地区架构演进方向的重要问题。

自 21 世纪初建构主义成为国际关系主流理论以来，"身份"随之也成为国际关系理论研究和国际政治实践的重要概念。以亚历山大·温特(Alexander Wendt)为代表的文化建构主义和以本尼迪克特·安德森(Benedict Anderson)为代表的话语建构主义所提出的身份理论，在国关学界有着广泛影响力。然而，这两种传统建构主义身份理论强调行为体互动文化、排他性话语在行为体身份建构中的作用，忽略了行为体所处社会关系网络的核心作用，因此在解释东盟在东亚关系网络中的中心地位身份方面具有显著的局限性。秦亚青提出的关系主义身份理论有别于温特、安德森的文化与话语身份建构理论，其探讨的是关系网络中的行为体，认为行为体身份首先是由其在关系环境网络中的位置、角色和作用所定义的，这为东盟身份研究提供了新视角和更具解释力的分析框架。

因此，在本章关系主义身份研究中，东盟所处的关系网络环境是核心研究因素，美国"印太"战略对东盟身份的影响，事关东盟在东亚区域合作关系网络和美国"印太"关系网络中的身份问题，也演变为在地区主体架构中"印太"关系网络是否替代东亚区域合作关系网络的可能性问题。为此，本章首先从关系主义身份理论出发，探讨了东盟中心地位身份，发现东盟在东亚地区构建起一个以东亚区域一体化与合作为目的的关系网络，该网络成为东亚地区架构的主体，东盟中心地位正是由东盟在东亚关系网络的位置、角色和作用所定义的。其次，本章分析了特朗普政府的"印太"战略及其对地区关系网络环境、东盟身份的影响，认为"印太"战略的实质是要构建以美国为中心、以大国竞争为主要内容的"印太"关系网络。"印太"战略将削弱东亚区域合作关系网络作为东亚地区架构的主体地位，进而动摇东盟在地区架构中的中心地位。

最后,本章分析了东盟国家对"印太"战略的回应以及东盟提出的"印太"概念,发现东盟国家对参与特朗普"印太"战略充满顾虑,双方在此方面合作的可能性很小。东盟所倡导的"印太"概念仍以护持东亚区域合作关系网络在地区架构中的主体地位,以及东盟中心地位身份为主要内容。

二、文化、话语、关系:三种身份理论

近年来,"身份"成为国际关系理论与实证研究的重要议题。以温特为代表的文化身份建构理论与安德森为代表的话语身份建构理论在国关学界具有广泛影响力,这两种身份理论分别从文化、话语角度对身份建构作出了重要解释,论证了行为体互动所形成的文化、自我/他者之间排他性话语对行为体身份建构的作用。而本章所讨论的东盟中心地位身份主要体现为东盟在东亚关系网络中的位置、所扮演的角色、所发挥的作用,因此文化和话语身份建构理论对东盟中心地位身份的解释存在不足。秦亚青的关系主义身份理论同温特、安德森身份理论的共性之处在于,他们都认为身份是行为体间关系的表征,而非行为体自身属性的体现,所不同的是,后者认为文化与话语对行为体身份建构起根本性作用,而关系主义身份理论认为行为体在社会关系网络中的位置、角色和作用定义了行为体的身份,因此,关系网络环境是行为体身份研究的关键因素。关系主义身份理论为身份研究提供了一种新的分析框架。

(一) 身份的文化建构

温特的身份理论侧重讨论国家行为体间互动所形成的集体身份认

同。传统现实主义和制度主义理论将国家行为体的集体身份认同视为给定因素,将国家集体行为视为自私、理性的行动体为实现自身利益最大化而进行的理性选择。而温特在批判这种静态身份认同假定的基础上,提出国家的身份认同反映了国家在共同知识结构下对自我/他者关系的认识,形成了依赖于国家之间、国家与体系之间的互动过程。国家间互动是重新定义自我/他者关系,以及彼此身份认同的过程。国家之间不同的初始互动行为,产生了霍布斯、洛克、康德三种不同的文化结构,这三种文化结构反过来建构了国家间敌人、竞争对手、朋友三种不同身份认同。[1]温特将身份与文化因素引入国际关系研究当中,指出文化是在权力和制度之外影响国家行为的第三个重要变量,打破了现实主义和制度主义对国际关系理论研究的垄断,推动建构主义成为国际关系的重要理论流派。

然而,温特的文化身份建构理论存在一些固有缺陷。学界质疑温特关于文化结构是国家间初始行为及其互动结果的这一论断,认为国家间初始行为和互动机制能否生成霍布斯、洛克、康德三种不同的文化结构仍值得商榷。两个理性的陌生人初次相遇,之间的共同文化往往是相互猜忌和提防的霍布斯文化,很难形成洛克和康德文化。还有一些学者批判温特的文化理论是非历史性的,认为国家在交往之前已存在由本国的历史、文字、伦理、审美情趣等构成的前文化状态,这些因素构成了初始行为前国家的自我形象,以及国家互动的社会文化环境。因此,文化分析的起点不应该是初始行为,而应该从历史角度,分析国家的社会文化所构成的关系互动环境是如何影响自我和他者之间的关系建构,探讨国家的社会文化因素在国家关系互动前、互动过程中、互动后发生了怎样的转变,以及有着不同社会文化背景的国家在相遇时是如何冲撞、竞争、协调,并最后形成共有文化的。[2]

而在具体解释东盟中心地位身份方面,温特的文化身份建构理论存在两个明显的不足。第一,在东亚区域一体化合作进程中,东盟成员国之间以及东盟与对话伙伴国之间建立的关系和身份认同,很难归因到霍布斯、洛克、康德三种文化当中。东盟成员国同属东盟共同体,但这种关系不同于同盟关系,密切程度尚未达到"我为人人、人人为我"的康德文化,但远高于"竞争与合作"的洛克文化。而东盟与对话伙伴之间的关系也远比"竞争与合作"并存的洛克文化复杂得多,比如在推动区域一体化方面,东盟与伙伴国之间的利益趋同更为显著,利益冲突十分微弱,而在东盟的对话伙伴国之间,如中国、日本、澳大利亚在东亚一体化路径选择方面,则有不同的利益考量和竞争,对东亚一体化方案也有不同的构想。洛克文化难以准确概括东亚一体化与合作进程所形成的各种关系特征。第二,东盟成员之间、东盟与对话伙伴国之间的关系与身份认同构建路径,并非国家间初始行为互动的结果,而是相关国家以申请方式寻求加入东盟,或成为东盟对话伙伴,后经东盟成员国审议并一致通过,赋予其东盟成员国或伙伴关系身份地位。这一过程不同于试探性的初始行为,而是双方在掌握充足信息的情况下作出的理性分析与决策。

(二) 身份的话语建构

以安德森为代表的话语身份建构理论则侧重于话语在行为体身份建构中的核心作用,认为行为体的身份认同是话语建构的结果。比如,安德森提出民族是一个想象出来的社群,排他性话语强化了社群与社群之间的差异,建构起自我以及自我之外的他者,建构这个社群的基础是已有集体记忆,如语言、历史、文化、地域等。人们据此建立了一个以话语为特征的符号结构,这个话语结构定义了自我,将自我归入具有相同身份认同的社群中,明确了哪些人包括在该社群中、哪些人被排斥在该社群之外。[3]再如,威廉·布鲁姆从个体层面探究民族身份话语建构的动力,提出民族的身份认同是一种由人类的生物性所衍生出来的心理工具,产生于人类与生俱来的生存本能。自我的身份认同越高,就越容易获得生存必需品。由于关系到生存,当自我身份认同的优越性受到威胁的时候,自我就会产生焦虑,并会采取包括武力在内的手段来维护并加强自我身份认同的优越感。[4]话语建构主义丰富和发展了现有的国际关系理论,把语言叙事和叙事中包含的逻辑纳入国际关系理论的研究议程,为理解和研究身份认同提供了又一路径。[5]

话语身份建构理论的不足之处在于过分夸大了语言本体地位。[6]这些学者甚至提出战争也是排他性话语的一部分,战争既是维护身份认同的目的,又是强化身份认同的手段。比如,迈克尔·夏皮罗(Michael Shapiro)提出战争的目的具有两面性,一个是官方宣称的目的,即抵抗外来威胁,维护国家利益。另一个则是隐蔽的目的,即加强国家的身份认同。战争提供了一种强化自我/他者差异的话语,可以被用来建构、强化统一明晰的自我身份认同。[7]再如,不同群体之间的界限是建构的,这些界限可以用于政治目的,使战争合法化,动员民众加入保卫自己社群的战争。话语身份建构理论的这些观点比较极端,语言是国际关系的重要方面,但如将其视为决定性因素则言过其实。[8]

话语身份建构理论在解释东盟身份方面也存在两个明显的不足。第一,东盟与他者关系并非排他性关系,身份建构模式也非话语建构。冷战时期,东盟的建立是为了应对地缘政治安全威胁,安全因素是东盟加强自我身份的动力。然而,冷战之后,东盟赋予该机制新的功能,希望通过推动东盟及更大范围的一体化合作,实现东盟的安全与繁荣,在这一时期,东盟的身份建构动力主要源于东盟一体化的功能性合作。

东盟的对话伙伴国作为东盟的他者，与东盟的关系也并非排他性的，东盟没有借助排他性话语将伙伴国描述为威胁，而是将对话伙伴国视为东盟一体化进程的重要参与国。第二，东亚区域一体化是一个开放的进程，没有明晰的界线，各国对东亚一体化合作所覆盖的地缘范围有不同看法，提出了不同倡议，比如东盟＋中日韩(10＋3)、东盟＋中日韩澳新印美俄(东亚峰会)，甚至亚太经合组织。东亚的地缘政治边界模糊，东亚一体化与合作进程的目的也不是为了加强东亚与他者的边界。

(三) 关系主义身份理论

秦亚青提出的关系主义身份理论有别于温特、安德森的文化与话语身份建构理论，他所探讨的身份是国家行为体在关系网络环境中的角色身份。其身份理论基于两个重要假定：关系性是行为体社会行为的主要逻辑，是其进行判断、决策、行为的主要依据，社会行为体的身份由其在关系网络环境中的位置、角色和作用所定义。行为体是关系网络环境中的行为体，各行为体的关系圈(relational circles)相互叠加、交融，形成了关系网络环境(relational cosmos context)。由于关系网络环境处于动态进程之中，网络中各项关系的亲密性和重要性不断变化，行为体在关系网络环境中的定位、角色与作用也随之变化，并引发行为体身份的演变。

学界以往曾尝试将社会关系网络理论引入国际关系理论研究，但并未形成广泛影响，主要原因是这些国际关系网络研究存在两个重要不足。一是对关系网络认知不足，特别是对网络的形成与演变以及网络间关系的认知存在缺失。[9]二是仍以传统现实主义理论概念为内核，围绕权力展开研究，忽略了关系的本体性地位。[10]秦亚青的国际政治关系理论则弥补了这些不足，建立了完备的国际政治关系理论的概念内核和理论架构,为国际关系身份研究提供了新的分析框架。

1. 关系主义身份理论的核心假定

第一,"关系性"(relationality)是行为体社会行为的主要逻辑。随着后现代主义的兴起,人们发现"理性人"假定在解释行为体社会行为方面出现很多偏差,目的/手段作为分析社会行为逻辑的框架受到越来越多的质疑。关系主义提出行为体"关系性"假定,关系性是社会行为体进行判断、决策的主要依据。关系性行为逻辑包含两个层面的内容。一是环境效果,即关系网络环境影响行为体行为。关系网络环境构成了行为体社会行为的背景环境,关系网络环境定义了行为体的地位、角色与身份,构建了行为体的利益、期望与偏好,赋予行为体行为能力,同时约束其行为。二是施动者效果,即行为体利用关系网络环境实现自身目的。从施动者角度来看,关系网络环境具有工具性,行为体通过关系网络环境,追求自我利益,从中获得收益,其中包括实在的物质性收益,以及非实在、非物质性收益,比如声望等社会资本。也包括短期收益,以及长远收益,或仅仅为了维护或加强关系。这一点与理性人假定有相似之处,所不同的是,"关系性"行为体的利益由关系网络所定义,驱动其行为的利益、期望与偏好,并非固定不变,而是随着关系性质改变而变化,行为体须通过管理和调整关系网络实现自身利益。[11]

第二,关系网络环境定义行为体身份。关系主义身份理论强调关系的本体性,认为行为体的身份是行为体间社会关系的表征,而非行为体自身属性的体现。在国际社会,国家陷入关系纠缠当中,国家间关系是普遍存在的,两国可能相距很远,可能相互不了解,甚至已中断外交关系,但彼此仍存在关系,现实存在的各种关系也无法切断。行为体在关系网络环境中的位置、角色和作用定义了行为体身份,关系网络环境是理解行为体身份和行为的关键,在关系网络环境中,行为体的身份和行为获得了意义。

关系网络环境处于动态进程中。关系网络环境并非固定不变的，而是随着时间和条件的变化而不断变化，在关系网络演进过程中，行为体彼此间的关系被不断整合和再整合，其身份被不断塑造和再塑造。关系网络环境的演进可以是有主过程，也可以是无主过程。在有主体过程中，关系网络环境的演进具有目的性，由肇始者有意识、有目的地给予该过程以动力，推动过程产生预期结果。关系网络之间的界限是模糊的、可变的、可管理的。国家在是否参与关系网络方面别无选择，但在管理自我关系圈方面，则有很大运筹空间。陷入关系纠缠中的行为体，可以通过实践活动推动关系网络的演进与发展，在实践互动中生成制度、规范、观念结构，不断调整自我与他者的关系与身份，实现其目的。[12]而在无主过程中，关系网络环境演进过程具有自在性，过程可以独立于结果，不产生预期结果，或者产生完全不同于预期的结果。无主体过程没有肇始者，过程无法还原到某个具体行为体的目的性行为，因此难以确定过程的预设或既定结果，关系网络演进过程也很难因为一个或几个国家有意识的干预而中断、阻止或逆转。[13]

自国际政治的关系理论提出之后，学界讨论热烈，并在其基础上提出了一些新的概念和假设。比如，魏玲提出关系平衡的概念，论述了东盟大国平衡的根本性质是关系平衡，东盟将地区相关大国纳入自身关系网络中，通过对关系的主动管理和调节，实现各种关系亲疏均衡和关系体系环境最优，从而维护自身安全，增进自身权利，并将关系平衡制度化为东盟中心。[14]另外，魏玲还借鉴世界政治的关系理论和实践理论，建立了清谈理论模型，提出清谈是一种以关系为核心的软性制度主义国际合作实践，清谈建立、发展和维护关系，形成关系网络。关系是清谈模型的核心，是实践本体，是合作进化的逻辑动力和目标。[15]这些论述丰富了国际政治关系主义的内涵。

2. 关系主义身份理论的分析框架

关系主义身份理论为理解和研究身份认同提供了新的分析框架。关系主义身份分析模式的核心因素，不是行为体所拥有的权力，也不是行为体互动所形成的文化，或排他性话语对行为体身份的构建，而是行为体在关系网络环境中的定位、角色和作用。该分析框架包括两个层面的任务。

首先，分析行为体所处关系圈和关系网络环境的结构以及行为体在其中的位置、角色和作用。关系网络环境中的关系，不同于温特的敌对、竞争与合作、朋友三种文化关系，而是行为体所处的社会关系。行为体所处网络环境的结构包括自我的关系圈以及与自我相关联的他者的关系圈。每个行为体都有自我关系圈，其中包括不同类型、性质的关系。自我处于关系圈的中心位置，围绕自我有几个同心圆的关系圈，代表了自我的所有社会关系。自我与他者通过不间断、相互连接的关系圈建立联系。在自我关系圈中的每个他者，同时也是一个自我，拥有自己的关系圈，这些关系圈交错、重叠，相互关联、相互渗透，形成行为体的关系网络环境，而这种关系网络环境构成了自我生存、行为、互动的社会空间。[16]

其次，分析关系网络环境的属性，判断关系网络环境的主体关系圈。覆盖范围、亲密性、重要性是测度关系网络属性的三个重要指标。关系圈的同心圆辐射越广，行为体的活动范围越大，其影响力范围也越广。距离自我越远的关系圈，与自我的亲密程度越小，关系的重要性也越小。关系的亲密性是行为体决策和行为的重要基础，关系的亲密程度反映了自我与他者彼此如何看待对方，当其他因素相同时，行为体的行为取决于关系的亲密程度。对于自我来说，其关系可能是朋友、对手、敌人，每个类别又可以再分，比如朋友类别可再分为核心同盟、同盟、亲密朋友、一般朋友。一个国家用不同表述表达关系的密切程度，比如美国将美英关系称为特殊关系，与北约其他成员国关系称为盟友关系。中国则将不同国家分为伙伴、战略伙伴、全面战略伙伴、全天候战略伙伴，这些表述都体现了关系的密切程度。双方合作范围的宽度和深度是其关系密切性的重要表现。关系的重要性是另外一个重要指标。权力和相互依存度是影响关系重要性的主要因素。中国将同美国的关系视为最重要的双边关系，主要原因是美国的权力和两国相互依存度高。冷战时期美国最重要的双边关系是与苏联的关系，但两国关系的亲密程度极低。而美国与英国是最密切的盟友，建立了特殊关系，但美英关系并非其最重要的双边关系。[17]

因此，对于本章关系主义身份理论框架下的东盟身份研究来说，东盟中心地位身份是由东盟在关系网络环境中的位置、角色和作用所定义的，东盟所处的关系圈和关系网络环境是研究的核心。这样，美国"印太"观照下的东盟身份演进问题，就成了研究东盟在现有东亚区域合作关系网络和美国"印太"战略关系网络中的位置、角色和作用的差异问题，以及"印太"关系网络替代区域合作关系网络成为地区架构主体的可能性问题。东盟将参与支持美国主导的"印太"关系网络，还是要护持东亚区域合作关系网络的主体地位以及东盟的中心地位身份？东盟对美国"印太"战略的回应，将是判断东亚地区架构以及东盟身份演进趋势的重要方面。

三、东亚区域合作关系网络与东盟中心地位

传统上，人们从地缘政治角度来理解东盟中心地位，将东盟视为东

亚地区的地缘中心、规范中心、制度中心。东盟在东亚地区占据地缘中心位置,是连接印度洋与太平洋的咽喉要道。东亚国家签署《东南亚友好合作条约》,接受东盟规范作为地区国家行为准则。东亚国家参与以东盟机制为核心的东亚区域一体化合作进程,接受东盟机制为区域架构的基础。这些研究为定义和理解东盟中心地位的内涵作出了重要努力和尝试。

另外,有学者尝试从网络视角分析东盟在东亚区域合作网络中的中心性,提出东盟作为东亚区域合作网络中的行为体之一,通过关系与关系网络建构自身的地位与权力,东盟通过倡议并主导东亚区域主要合作框架,在各领域建立同其他行为体之间的关系,积累了关系性权力,在制度和互动层面占据中心地位。[18]这是从网络视角对东盟中心地位研究的有益尝试,展示了关系与关系网络对建构东盟自身地位与权力的作用,然而,该研究所探讨的东盟中心地位,实质上仍然是以权力来定义,忽视了关系的本体作用。

从关系主义身份理论视角来看,东盟的中心地位身份指的是东盟在地区关系网络环境中的位置、角色与作用,东盟的这一身份表述传递了两层含义:东盟搭建了以自我为中心的对外关系圈,其关系圈构成了地区关系网络环境的主体架构。这个过程是有主过程,是东盟作为肇始者,有意识、有目的推动的结果,东盟在对外关系网络的覆盖范围、对外关系的亲密性、重要性三方面积极运筹,确立了其关系圈在地区架构中的主体地位,以及东盟在东亚区域进程中的中心地位身份。

(一) 确立以东盟为中心的对外关系圈

1967 年 8 月东盟成立之初,东盟对发展对外关系持谨慎态度。东盟创始成员国之间存在历史争端,加之受意识形态和冷战影响,其主要任务是促进东盟内部之间建立互信,寻求解决彼此矛盾的办法,实现区域对话与合作,避免东亚成为冷战冲突的争夺之地。在这一时期,东盟对外关系发展缓慢,仅与欧洲经济共同体、日本建立了非正式对话关系,与澳大利亚、新西兰和美国建立了对话关系。在此阶段,东盟建立对话关系的主要目的是扩大东盟出口市场,吸引国外直接投资,获得区域外的发展援助。

冷战结束后,东盟对外关系发生重要转变,推动区域一体化与合作、实现东盟自身发展,成为东盟拓展对外关系的主要目的。1991年后,韩国、印度、中国和俄罗斯先后成为东盟对话伙伴,东盟对话伙伴关系展现出新的蓬勃生机。到目前为止,东盟已建立对话伙伴、领域伙伴、观察员等不同层次的对外关系圈。这几种不同类型的伙伴与东盟密切程度不同,对东盟重要性也不同。处于第一层的是东盟对话伙伴,其中包括澳大利亚、加拿大、中国、印度、日本、韩国、新西兰、俄罗斯、美国、欧盟和联合国,对话伙伴是东盟最为密切的对外关系,也可视为东盟的发展伙伴,在东盟发展进程中发挥着重要支持作用,为东盟发展动议提供资金和技术支持。处于第二层的是领域伙伴,其中包括巴基斯坦和挪威,领域伙伴与对话伙伴不同,双方合作范围有限,领域伙伴国仅在个别领域参与东盟共同体建设。处于第三层次的是特别观察员,其中包括巴布亚新几内亚。巴布亚新几内亚不是东盟对话伙伴国,而是可能符合东盟成员标准的潜在成员国。越南、老挝、柬埔寨、缅甸在等待加入东盟期间,曾被赋予观察员地位。根据与东盟关系的远近亲疏和重要性不同,这些对话伙伴、领域伙伴、观察员构成了东盟不同层次的关系圈。[19]

构成东盟关系圈的每个国家,对于东盟来说是一个他者,但同时也是一个自我,在东亚地区拥有自己的关系圈。比如,美国是东盟的对话伙伴,是东盟关系圈的组成部分,但同时美国作为自我在东亚地区建立了由同盟国、伙伴国构成的关系圈,泰国、菲律宾、新加坡、越南、印度尼西亚等东盟成员国均是美国东亚地区关系圈的重要构成国家。自我的关系圈以及与自我相关联的他者的关系圈,相互交错、重叠、关联、渗透,组成了东亚地区的关系整体,这就是东盟所处的关系网络环境,这个关系网络环境构成东盟生存、行为、互动的空间。

(二) 作为地区关系网络环境主体架构的东盟关系圈

东盟处于自我关系圈的中心,这并不表示东盟是东亚关系网络环境的中心,只有当东盟关系圈成为东亚区域架构的主体时,东盟才能获得东亚关系网络环境的中心地位身份。东盟获得中心地位的过程是有主过程,东盟作为肇始者,有意识地推动地区一体化,不断增加东盟内在凝聚力,拓展东盟对外关系网络范围,加强与伙伴国之间关系的亲密性与重要性,确立了其关系圈在地区架构中的主体地位,以及东盟在东亚区域进程中的中心地位身份。

第一,推动共同体建设,增强东盟内在凝聚力。东盟内在凝聚力是其国际行为能力、建立稳定对外关系的基础。通过共同体建设,一方面,东盟建成了层级分明的组织与决策架构。东盟峰会是东盟最高决策机构,峰会之下设东盟政治安全共同体理事会、东盟经济理事会、东盟社会文化理事会和协调理事会,各理事会设有不同领域的部长级会议机制和高官会议机制,东盟秘书处负责督促东盟承诺和协议的落实。此外,东盟还设立了东盟常驻代表委员会、东盟国家秘书处等协调机制,提高沟通和决策效率。另一方面,东盟努力管控成员国之间在发展阶段、价值观等方面的差异。为此,2008 年 12 月,东盟发表《东盟宪章》,为东盟共同体建设提供法律依据。2009 年,东盟全面推进经济一体化,努力建设单一市场、单一生产基地,促进东盟国家平衡发展。2012 年,东盟发表《东盟人权宣言》,确立东盟政治合作的原则与目标,促进东盟价值观的协调一致。东盟作为一个区域组织强化内部凝聚力,这是东盟成为东亚区域一体化合作关系架构核心的基础。

第二,依托《东南亚友好合作条约》,拓展东盟关系网络的覆盖范围。1998 年 7 月,东盟外长在马尼拉签署了《东南亚友好合作条约》的《第二修改议定书》,该议定书规定,经过东盟所有缔约国同意,东南亚以外的国家也可加入。[20] 2003 年 10 月,中国在第 7 次东盟与中国(10＋1)领导人会议上正式加入《东南亚友好合作条约》,成为加入该条约的首个非东南亚国家。目前,除了东盟成员国外,加入该条约的还有中国、印度、日本、韩国、巴基斯坦、俄罗斯、新西兰、澳大利亚、法国、东帝汶、斯里兰卡、孟加拉国、朝鲜、美国、加拿大和土耳其等国。这样,亚太地区的主要国家均已接受《东南亚友好合作条约》中所确定的东盟国家间行为规范,接受以和平的方式解决争端、拒绝使用或威胁使用武力、不干涉他国内政、协商一致等为主要原则的东盟规范。东盟规范成为国家间行为准则,被越来越多的国家所接受,东盟对外关系网络的覆盖范围得到有效拓展。

第三,开展内涵丰富、富有活力的多边合作,提升对话伙伴关系的亲密性。东盟与主要对话伙伴国建立了"10＋1"机制、"10＋3"机制、东亚峰会、东盟地区论坛等多层次合作机制。通过这些多边机制,东盟与对话伙伴开展了内涵丰富的多边合作。比如东盟与中国、日本、韩国、澳大利亚、新西兰、印度尼西亚等对话伙伴国建立了自贸安排,搭建了以东盟为中心的轴辐式东亚自贸架构,并在此基础上推动发展"区域全面经济伙伴关系",构建更大范围的自贸区。此外,在"10＋1"层面,东盟与主要对话伙伴国建立了包括领导人会议、部长级会议、高官会等在内的较为完善的对话合作机制，东盟与对话伙伴国间的政治互信明显增强，各领域务实合作成果丰硕。在"10＋3"层面，东盟与中日韩共同推进东亚共同体建设，合作范围扩大到财金、粮食、减贫、灾害管理等20多个领域，共建立了67个对话与合作机制。东亚峰会迄今已举行12届，确定以能源与环保、金融、教育、公共卫生、灾害管理、东盟互联互通为重点合作领域，并初步形成经贸、能源、环境、教育部长的定期会晤机制。东盟地区论坛已成为亚太地区主要的官方多边安全对话与合作平台，推动各方在建立信任措施、开展预防性外交和探讨解决冲突方面的合作。[21]随着合作的广泛展开，东盟陆续将对话伙伴关系升级为战略伙伴关系，其中包括东盟与中国、日本、韩国、澳大利亚、新西兰、美国、欧盟、俄罗斯的伙伴关系，东盟对话伙伴关系的亲密性得到进一步提升。

第四，发挥制度节点作用，增强东盟伙伴关系的重要性。学界从功能角度对东盟中心地位存有一些质疑，认为东盟仅仅是一个政府间组织，在推动建立地区超国家行为体方面所做努力十分有限，且东盟实力较弱，对大国外交影响十分有限。[22]然而，事实上，东盟处于东亚区域合作机制的节点位置，发挥着极其重要的节点作用。东盟通过"10＋3"、东亚峰会、东盟地区论坛等地区性机制，为大国创造性地建立了对话和合作的场域、空间与平台。在某些问题上，双边谈判难以推进，但在东盟机制框架下便变得可谈，通过东盟平台实现对话与合作。比如在南海问题上，当双边谈判遇到困难的时候，中国同东盟国家建立的信任，对于稳定南海局势发挥着积极作用。中国同东盟国家达成通过当事国对话协商和平解决争议的共识，推进了地区国家共同制定南海规则的进程，提前达成"南海行为准则"框架，并在其基础上启动了"准则"实质性案文的具体磋商。[23]东盟在东亚区域一体化与合作进程中发挥着制度节点作用,发展与东盟关系成为各国参与并影响地区合作进程最为重要的对外关系。

四、"印太"观照下的东盟关系网络以及身份危机

在摒弃"亚太再平衡"战略后,特朗普政府着手重新布局亚太,推出"印太"战略,发起对华贸易战,这是目前美国在该地区两项最重要的议程。自 2017 年 12 月以来,美国先后发布《国家安全战略》和《国家防务战略》报告,为美国"印太"战略定下基调。此后,美国防长马蒂斯在2018 年香格里拉对话会、国务卿蓬佩奥在 2018 年东盟外长会议上详细阐释了美国的"印太"战略,试图借此改变地区地缘政治格局和态势。从关系主义身份理论视角来看,美国的"印太"战略实质上是要提升美国的"印太"关系圈在地区架构中的主体地位,强化美国霸权地位身份,这对东盟关系网络以及东盟中心地位构成了挑战。"印太"战略对东盟的挑战是关系网络危机,也是东盟中心地位身份的危机,关系网络是中间变量,最终导致东盟身份的变化。

第一,大国竞争与对抗是"印太"关系网络的根本属性。美国"印太"战略引起地区战略对立,具有冲突性,使维持地区关系网络的规则发生变化,从合作转为冲突。与奥巴马政府时期相比,特朗普政府的亚太战略基调发生重大变化,制衡中国成为美国明确的战略目标。2017年 12 月,特朗普政府发布《国家安全战略》,在官方文本中首次将中国定位为"对手国家",称中国对美国亚太地位构成威胁,中国正在利用其经济刺激和惩罚手段发挥地区影响力,迫使其他国家参与中国的政治与安全议程。中国基础设施建设投资和贸易战略强化了中国的地缘政治目标。中国在南海建设军事设施对贸易自由流动、他国主权、地区稳

定构成威胁。中国加速军事现代化建设,旨在限制美国在该地区的存在,使中国获得更大自主性,对美国构成潜在军事威胁。[24]《国家防务战略》则突出中国的军事威胁,称国家间战略竞争已替代恐怖主义,成为美国国家安全的首要关切,美国繁荣与安全面临的主要挑战是中国与俄罗斯两个修正主义强国的长期战略竞争。其中,中国是美国的战略竞争者,中国利用军事现代化和经济扩张,寻求建立印度—太平洋区域霸权。中国正在优化作战网络和作战理念,这将挑战美国的安全防御能力和军事优势。[25]

美国"印太"战略的核心是大国竞争与对抗,这也是国内学者对"印太"战略的广泛解读。比如,宋伟认为,印太体系的建构面临着两种战略路径选择,即基于印太地区公共问题的治理体系与基于遏制中国地区影响力的同盟体系,而朝着同盟体系方向发展是印太地区战略格局演进的主导趋势。[26]刘胜湘和辛田认为,美国实施"印太"战略的动因是印太地区出现了不利于美国霸权体系的力量失衡,其目的在于继续维系美国在该地区的离岸平衡手角色和霸权地位,重新恢复有利于美国的力量平衡。[27]王鹏提出对冲与楔子是美国印太战略的内生逻辑,认为特朗普政府在经济和安全领域对华采取对冲和楔子战略,以加强联盟为手段制衡中国,以贸易战、技术争端等方式阻遏中国产业升级并缩小贸易逆差,使美国以较低成本护持霸权。[28]

可见,"印太"观照下的东亚关系网络环境的主要属性将从区域一体化与合作,转向大国竞争与对抗。美国主导的"印太"关系网络与以东盟为中心的区域合作关系网络存在本质差别,两种关系网络很难相互兼容。

第二,加大投入,提升与地区同盟与战略伙伴关系的亲密性。随着"印太"战略的推进,美日印澳四国合作机制对于美国的战略重要性得到了提升。奥巴马政府时期建立的美日印澳"四边对话"在特朗普政府时期得到"复活",担负着建立地区新秩序的"使命"。[29]美日印澳四边安全对话机制的重启,四国内部关系的提升和对话机制的建设,为这一进程注入了内在动力,并塑造了未来的发展趋势。[30]同时,美国对东亚地缘作用的认知并未因四国机制的兴起而降低。《国家安全战略》强调,美国要加强与同盟和伙伴国的关系,明确美国的同盟和伙伴国体系的重要性,重申对同盟和伙伴国的承诺。政治上美国要深化与东亚的同盟和伙伴国关系,特别是为美菲、美泰同盟注入新活力,加强与新加坡、越南、印度尼西亚、马来西亚等国家的伙伴关系。鼓励发展与同盟和伙伴国的防务网络建设,在军事上保持前沿军事存在,维护震慑和作战能力。经济上寻求与同盟和伙伴国在公平与互惠原则的基础上建立双边贸易安排,开展基础设施建设合作。[31]《国家防务战略》则建议加强美国军方与"印太"地区伙伴的相互配合能力,建立网络化的安全架构,加大对地区国家的军售,扩大军事演习的频率、规模、效率,提高地区国家的海域感知能力。[32]《国家防务战略》发布后,美国防长马蒂斯访问了印度尼西亚和越南,推动美国与两国的军事合作。印度尼西亚和越南都是南海争端声索国,美国与印度尼西亚商议全面恢复两国特种部队军事演习、向印度尼西亚销售 F-16 战机、提高印度尼西亚对"九段线"内岛屿区域的海域感知能力等议程。与越南则商讨了南海争端以及双方国防合作、美航母访问越南岘港等议程,而这是越战之后美国防长首访越南。

第三,以海事安全为着力点,强化美国主导的区域安全关系网络的重要性。《国家安全战略》发布以来,美国加大了对"印太"地区的安全投入。美国将太平洋司令部重新命名为印度洋太平洋司令部。据称,此次更名是根据《国家防务战略》对地区安全形势的判断作出的,表明美国维护"印太"秩序的决心和承诺。[33]另外,《国家防务战略》要求国务院、财政部、司法部、能源部、国土安全部、商务部、美国国际开发署、情报机构、执法部门和其他部门建立合作伙伴关系,通过跨部门合作与联动,实现美国安全防务目标。[34]马蒂斯在香格里拉对话会上的讲话则强调国际层面跨领域协作的重要性。他指出,美国"印太"战略包括四个重要方面:协助美国合作伙伴发展海军与执法力量,提高对海洋秩序和利益的监测和保护能力;加强美军与同盟和伙伴国军队的协作能力,向同盟和伙伴国提供美国尖端国防装备,开放美国专业军事教育;加强同盟和伙伴国的法治、市民社会和治理的透明度;鼓励私营部门扩大对印太地区的投资,参与基础设施建设。马蒂斯的讲话实际上是希望美国安全部门、公民社会、私营部门能够实现跨领域合作,形成战略合力,更有效地支持美国安全议程。[35]

另外,美国还试图借南海问题提高地区国家对美国安全保障的需求。[36]美国近期组织的环太平洋军演以及在南海的"航行自由行动"仅为例行动作,尚未达到推行"亚太再平衡"战略时的强度,随着"南海行为准则"谈判的推进,南海局势有所缓和,但这不排除特朗普政府以维护航行自由的名义再次触碰南海问题、激化南海局势的可能。美国计划向"印太"地区提供3亿美元安全援助,发展"印太"地区的安全关系,这项援助包括2.905亿美元外国军事资助,用以加强海上安全、人道援助救灾以及维和能力建设,其中安全援助主要用于海事安全领域,推动美国与"印太"地区同盟与伙伴国的合作,提高对"印太"海域军事活动的监控能力,建立人道援助与救灾行动海事平台,增进信息交流机制,推动安全和防务机构建立行动层面联系。

综上所述,从关系主义视角来看,"印太"观照下的关系网络以大国对抗与竞争为根本属性,美国旨在加强在地区架构中的安全作用与重要性,以及与同盟和战略伙伴关系的亲密性。在此关系网络环境中,中美关系成为最重要的战略竞争关系,美国的同盟与伙伴国关系成为其最密切的关系。很显然,"印太"战略对当下东亚区域一体化与合作关系网络环境可能产生重大冲击,甚至东盟的整体性可能被破坏,东亚区域一体化合作关系网络在地区架构中的主体性,以及东盟中心地位身份也必将受到挑战。

五、东盟对东亚区域进程关系网络
及其中心地位的护持

"印太"观照下的关系网络是否会取代东亚区域一体化合作关系网络,成为地区架构的主体? 东盟是否会因此失去其中心地位? 特朗普政府推动"印太"战略,以应对俄罗斯、中国为其战略重点,并寻求东盟的参与和支持。然而,目前来看,东盟对美国"印太"议程的普遍认识是挑战大于机遇,东盟参与美国主导的"印太"议程的可能性很小,对东亚区域进程关系网络及其中心地位的护持将是东盟的主要应对策略。

美国"印太"战略提出后,一些东盟国家作出了回应。新加坡明确表示目前不考虑参与"印太"战略。2018 年 5 月,新加坡外长魏爱文在美国国际战略研究所发表演讲,阐明了新加坡的立场,指出目前的"印太"战略概念尚未明确东盟所关心的一些重要问题,如东盟在该地区架构中的地位、多边主义与法治的作用、经济层面的设计等。东南亚国家不想被迫作出错误选择或者强加的选择。新加坡参与"印太"战略的前提条件是,东盟须保持在地区架构中的中心地位,在自由贸易安排中有发言权,有自己的独立决策能力,支持多边主义与法治,以和平方式解决争端。他认为,"印太"战略的提出给东盟带来很大挑战,如何保持东盟在地区秩序演进中的作用与地位,保持东盟的团结,是东盟面临的重大挑战。[37]新加坡对东盟在"印太"关系网络中保持中心地位持疑虑态度。

越南对"印太"战略的反应则显积极谨慎。越南是南海争端声索国,实力不及中国,而美国"印太"战略中关于建立基于规则的自由秩序、确保南海航行自由的主张,有利于越南在南海问题上获得更广泛的国际支持,符合越南在南海的利益。即便如此,越南对"印太"战略的反应仍十分谨慎,官方表态较为含蓄。2018 年 3 月,越南国家主席陈大光访问印度,在与印度发表的联合声明中提到了美国"印太"概念中的一些原则,比如尊重主权、国际法、航行自由、建立自由公正开放的贸易与投资体系,但该联合声明未明确使用"印太"表述。[38]陈大光此访在尼赫鲁纪念博物馆和图书馆发表演讲时,使用了"印度洋-亚洲-太平洋"(Indo-Asia-Pacific)的表述,避免直接使用"印太"表述(Indo-Pacific),他表示越南赞同地区战略与发展空间应包括印度洋、亚洲和太平洋,赞同寻求建立开放、基于规则的地区,维护航行自由,但反对将该地区变成历史上的巴尔干半岛,分裂成敌对阵营,称"印度洋—亚洲—太平洋足够大,能够容得下所有国家,实现共同繁荣"。[39]6 月,在第 17 届香格里拉对话会上,越南防长吴春历在参与"构建亚洲演进中的安全秩序"小组讨论时,也没有对美国所推动的"印太"概念作出回应。考虑到"印太"战略遏制中国的意图,越南国防部官员不愿意公开讨论该战略,表明越南对于参与"印太"战略存有顾虑。[40]

印度尼西亚对"印太"战略的反应看似更加积极主动,提出了东盟版的"印太"概念,并在东盟内部加以推动。但从内容上看,印度尼西亚倡导的"印太"概念与美国提出的以大国竞争为核心的"印太"概念相去甚远。2018 年 5 月,印度尼西亚外长蕾特诺参加印度尼西亚战略与国际研究中心全球对话会,阐述了印度尼西亚对"印太"概念的理解:"印太"合作原则是开放、透明、包容、培育对话规范、促进合作与友谊、坚持国际法。合作目标是加强印度洋投资与亚太成熟投资之间的联系。合作内容包括营造尊重国际法、促进对话、和平解决争端、避免使用武力的良好环境,应对恐怖主义、毒品走私、贩卖人口、海盗等跨国安全挑战,通过"开放、公平的经济体系"建立新的经济增长中心。[41] 2018 年 8 月,蕾特诺在东盟秘书处演讲,呼吁东盟国家就"印太"合作制定共同的愿景规划,她强调该愿景规划不是引入新的地区架构,而是要优化现有架构,其中,东盟中心地位原则是推动"印太"合作的前提和目的,印太合作的架构须基于东盟机制。[42] 显然,合作是印度尼西亚倡导的"印太"概念的核心内容,而维护东盟中心地位则是其主要目的。

东盟本身对"印太"概念所作的表态十分有限。2018 年 8 月,第 51 届东盟外长会议发表联合公报,在论及东盟对外关系时,使用了"印太"战略中的一些表述,首次提到东盟致力于构建"开放、透明、包容、基于规则"的地区架构,表明东盟能够接受美国"印太"战略所倡导的某些原则,但该公报强调要加强东盟的中心地位和团结,强调地区架构须建立在东盟机制基础上,其中包括"10+1"、"10+3"、东亚峰会、东盟地区论坛、东盟防长扩大会议等。[43] 这是目前东盟就"印太"所作的仅有表态,从中可以看出,东盟所能接受的"印太"秩序,不同于美国"印太"战略中的竞争性秩序。东盟希望建立的是区域合作关系,而美国"印太"战略的基调是大国竞争,诉诸竞争甚至对抗性关系。

东盟国家乃至整个东盟对美国"印太"战略存有疑虑,主要原因来自两方面。一方面,东盟担心美国"印太"战略会弱化东盟在地区架构中的中心地位。东盟学者认为,美国《国家战略报告》虽称东盟仍然是"印太"地区架构的中心,但该报告并未说明东盟机制在大国竞争新态势下的作用。美国、日本、澳大利亚是"印太"概念的主要倡导者和参与国,希望通过承担共同安全责任,应对中国崛起,并推动建立包括印度在内的四国机制。美、日、澳、印四国合作机制将是实现"印太"战略的主要倚重力量。四国机制可能成为后东盟时代的地区架构基础,而在该架构中,东盟地位以及自身的地区议程设置能力都将受到削弱。四国硬实力远远超过东盟,当四国合作机制作用日益增强,东盟中心地位则极有可能被虚化。东盟赞同印度洋与太平洋在战略、经济和联通方面加强合作,支持印度"东向政策",欢迎印度在地区事务中发挥更大作用,但东盟担心这种转变会扩大地缘战略焦点,该战略下的外交活动以及对话将稀释东盟中心地位,弱化东盟以及东盟所主导的多边机制。[44]

另一方面,东盟担心美国"印太"战略下中美对抗将对东盟内部凝聚力构成压力。中美竞争态势加剧,美国寻求平衡中国影响力,这都将给地区安全环境带来不确定性,使东盟在中美之间保持平衡的难度加大。在一些事务上,东盟面临在中美之间选择的困难处境,可能迫于无奈作出选择。新加坡总理李显龙在参加东盟—澳大利亚特别峰会时就表达了对中美对抗的担忧,李显龙表示,东盟同中美都有经济合作,不想世界出现对立;东盟是美国的好朋友,也是中国的好朋友,希望加强各方联系,推动建立包容稳定的地区秩序,实现务实合作。[45]随着中美对立升级,东盟的团结将受到压力,特别是在南海问题上,美国加大"航行自由行动"的频率,而中方采取强硬措施应对美国军舰在南海的行动,中美在南海的摩擦可能导致中国与其他南海声索国之间关系重新紧张,然而,保持中立性、包容性是东盟长期以来处理与大国关系的基本原则,东盟不愿意放弃这两条原则。如若南海摩擦增多,声索国关系紧张,东盟若再保持中立,则内部可能出现分裂。[46]

显然,东盟国家对参与"印太"战略有很多顾虑,担心"印太"战略削弱东盟的中心地位和团结,担心东亚成为中美对抗的主要地区,从而损害东亚多年努力才得以实现的繁荣与和平。东盟所能接受的"印太"概念必须以合作为目的,并以东盟机制为中心。维护对东亚区域一体化合作进程的主体地位,护持东盟中心地位,仍将是东盟的主要策略。

六、结　语

当前东盟是东亚区域一体化合作进程的中心。在中国崛起、美国霸权地位受到冲击的时代背景下,该地区的地缘政治充满变动与不确定性。特朗普上台后美国推出"印太"战略,其实质是美国作为传统霸权国维护其霸权地位的重要举措,旨在平衡中国影响力、维护自身地区主导地位,而加强美国与东亚同盟国和伙伴国的协作、扩大对东盟多边机制的参与,仍将是美国实现其战略目标的重要手段和途径。在此态势下,东盟及其成员国是否会追随美国"印太"战略,成为影响未来地缘政治走势的重要变数。

从关系主义身份理论来看,美国"印太"战略实质上是为了强化美国"印太"关系圈在地区架构中的主体地位,加强美国的安全中心地位身份,这必然会削弱东亚区域一体化合作进程关系圈的主体地位,以及东盟在该进程中的中心地位。另外,美国的"印太"战略具有很强的竞争性,这可能成为地区关系网络的分裂因素,造成地区性战略对抗,进一步强化东亚经济依赖中国、政治安全依赖美国的二元格局,干扰东亚区域一体化合作进程。东盟目前对待美国"印太"战略的策略是不接招、不认可,而在"印太"战略背景下,如何维护以东盟为中心的东亚合作进程关系网络的主体地位、维护东盟整体性与中心地位身份，将是东盟面临的重大课题。

（原载《外交评论》2019 年第 2 期）

注释

1. Alexander Wendt, *Social Theory of International Politics*, Cambridge University Press, 1999.

2. Yosef Lapid and Friedrich Kratochwil, eds., *The Return of Culture and Identity in IR Theory*, Lynne Rienner Publishers, 1996.

3. ［英］本尼迪克特·安德森：《想象的共同体：民族主义的起源与散布》（增订版），吴叡人译，上海：上海人民出版社 2011 年版。

4. William Bloom, *Personal Identity*, *National Identity and International Relations*, Cambridge University Press, 1990.

5. 孙吉胜：《语言、身份与国际秩序：后建构主义理论研究》，《世界经济与政治》2008 年第 5 期，第 26—36 页。

6. 同上。

7. Michael J. Shapiro, "Warring Bodies and Bodies Politic: Tribal Versus State Societies", *Body and Society*, Vol.1, No.1, 1995, pp. 107—123.

8. 孙吉胜：《语言、身份与国际秩序：后建构主义理论研究》。

9. 陈冲、刘丰：《国际关系的社会网络分析》，《国际政治科学》2009 年第 4 期，第 92—111 页。

10. 曹德军、陈金丽：《国际政治的关系网络理论：一项新的分析框架》，《欧洲研究》2011 年第 4 期，第 69—82 页。

11. Qin Yaqing，*A Relational Theory of World Politics*，Cambridge University Press，2018.

12. Qin Yaqing，*A Relational Theory of World Politics*.

13. 秦亚青:《关系与过程:中国国际关系理论的文化建构》,上海:上海人民出版社 2012 年版。

14. 魏玲:《关系平衡、东盟中心与地区秩序演进》,《世界经济与政治》2017 年第 7 期,第 38—64 页。

15. 魏玲:《关系、网络与合作实践:清谈如何产生效力》,《世界经济与政治》2016 年第 10 期,第 39—58 页。

16. Qin Yaqing，*A Relational Theory of World Politics*.

17. Ibid.

18. 董贺:《关系与权力:网络视角下的东盟中心地位》,《世界经济与政治》2017 年第 8 期,第 88—105 页。

19. "ASEAN External Relations," Ministry of Foreign Affairs of Thailand，http://www. mfa. go. th/asean/en/organize/62217-ASEAN％E2％80％99s-External-Relations.html,访问时间:2019 年 1 月 10 日。

20. "Second Protocol Amending the Treaty of Amity and Cooperation in Southeast Asia," July 1998，http://agreement. asean. org/media/download/20140117142023.pdf,访问时间:2018 年 8 月 1 日。

21.《国际与地区组织:中国与东盟领导人会议(10＋1)、东盟与中、日、韩领导人会议、东亚峰会(EAS)、东盟地区论坛(ARF)》,https://www.fmprc. gov. cn/web/gjhdq_676201/gjhdqzz_681964/,访问时间:2019 年 1 月 10 日。

22. David Martin Jones and Michael L.R. Smith, "Making Process, Not Progress: ASEAN and the Evolving East Asian Regional Order,"

International Security, Vol.32, No.1, 2007, pp.148—184.

23.《王毅:中国和东盟国家有能力维护好南海和平稳定》, https://www.fmprc.gov.cn/nanhai/chn/wjbxw/t1518053.htm,访问时间:2018年1月14日。

24. "National Security Strategy of the USA", December 2017, https://www.whitehouse.gov/wp-content/uploads/2017/12/NSS-Final-12-18-2017-0905-2.pdf,访问时间:2019年1月10日。

25. "Summary of the 2018 National Defense Strategy of the USA: Sharpening the American Military's Competitive Edge", January 2018, https://www.defense.gov/Portals/1/Documents/pubs/2018-National-Defense-Strategy-Summary.pdf,访问时间:2019年1月10日。

26. 宋伟:《从印太地区到印太体系:演进中的战略格局》,《太平洋学报》2018年第11期。

27. 刘胜湘、辛田:《均势制衡与特朗普政府"印太"战略论析》,《当代亚太》2018年第3期。

28. 王鹏:《"对冲"与"楔子":美国"印太"战略的内生逻辑——新古典现实主义的视角》,《当代亚太》2018年第3期。

29. 张洁:《美日印澳"四边对话"与亚太地区秩序的重构》,《国际问题研究》2018年第5期。

30. 林民旺:《"印太"的建构与亚洲地缘政治的张力》,《外交评论》2018年第1期。

31. "National Security Strategy of the United States of America", December 2017, https://www.whitehouse.gov/wp-content/uploads/2017/12/NSS-Final-12-18-2017-0905.pdf,访问时间:2018年10月

3 日。

32. "Summary of the 2018 National Defense Strategy of the USA： Sharpening the American Military's Competitive Edge."

33. "Remarks at U. S. Indo-Pacific Command Change of Command Ceremony," Secretary of Defense James N. Mattis，May 30，2018，https：//dod. defense. gov/News/Transcripts/Transcript-View/Article/1535689/remarks-at-us-indo-pacific-command-change-of-command-ceremony,访问时间:2018 年 9 月 10 日。

34. "Summary of the 2018 National Defense Strategy of the USA： Sharpening the American Military's Competitive Edge."

35. "Remarks by Secretary Mattis at Plenary Session of the 2018 Shangri-La Dialogue," Secretary of Defense James N. Mattis；John Chipman，Director-General and Chief Executive，IISS，June 2，2018，https：//www. defense. gov/News/Transcripts/Transcript-View/Article/1538599/remarks-by-secretary-mattis-at-plenary-session-of-the-2018-shangri-la-dialogue,访问时间:2019 年 1 月 10 日。

36. "Fact Sheet： U. S. Security Cooperation in the Indo-Pacific Region," Office of the Spokesperson，Washington，DC，August 4，2018，https：//www. state. gov/p/eap/rls/c6395. htm,访问时间:2019 年 1 月 10 日。

37. Vivian Balakrishnan，"The Fullerton Lecture： ASEAN—2018 and Beyond," May 14，2018，https：//www. iiss. org/events/2018/05/fullerton-lecture-asean-2018；"Singapore Will Not Join Indo-Pacific Bloc for Now," *The Strait Times*，May 15，2018，https：//www. straitstimes. com/singapore/spore-will-not-join-indo-pacific-bloc-

for-now-vivian,访问时间:2018 年 11 月 5 日。

38. "Joint Statement between the Republic of India and the Socialist Republic of Vietnam during the Visit to India of the President of Vietnam, H. E. Mr. Tran Dai Quang," March 4, 2018, https://en.vietnamplus. vn/vietnam-india-issue-joint-statement/127315. vnp,访问时间:2018 年 10 月 3 日。

39. "Full speech of Vietnam President Tran Dai Quang at Nehru Museum Library," *The Economic Times*, March 10, 2018, https://economictimes. indiatimes. com/articleshow/63212961. cms,访问时间:2019 年 1 月 10 日。

40. Le Hong Hiep, "America's Free and Open Indo-Pacific Strategy: A Vietnamese Perspective," *ISEAS Perspective*, No. 43, August 7, 2018.

41. "What's in Indonesia's Indo-Pacific Cooperation Concept?" May 8, 2018, https://thediplomat. com/2018/05/whats-in-indonesias-indo-pacific-cooperation-concept,访问时间:2019 年 1 月 10 日。

42. "Remarks by H.E. Retno L.P. Marsudi, Minister for Foreign Affairs, Republic of Indonesia, on the Occasion of the 51st ASEAN Day at the ASEAN Secretariat, Jakarta," August 8 ,2018, https://www. kemlu. go. id/id/berita/Documents/Remarks％20by％20FM％20Retno％20Marsudi％20in％20ASEAN％20DAY％202018. pdf,访问时间:2019 年 1 月 10 日。

43. "Joint Communiqué of the 51 ASEAN Foreign Ministers' Meeting," August 2, 2018, https://asean. org/wp-content/uploads/2018/08/51st-AMM-Joint-Communique-Final. pdf,访问时间:2019 年

1 月 10 日。

44. John Lee, "The 'Free and Open Indo-Pacific' and Implications for ASEAN," *Trends in Southeast Asia Series*, No.13, June 2018.

45. "Excerpt of responses by PM Lee Hsien Loong at the Singapore-Australia Leaders' Summit Joint Press Conference Q &. A segment," March 16, 2018, https://www1. mfa. gov. sg/Newsroom/Press-Statements-Transcripts-and-Photos/2018/03/press2018031602,访问时间:2019 年 1 月 8 日。

46. John Lee, "The 'Free and Open Indo-Pacific' and Implications for ASEAN."

第十二章　关系认同：结构与行为

高尚涛

关系主义转向是国际政治学界近 20 来发生的一个重要事件。以帕特里克·杰克逊(Patrick T.Jackson)和丹尼尔·奈克松(Daniel H. Nexon)1999 年发表的《关系先于国家：实质、过程与世界政治研究》一文为标志，揭开了关系主义国际政治研究的序幕。[1]随后，一些学者陆续加入到关系主义国际政治研究之中。

西方学者探讨了西方语境下的关系与关系性内涵，大致勾勒出了关系主义研究的若干路径。[2]中国学者也积极参与关系主义国际政治理论研究，并尽量基于中国文化语境构建不同于西方学者的分析框架。[3]在中外学者的共同努力下，关系主义逐渐形成了以"关系世界"的存在为基本假定、以"关系"为核心概念、以"关系认同"和"关系考量"等关系驱动为基本逻辑、以关系身份和关系行为为基本解释目标的总体分析框架，逐步形成特色鲜明的国际关系理论新范式。

然而，在关系主义研究议程中，仍有一些重要且基本的内容没有得到充分论述。其中一个重要问题是，作为关系主义核心概念的"关系"，具有"关系性"的行为体置身其中并被深刻塑造的关系结构和关系网络,是通过什么样的机制建构起来的? 它又是如何发挥作用的? 如果这一重要且基本的问题得不到深入阐述和详细论证,那么关系主义和关系理论的分析框架就会显得模糊不清,其所阐释的问题就缺乏说服力,难以令人信服。所以,有必要对这一问题进行专门研究并作出明确的回答。

基于此,本章希望在系统回顾关系主义相关文献的基础上,在现有关系主义研究成果的启发下,提出一个基于"关系认同"的关系结构分析框架,借此澄清关系结构建构的微观机制及其作用原理。[4]

一、关系主义理论的"关系"研究

关系主义国际政治研究有一个基本共同点,即抛开传统的权力概念,围绕"关系"分析国际政治,强调"关系"的重要性和解释力。例如,"关系理论"以基于关系分析的"关系性",代替传统理论中的"理性",作为理论推演的基本逻辑:处于社会关系中的、被赋予了关系角色和关系身份的个体,通过相对于自己的亲疏远近的关系考量,而不是基于工具主义的理性考虑,来界定自己的身份、角色和利益,确定自己的行为,从而形成了与理性主义理论根本不同的特点。

但是,不同的关系主义研究,对核心概念"关系"一词的理解和界定不一样,从而推演出不同的关系主义分析路径。根据这一区别,我们可以把关系主义研究分为三大类:第一类是将关系视为中性客观的根本事实;第二类是将关系视为一种"友好联系"和衍生事实;第三类是将关系视为一种"友好联系"和根本事实。

一些西方学者倾向将"关系"理解为客观中性的结构化联系和互动

过程，行为体被这种客观中性的结构化联系所界定、所框定，从而表现出与关系结构相一致的互动行为。借鉴关系社会学进行的关系主义研究就属于这一类。该研究认为，关系论观点与传统的理性主义研究不同，它强调一些潜在的违反直觉的行为：不管"自我"的形式、实质和表达方式如何，"自我"的意图和行为只有在稳定的"社会安排"中才能实现。关系社会学注重过程，并强调实用主义，通过"关系性"的新生维度发展出新的分析方法。[5]这类研究认为，社会安排（social arrangements）作为行为体进行互动和交往的一种结构化布局，不仅为行为体发生行为提供了社会背景，而且还建构了行为体作为行动主体的角色和能力。行为体在行动过程中不试图维护自我身份的内在一致性，而是试图维护其行为所处的社会背景和关系身份的一致性和稳定性。[6]正是这种客观中性的社会关系结构，决定了行为体的行为，解释了国际政治和国际安全的基本形态。

　　一些关系主义的安全研究也认为关系是中性客观的：社会性的关系先于国家而存在，国家生来就处于特定的关系框架之中。这些研究特别强调过程的重要性，尤其高度重视分析个体如何基于对背景关系的认识和理解，如何通过互动过程，最后造就了安全共同体网络中的关系国家。例如，个体在跟群体的初次遭遇中，个体的"语义社会性"（narrative sociability）不仅界定了个体在随后时间内与该群体其他成员之间的关系，延续了个体的关系角色，而且还确定了个体的关系行为。[7]反过来讲，被安全共同体网络界定的国家会基于对自身关系成员的角色理解而产生自我约束的内在品质。[8]一言以蔽之，是客观的关系结构塑造了"关系自我"。

　　英国学界的"政府主义者"（thestatist）也持有中性关系的观点，但不认为关系具有根本性。他们将"关系"视为一种国家造就的社会和文化资本(social and cultural capital),主张用"连接性"(connectivity)取代传统现实主义理论中的物质力量,作为关键的分析维度,把社会、文化等方面的"连接性"作为一种替代性的权力资源和分析工具。"政府主义者"认为,客观存在的广泛社会资本网络,时时处处地限制着并决定着任何置身于其中的行为体之间的相互关系,因而成为理解社会行为和国际政治的关键变量。[9]

在西方学者中,也有一些学者将关系视为"友好联系"或"友谊",但他们同时认为这种联系不具有本体属性。例如,菲利克斯·贝伦斯科特(Felix Berenskoetter)将关系理解为"友谊"和"亲密关系"。他认为,国家不像现实主义理论所认为的那样,主要关心可能威胁其生存的其他国家,而是主要关注不确定性。对不确定性的这种基础性焦虑,提供了"定义人类状况的基本情绪",使个人和国家产生了寻找"焦虑控制机制"以获得"本体安全"或基本稳定的自我意识。所以,这种"友好联系"不是一种本源性的关系,而是一种基于安全目的的衍生品:国家寻求友谊的主要目的是为了控制自身的焦虑。只有真正的朋友才会拥有共同的道德目标,才可以建立和谐秩序,从而消除焦虑感。因此,贝伦斯科特的"友好关系"不是植根于一种群体成员的认同感,而是一种用于控制自我安全焦虑的工具。[10]

一些具有儒家文化背景的学者也持有类似观点,他们认为关系的内涵主要是情感联系和友好关系,但这种情感关系是由更深刻的焦虑感所催生的,本身根本没有任何解释力。例如,石之瑜认为,中国人和西方人一样,有一种根深蒂固的关系焦虑感,当关系中的积极情绪能够提供个性化的和相互保证的认可时,这种焦虑感就可以平静下来。石之瑜认为基于友谊内涵的关系维度的确可以比功利计算更好地解释一些弱小行为体的相互行为模式。[11]

但是,具有中国文化特色的关系主义分析,可能不会完全同意上述观点,主要表现在两个方面:一是不同意关系不具有友好内涵的观点;二是不同意关系没有本体属性和没有根本解释力的观点。众所周知,在中国文化中,关系不仅经常特指"友好联系",而且相信关系是一种具有根本解释力的本体性事实。在此方面,秦亚青提出的关系理论就非常具有代表性。他认为,"关系性"是关系行为体的基本属性,意味着行为体主要从以"我"为中心的友好关系的角度考虑问题和选择行为。"关系性"的基本逻辑是,具有关系性的国家,以其总体关系圈为背景,根据其与特定主体的关系亲密程度和(或)重要性来作出行为选择(而不是根据工具理性作出行为选择)。国家行为体处于同心和叠加的关系圈子的中心,每一圈涟漪都表示某一种程度的亲密关系,但涟漪之间没有明确的边界。[12]赵汀阳认为,人们按照他者与当事人的价值距离去建构世界图景,价值距离就是他者与当事人的亲疏远近程度。远近关系是指他者与当事人的切身利益的相关程度,亲疏关系是指他者与当事人的心灵的相关程度。远近亲疏关系构造了一个以当事人为中心的向心结构,一切他者都因与当事人的关系密切程度不同而具有不同意义。[13]黄光国也认为,儒家关系主义视域下的关系,以"人情"和"面子"为典型特征和表现形式,营造以自己为中心的友好关系圈子是行为体进行关系互动的基本形式。[14]

秦亚青在其关系理论中提出了关系本体论的假定:国际政治是国家通过关系过程不断建立和重建关系网络(或曰关系结构)并使自身镶嵌其中的关系世界。处于关系网络中的国家,以关系网络所界定的关系角色参与关系互动过程,不断重构自己和他者的关系角色。任何行为体都只能是"关系中的行为体",行为体不存在先验的预设身份,其身份和角色是由关系塑造的。关系塑造的身份和角色是行为体理解环境和驱动行为的基础。没有对关系身份的理解，行为体就无法进行利益计算和行为选择。所以，关系和关系性，而不是行为体自身，才是最有解释力的概念。[15]赵汀阳也坚持关系本体论的观点，认为关系具有本体属性：共在先于存在，个体只有在事中与他者形成共存关系，才能确定其存在价值，而选择一种事就是选择一种关系，选择一种关系就是选择一种共在方式。[16]

显然，很多中国学者倾向以儒家文化语境为基础，把具有社会意义的"关系"看作一种友好但密切程度不同的人际联系，看作一种具有根本解释力的本体性事实，这与一些西方学者的论述是完全不同的。清晰认识这种不同，是我们进一步理解关系构成机制的前提。本章将从这种对"关系"的界定和理解出发，即认为具有社会意义的"关系"是一种友好但密切程度不同的具有根本解释力的人际联系，进一步提炼关系的微观构成机制。

二、基于"关系认同"的结构分析框架

在关系理论中，秦亚青基于关系是具有本体属性且密切程度不同的人际联系的理解，提出了"主导关系界定国际体系"的观点。他认为，任何国家，生来就会处于一个关系世界和关系过程中，个体通过进入、参与甚至营造关系过程，获得特定的身份和角色，处于特定的关系网络或曰关系结构中，并通过相应的语境和共识对其关系角色及其所处的关系网络或曰关系结构予以确认。[17]这意味着，个体在关系世界和关系过程中获得的关系身份和营造的关系网络，从根本上就是通过关系识别和关系认同确立起来并得以强化的。

关系认同是一个非常重要的概念。所谓关系认同，是指两个或多

个行为体之间形成的对它们具有特定关系连接、关系身份和关系角色的认知与认可以及相互认知与认可。借用建构主义的话说，关系认同就是不同行为体，比如你和他之间，就彼此在特定关系领域结成具有一定密切程度的关系连接形成共有知识，从而达到这样一种关系状态：你知道并同意你们之间具有这一关系，他也知道并同意你们之间具有这一关系；你知道他知道并同意你们之间具有这一关系，他也知道你知道并同意你们之间具有这一关系。所以说，关系认同本质上是一种在关系方面的共有知识。

关系认同作为各个行为体就相互之间存在某种关系的共有知识、共同认知与相互认可，是形成、维系和再造它们之间关系网络的基本维度和基本元素，是行为体确立相互关系的核心组件。一个行为体与其他行为体每在一个具体关系领域，如政治领域、安全领域、意识形态领域、价值观领域、经济领域、情感领域、文化领域等，[18]建立一个关系认同，就等于与其他行为体在该领域建立起一个有效的具体关系环节。一个关系认同就是一个有效的关系环节。若干由关系认同确立的关系环节，编织成该行为体与其他行为体共有的关系网络或曰关系结构。所以，关系结构实际上就是一个行为体与其他行为体之间的、通过它们之间的关系认同建立起来的、以该行为体为中心的关系认同结构。

关系认同结构可以分为双边结构和多边结构。一个行为体与另一个行为体由特定关系认同建立起来的关系结构，是双边关系结构。一个行为体与其他多个行为体由特定关系认同确立的关系结构，是多边关系结构。在国际关系中，既存在以美国为中心的、美国与以色列或者美国与沙特阿拉伯建立的双边关系认同结构，也存在以沙特阿拉伯为中心的、沙特阿拉伯与其他海湾国家建立的多边关系认同结构。冷战后的主权国家体系是一个以美国为中心的、包括世界其他所有国家在内的、以主权关系认同为主的多边关系结构。而历史上中国建立的朝贡体系则是一个以中国为中心的、包括中国及其附属国在内的、以等级关系认同为主的多边关系结构。

关系认同结构还可以根据行为体关注的关系领域(即关注领域)的数量和重要性进行分类。一个行为体与其他行为体在某个单一关注领域内建立起的单一维度的关系认同结构,称为单一关系认同结构;一个行为体与其他行为体在它们的多个关注领域内建立的多维度的关系认同结构,称为综合关系认同结构。在一个行为体与其他行为体可能建立起来的众多关系认同结构中,既有相对重要的、主导性的关系认同结构,也有相对次要的、从属性的关系认同结构。行为体在它们的高关注领域,如军事安全领域、意识形态领域、价值观领域等,建立起来的关系认同结构,往往是它们的主导性关系认同结构;行为体在彼此的低关注领域,如国际社会治理领域、国际生态治理领域等,建立起来的关系认同结构,往往是它们的从属性关系认同结构。当然,行为体的主导性关系认同结构和从属性关系认同结构都不是一成不变的,随着行为体之间的关注重点以及相应的高关注领域和低关注领域的变化,它们的主导性关系认同结构和从属性关系认同结构也会随之发生变化。

在一个关系认同结构中,决定行为体之间关系密切程度的要素主要有三个:一是赖以建立关系认同的关系领域受到行为体的关注程度;二是能够建立起来的关系认同的数量;三是行为体对建立起来的关系认同的认同强烈程度。在一个行为体与另一个行为体的关系结构中,行为体对赖以建立关系认同的特定关系领域的关注度越高,彼此之间实际建立起来的关系认同的数量越多,行为体对这些建立起来的关系认同的认同程度越强烈,那么,这些行为体之间的关系就会越密切,其相应的关系结构就会越牢固。反之,行为体对赖以建立关系认同的特定关系领域的关注度越低,彼此之间实际建立起来的关系认同的数量越少,行为体对这些建立起来的关系认同的认同程度越微弱,那么这些行为体之间的关系就越松散,其相应的关系结构就越脆弱。例如,美国与以色列的关系,之所以比美国与埃及的关系更密切、更牢固,就在于美国与以色列在更多的高关注领域形成了程度更强的多个关系认同。而美国与埃及除了在针对伊朗的战略合作领域和在推进特朗普版巴以和平进程的战术合作领域形成了认同程度比较高的关系认同之外,在其他领域的关系认同不多,而且认同程度也不够强烈。

需要指出的是,如果两个行为体之间根本不存在任何领域的关系认同,即建立不起来任何有效的关系环节,那么它们之间就处于无效关系状态,即不存在有效关系的状态。而无效关系状态可以分为两种具体情况:一是"零关系认同"状态;二是"负关系认同"状态。"零关系认同"是指一个行为体与居于关系认同结构中心的行为体没有形成任何有效的关系认同,但也没有形成任何有影响的"负关系认同",[19]它们之间的关系认同为零。这时候,与居于关系认同结构中心的行为体具有"零关系认同"的行为体,将处于关系认同结构中最外层关系圈之外的"临界点"。从这一"临界点"出发,远离关系认同结构中心一步即进入"负关系认同"的反向区域,而靠近关系认同结构中心一步就可以回归关系认同的正向关系圈区域。处于"零关系认同"和"临界点"的行为体,与居于关系认同结构中心的行为体互为路人,互不关心,但也不互相敌视。在这种情况下,以"零关系认同"所在的"临界点"位置画一条与任一关系圈(同心圆)的切线平行的线,就是"零关系认同基准线",它是关系认同由正转负的分界点。"负关系认同"是指一个行为体与居于关系认同结构中心的行为体之间的关系认同为负,即它们之间不仅没有形成任何有效的关系认同,反而形成了有显著影响的负向关系认同。

形成"负关系认同"的行为体,彼此认可它们之间存在矛盾、互为对手甚至敌人,并在存在矛盾共识的领域互相竞争甚至敌对。在这种情况下,行为体之间的"负关系认同"数量越多、认同越强烈,"负关系认同"所在的领域受到的关注度越高,它们之间的冲突就会越大。

所以,由若干个关系认同支撑和维系的关系结构,直接决定了行为体之间的行为方式。行为体在形成关系认同的领域,不仅会彼此合作,而且还会形成和谐的关系;在形不成关系认同的领域,它们则会彼此漠视、竞争甚至冲突。具体而言,如果不同行为体仅在低关注领域(重视程度低的领域)形成了较多和较强烈的关系认同,那么,行为体就会在这些低关注领域处于合作与和平的友好状态,但它们在高关注领域(重视程度高的领域)可能会产生不合作甚至冲突的不友好状态,而且,这种高关注领域的不合作甚至冲突状态可能危及和动摇彼此在低关注领域的关系认同和友好关系。如果不同行为体在高关注领域形成了较多但不够强烈的关系认同,那么,行为体可能会在这些高关注领域处于基本合作与和平状态,在低关注领域如果形不成足够的关系认同,也可能影响彼此的整体友好关系。如果不同行为体在高关注领域形成了数量较多的强烈关系认同,那么,行为体之间就会在这些领域处于基本和谐状态,在低关注领域即使形不成足够的关系认同也不至于从根本上动摇彼此的整体友好关系。如果不同行为体在高关注领域和低关注领域均形成了数量较多的强烈关系认同,那么,行为体之间就会处于合作与和谐的友好状态。与此相反,如果不同行为体在高关注领域和低关注领域均不能形成有效的关系认同,那么,行为体之间就可能处于相互漠视、竞争甚至冲突的关系状态。

从这个意义上,我们可以说,一个行为体与其他行为体由关系认同确立的关系结构,即关系认同结构,决定了该行为体与其他相关行为体的行为方式。或者说，关系认同结构决定行为方式。如果我们把这一解释模式称为关系认同结构理论，那么我们可以把"关系认同结构决定行为方式"这一变量关系机制，称为关系认同结构理论的核心假设。

三、关系认同结构与国际体系结构

一个行为体与其他行为体通过它们之间的关系认同连接起来的、以该行为体为中心的关系认同结构，不仅存在于人与人之间和组织与组织之间，而且也存在于国家与国家之间。一个国家与其他国家通过它们之间的关系认同连接起来的、以该国家为中心的关系认同结构，就是一种关系理论框架下的国际体系结构。

在国际体系中，无论在全球性国际体系中，还是在地区性国际体系中，每个国家都会建立起和存在于以本国为中心的、与其他国家通过各种关系认同连接起来的综合关系认同结构之中。而且，每个国家还同时具有在某个具体领域，如政治领域、安全领域、意识形态领域、价值观领域、经济领域、情感领域、文化领域等，通过关系认同连接起来的、以本国为中心的单一关系认同结构。不仅如此，每个国家在处于自己主动构建起来的、以本国为中心的关系认同结构中的同时，也会同时处于其他国家建构起来的、以其他国家为中心的多种多样的关系认同结构之中，还会处于这些关系认同结构中代表不同亲疏程度的关系圈（同心圆）之中。

在全球层面上，以主权国家为基本单位的国际体系结构，本质上就是以美国为中心的（美国主导建立的）、通过美国与世界其他国家在法律地位关系领域的"主权关系认同"连接起来的、一种多边的、单一领域的"主权关系认同结构"。在这一主权关系认同结构中，美国处于关系结构的中心,其他主权国家,如中国、俄罗斯、英国、法国、德国、日本、印度等等,都处于一个同心圆之中——这些主权国家距离美国的关系距离,仅从主权认同的角度看是相同的,它们都与美国建立了理论上相同的主权关系认同:美国知道并同意(尽管可能是理论上)其他国家是与自己平等的主权国家,其他国家知道并同意(尽管也可能是理论上)美国是与自己平等的主权国家;美国知道其他国家知道并同意美国是主权国家,其他国家知道美国知道并同意其他国家是主权国家。这一主权关系认同结构一旦形成并处于存续状态,就会不断确认和强化结构内国家"互为主权国家"的关系身份和关系角色,确定它们以主权国家的方式相互对待对方。

在全球层面上,除了存在主权关系认同结构外,还存在其他具体领域的关系认同结构。以美国为例,在军事安全领域,美国通过"安全盟友关系认同"方式,与其他国家建构起了"全球盟友关系认同结构"。在第二次世界大战结束前的罗斯福政府时期,美国在全球军事安全领域重点关注的是"防范德国纳粹、意大利法西斯和日本军国主义"这一细分领域,基于此,美国与苏联、英国、中国、法国达成了合作维护世界安全的共识,并建立起五个大国共同承担维护世界安全的责任、互为全球安全盟友的关系认同:美国知道并同意中、苏、英、法四国是与自己一起维护世界安全的盟友,中、苏、英、法四国知道并同意美国是与它们一起维护世界安全的盟友;美国知道中、苏、英、法四国知道并同意美国是与它们一起维护世界安全的盟友,中、苏、英、法四国知道美国知道并同意中、苏、英、法四国是与自己一起维护世界安全的盟友。通过这一安全盟友关系认同,美国与中、苏、英、法四国在全球安全领域形成了安全盟友关系认同结构。这一关系认同结构,由于美国及其盟友的重点关注而成为美国及其盟友的主导性关系认同结构,又因为美国处于影响力巨大的超级大国地位，所以美国的主导性关系认同结构也同时成为第二次世界大战后初期国际体系的主导性关系认同结构。这一关系认同结构形成并存续下来，进一步界定了美国与中、苏、英、法四国互为世界安全盟友的关系角色，并确定了它们相互对待的行为方式：合作对付和管控德国纳粹、意大利法西斯和日本军国主义。

　　美国与中、苏、英、法四国在全球安全领域的关系认同结构，随着美国及其盟友的重点关注领域及其细分领域的变化而变化。进入冷战时期以后，随着德国纳粹、意大利法西斯和日本军国主义的灭亡，美国在全球军事安全领域内重点关注的细分领域，已不再是防范德国、意大利和日本法西斯势力"死灰复燃"，转而成为防范所谓"共产主义威胁"。基于此，美国与一些和它具有同样认识和关切的国家，如欧洲的英国、法国、联邦德国等，亚洲的日本、韩国、菲律宾等，通过紧密的沟通与磋商，建立了新的"反共"盟友关系认同，并以此形成了新的盟友关系认同结构。在这一新盟友关系认同结构中，美国处于中心位置，其他国家处于以美国为中心的关系圈（同心圆）之内。由于当时美国防范的重点区域在欧洲，欧洲国家对所谓"安全威胁"和共同防御的感受也更加强烈，所以，美国与英国、法国、德国等欧洲国家的"反共"盟友关系认同也更加强烈，因此，英国、法国、德国等国处于这一盟友关系认同结构的第一关系圈中。亚洲当时是美国的次重点关注区域，美国与日本、韩国、菲律宾等亚洲国家的盟友关系认同的强烈程度自然相对弱一些，因此，日本、韩国、菲律宾等处于这一盟友关系认同结构的第二关系圈内。这样一个关系认同结构，因为影响力巨大的超级大国美国的主导和重点关注，成为冷战时期国际体系的主导性关系认同结构之一。这样一种盟友关系认同结构，决定了美国派出最大兵力优先保护欧洲盟国的"安全"，派出次要兵力保护亚洲盟国的"安全"。

在冷战时期美国建立的这一盟友关系认同结构中，苏联、东欧各国、中国、朝鲜、古巴、越南等社会主义国家，成为了与美国及其盟友建立"负关系认同"的国家。美国与苏联、东欧国家、中国、朝鲜、古巴、越南等国，在彼此高度关注的意识形态领域和国家安全领域针锋相对，逐渐建立起程度强烈的"负关系认同"。这些"负关系认同"形成了背向美国这一中心的关系圈，而且，"负关系认同"越强、越多，相应国家离美国的关系距离就会越远，彼此的敌对性也会越强。例如，中国、朝鲜、古巴、越南等国大体上处于在背向美国的距离较近的关系圈中，苏联则处于在背向美国距离最远的关系圈中，东欧国家则处于这两大关系圈之间的关系圈之中。这样的关系结构导致美国对待苏联、东欧国家、中国、朝鲜、古巴、越南等国的态度不同，其所采取敌对与遏制措施的强弱程度也不同，距离越远越强硬。反过来，苏联、东欧国家、中国、朝鲜、古巴、越南等国对待美国的方式也不同，其所采取敌对与反制措施的强弱程度也不同，同样是距离越远越强硬。

其实，上述与美国形成"负关系认同"而背向美国中心的这些国家所在的关系圈，同时也构成了另一个以苏联为中心的关系认同结构。由于苏联在影响力方面是仅次于美国的超级大国，因此，这一关系认同结构也是冷战初期国际体系的主导性关系认同结构之一。当时，苏联与东欧国家、中国、朝鲜、古巴、越南等社会主义国家，在它们共同高度关注的意识形态领域和国家安全领域，建立起了程度强烈的关系认同，形成了一个前所未有的社会主义盟友关系认同结构。在这一关系认同结构中，苏联处于中心位置，东欧国家大致处于第一关系圈，中国、朝鲜、古巴、越南等国大致处于第二关系圈。在这些关系圈之外，则是与苏联形成了"负关系认同"的国家，较近的一圈是日本、韩国、菲律宾等，较远的一圈是英国、法国、德国等国，最远的一圈是美国。这样一种关系认同结构决定了苏联首先会全力支持和保护东欧国家，其次会支持和保护中国、朝鲜、古巴、越南等国。对于"负关系认同"国家，苏联会一般性地抵制和反对日本、韩国、菲律宾等国，但会最强烈地抵制和反对美国，而对英国、法国、德国等国的反对程度和抵制力度则介于前两者之间。基于上述分析，本章认为，冷战初期形成的这种国际体系结构可以看成以美国为中心的反共盟友关系认同结构和以苏联为中心的社会主义盟友关系认同结构之间的对峙与对抗：以美国为中心的、面向美国但背向苏联的关系圈，与以苏联为中心的、面向苏联但背向美国的关系圈，进行彼此对抗和互相压制。

在国际体系中，除了存在由一国与其他国家在特定关注领域的关系认同连接起来的关系认同结构以外，还存在由所有关注领域的多个关系认同建构起来的综合关系认同结构。我们继续以美国为例来分析这一问题。美国几乎与所有其他任何一个国家都建立了数量或多或少、关注程度或高或低、认同程度或强或弱的不同关系认同，这些形形色色的关系认同连接起来后，就形成了特定的双边关系认同结构。这些以美国为中心的双边关系认同结构组合在一起，就形成了美国与所有其他国家的综合关系认同结构，而不同国家则会因与美国形成关系认同数量的多少、关注领域关注度的高低以及认同程度强弱的不同，而处于这一综合关系认同结构的不同关系圈之中。在地区层面，情况也是如此。在中东地区、西欧地区、东亚地区，甚至更加广阔的亚太地区，等等，美国都与地区内的相关国家建立了包括不同关注领域的、关注程度或高或低的、认同程度或强或弱的不同关系认同，这些关系认同将美国和这些地区国家连接成以美国为中心的、其他地区国家位于不同关系圈中的地区性综合关系认同结构。但必须指出的是，无论全球层面还是地区层面的综合关系认同结构，都决定着美国和相关国家的关系身份和关系行为,并随着美国和相关国家共同关注领域的变化而发生变化。

四、美国与中东国家的关系认同结构

如前所述,国家之间可以通过不同关注领域的关系认同建立起关系认同结构,而关系认同结构又可以决定该结构内国家的关系行为。在此假设基础上,本章提出了如下观点:关系认同结构,无论是全球性结构还是地区性结构,也不管是单一结构还是综合结构,都会随着关系认同结构内相关国家关注领域的变化而发生变化,从而演变成新的不同的关系认同结构。与此同时,在全球各种不同的关系认同结构中,只有由主要大国围绕它们的重点关注领域建立起来的关系认同结构,才是国际体系的主导性结构。根据实证研究设计,我们需要对这些假设进行检验。但限于篇幅,此处将仅对其核心假设——关系认同结构决定国家的关系行为——进行检验。

本章选取的个案,是美国与中东国家的地区性综合关系体系。具体而言,我们选取特朗普政府代表美国,选取当下的以色列、沙特阿拉伯、卡塔尔、约旦和伊朗代表中东国家,并以这些国家的中央政府代表这些中东国家,即内塔尼亚胡(Benjamin Netanyahu)政府代表以色列,萨勒曼(Salman)父子政府代表沙特阿拉伯,塔米姆(Tamim bin Hamad Al Thani)政府代表卡塔尔,阿卜杜拉二世(Abdullah II)政府代表约旦,哈梅内伊-鲁哈尼(Ali Khamenei-Hassan Rouhani)政府代表伊朗。[20]如果在美国与这些中东国家的关系实践中,我们可以清晰地分辨出存在理论中预测的关系认同结构,而且可以甄别出与理论预测结果相一致的国家行为,那么就可以证明"关系认同结构决定国家行为方式"这一假设是成立的。

（一）美国是否与所选取的中东国家建立了明确的关系认同结构

根据前面的理论分析,从地区性综合关系认同结构的角度看,美国应该与中东国家建立了一个地区性的国际体系结构,这就是一个以美国为中心的、包括美国与中东相关国家的、由美国与这些国家的不同关注领域的关系认同确立起来的、包含象征着亲疏不同的关系圈的关系认同结构。这一关系认同结构的具体形态,例如,美国与哪些国家分别建立了哪些领域的关系认同,它们对这些建立了关系认同的领域的关注度是高还是低,以及它们对各个关系认同的程度是强还是弱,直接决定了美国与这些国家的关系是否密切、是否牢固,以及相互之间是否合作,是否和平,甚至是否和谐。

1. 美国与以色列

特朗普在上任总统后的第一次中东之行,就访问了以色列的争议首都耶路撒冷,并表达了与以色列建立"不可动摇的牢固关系"的强大意志。特朗普表示,他的政府会推动美国与以色列的关系,尤其是安全伙伴关系,将比以往更加牢固。美国政府也会帮助以色列免受真主党和哈马斯等敌人的攻击,让以色列的孩子们不再需要冲到庇护所躲避导弹的袭击。[21]在2017年联大会议上,特朗普总统明确指出,美国政府在中东地区的优先事项之一就是要强化跟以色列的全面关系。美国副总统彭斯不仅重申了特朗普的这一承诺,而且还表示美国与以色列站在一起是"美国人民的一贯做法",因为美国人民一直对犹太人民怀有特殊的感情和钦佩。以色列的事业就是美国的事业,以色列的价值就是美国的价值,以色列的战斗就是美国的战斗。此外,他还声称特朗普与以色列人民的心交织在一起,是美国历史上"最亲以色列"的总统。[22]特朗普和彭斯的这些政策宣示,清晰地表达了美国政府要与以色列建

立基于情感关系、价值关系、事业关系、安全利益关系和经贸关系等高
关注领域的强烈关系认同的意愿和决心。

对特朗普政府与以色列建立亲密盟友关系的意愿,内塔尼亚胡政
府作出了明确而积极的回应。内塔尼亚胡在访问华盛顿时表示,以色
列 40 年来一直寻求建立和维持更加亲密的美以联盟。现在,在特朗普
总统的领导下,美以联盟变得空前强大,以色列人民看到了特朗普的善
意立场……看到了其他人看不到的东西,即美以两国在彼此都高度关
注的安全问题上的密切情报合作关系。[23]显然,这是内塔尼亚胡在向特
朗普表达衷心的感激和谢意。这意味着,美国的特朗普政府和以色列
的内塔尼亚胡政府,已经在彼此高度关注的情感领域、价值领域、事业
领域、安全领域等建立起了比较强烈的多重关系认同,并在此基础上形
成了综合关系认同结构。这一关系认同结构虽然还不足够完备,[24]但
这已是目前美国与中东国家建立的最密切的关系认同结构了,我们可
以将其视为美国与中东国家关系结构的第一关系圈。

2. 美国与沙特阿拉伯

特朗普政府高度重视沙特阿拉伯在中东地区的地位和作用,并力
求进一步加强两国间的亲密盟友关系。2017 年 5 月,特朗普总统访问
沙特阿拉伯,表示美国要与沙特阿拉伯在信任、合作和共同利益的基础
上建立富有成效的伙伴关系,而建立这一关系的前提就是双方必须首
先对中东地区的安全、稳定和繁荣等共同目标进行认同。对于两国而
言,中东地区的安全主要是共同反恐和打击"伊斯兰国";中东地区的稳
定主要是促成美国提出的"巴以和平新方案"、遏制伊朗势力扩张;而中
东地区的繁荣主要是美国和沙特阿拉伯之间更大规模的经济合作,包
括沙特阿拉伯为美国解决 12 万个就业岗位,美国支持沙特阿拉伯经济
改革等。[25]2017 年 9 月,特朗普总统在联大会议上阐述美国政府的外交

政策时再次表示,美国力图修复和强化与中东地区关键盟友的关系,而沙特阿拉伯就是除以色列之外特朗普重点指出的美国在中东地区最重要的盟友目标国。[26]

针对特朗普政府谋求建立密切伙伴关系的强大意愿,沙特阿拉伯国王萨勒曼和王储穆罕默德(Mohammad bin Salman Al Saud)均表示同意并给予积极回应。2017 年 5 月,沙特阿拉伯与美国发布的《共同声明》声称,沙特阿拉伯国王重申沙特阿拉伯与美国在信任、合作和共同利益的基础上建立了富有成效的伙伴关系,特朗普总统的访问进一步强化了这一关系。该声明还宣称,美国和沙特阿拉伯将联合打击两国的共同敌人,并共同开辟和平与繁荣之路。[27]

可见,美国和沙特阿拉伯在它们彼此高度关注的安全领域、秩序领域和经济领域,建立了比较强烈的多个关系认同,并通过这些关系认同形成了综合性的关系认同结构。需要指出的是,这一关系认同结构明显弱于美国跟以色列建立的关系认同结构(缺少在情感领域和价值领域的关系认同),但又明显强于美国与其他中东国家的关系认同结构,我们可以将其作为美国在中东建立的第二关系圈。

3. 美国与卡塔尔和约旦

卡塔尔是美国在中东的盟友之一,两国间的盟友关系主要表现在以下几个方面:一是两国在乌代德军事基地开展的军事合作;二是反恐合作;三是贸易合作。此外,特朗普还希望通过化解卡塔尔与沙特阿拉伯之间的矛盾,将卡塔尔纳入美沙反对伊朗的合作阵线中来。对此,卡塔尔埃米尔塔米姆给予了真诚、正面和明确的回应。[28]这说明,美国和卡塔尔在彼此关注的军事合作领域、反恐安全领域和贸易合作领域都建立起了比较强烈的关系认同,并通过这些关系认同形成了综合关系认同结构。但是,从它们达成合作共识的领域的广度和深度看,这一关系认同结构明显弱于美国跟沙特阿拉伯建立的关系认同结构。

约旦也是美国在中东的盟友之一,特朗普政府希望与约旦建立更加紧密的战略伙伴关系,包括加强打击"伊斯兰国"的安全合作关系、推动"巴以和平新方案"落地和遏制伊朗扩张以及政治解决叙利亚问题等。对此,约旦国王阿卜杜拉二世高度认同并愿意积极配合。[29] 这说明,美国和约旦在彼此关注的反恐安全领域和秩序关系领域建立了比较强烈的关系认同,并通过这些关系认同生成了美国和约旦之间的关系认同结构。但是,从它们达成合作共识的领域的广度和深度看,这一关系认同结构也明显弱于美国跟沙特阿拉伯建立的关系认同结构,但跟美国与卡塔尔的关系认同结构十分近似。

上述分析表明,特朗普政府的确与这些中东盟友国家建立了基于关系认同的、以美国为中心的、以美国与以色列关系为第一关系圈、以美国与沙特阿拉伯关系为第二关系圈、以美国与卡塔尔和约旦等国关

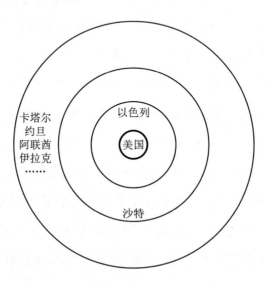

图 12.1 以美国为中心的关系认同结构

资料来源:笔者自制。

系为第三关系圈的关系认同结构。需要指出的是，特朗普政府跟伊拉克、阿联酋、科威特、巴林、埃及等阿拉伯国家，也建立了类似的、大约处于第三关系圈的关系认同结构（见图 12.1）。[30]

4. 美国与伊朗

自从伊朗伊斯兰革命胜利以来，伊朗革命政权就与美国水火不容，并把美国视为世界上最大的"撒旦"（魔鬼）。伊朗领导人多次公开宣称，美国和犹太复国主义是中东地区恐怖主义的主要根源。[31] 2017 年 10 月 13 日，白宫公开发表了《特朗普总统对伊朗的新战略》。该文件认定，哈梅内伊在担任伊朗最高领袖 28 年里，一直以自己的"极端思想"打造伊朗国家，不仅向外散播旨在暴力瓦解国际秩序和他国稳定的革命意识形态，而且还输出暴力，支持恐怖主义，并把美国作为主要敌人，严重威胁美国利益和中东地区稳定。[32] 显然，特朗普政府也把伊朗视为美国的敌人。这意味着，美国与伊朗已经在彼此之间建立起了强烈的"负关系认同"，互相认为对方是对手和敌人。

实际上，伊朗在与美国建立起了强烈"负关系认同"并处于美国建立的关系认同结构中"零关系认同基准线"以外的同时，也建立了自己的关系认同结构。例如，伊朗与黎巴嫩真主党、叙利亚政府、也门胡塞武装等政治势力建立了在什叶派政治伊斯兰主义和共同安全等高关注领域的比较强烈的关系认同。

众所周知，真主党的前身"阿迈勒运动"是由穆萨·萨德尔（Musa al-Sadr）创建，他是伊朗首任最高宗教领袖霍梅尼（Ayatollah Khomeiny）的学生和忠实信徒。萨德尔去世后，阿迈勒运动一度出现动摇。伊朗伊斯兰革命卫队随即进入黎巴嫩对阿迈勒运动成员和其他一些什叶派伊斯兰主义者进行培训和武装，进一步统一了什叶派政治伊斯兰主义的意识形态，并在打击以色列、美国和逊尼派势力以维护什叶派伊斯兰利益和安全的共同目标下,推选出九人委员会,在得到霍梅尼的会见和认可后,他们成立了"真主党"组织。从此,真主党一直与伊朗保持密切关系。所以,伊朗和真主党在什叶派政治伊斯兰主义和共同安全这两大关注领域,一直存在着强烈的关系认同。尽管叙利亚政府和也门胡塞武装在政治伊斯兰主义方面与伊朗并不完全一致,但在什叶派政治伊斯兰主义的大框架内具有一定的宗教政治意识形态一致性和关系认同。更重要的是,它们在反对美国和以色列、共同对付逊尼派政治伊斯兰主义的围堵和打击方面拥有共同利益,由此产生出"战友"关系认同,这使它们能够结合成一个比较稳定的关系认同结构。[33]

在上述关系认同基础上,伊朗建立了以自己为中心的、大致以伊朗与真主党关系为第一关系圈、以伊朗与叙利亚政府及胡塞武装组织关系为第二关系圈的关系认同结构(见图 12.2)。

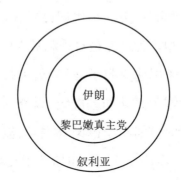

图 12.2　以伊朗为中心的关系认同结构

资料来源:笔者自制。

与美国建立了"负关系认同"的伊朗,一方面与处于以自己为中心的关系认同结构中的国家和组织保持友好合作关系,另一方面与背向自己的、以美国为中心的关系认同结构中的国家和组织针锋相对,维持着互相敌对的关系。从另一个角度看,与伊朗建立了"负关系认同"的美国,一方面与处于以自己为中心的关系认同结构中的国家和组织保持友好合作关系,另一方面则与背向自己的、以伊朗为中心的关系认同结构中的国家和组织针锋相对,并维持着相互敌对的关系(见图12.3)。

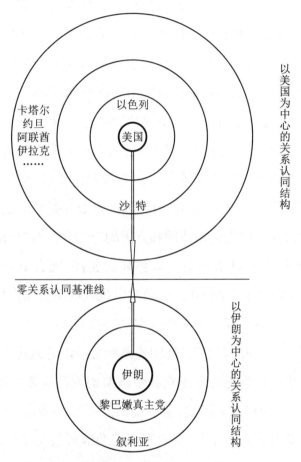

图 12.3 两个针锋相对的中东地区关系认同结构

资料来源:笔者自制。

(二) 在美国的中东关系圈内,特朗普政府对不同国家是否表现出与"关系认同结构决定行为方式"的理论预测结果相一致的行为

第一,特朗普政府对以色列,在建立关系认同的情感领域、价值领

域、事业领域、安全领域和经贸领域,给予了精心呵护和全力支持,以色列在这些领域里也积极表现出对美国的配合与支持。

在事业领域,特朗普一上台就放松了美国对以色列建立非法定居点的限制,默许以色列在约旦河西岸和东耶路撒冷占领区为犹太移民建立安置点,使得以色列政府得以重启停滞多年的非法定居点建设项目。[34] 2017 年 5 月 22 日,特朗普总统访问以色列,不仅拜访了以色列首都耶路撒冷,而且还亲自到圣殿山的"哭墙"进行祷告,并决定将美国驻以色列大使馆从特拉维夫迁往耶路撒冷。[35] 这表明特朗普政府坚决支持以色列将巴以争议城市耶路撒冷作为首都的要求,坚决支持以色列的宗教信仰和宗教事业,[36] 认为"以色列的事业就是我们的事业",同时高度认可犹太人在巴勒斯坦建国和立国的"正当性"与"合法性"。

在安全领域,特朗普政府对以色列的支持,既有单方面的支持行动,也有互相支持的安全合作。美国对以色列的单方面支持行动,突出体现在美国支持以色列在中东地区保持军事优势,并积极促成有利于以色列的新"巴以和平方案"。特朗普政府帮助以色列建造"铁穹"导弹防御系统保护以色列免受真主党和哈马斯的短程火箭攻击,帮助它使用"大卫吊索"导弹防御系统防范伊朗的远程导弹袭击。[37] 特朗普政府与以色列新签署为期十年的《双边军事援助谅解备忘录》承诺,从 2019 财年到 2028 财年,美国将每年向以色列提供 33 亿美元的军事援助。在特朗普政府的关照下,美国"对以色列安全的支持达到了创纪录的水平"。[38] 特朗普政府提出的新"巴以和平方案",也独具匠心。这一方案旨在推动所有阿拉伯国家接受以色列,与以色列实现关系正常化,并确保相互之间的安全。[39] 在互相支持方面,两国在合作反恐意义上,包括打击"伊斯兰国"、打击哈马斯、打击黎巴嫩的真主党武装、打击伊朗驻叙利亚的"圣城旅"等,都进行了深度有效的情报合作、信息分享与军事协调。美国退出伊核协议、重启对伊朗的严厉制裁，也都体现出特朗普政府与以色列之间的相互支持。

在经贸领域，特朗普政府把美国与以色列的高水平相互支持与合作向前推进了一步。在特朗普上台后的第一年，两国贸易关系在"自由贸易协定"（FTA）基础上进一步得到强化，以色列从美国进口的货物增加到约 126 亿美元，向美国出口的货物也达到了 219 亿美元，美国一跃成为以色列最大的单一国家贸易伙伴，以色列也以弹丸之地成为美国第 24 大贸易伙伴。为了刺激以色列的工业发展和科学研究，特朗普政府与以色列签署了若干个合作项目。为了帮助以色列进一步推进犹太移民事业，美国每年还向以色列提供"海外美国学校和医院项目"（ASHA）的资助。[40]

第二，特朗普政府在建立关系认同的安全领域、秩序领域和经济领域，为沙特阿拉伯提供了大力支持，但由于在基本政治制度和价值体系上缺乏认同，两国并没有建立起类似美以之间那样的情感关系认同和价值关系认同，美国因而对沙特阿拉伯的单方面支持也相对较少一些，而且主要表现在建立了关系认同的领域里双方进行的相互支持与互利合作上。

在安全领域，特朗普政府给予沙特阿拉伯的支持主要体现在沙特阿拉伯反击伊朗威胁和巩固王室统治等方面。特朗普政府几乎是偏袒性地支持沙特阿拉伯在中东各地，包括在也门、叙利亚、巴林、黎巴嫩，甚至在沙特阿拉伯的东部省份，组织逊尼派力量与伊朗支持的什叶派组织进行对抗。特朗普上台不久就给沙特阿拉伯国王萨勒曼打电话，表示美国会帮助沙特阿拉伯对抗伊朗，"铲除伊朗破坏地区稳定的活动"。[41]特朗普随后对沙特阿拉伯进行正式访问，与萨勒曼国王一起确立了两国"为了 21 世纪的两国共同利益"的全新战略伙伴关系，决定两国定期进行最高层级的战略磋商会议,共同"遏制伊朗恶意干涉其他国家内政、煽动宗派冲突、支持恐怖主义和武装代理人、竭力破坏该地区国家稳定的行为"。为此,特朗普政府组建了以沙特阿拉伯为骨干的"中东战略联盟",并对沙特阿拉伯的反伊朗行动给予配合与支持。[42] 与此同时,特朗普政府还大力支持沙特阿拉伯王室采取的维护其国内统治的措施,并随时帮助其化解执政危机。卡舒吉(Jamal Khashoggi)被害事件发生后,土耳其提供了大量对沙特阿拉伯王储穆罕默德不利的证据,西方主流舆论也剑指沙特阿拉伯王储,美国多名议员也联名要求严厉制裁沙特阿拉伯王室和王储本人,甚至美国中央情报局(CIA)也认为沙特阿拉伯王储应该为卡舒吉被害事件负责。然而,特朗普政府依然我行我素,继续为沙特阿拉伯国王和王储提供大力支持。特朗普表示,卡舒吉之死虽然违反美国主流价值观,但是沙特阿拉伯政府在安全领域与美国始终保持友好合作,并全力配合美国遏制两国共同的危险敌人伊朗。因此,美国不能轻易得罪沙特阿拉伯或把它丢给竞争对手,美国必须要继续与其保持友好合作。[43] 不仅如此,特朗普政府还将沙特阿拉伯纳入美国在中东打击"伊斯兰国"等恐怖势力的统一阵线中,并对其参与的反恐行动给予大力支持。

在秩序领域,特朗普政府对沙特阿拉伯采取的支持行动,除了支持沙特阿拉伯在中东地区建立和扩大逊尼派统治并与伊朗进行激烈竞争以外,还包括沙特阿拉伯与以色列开展战略合作共同反对伊朗的行动。如前所述,沙特阿拉伯等国提出了新的"阿拉伯和平倡议",动员多数逊尼派阿拉伯国家逐渐跟以色列实现关系正常化,并借用以色列的力量阻击伊朗。这一做法得到了特朗普政府的鼓励和支持。

在经济领域,特朗普政府对沙特阿拉伯的支持行动主要体现为美国支持沙特阿拉伯的经济多元化改革,沙特阿拉伯则同意与美国签署双边经济合作协议,对美国进行大量投资并为美国提供大量就业岗位等。

第三,特朗普政府对卡塔尔和约旦的支持行为,也与彼此确立的关系认同直接相关,既提供单方面支持,又要求相互支持。

首先,特朗普政府在与卡塔尔建立了关系认同的军事领域、反恐安全领域和贸易领域,为卡塔尔提供了较大的支持。特朗普政府坚持与卡塔尔进行军事合作,并通过维护和扩建在多哈的乌代德军事基地,遏制沙特阿拉伯等国在"海湾危机"期间对卡塔尔进行军事打击的企图,确保卡塔尔的国家安全。在安全领域,卡塔尔与特朗普政府签署了合作协议,全方位展开打击恐怖主义和极端主义的活动,美国则对卡塔尔的反恐行动予以配合与支持,同时还支持它抵制伊朗支持的什叶派势力对卡塔尔的渗透活动和维护卡塔尔周边安全的努力。在经济和贸易领域,卡塔尔与特朗普政府讨论签署贸易协议,为美国选民增加五万个就业岗位;特朗普政府则支持卡塔尔的经济多元化战略,帮助其摆脱对化石能源的过度依赖。[44]

其次,特朗普政府在与约旦建立关系认同的安全领域和秩序领域,对约旦进行了支持和援助。约旦则投桃报李,积极参与中东反恐事业、解决叙利亚问题的国际行动、新"巴以和平方案"的实施准备、对叙利亚难民和巴勒斯坦难民的安置和救助,以及旨在阻击伊朗的中东战略联盟等诸多美国主导的重要活动之中。约旦参与上述国际行动,既致力于阻止伊朗对约旦的渗透,避免恐怖袭击,防止叙利亚内战再起,切实推进新"巴以和平方案",也着眼于参与维护美国主导下的中东秩序稳定。在此基础上,特朗普政府还有意通过加强与约旦之间的经贸关系为美国选民获取更多的就业机会。[45]

第四,特朗普政府对伊朗进行坚决遏制和打击,明显与双方确立的

"负关系认同"直接相关。

　　作为全球霸主和地区霸主的美国对伊朗产生"负关系认同",决定了彼此间的敌视和冲突在所难免。特朗普政府在《对伊朗的新战略》里清晰表述了其对付伊朗的主要手法:一是强化美国在中东地区的传统盟友和区域伙伴,将其打造成对抗伊朗颠覆活动的堡垒,恢复中东地区的力量平衡;二是通过一切必要手段阻止伊朗政府尤其是其下属的伊斯兰革命卫队获得活动资金;三是消除伊朗的弹道导弹和其他非对称武器对美国及其盟国的威胁;四是全面阻止伊朗拥有核武器。[46]基于此,特朗普政府积极推动沙特阿拉伯、阿联酋、约旦、卡塔尔、埃及等国组成"中东战略联盟",并与以色列进行战略合作,共同对付伊朗。为了更加有效地遏制伊朗,美国还频频向以色列和海湾国家出售先进的导弹、反导系统和战斗机。特朗普政府公开宣布退出《伊朗核协议》,对伊朗政府实施严厉制裁,严格限制其石油出口及相关产品的进口。2019年4月8日,特朗普总统又将伊朗伊斯兰革命卫队界定为"恐怖组织",并开始在环伊朗地区部署包括航母战斗群和F-35战斗机联队在内的强大军事力量,以便对伊朗进行全面威慑和压制。[47]当然,伊朗政府对美国的全面围堵和极限压制行为也竭尽所能地进行了抵制和回击。双方之间的对抗不断加剧中东地区局势的动荡。

　　总体上看,特朗普政府对待上述中东国家的行为的确如同"关系认同结构决定行为方式"的理论所预测的那样:美国基于不同的亲密程度,与中东国家建立了不同的关系认同结构,并在此基础上为它们提供不同程度的支持和援助。首先,对关系认同程度最高的以色列给予最大范围和最大力度的支持。其次,对关系认同程度次高的沙特阿拉伯也给予了较大力度的支持,但支持程度明显不及以色列。再次,对关系认同程度第三级的卡塔尔、约旦等国,特朗普政府的支持力度又不如沙特阿拉伯。最后，对于与美国建立了"负关系认同"的伊朗，特朗普政府则进行了坚决抵制和全面压制。这说明，关系认同结构理论具备了很好的解释力。

五、结　语

关系认同结构理论认为，任何行为体，只要存在于关系世界中，它必然处于与其他行为体之间的、由关系认同确立起来的、包含象征着不同亲疏程度的不同关系圈的各种"关系认同结构"之中。其中，行为体以自己为中心构建起来的关系认同结构，表现为以该行为体为同心圆圆心的、由该行为体与其他行为体建立的不同关系认同联结起来的亲密程度不同的一组关系圈。行为体依据不同关系认同的亲密程度和强烈程度，决定向处于不同关系圈内的其他行为体提供不同力度的支持与不同程度的合作。关系认同结构理论不仅在理论层面具有较强的解释力，而且在经验层面也表现出很高的契合度，既可以较好地解释冷战期间的全球性国际体系结构，也可以较好地解释当前美国与中东国家形成的地区性国际体系结构。

关系认同结构理论提供了一种关系主义的国际体系结构分析新视角。它在假定国际体系本质上是一种由国家之间的各种关系认同编织起来的"关系世界"的基础上，[48]揭示了国际体系中存在的"关系认同结构界定个体的关系角色和关系身份、从而驱动个体行为"的新的变量关系机制。关系认同结构理论并不否认现实主义提出的权力的作用，也不否认自由主义提出的国际机制的作用，因为它是从关系框架和关系认同结构的角度来看待权力和国际机制的。在关系认同结构理论看来，现实主义语境下的权力和自由主义语境下的国际机制，本身并不具有任何实际意义,只有将它们置于特定的关系结构之中并体现为特定的关系形态后,才具有实际意义。例如,美国的军事力量或美国主导的国际机制,如果离开特定的关系情境,我们就很难确定它们的真正性质和实际作用。但是,如果将其置于特定的关系情境之中,我们就会发现,美国的军事力量或国际机制,既可能是美以关系认同的推动因素、支持力量、体现方式和建设力量,也可能是美伊(朗)"负关系认同"的强化因素、外在表现和破坏力量。这说明,关系认同结构理论可能比传统理论的观察视角和解释方式更加精确一些。

当然,关系认同结构理论作为关系主义的一个研究方向,仍处于起步阶段,目前仅仅是一种框架性的研究,还有较大的发展空间。例如,关系认同结构的分类还可以进一步细化,关系认同结构与关系行为之间的具体作用机制还可以进一步论证和澄清。在经验层面上,类似中国这样的新崛起国家在发展过程中如何有效建立自己的全球性的和地区性的关系认同结构,如何与美国和俄罗斯等其他大国建立的关系认同结构进行有效互动,也需要进一步分析考察,等等。这些都是关系认同结构理论接下来需要进一步研究的内容。

(原载《国际观察》2019 年第 4 期)

注释

1. Patrick T. Jackson and Daniel H. Nexon, "Relations Before States: Substance, Process and the Study of World Politics," *Europian Journal of International Relations*, Vol. 5, No. 3, 1999, pp.291—332.

2. 参见 F. Berenskotter, "Friends, There Are No Friends? An

Intimate Reframing of the International," *Millenium* , Vol.35, No.3, 2007, pp.647—676; Preston King, "Friendship in Politics," *Critical Review of International* , *Social and Political Philosophy*, Vol.10, No.1, 2007, pp.125—145; P.E. Digeser, "Public Reason and International Friendship," *Journal of International Political Theory*, Vol. 5, No. 1, 2009, pp. 22—40; Simon Koschut and Andrea Oelsner, *Friendship and International Relations* , Basingstoke: Palgrave Macmillan, 2014, pp.3—34; Astrid H.M. Nordin and Graham M. Smith, "Reintroducing friendship to international relations: relational ontologies from China to the West," *International Relations of the Asia-Pacific* , Vol. 10, 2018, pp. 1—28; Francois De' Peleeau, "What Is the Direction of the 'Relational Turn'?" in Christopher Powell and Francois De' Pelteau, eds., *Conceptualizing Relational Sociology*, New York: Palgrave Macmillan, 2013, pp.163—185; Powell, Christopher, and Francois De' Pelteau, "Introduction," in *Conceptualizing Relational Sociology*. New York: Palgrave Macmillan, 2013, pp.1— 12; Emilian Kavalski, "Guanxi or What is the Chinese for Relational Theory of World Politics," *International Relations of the Asia-Pacific* , Vol.18, 2018, pp.397—420, 等等。

3. 参见秦亚青:《关系本位与过程建构:将中国理念植入国际关系理论》,《中国社会科学》2009 年第 3 期,第 69—86 页;秦亚青:《关系与过程:中国国际关系理论的文化建构》,上海:上海人民出版社 2012 年版,第 17 页;Yaqing Qin, "A Relational Theory of World Politics," *International Studies Review* , Vol.18, Iss.1, 2016, pp.33—47;赵汀阳:《"天下体系":帝国与世界制度》,《哲学研究》2003 年第 5 期,第 2—

33 页；赵汀阳：《共在存在论：人际与心际》，《哲学研究》2009 年第 8 期，第 22—30 页；赵汀阳：《深化启蒙：从方法论的个人主义到方法论的关系主义》，《哲学研究》2011 年第 1 期，第 90—93 页；黄光国：《儒家关系主义》，北京：北京大学出版社 2006 年版，第 3—30 页；苏长和：《关系理论的学术议程》，《世界经济与政治》2016 年第 10 期，第 29—38 页；高尚涛：《关系主义与中国学派》，《世界经济与政治》2010 年第 8 期，第 116—138 页；Chih-yu Shih，"Relations and Balances：Self-Restraint and Democratic Governability Under Confucianism," *Pacific Focus*，Vol.29，No.3，2014，pp.351—372；Chin-Yu Shih，"Affirmative Balance of the Singapore-Taiwan Relationship：A Bilateral Perspective on the Relational Turn in International Relations," *International Studies Review*，Vol.18，No.4，2016，pp.681—701；魏玲：《关系平衡、东盟中心与地区秩序演进》，《世界经济与政治》2017 年第 7 期，第 38—63 页；曹德军：《关系性契约与中美信任维持》，《世界经济与政治》2015 年第 9 期，第 82—103 页；刘毅：《关系取向、礼物交换与对外援助的类型学》，《世界经济与政治》2014 年第 12 期，第 71—94 页，等等。

4. 本章旨在提出一个关系主义的结构分析框架，即首先从理论上论述关系世界中存在一种关系结构—关系认同结构，关系认同结构与（置身结构之中的）个体的行为之间存在特定的逻辑关系（理论框架）。然后，通过经验数据确认，经验世界中存在真实的关系认同结构与个体行为之间存在理论框架所预测的行为（实证分析）。本章主要从结构分析角度来重点讨论结构与行为之间的关系机制。为了说明问题，本章在讨论关系结构时，也会简要介绍关系认同的产生及其形成关系结构的背景知识。但是，本章不是进程分析，不会详细讨论个体互动如何建立关系结构的关系机制，这是进程理论重点讨论的内容。

5. Christopher Powell and Francois De Pelteau, "Introduction," in *Conceptualizing Relational Sociology*. New York: Palgrave Macmillan, 2013, pp.1—12.

6. Simon Frankel Pratt. "A Relational View of Ontological Security in International Relations," *International Studies Quarterly*, Vol. 61, Iss.1, 2017, pp.78—85.

7. Iver B. Neumann, "Entry into International Society Reconceptualized: The Case of Russia," *Review of International Studies*, Vol. 37, Iss.2, 2011, pp.463—484.

8. Emanuel Adler, "The Spread of Security Communities: Communities of Practice, Self-Restraint, and NATO's Post—Cold War Transformation," *European Journal of International Relations*, Vol. 14, No.2, 2008, pp.195—230.

9. Emilie Hafner-Burton, Miles Kahler and Alexander H. Montgomery, "Network Analysis for International Relations," *International Organization*, Vol.63, No.3, 2009, pp.559—592.

10. F. Berenskotter, "Friends, There Are No Friends? An Intimate Reframing of the International," *Millenium*, Vol. 35, No. 3, 2007, pp.647—676.

11. Chih-Yu Shih, "Affirmative Balance of the Singapore—Taiwan Relationship: A Bilateral Perspective on the Relational Turn in International Relations," *International Studies Review*, Vol. 18, 2016, pp.681—701.

12. Yaqing Qin, "A Relational Theory of World Politics," *International Studies Review*, Vol.18, 2016, pp.33—47.

13. 参见高尚涛:《关系主义与中国学派》,《世界经济与政治》2010年第8期,第116—138页。转引自赵汀阳《共在存在论:人际与心际》,《哲学研究》2009年第8期,第22—30页。

14. 参见黄光国著:《儒家关系主义》,北京:北京大学出版社2006年版,第3—30页。

15. Yaqing Qin,"A Relational Theory of World Politics,"*International Studies Review*,Vol.18,2016,pp.33—47.

16. 赵汀阳:《共在存在论:人际与心际》,第26页。

17. Yaqing Qin,"A Relational Theory of World Politics,"*International Studies Review*,Vol.18,2016,pp.33—47.

18. 关系领域是指行为体之间可能或已经建立起特定关系连接或关系认同的情况。

19. "负关系认同"是指行为体就它们在某个关注领域存在某个或某些矛盾形成了共有知识。

20. 在沙特阿拉伯,目前尽管是萨勒曼国王在执政,但他授予了自己的儿子穆罕默德王储很大的决策权和执行权,所以我们将沙特阿拉伯政府称为萨勒曼父子政府。在伊朗,当前,国家的实际最高权力掌握在最高宗教领袖哈梅内伊手中,政府首脑鲁哈尼总统也有较大的决策权和执行权,所以我们将伊朗政府称为哈梅内伊-鲁哈尼政府。

21. White House News,"Remarks by President Trump at the Israel Museum,"Washington D.C.,https://www.whitehouse.gov/briefings-statements/remarks-president-trump-israel-museum/,访问时间:2019年4月20日。

22. White House News,"Remarks by Vice President Pence at the AIPAC Policy Conference,"Washington D.C.,https://www.white-

house. gov/briefings-statements/remarks-vice-president-pence-aipac-policy-conference/,访问时间:2018 年 3 月 5 日。

23. White House News, "Remarks by President Trump and Prime Minister Netanyahu of Israel Before Bilateral Meeting," https://www. whitehouse. gov/briefings-statements/remarks-president-trump-prime-minister-netanyahu-israel-bilateral-meeting-2/,访问时间:2018 年 3 月 5 日。

24. 一个完备的关系认同结构,意味着行为体在所有的高关注的和低关注的关系领域,都确立了强烈的关系认同。美国和以色列的关系,尚未达到这一标准。

25. White House News, "Readout of President Donald J. Trump's Call with Crown Prince Mohamed bin Salman of Saudi Arabia," https://www. whitehouse. gov/briefings-statements/readout-president-donald-j-trumps-call-crown-prince-mohamed-bin-salman-saudi-arabia/,访问时间:2017 年 1 月 21 日。

26. White House News,"President Donald J. Trump at the United Nations General Assembly: Outlining an America First Foreign Policy," https://www. whitehouse. gov/briefings-statements/president-donald-j-trump-united-nations-general-assembly-outlining-a-merica-first-foreign-policy/,访问时间:2017 年 9 月 20 日。

27. White House News, "Joint Statement Between the Kingdom of Saudi Arabia and the United States of America," https://www. whitehouse. gov/briefings-statements/joint-statement-kingdom-saudi-arabia-united-states-america/,访问时间:2017 年 5 月 23 日。

28. White House News, "Remarks by President Trump and Emir

Tamim bin Hamad Al Thani Before Bilateral Meeting," https：//www. whitehouse. gov/briefings-statements/remarks-president-trump-emir-tamim-bin-hamad-al-thani-bilateral-meeting/，访问时间：2017 年 9 月 17 日。

29. White House News，"Remarks by President Trump and His Majesty King Abdullah II bin Al-Hussein of the Hashemite Kingdom of Jordan Before Bilateral Meeting," https：//www. whitehouse. gov/briefings-statements/remarks-president-trump-majesty-king-abdullah-ii-bin-al-hussein-hashemite-kingdom-jordan-bilateral-meeting/，访问时间：2018 年 1 月 25 日。

30. 因为研究设计的原因，中东大国土耳其也没有纳入本章的分析范围之内，但这不意味着美国没有和土耳其建立相对重要的关系认同结构。另外，美国和伊朗没有建立起关系认同结构，因而仅作为美国的打击对象而提及。

31. News of Ministry of Foreign Affairs，Islamic Republic of IRAN，"President at Mehrabad Airport before leaving for Sochi," http：//en. mfa. ir/index. aspx? fkeyid ＝ &siteid ＝ 3&pageid ＝ 36409&newsview＝557848，访问时间：2019 年 2 月 14 日。

32. White House News，"President Donald J. Trump's New Strategy on Iran," https：//www. whitehouse. gov/briefings-statements/president-donald-j-trumps-new-strategy-iran/，访问时间：2017 年 10 月 13 日。

33. Marc R. DeVore，"Exploring the Iran-Hezbollah Relationship：A Case Study of how State Sponsorship Affects Terrorist Group Decision-Making," *Perspectives on Terrorism*. Vol. 6，Iss. 4—5，2012，

p.91; Primoz Manfreda, "Why Iran Supports the Syrian Regime," *ThoughtCo*, https://www.thoughtco.com/why-iran-supports-the-syrian-regime-2353082,访问时间:2019 年 1 月 13 日。

34. Xinhua News, "Israel to limit settlement construction to satisfy Trump," http://www.xinhuanet.com//english/2017-03/31/c_136175278.htm,访问时间:2017 年 3 月 31 日。

35. 2017 年 6 月 1 日,特朗普政府为了促使巴勒斯坦接受美国政府草拟的明显偏袒以色列的"新巴以和平方案",曾声明"短暂推迟"迁馆时间。但声明同时指出,短暂推迟迁馆时间绝不意味着改变了迁馆决定。迁馆只是时间问题,而非是否问题。参见 White House News, "Statement on the American Embassy in Israel," https://www.whitehouse.gov/briefings-statements/statement-american-embassy-israel/,访问时间:2017 年 6 月 1 日。

36. White House News, "President Trump Arrives in Israel," https://www.whitehouse.gov/articles/president-trump-arrives-israel/,访问时间:2017 年 5 月 22 日。

37. White House News, "Remarks by President Trump at the Israel Museum," Washington D. C., https://www.whitehouse.gov/briefings-statements/remarks-president-trump-israel-museum/,访问时间:2017 年 5 月 23 日。

38. White House News, "Remarks by Vice President Pence at an Israel Independence Day Commemoration Event," https://www.whitehouse.gov/briefings-statements/remarks-vice-president-pence-israel-independence-day-commemoration-event/,访问时间:2017 年 5 月 2 日。

39. White House News，"Remarks by President Trump and His Majesty King Abdullah II of Jordan in Joint Press Conference," https://www.whitehouse.gov/briefings-statements/remarks-president-trump-majesty-king-abdullah-ii-jordan-joint-press-conference/，访问时间：2017 年 4 月 5 日。

40. Jim Zanotti，"Israel：Background and U.S. Relations," Congressional Research Service，July 31，2018. pp.18—22，https://fas.org/sgp/crs/mideast/RL33476.pdf，访问时间：2019 年 4 月 21 日。

41. White House News，"Readout of the President's Call with King Salman bin Abd Al-Aziz Al Saud of Saudi Arabia," https://www.whitehouse.gov/briefings-statements/readout-presidents-call-king-salman-bin-abd-al-aziz-al-saud-saudi-arabia/，访问时间：2017 年 1 月 29 日。

42. White House News，"Joint Statement Between the Kingdom of Saudi Arabia and the United States of America," https://www.whitehouse.gov/briefings-statements/joint-statement-kingdom-saudi-arabia-united-states-america/，访问时间：2017 年 3 月 31 日。

43. White House News，"Statement from President Donald J. Trump on Standing with Saudi Arabia," https://www.whitehouse.gov/briefings-statements/statement-president-donald-j-trump-standing-saudi-arabia/，访问时间：2018 年 11 月 20 日。

44. White House News，"Readout of President Donald J. Trump's Meeting with Amir Tamim Bin Hamad Al Thani," https://www.whitehouse.gov/briefings-statements/readout-president-donald-j-trumps-meeting-amir-tamim-bin-hamad-al-thani/，访问时间：2017 年 4 月

10 日。

45. White House News，"President Donald J. Trump is Strengthening Bilateral Relations with Jordan," https：//www. whitehouse. gov/briefings-statements/president-donald-j-trump-strengthening-bilateral-relations-jordan/，访问时间：2018 年 6 月 26 日。

46. White House News， "President Donald J. Trump's New Strategy on Iran," https：//www. whitehouse. gov/briefings-statements/president-donald-j-trumps-new-strategy-iran/，访问时间：2017 年 10 月 13 日。

47. Hunter Walker， "Trump takes 'unprecedented' action against Iran," Yahoo News, https://news. yahoo. com/trump-takes-unprecedented-action-against-iran-165738982. html，访问时间：2019 年 4 月 18 日。

48. 区别于现实主义假定的国家围绕权力进行竞争与冲突的世界，也不同于自由主义所谓国家围绕国际机制相互依赖与合作的世界。

结语　文化与国际关系理论创新

——理性和关系性的比较研究

秦亚青

怎样构建原创理论？这是国际关系学界一直在探索的问题。本章提出一种理论创新的文化路径，即文化塑造了社会理论。[1]虽然构建普适性理论是学者之梦，但社会性知识都是人的实践造就的，因此，它首先是地方性实践的产物：起源于地方性实践，发展于地方性知识生产，在地方性知识的基础上追求普适性意义和应用。文化是地方性实践的结晶，因此是社会理论重要的创新资源和智识启迪。文化要素构成了社会理论的灵魂内核，任何社会理论都有着不可磨灭的文化印记，国际关系理论也是如此。西方国际关系理论从其文化中汲取营养，非西方国际关系理论的建构也需要从文化中得到启迪，并在对话和论争中演进。本章通过对中西文化的比较研究，说明文化对于国际关系理论的构建和创新所具有的重要意义。

一、社会理论的形成

（一）理论硬核与成核化过程

理论是系统的思想。但理论不是纷繁思想的拼合，而是对一个基本思想或核心概念的系统阐释和合理展开。理论构建是一个成核化过程：始于一个核心概念，然后围绕这个概念不断发展，逐步成为成熟的体系。一般来说，任何一个学术性理论都有一个、往往也只有一个这样的初始概念，其他论述主要是为了论证和阐释这个概念的。理论的核心概念可以用一个简洁的陈述或公式表述出来。达尔文的进化论用"适者生存"概括，爱因斯坦的狭义相对论则用质能关系式 $E = MC^2$ 表示。

这个初始概念类似拉卡托斯的理论硬核。拉卡托斯分析了理论的两个组成部分，一是硬核，二是保护带，理论生成和发展的关键在于理论硬核，因为硬核界定理论，是理论的灵魂和生命。保护带起到保护硬核的作用，即在出现与理论的核心论断不相符合的现象时，通过保护带的延展性调整和灵活性修正起到保护硬核的作用，使得理论本身不致被推翻。[2]用之于社会科学，则可假定，任何社会科学理论也具有一个初始的、基本的思想或称之为理论硬核，逐渐发展为一个成熟的理论体系。据此，理论构建是一个基本思想或是理论硬核的形成和发展的过程，这个硬核的发现和凝练赋予理论以生命。因此，发现和构建与其他理论不可通约，即一个具有不同视角和内涵的理论硬核是理论创新的关键，它的形成决定了理论的原创价值。[3]

硬核说对如何构建原创性社会理论具有启迪意义。但拉卡托斯将理论硬核视为一个单一元,而没有作进一步分解。这可能是他的研究对象主要是自然科学理论,但社会科学理论不能简单等同于自然科学理论。社会科学首先是属人的科学,而人是最具创造力和不确定性的思想动物,加之研究者和研究对象都是人,有着自身的价值取向和意义原则,不可能简单效仿自然科学,一味追求物质性、客观性和确定性。在以自然科学为研究对象时,不对理论硬核作进一步剖析是情有可原的。但要研究包括国际关系理论在内的社会理论的生成与创新,必不可少的一个环节是深入解析这个理论硬核,发现其内在结构,辨析其实质特征,以厘清这个硬核对理论原创的意义与作用。

(二) 社会理论硬核的构成与功能

社会理论的硬核是什么? 社会科学不仅要对所观察现象作出解释,而且要对这些现象进行理解和诠释,进而还具有对社会现象赋予意义的建构功能。[4]理解、诠释和建构也不仅仅是对客观事实的机械观察和单向判定,而是必然包含人的因素和能动作用,即社会学者所观察的社会事实通过他自身的要素得以理解、诠释和建构。这就意味着社会理论势必结合客观与主观、确定与不确定、实然与应然,也必然超越心物两分的二元定式。在这个意义上,社会理论的形成与发展与人的世界观和思维方式密切相关,因此,社会理论的硬核也必然有着与人本身密切相关的内涵要素。

将人的因素,尤其是人的能动因素包含在社会理论的建构过程之中是社会科学的重要特征。据此,社会理论中包含两种要素,一种是属物的成分,即对社会现实的观察;另一种是属心的成分,即学者主观能动的介入。两种要素,缺乏任何一种都无法形成社会理论。如果说理论的灵魂是理论硬核,社会理论硬核因其人的属性,需要得到进一步的解析。笔者认为,社会科学理论的硬核有两个组成部分,并将其定名为"形下元"和"形上元"。

形下元是理论硬核中感知外界事物的成分,是属物的要素。当一个社会学者构建理论时,势必有相应的社会现象进入他的视野、吸引他的观察,以便在观察的基础上形成理论。形下元的基本功能是感知,是接受外在世界的信息,因此更多地表现出物质性或是"客观性",因为它与"那在"世界直接接触,感知的是"客观事实",类似塞尔所说的"世界的直觉特征"。[5]形上元则不同。形上元更多地起到认知的作用,是一种概念化过程,其功能是使研究人员理解和诠释形下元所接受的客观事实。所以,形上元更多地呈现出理念性、智识性和价值性,在意义层面发生作用,从人的视角赋予社会现象以意义。正是因为"意义"在社会科学中具有不可取代的地位,所以,形上元在任何社会理论中都是不可或缺的。

在社会理论构建过程中,形上元和形下元浑然一体,不可分割。两者同时活动并互动,打通心物、汇融理念和物质,克服主客二元对立,建构有意义的社会理论。形下元接受到外在社会现象,即时把信息传输给形上元。形下元本身不能赋予社会现象任何有价值的意义,也不能提供任何系统的诠释。当社会现象进入形上元的时候,通过这个元素包含的知识体系、意义体系、价值体系的过滤和解读,所接受的社会现象才能被认知、被诠释、被赋予意义。这种认知和诠释的过程,即成核化过程,是社会学者知识结构和价值体系的激活和运作,产生的结果就是社会理论。

(三) 形上元的实践性基底

理论硬核的形上元赋予社会现象以意义。它孕育社会理论初始思想,形成理论的生命胚胎。形上元表现的是对感知现象的理解,对客观事实的解读,对事物原因的分析。比如,贫困是一种常见的社会现象,但贫困既被一些人解读为一国内部政治、经济或社会制度的低能或失败,[6]也被另一些人解读为国际资本主义体系分工的不公正。[7]所以,形上元是将现象世界转化为意义世界、将感知现象与知识和智识体系结合起来并抽象为理论的关键。

形上元反映的是社会学的智识结构,是其世界观和思维方式。如果说形下元是与那在现象在特定时间和空间的直接经验性接触,那么形上元与暂时的、当下的经验并没有直接关系。形上元与一个社会长时段的经验相关,是在某种生活方式和实践方式的沉淀和积累基础上形成的。形上元表现的是一种过程性结晶,是某个社会长期历史时间和持续实践的结果。同时,形上元又是能动且充满活力的,对外来信息赋予意义的过程正是一个创造性诠释的过程。这种创造力是社会学者作为社会人的能动性和创造力的展现,也是社会理论创新的源头活水。

形上元包含了高度的实践性特征。"全部社会生活在本质上是实践的",[8]所以,形上元是实践的智识结晶,所表现的首先是长期社会实践经验的积累,而不是纯粹的思维产物和凭空臆想。比如,思维方式是形上元的重要来源,但思维方式是在一个社会长期实践的基础上逐渐形成的。也正是这种实践性才能够将经验层面和价值层面,将具象层面和意义层面统合起来。[9]形上元的根本在于社会性实践,对形上元做精细的分析,首先需要在社会实践层面上展开。而对于任何一个社会的宏观思维和行为层面而言,直接相关的就是文化,因此,社会理论硬核的形上元是与文化共同体的实践直接相关的。

二、文化与理论硬核形上元的形成

社会理论的建构者是人。当然,这不是作为单一个体的人,而是作为社会成员的人,作为文化共同体成员的人,是社会人,或曰韦伯所说的"文化人"[10]。社会理论是人构建的,但人不是随心所欲地创造理论,而是在自身的知识结构和价值结构、思维方式和行为方式所界定的范畴内建构理论,是依照自身的实践活动并通过这样的实践构建理论。人之所以是"文化人",是因为文化塑造了人。也正因为如此,文化与社会理论就有了直接的关系。简言之,文化塑造了社会理论硬核的形上元。

(一) 实践共同体与背景知识

实践共同体是基于共同实践的社会群体,背景知识是界定实践共同体的关键词。[11]长期以来,西方主流国际关系理论总是在物质和理念的二元结构框架中纠结,或此或彼,论争不已。在以实践为根本的研究范畴内,决定人的行动的不是单纯的物质或是理念因素,而是使物质和理念因素具有意义的实践。只有实践才能打破二元分离、将物质和理念有机结合起来。实践共同体正是在实践基础上形成的人的群体或社会。比如,国际关系领域的外交官群体,在长期的实践活动和实践性互动中,形成了一些共同的思维和行为方式,因此也就形成了一个具有社会意义的实践共同体。

实践共同体的形成依赖于"实践性知识",即塞尔提出的"背景"知识。塞尔将背景知识定义为"使有意图功能成为可能的一组非意图或前意图能力"。[12]人的有意图功能本身不包括这类无意图或前意图能力,但如若没有后者,前者则根本不可能发生。语言学的语境是一个例子。语境确定了一个词的准确意义,没有语境,这个词也就没有确定意义。有了背景知识,人们才能对某种存在的事物加以理解,才能对某种外在的事实作出诠释,才能在某种情景下具有采取何种行动的取向。一个使英国人捧腹大笑的脱口秀,对中国观众可能毫无笑意可言,因为后者不具激活其背景知识的笑点。再如,"安全实践共同体"就是指成员具有以非武力方式解决冲突的共同背景知识。[13]

背景知识来源于实践。普利奥特将知识分为背景知识和表象知识,认为前者是实践性的、非言明的、未经理性加工的知识,只有在实践中才能习得;后者则是经过人脑梳理的、言明的知识,可以通过书本等渠道获取,学术理论属于后者。[14]他认为背景知识是行动的主要推动力的观点无疑是正确的,但将背景知识和表象知识并列起来,作为两种相互独立的知识体系加以处理的做法却重蹈了二元对立的覆辙。学界可以被视为学术共同体,在长期实践中形成了自身的背景知识,并依照这样的知识从事研究活动。学术共同体的实践结果恰恰是表象知识,或曰学术理论。如果将农民的劳作、外交官的活动界定为实践活动,就没有理由否定学者的研究是实践活动。笔者认为,表象知识和背景知识是相互作用的。一方面,背景知识是表象知识的根本来源。比如,西方国际关系主流理论的主要背景知识是威斯特伐利亚体系下的国际关系实践,作为现实主义重要理论之一的均势理论也是来自欧洲国际关系实践。另一方面,一旦形成了系统的表象知识,则又会反过来作用于实践,对国际关系和国家行为产生重要影响。现实主义主导了美国冷战时期的对外政策,新自由制度主义则对冷战后 20 多年国际关系的实践产生了重要影响。[15]

背景知识定义了实践共同体,因为背景知识使得一个群体在宏观层面上形成相似的世界观、思维方式和行为方式；[16]背景知识孕育了表象知识，所有社会理论都是在某种实践共同体的实践活动基础之上形成的。背景知识建构了人的社会性大脑，成为包括社会学者在内的社会人思想孵化器。

（二）文化共同体与理论硬核形上元的建构

以背景知识界定的实践共同体大体可以分为三类。第一类是技术层面的，如红十字会或是外交官群体；第二类是社会层面的，如女性主义群体和劳工群体；第三类是文化层面的。文化层面的实践共同体指以文明为基础形成的文化群体，这个群体以文化作为自身最鲜明的标志。群体成员通过长期的实践活动，形成了共同背景知识，因而形成了相似的世界观取向，使他们具有宏观意义上相似的思维和行为方式。本章强调文化层面的实践共同体，更多的是指基于文明的文化。汤恩比作为研究单位的文明，[17]亨廷顿所讨论的文明——基督教文明、儒家文明、伊斯兰文明等，都指向这类共同体。[18]将其称为文化共同体，因为文明的结晶是文化。文明的范畴大于国家，但有些国家与文明高度契合，比如中国与儒家文明、英美等国家与基督教文明等。虽然实践共同体具有不同类型，但根据背景知识是在长期实践中积累形成的这一基本观点，基于文明的文化共同体是最典型的实践共同体。文化依着背景知识而界定，文化共同体依着"共同背景知识"而界定，这样的背景知识只有在相当长的历史时段中才能形成，也只有在长时段实践基础上形成的背景知识才是最稳定的背景知识，所表现的正是一个群体宏观层面相似的世界观和生活方式。因此，文化就是一个社会的"共同背景知识"。以文明为基础的、具有共同背景知识的共同体便是一个文化共同体，它最具实践共同体特征，是实践共同体的典型形态。

"共同背景知识"的重要意义,在于它为认知和诠释世界提供了框架和依据。共同背景知识不是现实和即时的知识能力,而是在历史和实践中形成的意义体系,任何现实和即时的事物,只有通过背景知识才能产生意义。就此而言,塞尔的背景知识与布迪厄的"惯习"、吉登斯的"实践意识知识"具有相似的功能。当我们认知世界的时候,是依着我们的背景知识而认知的;当我们采取行动的时候,是依着我们的背景知识而确定行动取向的。

背景知识是社会理论所产生的必要条件和实践资源,是表象知识的语境。据此可以得到一个重要的推论,即以共同背景知识定义的文化构建了社会理论硬核的形上元。文化是一个文化体的共同背景知识,构成了共同体成员相似的对外部世界的认知体系。在现实社会中,没有超脱背景知识之上或是超然文化之外的自然人,文化共同体的成员在宏观生活方式层面表现出来的相似也无一例外地体现在社会学者身上。文化或曰共同背景知识塑造了社会学者的世界观体系、知识体系以及思维和行为方式。当社会学者在建构理论的时候,这些内容作为其初始观点和内化价值,自然而然地嵌入了社会理论的硬核之中,成为构成理论硬核形上元不可或缺的要素。

(三) 社会理论的创新

社会理论创新的根本在于理论硬核的创新,体现在形下元和形上元的创新两个方面。

形下元的创新是重要的。从国际关系理论发展的过程来看,目前理论研究的重心在西方,且西方的文化结构具有高度的稳定性和宏观相似性,所以这些理论的形上元也就呈现高度的、稳定的相似性。正因为这种背景知识是文化共同体成员高度内化的因素,故而司空见惯,也就鲜有深入的质疑。所以,西方主流国际关系理论的创新主要集中在形下元的创新上面,即大多是具体变量的创新,而不是思维体系的创新。结构现实主义的主导自变量是国际体系中的实力分布,新自由制度主义是国际体系中的制度形态,建构主义则是国际体系中理念结构。每一种理论都表现出很强的创新意识和明确的创新内容,但创新之处都集中在主要自变量上,从权力结构到制度形态再到理念结构,构成了这些理论对国家行为的主要解释。这些理论的创新无疑是重要的,但形下元层面的创新发展到一定程度,在同质性形上元的作用下,貌似不可通约的变量会逐步走向理论体系趋同的状态。[19]

　　社会理论创新的另外一个途径是发现差异性形上元。由于形上元的差异往往更具能动意义,如此产生的理论也更具原创性,因为其不同在于理论体系差异,而不是具体变量的差异。中医和西医的差别首先在于医理不同,其次才是具体诊疗手段的不同。这两种医学传统是在不同文化的背景知识中产生的,具有不同的形上元要素,对人的健康和病理的认识视角和理解路径自然有着很大的差异。形上元是社会理论硬核的决定性要素,一旦形成一个不可通约的形上元,也就开始构建一种新的社会理论。形上元是由文化共同体的背景知识孕育而成,文化也因之成为社会理论原创的重要资源。国际关系学科建立一百年的时间内,非西方国际关系理论凤毛麟角,形上元的创新几乎从来没有进入过学科发展的视野。设想,如果社会理论的形上元要素发生变化,也就是说,社会理论的思维系统和世界观发生了变化,就可能出现一种不同于现有理论观察和理解社会世界的图式。西方女性主义国际关系理论应该是一个在次文化层面构建不同形上元的个案。女性主义理论从一开始就秉持一种与主流(男性)国际关系理论不同的女性视角,所构建的理论体系自然迥异于主流国际关系理论。[20]

文化共同体差异性越大,形上元表现出来的差异也就越大。以文明为基础的文化共同体是所有文化共同体中差异最大的共同体,基于这种差异并展开沟通对话很有可能出现创新性理论。比如中华文化与西方文化是基于不同文明的文化,差异明显。这不是说中西全然不同,同是属人的范畴,两者必然有很多相通的地方。相通意味着社会理论具有普适性的发展空间。同时,差异则为理论原创提供了机遇。如果能够形成一种对话的宽厚平台和宽容机制,全球性社会理论的形成就是有希望的。通过文化差异发展不同的社会理论,就是思考如何使用文化资源构建不可通约的理论形上元。这对于将国际关系学发展成为真正全球意义上的学科是十分必要的。

三、理性与西方主流国际关系理论

西方主流国际关系理论指新现实主义、新自由制度主义和结构建构主义。这三种理论都是美国学者创建的,至今仍然主导了国际关系学科的研究议程。[21]美国主流理论效仿自然科学理论,强调理论的普适性不受地域、文化等因素的影响。[22]但如果说以共同背景知识界定的文化塑造了社会理论内核的形上元,那么西方主流国际关系理论必然带有西方文化的胎记。西方文化的一个最重要标记是个体理性:以个体为基本单位的原子本体论和以理性为标示的现代认识论不仅成为现代化进程的主导因素,也在相当程度上孕育了包括国际关系理论在内的社会理论硬核的形上元。

(一) 新现实主义与工具理性

新现实主义是 20 世纪 70 年代末成型的国际关系主流理论,基本逻辑是"结构选择",指国际体系的权力结构决定了国家的国际行为。[23]
这个理论可以用一个极其简单的公式表示出来,即 $B = f(S)$,其中 B
为国家行为,S 为国际体系结构,国际体系结构是自变量,国家行为是
因变量。由于新现实主义的主导变量是国际体系结构,所以又被称为
结构现实主义。

华尔兹将国际体系结构明确定义为体系内大国实力的分布,国际
关系中的单极、两极、多极等术语就是用来描述体系结构格局的。冷战
时期国际体系被定义为两极,美苏两个超级大国是体系中两个最重要
的实力单位。以实力分布定义的体系结构决定了体系中国家的行为。
比如,权力转移理论认为,在明显单极格局中,即霸权国实力明显超出
其他任何一个国家的时候,国家最不可能采取战争行为;而在模糊单极
格局中,即当霸权国和挑战国实力接近的时候,两者之间则很容易发生
战争。[24]

新现实主义逻辑的成立依靠一个不可或缺的条件:个体国家是理
性行为体。这里包含了两个要素,一是个体,二是理性。任何一个要素
缺位,新现实主义的逻辑都无法成立。在新现实主义框架中,个体国家
是国际体系的基本单位,国家的第一特征就是独立的、自主的行为体。
主权概念充分表现了这一特征,对内至高无上的权威和对外不具有任
何更高权威的特点表明现代性和现代人的个体意义。在国际关系中,
国家个体性的基本表现就是自行决策的能力。第二个要素是工具理
性。也就是说,所有个体行为体都明了自己的利益,知晓所处的环境,
有能力作出合理的权衡并选择最佳行动以实现利益。在明显单极中,
为什么霸权国和潜在挑战国都不太可能使用战争解决争端,因为作为
理性行为体,挑战国实力差距明显,知道战则必败;而霸权国实力超强,
不必采取成本更高的战争行为就会实现自我利益。一旦单极格局开始

模糊,霸权国会担心时间在挑战国一边,如不采取断然行动,很快就会被挑战国超越,即便届时再战,也没有必胜把握;而挑战国也因为实力接近而自我膨胀,容易贸然采取行动。因此,战与和都是在国际体系结构条件下个体国家经过理性权衡的行为选择,这种选择要求个体独立和理性权衡作为必要条件。这是典型的"经济人",也是主流叙事中的"现代人"。"修昔底德陷阱"就是表述这种模糊单极格局下的国家行为的,近年也被一些学者用来解释中美两国的战略关系。[25]

(二) 新自由制度主义与制度理性

20世纪80年代,新自由制度主义向新现实主义发起挑战。但这种挑战更多的是在形下元层面的挑战,即在实际变量上的创新,而不是形上元突破。新自由制度主义也是采用体系层面的理论构建方式,将华尔兹的主导自变量"体系结构"变成了"国际制度"。而在形上元层面,新自由制度主义和新现实主义是高度一致的,个体理性既是结构现实主义的形上元要素,也是新自由制度主义的形上元要素。

新自由制度主义的最大理论贡献是提出了"国际制度"这个不同于新现实主义的自变量。基欧汉借鉴制度经济学提出国际制度是国家行为的主要影响因素,简称"制度选择"。[26]如果套用新现实主义的因果公式,即 $B = f(I)$,其中"I"表示国际制度。基欧汉发现,在国际体系格局相同的条件下,国家有时选择合作,有时选择冲突。因此必然有另外一种因素在发生作用,使得国家在体系结构相同的条件下表现出不同的行为取向,这个因素就是国际制度。国家采取不合作行为,大多数情况下是因为无政府国际体系不能保证国家之间不互相欺骗。国际制度可以加大信息透明度,降低交易成本,使相互欺骗的概率大大减少,因之促成合作。

新自由制度主义提出的"制度"变量无疑是一种创新，因为在权力结构已定的情况下，制度有可能是决定性因素。新自由制度主义在具体变量上作出很大创新，致使学界将新现实主义和新自由制度主义之间的辩论称为"范式间"辩论。但在形上元层面，两者没有明显差异。新自由制度主义的主要自变量"国际制度"仍然是依赖个体和理性两个要素才能发生作用，关键在于独立的个体行为体对于成本效益的理性权衡。这与结构现实主义的"经济人"没有差别。正因为这种深层的同质性，新现实主义和新自由制度主义之间的辩论逐渐式微，出现了"新—新趋同"，即新现实主义和新自由制度主义之间的所谓范式间论争不复存在，两者基本达成一致。正如韦弗所说的那样："现实主义和自由主义已经不再不可通约。恰恰相反，两种理论具有共同的'理性主义'研究议程，具有共同的科学概念，在共同的无政府性（华尔兹）假定基础上研究合作的进化和制度的效用（基欧汉）。"[27]基欧汉自己也认为，个体理性是新现实主义的核心假定，也是新自由制度主义的核心假定。正是个体理性，将体系要素和个体行为因果性地联系在一起。[28]

（三）建构主义与规范理性

建构主义被西方国际关系学者视为与现实主义和自由主义迥然不同的理论体系，温特自己也强调建构主义采用了不同于现有国际关系理论的理念主义本体论。但如果深入探讨建构主义理论硬核的形上元，就会发现在个体理性这一西方背景知识的结晶点上，建构主义也表现出了实质性相似。这一趋同最为明显地表现在建构主义的主导研究议程——国际规范——上面。

建构主义一个最重要的贡献是用"文化选择"代替了新现实主义的"结构选择"和新自由制度主义的"制度选择"。如果说新现实主义认为国际体系最重要的自变量是国际体系结构,新自由制度主义最重要的自变量是国际制度,那么建构主义最重要的自变量是国际体系文化。进而,这种文化的一个核心内容是以理念形式呈现的国际规范。规范是指一个群体或共同体成员共有的观念和行为准则,温特所提出的国际体系三种文化都与规范密切相关。霍布斯文化的规范是"每个人反对每个人的战争",洛克文化的规范是"生存也允许别人生存",而康德文化的规范是"友谊和非暴力"。[29]这些规范指导国际社会成员的行为。

虽然建构主义涉及的内容包含国际体系文化、身份认同、规则规范等等,但美国主流国际关系理论学界逐渐设定了以国际规范为核心的研究议程,刻意推出一系列研究成果,使得规范研究在 21 世纪伊始成为国际关系研究的主导议程。从规范产生到规范生长与传播再到规范衰退与式微,规范发展的整个生命周期都得到了高度的重视和充分的研究,形成了"规范选择"的研究取向,将国际规范设为行为体行为的主要解释变量。建构主义的"科学性"越来越强,单向因果链越来越明晰,终于也成为简约到一个公式表示的理论,即 $B = f(N)$,其中 N 表示国际规范。

国际规范之所以影响国家行为,枢纽机制仍然是个体理性,或曰"规范理性"。行为体具有个体理性,在面对规范的时候,首先就是权衡利弊,考虑后果,然后决定是否接受或遵从规范。进而,在长期的学习过程中,行为体也会内化规范,逐渐将规范视为理所当然遵循的行为准则。在规范发展的重要阶段,独立个体和个体理性无疑是前提性假定。克拉托赫维尔认为,规则和规范的第一功能就是简化决策者面对的复杂情景,使其理性能够清晰表现出来;[30]切克尔在设计规范研究时也将"战略权衡"作为接受规范的第一步骤;[31]芬尼莫尔的研究则表示,发展中国家接受教科文组织的"现代化国家"规范首先是因为这样做会得到实惠。[32]因此,主流国际关系理论中的"规范理性"依然是工具理性的一种变异形态。失去了个体理性,规范不会发挥作用,主流建构主义的国际规范研究也就失去了逻辑支撑点。

西方主流国际关系理论硬核的形上元都有着显性或是隐性的个体理性要素,这恰恰是西方现代化过程逐渐形成的背景知识中一个最重要的因素,也成为其表象知识中的一个核心概念。个体理性不仅在国际关系主流理论中占据重要地位,在诸如经济学等其他社会科学理论中也属于核心假定。在原子世界的视野中,个体理性的逻辑和思路也是自然的、合理的。但世界是多面的,文化是多元的,实践是多样的,背景知识和表象知识因之也必然是丰富多彩而不是单一同质的。如果说文化孕育了社会理论硬核的形上元,那么在一个不是以原子为基本单位的世界中,会出现什么样的社会理论呢?

四、关系性与中国国际关系理论

中华文化是以中华文明为基底的文化,中华文化共同体是具有几千年历史的实践共同体。如果说个体理性这样重要的概念产生于以西方文明为基底的文化共同体的实践之中,中华文化共同体长期的实践活动也会形成丰富的共有背景知识,积淀出知识的结晶。从某种意义上讲,"关系性"是中华文化共同体一个思维和行为的突出表象,也是一个可以形成国际关系理论硬核形上元的重要理念。关系性既有本土实践的深厚基础,也有超越本土的巨大潜力。国际关系学科的名称里虽然包含"关系"的字眼,但始终没有对关系进行深入探讨,也没有发展出成熟的关系理论。世界政治的关系理论(以下简称"关系理论")正是以关系性为理论硬核的形上元,并围绕关系性这个核心概念展开的。

（一）关系性世界：关系本体

关系理论秉持关系本体，认为世界是由关系构成的。西方现代性科学背后的世界观是一种原子本体论视野下的世界观，把世界视为一个原子组成的天地，这些原子是实体的、自在的、分离的，有各自的特性和功能。西方主流国际关系理论的基本单位—民族国家—就是这样的原子，每个国家都具有独立自在的身份和自生的理性，诸多国家在国际体系中依照体系中的实力分布、制度分布和理念分布等外在力量作用下进行互动。这是主流理论一致的世界观。

依照关系本体的视角，构成世界不是独立原子，而是万物众生的关联和互系。在这样一个世界中，关系具有本体地位和意义。这不是说世界不存在原子实体，而是说原子存在的意义只有在与其他原子的互联互系中才具有意义。这是一个互系世界，[33]任何个体都是互系中的个体，关系才是重要的因素和根本的分析单位。社会世界尤其如此。梁漱溟先生认为中国社会，既不是个体本位，也不是社会本位，而是关系本位。[34]费孝通先生在讨论中西社会差异时，使用了稻草捆和水波纹的比喻：前者界限分明、独立自在；后者水纹依次、波波相连。[35]在关系本体的社会世界里，人是"社会人"，依着与其他人的关系而界定自我，依着在关系网络中的位置权衡自我的利益。

在关系世界里，行为体的互动是关系促成的根本性互动并形成关系性过程。关系本体重视的是关系性过程而不是具象性实体。关系过程和个体是共时共在的，流动的关系过程建构了国家，国家也在关系过程中演进、转化、再生成。建构主义也强调主体间互动，但是这种以原子本体为前提的互动只是表层互动。无论互动频度和广度达到什么程度，都不可能界定或是改变两个独立个体的根本特征。[36]关系本体视角下的主体间互动是互嵌的，互动这种关系实践本身决定了双方的社会身份，促使双方朝着对方发生变化。[37]这样的变化是根本性的，是"你中有我、我中有你"式的生成和演进。个体的社会属性和特征只有在这种关系互动中才能够得以界定，且会处于不断变化之中。对于社会人而言，没有先定的绝对身份属性。

关系本体是中华文化背景知识中的一个核心要素，是中华社会一种普遍的实践，经过几千年的升华凝练，成为中华文化中表象知识的结晶。在某种程度上，原子本体和关系本体代表了世界两种重要的世界观，也反映了两种既有相同也有差异的实践方式。但这并不意味着关系本体只存在于中华文化共同体中。诚然，中华文化对关系本体的认识和反映可能比其他文化共同体更加明显，但关系是无处不在的，无论是东方还是西方，都无法避开关系这一社会根本属性。

(二) 关系性逻辑：关系选择

关系理论以关系性逻辑为基本的行动逻辑。在一个原子世界里，行动的主要动因是个体理性。个体理性总是包含着鲜明的工具理性要素：个体可以独立地确定自我利益并发现最佳获利方式。迄今为止，国际关系学已经讨论过的行动逻辑有三种：目的性逻辑、适当性逻辑和实践性逻辑，[38]而主流国际关系理论集中在前两种。[39]新现实主义和新自由制度主义的行动逻辑是目的性逻辑，建构主义则是适当性逻辑。目的性逻辑是显性工具理性逻辑，适当性逻辑是隐形工具理性逻辑。无论是哪一种，都必须以独立个体和个体理性为前提假定，否则逻辑就无法成立，行动的依据也就不复存在。

关系性逻辑是从关系世界的视角推衍出来的行动逻辑。行为体是动态关系过程中的社会行为体，只有在社会关系中才能确定身份和利益。在这个意义上,行动取决于关系。简言之,关系性逻辑的核心是"关系选择"。主体间关系的性质在很大程度上决定了采取什么样的行动。温特使用身份角色的概念讨论国家行动。[40]同样是拥核问题,美国对英国是支持,对朝鲜则是反对。为什么美国对待同样事实的反应不一样呢?因为美国相对于英国的角色身份是盟友,而朝鲜的则是敌人。虽然温特仍然强调了独立行为体的单方行动,但是这个经典例子所涉及的却无疑是关系。美英关系性质是特殊盟友,美朝关系的性质是尚未正式结束战争的敌人,不同的关系性质决定了美国采取不同的政策行动。

关系性逻辑不排斥理性,但包含的是关系理性,即理性是关系语境中的理性,理性的存在首先基于关系,理性是依着关系而界定的。温特提出了三种文化,即霍布斯文化、洛克文化和康德文化,但这些文化首先表述的是某种性质的"自我—他者"关系:霍布斯文化表述敌对关系,洛克文化表述竞争关系,康德文化表述友谊关系。只有这些关系性质明确的前提下,才可以知晓行为体的行动是否理性。强调关系性,不是说否认个体和个体利益的存在。关系性逻辑首先秉持一个假定,即个体和整体的共时共在,犹如一滴海水和大海。正是因为这种共时共在,自我身份只能在与他者和群体关系中界定,自我利益只能在与他者和群体关系中实现。试想,如果一个商人以对待其他商人的方式对待父母,处处计算成本效益,则会被认为是非理性的。

关系理性与目的性逻辑和适当性逻辑的根本不同在于它预设的关系本体。目的性逻辑和适当性逻辑都是以个体为研究起点、以原子本体论为前提的,而关系性理性则是以关系本体为前提的,个体只有在关系实践中才具有社会意义。在社会世界里,理性是关系界定的理性,无论工具理性还是规范理性,都是如此。

（三）关系性利益：达己达人

利益是国际关系学中一个最核心的概念。原子世界的利益是个体性利益，而关系世界中的利益是关系性利益。关系理论认为，社会中的自我身份是在与他者和群体之间的关系中得以确定的。身份确定利益，因此，首先要讨论的是社会关系在建构行为体身份过程中的作用。这就涉及关系理论的一个重要方面，即关系本体意味着社会性"共在"。西方主流国际关系理论的存在假定是以自在为基础的：个体独立的自在决定了个体对自我利益的理性界定，也决定了自我在理性基础上的自为。一些质疑个体自在理论的观点则突出共在的意义。西方学者提出"关系先于国家"，认为关系享有优先于个体的地位；[41] 中国学者提出，共在先于自在，任何自在都是以共在为前提的。[42] 虽然这些观点都反对个体理性主义的绝对自我存在前提，但却都把个体存在和关系存在构建成一种二元对立结构，或是自在优先，或是共在优先。涉及利益问题，自在优先论必然将自我利益视为优先利益，而共在优先论则必然将群体利益视为优先利益，这样一来，不是出现公地悲剧，就是以群体利益的名义抹杀个体利益。

关系理论不赞成这种非此即彼的二元对立观点，而是秉持一种共时共在的存在观。所谓共时共在，既指自在与他在、与群在的共时共在，强调自我存在和他者存在以及群体存在是同时发生的。关系理论不否定自我存在及其意义，因之承认自我利益的存在及其合理性。"达己达人"的思想显然是承认自我利益的，否则不会有达己之说。同时，关系本体意味着，在社会场景中，自在总是与他在和群在共时共在、无法分割的。据此推衍，自我利益是存在的，但是自我利益与他者利益和群体利益又是无法分割的，自我利益的实现也必然与他者和群体利益的实现关联在一起。

生存利益是所谓无政府国际社会中国家的第一利益。但即便是生存利益也无法在纯粹自在的条件下实现，而是在与他者与群体共时共在的条件下得以考虑和实现的。赫兹提出"安全困境"的著名论断，认为在两个国家的关系之中，甲方为了自身安全增加军事力量的行动，会被乙方认为是一种对自己形成军事威胁的做法，因此也就采取增加军事实力的反措施。这一做法继而又被甲方认定为对自己的威胁，于是进一步加大军备力度。循环往复，双方的生存安全感随着军事实力的增强反而越来越差。[43]"安全困境"的例子说明，即便是个体自我最基本的安全利益，也是一种关系性利益，是与他者安全利益高度关联的。苏美冷战涉及生死存亡问题。美国的两大安全战略中，"核应用战略"是以纯粹的自我安全利益为前提的，主张美国实施单向摧毁战略，即研发可以阻截苏联核导弹的防卫系统，使苏联不可能危及美国，而美国却可以毁灭苏联；"确保相互摧毁战略"则是承认双方的第二次打击能力，一旦一方使用核武器，另一方会有充分的报复性核实力，致使双方都在核战争中被摧毁。[44]后一战略反映了考虑他者安全利益的关系性思维，也是一种比较务实的战略选择。

生存利益是一个极端例子，在个体理性主义者看来，这是最根本的、无法妥协的自我利益。但即便是在生存问题上，自我利益也是在与他者的关系中界定的，在与他者利益的交汇中实现的。当今国际社会已经比较普遍地接受了"相互安全"和"共同安全"的理念，这些安全观的一个重要前提是关系性思维，即将自我的存在与他者的存在、与国际社会整体的存在联系在一起，将自我安全利益和他者安全利益、与国际社会整体的安全利益联系起来考虑，"己所不欲勿施于人"。

五、结语：地方性知识与社会理论的有限普适性

每个社会学者都希望自己的理论成为普适性理论，但任何社会理论最多只能表现出有限普适性。社会理论建构的文化路径表明，如果说社会理论的灵魂是理论硬核的形上元，如果形上元是文化或共同背景知识塑造的，那么社会理论的地方性印记就是必然的。背景知识是一个实践共同体在长期实践过程中形成的，这个实践共同体从一开始就是地方性的，起始于处于某一地域或某一领域中人的群体。社会理论的发展会使理论本身超越初始地方性特征，但理论的文化印记是不会消失的。

这就指向了两个重要的问题。一是社会性理论的地方性不仅一直存在，而且是合理的。没有地方性，也就没有社会理论的形成。国际关系理论一直是在寻求普适性，但迄今为止，国际关系理论的地方性从来没有消失。均势理论是在欧洲实践基础上产生的，但威斯特伐利亚意义上的均势现象在前现代的东亚体系中从未发生。[45]同时，理论形成后对实践产生反作用。虽然均势理论是西方学者在欧洲实践的基础上发展出来的表象知识，但当下其他地区的国际关系中却表现出明显的均势秩序思维和均势战略行为。

二是社会理论无论适用程度再广，都具有自身的局限性。正因为社会理论的形上元是地方性文化塑造的，所以会一直保留这种文化胎记，实践的重要枢纽作用也为地方性知识在理论建构方面提供了合法性基础。任何一种理论总有无法解释的社会现象，尤其在一个超出原有背景知识的领域或是区域。欧盟被认为是区域一体化的样板，其他区域一体化总是习惯地使用欧盟的标准予以衡量。但是东盟一体化与

欧盟一体化既有相似的地方,也有很大的不同。[46]正因为任何社会理论都具有自身的局限性,基于背景知识的学术实践和学术创新就是合理的,对于互融互鉴也是必不可少的,舍此国际关系学就无法成为真正意义上的全球国际关系学。

国际关系学科正式建立已经百年。当今世界发生了重大的历史性变化,最明显的莫过于非西方国家的群体崛起。世界已经成为一个多元共存的所在,国际关系也已经成为全球范畴内的实践活动。与之相应的是,国际关系学在其诞生百年之际,开始有意识走向具有全球意义的话语体系和叙事诉求。[47]这是国际关系学的百年大变,如果真正全球意义上的国际关系学在巨大变革中应运而生,一个重要标志无疑是非西方国际关系理论的兴起,而非西方文化资源恰恰为这一重要发展提供了丰富的智识资源。

(原载《中国社会科学评价》2019 年第 4 期)

注释

1. 本章一些拙见的详细论述,参见 Yaqing Qin, *A Relational Theory of World Politics*, Cambridge: Cambridge University Press, 2018。

2. Imer Lakatos, *The Methodology of Scientific Research Programmes: Philosophical Papers I*, London: Cambridge University Press, 1978, p.6.

3. Thomas Kuhn, *The Structure of Scientific Revolutions*, Chicago: The University of Chicago Press, 1962.

4. Peter Burger and Thomas Luckmann, *The Social Construction*

of Reality，New York：Anchor Books，1966.

5. John Searle，*The Construction of Social Reality*，New York：The Free Press，1995，pp.9—13.

6. Gabriel Almond and James Coleman，eds.，*The Politics of Developing Areas*，Princeton：Princeton University Press，1960.

7. James Caporaso，"Dependence and Dependency in the Global System：A Structural and Behavioral Analysis，" *International Organization*，Vol.32，No.1，2004，pp.13—43.

8.《马克思、恩格斯选集》(第 1 卷)，北京：人民出版社 1995 年版，第 56 页。

9. Emanuel Adler and Vincent Pouliot，eds.，*International Practices*，Cambridge：Cambridge University Press，2011.

10. Max Weber，*The Methodology of the Social Sciences*，Glencoe：Free Press，1949，转引自 John Ruggie，"What Makes the World Hung Together?" in Peter Katzenstein，Robert Keohane，and Stephen Krasner，eds.，*Exploration and Construction in the Study of World Politics*，Cambridge，MA.：The MIT Press，1999，p.216。

11. Vincent Pouliot，"The Logic of Practicality，" *International Organization*，Vol.62，No.2，2008，pp.257—288.

12. Searle，*Construction of Social Reality*，129.

13. Emanuel Adler and Michael Barnett，eds.，*Security Communities*，Cambridge：Cambridge University Press，1998.

14. 秦亚青：《行动的逻辑：西方国际关系理论"知识转向"的意义》，《中国社会科学》2013 年第 12 期，第 181—198 页。

15. Robert Keohane，"Twenty Years of Institutional Liberalism，"

International Relations, Vol.26, No.2, 2012, pp.125—138.

16. Richard Nisbett, *The Geography of Thought*, New York: Free Press, 2003.

17. Arnold Toynbee, *A Study of History*, *Vol.I*, Oxford: Oxford University Press, 1988.

18. Samuel Huntington, "The Clash of Civilizations," *Foreign Affairs*, Vol.72, No.3, 1993, pp.22—49.

19. Ole Wæver, "The Rise and Fall of the Inter-paradigm Debate," in Steve Smith, Ken Booth and Marysia Zalewski, eds., *International Theory*, Cambridge: Cambridge University Press, 1996, pp.149—185.

20. Christine Sylvester, *Feminist Theory and International Relations Theory in a Postmodern Era*, Cambridge: Cambridge University Press, 1994; J. Ann Tickner, *Gender in International Relations*, New York: Columbia University Press, 1992.

21. Daniel Maliniak, Susan Peterson, Ryan Powers and Michael Tierney, *TRIP 2014 Faculty Survey*, Williamsburg: Institute for the Theory and Practice of International Relations, https://wm.edu/reports/2014/rp_2014/,访问时间:2017 年 10 月 20 日。

22. Stanley Hoffmann, "An American Social Science: International Relations," *Daedalus*, Vol.106, No.3, 1977, pp.41—60.

23. Kenneth Waltz, *Theory of International Politics*, Readings: Addison-Wesley, 1979.

24. A.F.K. Organski and Jacek Kugler, *The War Ledger*, Chicago: The University of Chicago Press, 1980.

25. Graham Allison, *Destined for War*? Boston and New York: Houghton Mifflin Harcourt, 2017.

26. Robert Keohane, *After Hegemony*, Princeton: Princeton University Press, 1984.

27. Wæver, 1996, p.163.

28. Keohane, *International Institutions and State Power*, Boulder: Westview, 1989, p.40.

29. Alexander Wendt, *Social Theory of International Politics*, Cambridge: Cambridge University Press, 1999.

30. Friedrich Kratochwil, *Rules, Norms, and Decisions*, Cambridge: Cambridge University Press, 1989, p.10.

31. Jeffrey Checkel, "International Institutions and Socialization in Europe," *International Organization*, Vol.59, No.4, 2005, pp.801—822.

32. Martha Finnemore, *National Interests in International Society*, Ithaca: Cornell University Press, 1996.

33. David Hall and Roger Ames, *Thinking from the Han*, Albany: State of New York University Press, 1998, p.127.

34. 梁漱溟:《中国文化要义》,上海:上海世纪出版集团 2012 年版,第 90—91 页。

35. 费孝通:《差序格局》,载费孝通:《乡土中国》,上海:上海人民出版社 2013 年版,第 24—27 页。

36. Patrick Jackson and Daniel Nexon, "Relations before States," *European Journal of International Relations*, Vol.5, No.3, 1999, p.295.

37. 庞朴:《"中庸"平议》,《中国社会科学》1980 年第 1 期,第 75—100 页。

38. 实践性逻辑是近年来国际关系学发展的一种重要取向,认为大部分行动是实践中自然而然生成的实践性知识使然。

39. James March and Johan Olsen, "The Institutional Dynamics of International Political Orders," *International Organization*, Vol. 52, No.4, 1998, pp.943—969.

40. Wendt, *Social Theory of International Politics*, 1999, pp.257—259.

41. Jackson and Nexon, "Relations before States."

42. 赵汀阳:《共在存在论》,《哲学研究》2009 年第 8 期,第 22—30 页。

43. John Herz, "Idealist Internationalism and the Security Dilemma," *World Politics*, No.2, 1950, pp.157—180.

44. Spurgeon Keeny and Wolfgang Panofsky, "MAD versus NUTS," *Foreign Affairs*, Vol.60, No.2, 1981, pp.287—304.

45. Victoria Tin-bor Hui, *War and State Formation in Ancient China and Early Modern Europe*, Cambridge: Cambridge University Press, 2005; David Kang, *China Rising: Peace, Power, and Oder in East Asia*, New York: Columbia University Press, 2007.

46. [新加坡]马凯硕、孙合记:《东盟奇迹》,翟昆等译,北京:北京大学出版社 2017 年版。

47. Amitav Acharya, "Global International Relations (IR) and Regional Worlds: A New Agenda for International Studies," *International Studies Quarterly*, Vol.58, No.4, 2014, pp.647—659.

后　记

关系理论的构建有两个基本的背景。一是中华文化的思想理念。尤其是在与西方国际关系理论背后的思想理念比较之中，中华文化所蕴含的一些根本性内容显现了作为智识资源的重要作用。二是东亚地区合作实践。我从 2004 年开始参与东亚地区 10＋3 思想库网络活动，直到 2014 年。其间，每年都要参加许多会议，与东亚地区其他 12 个国家的同事讨论、磋商、协调、相处、共事，亲身感觉到"关系性"的重要意义。

拙作《世界政治的关系理论》是一本理论书，目的是构建一个比较系统、自洽的社会理论，所以书中基本没有涉及应用问题。其实，这些年来在构建关系理论的同时，我也在考虑这一理论如何应用的问题。首先想到的自然是东亚区域进程中的关系性要素。之所以如此，很大程度上是来自 2010 年参加东亚地区合作的亲身感受以及由此产生的对个体理性的反思。关系理论中直接涉及行动的内容是关系性逻辑，关系性逻辑的要义是关系驱动行为。在社会生活中，所谓个体理性实际上是以关系界定的，亦即关系理性。这无疑是一个可以进行经验研究的总体假设。虽然关系性逻辑的适用范围不仅限于东亚,但东亚作为与儒学社会联系最为紧密的区域,关系性逻辑在这一地域文化中应该具有较高的显著性。于是,我便和一些志同道合的同事一起思考设计,希望首先根据东亚区域的国际关系和治理开展关系理论的经验型研究。这些研究的成果陆续发表在重要的国际关系学术期刊上面,因之能够最终集结为现在的《关系性逻辑与东亚区域治理》一书。

本书出版由山东大学科研经费资助,得到山东大学全球治理与国际组织研究中心各位同仁的支持,在此特表感谢。

感谢上海人民出版社,继《世界政治的关系理论》之后,又接受了《关系性逻辑与东亚区域治理》,前者侧重理论构建,后者侧重经验研究,相互之间具有学术适配性。感谢范蔚文先生、史美林女士的大力支持,感谢王冲编辑辛勤细致的工作,使得本书能够顺利出版。感谢《世界经济与政治》《外交评论》《国际论坛》《中国社会科学评价》等学术期刊同意将论文收入本书出版。当然,也希望本书对于政治学和国际关系研究人员、国际关系专业的学生能有一定的启发意义。

2021 年 10 月 22 日于青岛即墨

图书在版编目(CIP)数据

关系性逻辑与东亚区域治理/秦亚青等著.—上海：
上海人民出版社,2022
(山东大学全球治理与国际组织研究中心国际关系与
全球治理研究丛书)
ISBN 978-7-208-17929-5

Ⅰ.①关…　Ⅱ.①秦…　Ⅲ.①国际关系-研究-东亚
Ⅳ.①D831

中国版本图书馆 CIP 数据核字(2022)第 169677 号

责任编辑　王冲
封面设计　陈绿竞

山东大学全球治理与国际组织研究中心国际关系与全球治理研究丛书
关系性逻辑与东亚区域治理
秦亚青 等 著

出　版	上海人民出版社	
	(201101　上海市闵行区号景路 159 弄 C 座)	
发　行	上海人民出版社发行中心	
印　刷	上海商务联西印刷有限公司	
开　本	720×1000　1/16	
印　张	28.5	
插　页	2	
字　数	337,000	
版　次	2022 年 10 月第 1 版	
印　次	2022 年 10 月第 1 次印刷	

ISBN 978-7-208-17929-5/D·4011
定　价　128.00 元